오랑캐의
역사

오랑캐의 역사

만리장성 밖에서 보는 중국사

김기협 지음

2022년 8월 19일 초판 1쇄 발행
2023년 2월 15일 초판 3쇄 발행

펴낸이 한철희 | 펴낸곳 돌베개 | 등록 1979년 8월 25일 제406-2003-000018호
주소 (10881) 경기도 파주시 회동길 77-20 (문발동)
전화 (031) 955-5020 | 팩스 (031) 955-5050
홈페이지 www.dolbegae.co.kr | 전자우편 book@dolbegae.co.kr
블로그 blog.naver.com/imdol79 | 트위터 @Dolbegae79 | 페이스북 /dolbegae

편집 김진구·오효순
표지디자인 민진기 | 본문디자인 이은정·이연경
마케팅 심찬식·고운성·김영수·한광재 | 제작·관리 윤국중·이수민·한누리
인쇄·제본 한영문화사

이 도서는 한국출판문화산업진흥원의 '2022년 우수출판콘텐츠 제작 지원' 사업 선정작입니다.

ISBN 979-11-91438-74-1 (03910)

책값은 뒤표지에 있습니다.

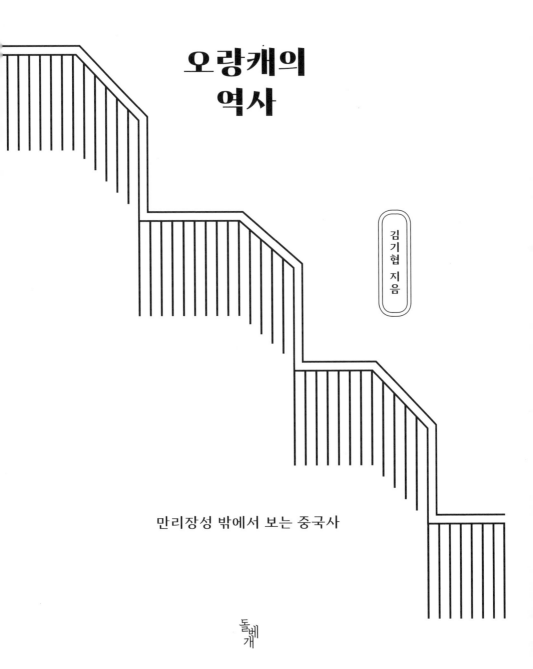

오랑캐의
역사

김 기 협 지 음

만리장성 밖에서 보는 중국사

돌베개

차례

Ⅱ **천하 밖에서 어떤 변화가 일어났는가?**

Ⓘ Ⓘ Ⓘ **천하는 어떤 소용돌이에 빠져들었는가?**

근본 못지않게 지엽도 중요하다

한 그루 나무는 뿌리와 몸통, 큰 가지와 잔가지, 그리고 잔가지에 붙어 있는 잎, 꽃, 열매 등으로 구성된다. 나무를 볼 때 뿌리, 몸통과 큰 가지를 근본根本, 잔가지와 거기에 붙어 있는 것들을 지엽枝葉으로 이해하고, 복잡한 구조를 가진 어떤 대상을 볼 때도 이 비유를 떠올린다. 그 차이를 '본'本과 '말'末로 표현하기도 한다.

나무를 바라보는 사람에게는 잎과 꽃이 먼저 눈에 들어오고 따먹을 수 있는 열매에 관심이 많이 쏠린다. 어떤 대상을 바라볼 때도 근본보다 지엽에 눈과 마음이 쉽게 끌리는 것이 사람의 성정이다. 그래서 사물과 현상의 본질을 이해하려면 지엽에 현혹되지 않고 근본을 밝히려는 노력이 필요하다.

그러나 어떤 일도 지나치면 폐단을 일으킨다. 근본과 지엽은 서로 얽혀 있다. 잎, 꽃, 열매가 피었다가 지고 열렸다가 떨어지는 무상無常한 것처럼 보이지만 나무의 생명이 그 신진대사에 걸려 있다. 사상에 있어서도 현실적 측면을 지엽으로만 여기며 무시하는 경향을 '근본주의'fundamentalism로 경계한다.

역사학은 근본에 치우치는 경향을 조심할 필요가 있는 분야다. 취급하는 자료가 남긴 사람들의 가치관에 따라 선별되고 재단된 것이기 때문이다. 왕조사의 강고한 지배력이 하나의 예다. 기록을 남긴 당시 사람들도, 그 기록을 정리한 얼마 후의 사람들도 왕조를 세상의 근본으로 여겼기 때문에 왕조 위주의 자료를 후세에 남겨주었고, 그 자료를 연구하는 역사학자도 과거의 세상을 왕조 중심으로 떠올리지 않을 수 없는 것이다.

20세기 후반 사회사, 미시사 등 사람들의 실제 생활상을 탐구하는 경향이 일어난 것은 사료의 편향성에 대한 저항이다. 종래 '사료'로 인식되지 못하던 정보들을 수집하고 발굴함으로써 사료를 남긴 사람들의 의도를 넘어 과거의 실제 모습을 향한 새로운 시각을 찾는 것이다.

중국사의 서술 방법으로 『오랑캐의 역사』를 떠올린 것도 같은 맥락이다. 어느 문명권이나 마찬가지로 중국문명권도 중심부와 변방으로 구성되었고, 중심부가 자기네를 '화'華, 변방을 '이'夷라고 불렀다. 역사의 기록은 거의 전적으로 '화'에 의해 이뤄졌다.

기록의 편중성 때문에 화·이 사이 본·말 관계의 유기적 특성이 남겨진 자료에 제대로 나타나지 못한다. 근본이라 여겨진 제국 내부만 들여다봐서는 중화제국의 성격이 시대에 따라 변화하는 메커니즘을 제대로 이해할 수 없다. 지엽으로 여겨진 오랑캐들이 그때그때 보여준 특성들과 어떤 관계를 맺었는지 살펴봐야만 중화문명권 내지 동아시아문명권의 역사적 흐름을 하나의 신진대사 과정metabolic process으로 확실하게 이해할 수 있다. 그래서 제국의 역사 아닌 문명권의 역사를 밝히기 위해 오랑캐에 초점을 맞춘 것이다.

'중원'과 '천하'의 관계

『오랑캐의 역사』 작업 중 내 관심은 시대의 흐름에 따라 세 방향으로 옮겨 다녔다. 제1부에서는 "중세까지 '천하'는 어떻게 형성되었는가?", 제2부에서는 "중세 말기에 '천하' 밖에서 어떤 변화가 일어났는가?",

제3부에서는 "근세 들어 '천하'는 어떤 소용돌이에 빠져들었는가?" 하는 질문에 관심을 모았다.

제1부에서는 고전적 의미의 천하가 빚어지는 모습을 살폈다. 황하 유역에서 농경문명으로 일어난 중화문명은 춘추시대까지 '천하'의 차원에 이르지 못하고 있었다. 농업의 생산성이 아직 다른 생산양식들을 압도하지 못하고 있어서 농경지대인 '중원'은 범위가 좁았고, 그 범위 안에서도 다른 생산양식의 집단들이 뒤얽혀 있었다. 전국시대 들어서야 황하 유역에서 장강 유역까지 이어지는 광대한 농업문명권이 만들어져 '천하' 의식이 일어나기 시작했다.

초기의 농경민은 사방을 둘러싼 '오랑캐'와 대비되는 자기정체성을 갖게 되면서 자기네 영역을 온 세상의 한가운데 있는 '중원'으로 여겼다. 지리적 중앙이 곧 문명의 중앙이라는 생각으로 이어지면서 오랑캐의 영역까지 포괄하는 '천하'의 주인을 자임하고 그 안에 위계질서를 세우는 노력을 시작했다. 중원은 기원전 3세기 말에 '중화제국'으로 통일되었고, 이후 제국이 무너지는 분열의 시대에도 제국의 통일성은 하나의 당위적 관념으로 지켜졌다.

초기의 제국에 큰 자극을 빈번하게 가한 것은 서방과 북방의 유목민이었다. 동쪽과 남쪽으로는 바다에 이르기까지 농업문명의 확장에 큰 장애물이 없었기 때문에 그 방면의 오랑캐들은 축출되든지, 동화되든지, 아니면 아주 외진 곳에만 미미한 존재로 남았다. 반면 서방과 북방의 광대한 초원은 유목민의 공간으로 남아 있었다. 문명 초기에 유목은 농업에 버금가는 생산력 확대의 길이었기 때문에 유목민은 오랫동안 농경민과 경쟁하는 위치에 있었다.

당나라 때까지 유목민은 농업국가인 중화제국에 대해 가장 큰 위협으로 보였다. 그러나 유목사회는 농경사회와 상호보완적인 관계를 필요로 하는 입장이기 때문에 중화제국을 정복하려 들지는 않았다. 토머스 바필드가 『*Perilous Frontier*』(위태로운 변경, 1989)에서 제시한

'외경전략'outer frontier strategy, 농경제국의 외부에 존재하면서 부차적 이득을 취하는 전략을 유목민들은 취했다.

5호16국을 오랑캐의 중국 정복으로 보는 것은 착각이다. 5호 중에 유목민 출신도 있기는 했지만, 그들은 바필드가 말하는 '내경전략'inner frontier strategy을 통해 제국 내부에 들어와 있던 군사세력이었다. 유목민의 특성 대신 지역 군벌로 성격을 바꾼 세력이었다.

5호16국 시대를 남북조시대로 전환시킨 북위를 중국의 첫 '정복왕조'로 볼 수 있는데, 정복왕조의 주역은 대개 순수 유목민이 아닌 동북방의 혼합형 오랑캐들이었다. 농경, 유목, 수렵 등 다양한 생산양식을 병행한 동북방 오랑캐들은 생산력과 군사력에서 농경세력과 유목세력에 뒤졌기 때문에 작은 틈새만을 차지하고 있었지만, 양대 세력의 교착상태에서는 이 틈새가 커져 오히려 큰 주도권을 쥐는 상황이 수시로 일어나곤 했다. 그들은 혼합형 사회를 경영한 경험 위에서 복합형 제국체제를 개발했다.

천하의 확장과 유목민의 패권

중국의 정복왕조 중 북위, 요, 금, 청은 혼합형 오랑캐가 주도한 것인데, 원나라만은 유목민 몽골족이 주도한 것이었다. 이 예외적 현상에는 따로 설명이 필요하다.

요·금에서 발전시킨 복합형 제국 모델을 원나라가 물려받은 사실이 일단 눈에 띈다. 실제로 몽골제국의 중국 진입 과정에서는 야율초재 등 요·금 지배층 후예들의 역할이 컸다. 그러나 그런 조력자 집단을 원활하게 수용하는 배경조건이 더 흥미로운 것이고, 이를 살피는 데 제2부 전반부에서 노력했다.

"세계가 좁아지고 있다"는 말을 지금 사람들이 하는데, 중세 말기에도 세계는 좁아지고 있었다. 문명의 발전에 따라 여러 문명권이 확장되면서 문명권 간의 접촉과 교류가 늘어나고 상호 영향이 커진 것이다. 유라시아대륙에서 일어난 여러 문명 중에 중화문명은 다른 문명권과의 접촉과 교류가 적은 편이었다. 그래서 중국에서는 '천하' 사상이라는 폐쇄적 세계관이 오랫동안 굳건하게 자리 잡게 된 것이다.

고대에서 중세에 걸쳐 중화제국이 상대한 오랑캐들은 중화문명과 견줄 만한 문명 기반을 갖추지 않은 집단들이었다. 군사적으로는 각축을 벌이더라도 문화·기술 측면에서는 언제나 수동적인 위치에 있었다. 그런데 7~8세기 이슬람문명권의 팽창에 따라 중국 주변 유목사회의 문화적 성격에 변화가 일어났다. 751년 탈라스 전투가 이 변화의 결정적 계기가 되었다.

8세기 이후 중앙아시아 유목세계는 여러 문명권의 온갖 문화와 기술이 융합되는 실험장이 되었고, 이로부터 몽골제국이 빚어져 나왔다. 칭기즈칸 세력은 당시의 유목민 중에도 후진적인 부족에서 출발했지만 다양한 문명 요소들을 섭취하며 강력한 제국을 일으켰다. 중국과 페르시아에 세운 정복왕조 원나라와 일칸국이 가장 압축적인 실험장이 되었다. 두 왕조 사이에 얼마 동안 진행된 활발한 교류는 문명 통합의 선구적인 시도였다.

그러나 4칸국(킵차크칸국, 차가타이칸국, 일칸국, 원나라) 분열은 문명 통합을 위한 여건의 한계를 보여주었다. 문명의 선진지역을 점령한 원나라와 일칸국은 '세계사'와 '세계지리'의 영역을 개척하며 문명 통합에 힘을 기울였지만 다른 두 칸국은 유목민의 특성을 지키며 지역 할거의 길을 걸었다. 원나라와 일칸국 사이의 육상교통이 이 분열 때문에 막히자 인도양-남중국해를 통한 해로가 부각되었다.

제2부의 후반부에서는 13~14세기 해로의 상황, 그리고 이 해로를 통해 중국이 마주치게 되는 이슬람세력과 유럽의 상황을 살펴보았다. 이슬람은 7~8세기에 아랍 유목민이 이집트-페르시아-지중해 문명을 융합해서 역사상 최대의 문명권을 일으켰다. 유라시아대륙 서

반부의 중요한 전통을 모두 통합한 이슬람문명이 근대문명 발생의 토대가 된 사실은 근대역사학에서 외면받아왔다. 근대역사학을 지배한 유럽중심주의는 다른 지역 전통들을 무시하는 경향을 보였거니와, 다년간 대결 상대로 여긴 이슬람에 대해서는 무시를 넘어 적대하는 경향을 보였다.

15~18장에서 이슬람권과 유럽 사이의 관계를 살펴본 것은 중국의 역사를 서술하려는 『오랑캐의 역사』의 취지와 (지리적으로) 거리가 있지만, 유럽중심주의의 반성을 위해 필요한 일이다. 르네상스 이전의 유럽은 문명의 역사에서 주변적이고 종속적인 존재였다. 서남아시아 지역에서 발생한 고대문명은 해로 중심의 지중해세력과 육로 중심의 페르시아세력으로 갈라져 발전했는데, 이슬람세력이 양자를 통합했을 때 유럽은 미개한 변방일 뿐이었다. 물리학에서 '힘'은 질량에 가속도를 곱한 것이다. 낮은 수준에서 출발한 유럽이 르네상스 이후 큰 가속도를 갖고 움직였다는 사실 위에서 '서양의 흥기'Rise of the West 의 의미를 제대로 이해할 수 있다.

바다오랑캐의 등장

몽골제국은 세계사 전개의 중요한 분기점이었고, 중국사의 전개 양상에도 큰 변화를 가져온 계기였다. 해상교통이 늘어났고 그에 따라 장거리교역의 규모가 커졌다. 15세기에 유럽인이 원양항해를 시작해서 '대항해시대'에 진입한 것도 그 결과였고, 중국에서는 '바다오랑캐'(洋夷)의 역할이 갈수록 더 중요해졌다. 제3부에서는 바다의 상황에 초점을 맞췄다.

15세기 초에 인도양을 휩쓴 명나라 함대는 대항해시대 유럽의 해상력과 차원이 다른 엄청난 규모였다. 유럽의 해상력은 19세기 들어서야 그 규모를 따라오게 된다. 15세기 중국의 월등한 경제력과 기술력을 이 함대가 보여준다. 그런데 명나라는 인도양을 평정한 후 이 함대를 없애고 해상활동을 줄였다.

명나라 영락제는 원나라 때 확보된 지리정보 위에서 원나라가 추구하던 세계제국을 추구했다. 그러나 영락제 이후의 명나라는 전통적인 '닫힌 제국'으로 돌아왔다. 명나라는 대항해시대의 유럽과 달리 외부로부터 자원을 확보할 절실한 필요를 갖지 않았기 때문이다. 명나라에게도 그 뒤의 청나라에게도 대외관계의 목적은 경제적 이득보다 군사적 안보에 있었다.

명나라의 소극적 정책에도 불구하고 대외교역은 꾸준히 늘어났고 그 대부분은 법외·불법의 형태로 이뤄졌다. '왜구'가 그 대표적 현상이었다. 14세기의 왜구는 소규모 해적집단의 약탈활동이었는데 16세기에 다시 나타난 왜구는 해적이라기보다 무역조직이었다. 중국 동남 연안의 지방세력도 얽혀 있었고 이 해역에 진출한 유럽세력도 여기에 관여했다.

16세기 중국에는 외부에서 대량 수입이 필요한 물자가 거의 없었는데, 단 하나 예외가 은이었다. 중국에서 일찍부터 귀금속 아닌 구리로 화폐를 만든 것은 시장경제가 서민의 생활에까지 침투했기 때문이다. 그런데 경제 발전으로 대규모 거래가 늘어나자 고액 결제수단으로 지폐가 송나라 때부터 사용되었고, 명나라에서 은이 지배적 수단이 되었다. 16세기에 남아메리카와 일본에서 거대한 은광들이 개발되면서 은의 산출이 급격히 늘어났고, 그 상당 부분이 중국으로 흡수되었다.

중국이 수백 년간 '은 먹는 하마' 노릇을 할 만큼 은의 수요가 많았던 것은 은의 화폐기능이 교역의 결제수단에 그치지 않고 부의 축적수단이 되었기 때문이다. 재력은 무력과 함께 국가의 통제 대상이다. 통제를 벗어난 재력은 통제를 벗어난 무력과 마찬가지로 국가의 통합성에 위협이 된다. 16세기 이후 민간 보유량이 크게 늘어난 은은 중화제국을 약화시키는 원심력의 매체가 되었다. 무기를 휘두르는 초원오랑캐가 중화제국에 외상을 입힐 수 있는 눈에 보이는 위협이라면, 은을 들여오는 바다오랑캐는 겉으로 보이지 않는 '심복지환'이 되었다. 명나라 멸망의 원인도 북방의 군사적 상황보다 남방의 경제적 상황에서 찾아야 하겠다.

서세동점의 물결

18세기 후반부터 '서세동점'의 양상이 나타나기 시작했다. 유럽인은 16세기 들어 대항해시대를 열고 인도양의 제해권을 장악했지만 교역의 이득을 차지하는 데 그치고 육상의 지배력에는 큰 관심 없이 오랫동안 지냈다. 18세기 중엽부터 영국의 인도 지배 등 식민지가 개발되면서 현지에 군사력을 키우게 되었고, 산업혁명의 시작에 따라 경제적 침략의 동기도 대폭 강화되었다.

1793년 영국 사절 매카트니가 건륭제에게 교역 확대와 상주 외교관 교환을 요청했을 때는 침략의 동기는 갖춰져 가고 있었지만 침략의 수단이 갖춰져 있지 않았다. 그래서 건륭제가 콧방귀를 뀌어도 속으로만 욕했지 당장 어쩔 수 없었다. 그러나 청나라의 태도가 바뀌지 않은 채로 40여 년이 지난 후에는 청나라를 굴복시킬 군대와 함선이 갖춰져 있었다.

두 차례 아편전쟁(1839~1842, 1856~1860)을 계기로 중화문명권이 무너지기 시작했다. 동아시아인들은 처음에는 서양의 무기를 들여오는 데만 힘쓰다가 서양의 산업과 경제를 모방하는 노력을 거쳐 서양의 사상과 제도를 따라가는 운동으로 나아갔다. 19세기 후반을 지내는 동안 서양의 우월성에 대한 인식이 확장·심화된 것이다.

근대화, 즉 서양을 본받는 노력에서 앞선 일본은 19세기 말까지 하나의 열강으로 변신해서 변화에 뒤진 중국을 공략하기 시작했다.

청일전쟁(1894~1895)의 패배는 중국에게 새로운 충격을 가했다. '위로부터의 개혁' 마지막 시도인 무술변법(1898)이 좌절된 청 조정의 아노미 상태를 보여준 의화단의 난(1899~1901)을 계기로 중화제국은 해체 단계에 접어들었다.

근대화의 가장 시급하고도 중요한 과제는 '국민국가' 건설이었다. 자유와 평등의 이념으로 중층적 위계질서에서 벗어난 '국민'을 국가가 고르게 통제할 수 있어야 근대세계의 국가 간 경쟁에서 유리한 위치에 설 수 있기 때문이었다. 내부의 이질성이 적은 섬나라 일본은 이 과제에서 쉽게 성공을 거둔 반면 구성이 복잡한 대륙국가 중국은 큰 어려움을 겪었다.

'국민'과 '민족'을 서양 언어에서 같은 말('nation' 등)로 가리키게 된 것은 근대 초기 국민국가 건설 과정의 경험 때문이었다. 동아시아 지역의 국민국가 건설 과정에서도 이 기준에 따라 '민족'을 '국민'의 기초로 삼으려는 경향이 일어났다. 그런데 비슷한 문명 수준의 집단들 사이에서 빚어진 서양의 '민족' 개념을 적용하는 것이 문명 수준이 서로 다른 종족들의 유기적 결합으로 이뤄진 중국에서는 특히 어려웠던 것이다.

중국과 마찬가지 복합성의 문제를 가진 오스만, 무굴 등 오래된 제국들은 서양에서 불어온 국민국가의 바람 앞에 조각이 나 흩어져 버렸다. 20세기 중국 부흥의 가장 큰 열쇠가 이 문제의 극복에 있었다. 이 문제를 중국은 '통일다민족국가'로 풀었다. 큰 민족들 위주로 위에서 내려다보는 방식이 아니라 작은 집단들에서 시작해 쌓아 올라가는 방식으로 이 해법이 성과를 거둘 수 있었다. 공산당 지도부가 대장정의 대부분 기간을 민족 분포가 복잡한 서남부 지역에서 지낸 경험이 이 방식을 뒷받침해준 것이다.

"보이는 것과 보이지 않는 것"

1950년대 중국의 민족 식별 사업 중 스탈린의 민족 정의 기준을 벗어나는 대목에서 프레데리크 바스티아의 「보이는 것과 보이지 않는 것」 Ce qu'on voit et ce qu'on ne voit pas을 다시 떠올렸다. 1850년에 나온 이 글을 읽으며 나는 '근대'라는 시대의 특징이 "보이는 것"에만 묶여 "보이지 않는 것"을 잃어버리는 데 있었던 것이 아닌가 생각한다.

영역, 언어, 생산양식, 문화의 4대 기준으로 민족을 정의하는 스탈린의 민족관은 당시 공산권을 지배하던 근대적 민족관이었다. 민족 식별 사업에 나선 중국 인류학자들은 근대적 민족관으로 정리될 수 없는 중국의 복잡한 현실을 수용하기 위해 '종족 잠재성'이란 개념을 제기했다. 지금 당장은 민족 정의의 기준을 완전히 충족시키지 못하더라도 여건의 변화에 따라 충족시킬 잠재성이 있다면 별개의 민족으로 인정한다는 것이다.

56개 민족의 구획에 이 '잠재성'의 개념이 널리 적용되었다. 그 구획의 타당성에 기술적으로는 이론의 여지가 있다 하더라도 그 이념적 타당성은 지난 70년간의 운용 실적으로 증명되었다. 이 '잠재성'이 바로 바스티아가 말한 "보이지 않는 것" 아니겠는가.

근년의 공부에서 학창시절 이래 읽어온 통사 내용과 다른 관점을 많이 떠올리게 되었다. 왜 이렇게 많이 떠올리게 되는지 스스로 의아할 정도다. 선학들이 애써 정리해놓은 내용에서 이렇게 많은 의혹을 일으킨다면 내 시각이 잘못된 것 아닐까 하는 걱정까지 든다.

그 큰 이유가 근대역사학의 과도한 실증주의 경향에 있었던 것이 아닌가 하는 생각이 바스티아의 글을 읽으며 떠올랐다. 19세기 후반 사회과학과 역사학에서 지배적 위치를 차지한 실증주의positivism는 관찰이나 실험으로 검증되는 '현상'만을 인식의 대상으로 제한하고 그 뒤의 '본질'에 대한 추상적 사고를 배척하는 자세다. 그 시대 자연

과학의 눈부신 성취에 힘입어 자연과학의 원리를 다른 학술 분야에까지 확장하려는 경향이 일어난 것이다.

관찰과 실험만을 학문의 발판으로 삼으려면 관찰자의 완전한 '중립성'disinterestedness이 필요한데, 과연 그것이 가능한가 하는 문제가 흔히 지적되어왔다. 그런데 바스티아의 글을 읽으면서 이 '중립성'이 관찰자의 의지 이전에 관찰자가 처해 있는 상황에 의해 제한되는 문제를 생각하게 되었다. 관찰자가 아무리 성실하게 노력하더라도 그의 관찰 방법은 그 시대의 가치기준과 기술적 조건에 따라 정해지는 것이다.

유럽의 근대국가들이 민족주의를 발판으로 일어서던 19세기에 '민족'은 눈에 "보이는 것"이었다. 인간사회의 다른 조직 형태는 보이지 않거나, 보이더라도 덜 중요한 것으로 여겨졌다. 70년 전 중국의 민족 식별 사업에서 제기된 '종족 잠재성'은 "보이지 않는 것"을 명확하게 그려내지는 않았어도, 그 존재를 인정했다는 점에서 현실에 더 가까이 간 것이다.

'닫힌 세계관'을 돌아보며

'오랑캐'는 동아시아문명의 주류 '중화'中華와 대비되는 범주다. 주변의 모든 존재를 포괄하는 범주이므로 내용이 다양하다. 그런데 그 다양한 내용을 하나의 개념으로 뭉쳐서 인식하는 경향이 있었다. 애초에는 융戎, 적狄, 만蠻, 이夷 등 구분하는 글자들도 있었으나 점차 서로 구별 없이 쓰고, '이적', '융적', '만이' 등 조합어를 '중화'의 반대말로 쓰게 되었다. '천하' 관념의 고착에 따라 그 구성을 중화와 오랑캐로 단순히 양분하게 된 결과다.

중화제국을 중심으로 한 천하체제는 오랑캐와의 관계를 통해 꾸준히 확장되었다. 평화적 교류는 물론 적대적 충돌을 통해서도 온갖 문명 요소들이 유라시아대륙 동반부에 고르게 퍼져나갔다. 그런데 완만하던 변화의 양상이 해상교통의 발전과 확대에 따라 급박해졌다. 멀리 있던 다른 문명권과의 접촉이 갑자기 커지는 한편 교역의 확대에 따라 중화제국 내에도 사회경제적 변화가 일어나게 된 것이다.

15세기 초 정화 함대는 이 변화에 대한 적극적 대응이었다. 그러나 20여 년간 이슬람세계를 살펴본 후 그런 비용을 계속 들일 만한 큰 필요가 없다고 판단했기 때문에 명나라는 항해를 중단했다. 그런데 얼마 후 이슬람세계의 배후에 있던 유럽인들이 인도양에 진출하면서 '서세동점'의 새로운 양상이 펼쳐지기 시작했다.

유럽인의 중국 접촉은 16세기 중엽에 시작되었으나 18세기 말까지는 접촉면이 그리 크지 않았다. 마카오의 제한된 공간에만 유럽인의 체류가 허용되었고 예수회 등 선교사의 활동도 엄격한 통제 아래 이뤄졌다. 그런 상황에서 19세기 초까지 교역이 꾸준히 늘어남에 따라 제도의 변화가 필요하게 되어 아편전쟁이 일어나기에 이른 것이다.

아편전쟁 때까지도 중국인은 유럽세력을 하나의 '바다오랑캐'로 여기고 있었다. 종래 수시로 겪어온 유목민 등 오랑캐의 위협처럼 서양의 위협도 부분적이고 일시적인 것이리라 생각했다. 그러나 이번 위협은 예상보다 지속적이고 포괄적인 것이었다. 20세기로 넘어올 무렵까지 중국의 군사력과 경제력이 유린당했을 뿐 아니라 오랜 역사를 가진 정치제도와 학술체계까지 서양의 충격 앞에 무너졌다.

100여 년이 지난 지금 중화제국이 복원된 것 같은 모습이 우리 앞에 나타나고 있다. 바다오랑캐 역시 중국사에 출몰한 과거의 오랑캐들처럼 중화제국에 한 차례 변화의 충격을 가하는 역할에 그친 것인가? 중국에서 근년 천하체제의 부활을 주장하는 '신천하주의'가 제기되고 있다. 근대문명의 한계에 대한 불안감 때문에 눈길을 끄는 주장이다.

어찌 보면 중화제국의 몰락과 천하체제의 붕괴는 '열린 세계관'의 승리였다. 기술 발전에 따라 자원 공급이 무제한 확대될 수 있을 것 같은, 모든 사람에게 행복의 기회가 열려 있는 것 같은 세상을 인류는 200년간 살아왔다. 그런 믿음이 한낱 환상에 불과한 것이었는지 의문이 일어나고 있는 지금, 그런 믿음이 없던 세상에서는 어떤 질서가 어떤 방법으로 운영되었는지 새로운 눈으로 돌아볼 필요가 있다. 2000년간 '천하'의 닫힌 세계관을 지킨 동아시아의 경험에 가장 큰 참고 가치가 있는 것 아닐까.

I

천하는 어떻게
형성되었는가?

1
만리장성은 왜 북쪽에 있을까?

5방方 사람들, 즉 중원과 4방 오랑캐는 모두 자기 특성이 있어서 억
지로 바꾸지 못한다. 동방 사람은 이夷라 하는데 머리를 풀어헤치
고 문신을 한다. 음식을 날로 먹기도 한다. 남방 사람은 만蠻이라
하는데 이마에 무늬를 새기고 발이 엇갈리게 한다. 음식을 날로 먹
기도 한다. 서방 사람은 융戎이라 하는데 머리를 풀어헤치고 가죽
옷을 입는다. 곡식을 먹지 않기도 한다. 북방 사람은 적狄이라 하는
데 깃털과 털로 옷을 해 입고 굴속에서 산다. 곡식을 먹지 않기도
한다. 중원과 이, 만, 융, 적, 모두 자기네 거처와 음식, 의복, 도구,
기물이 있으며 5방 사람들 사이에 말이 통하지 않고 좋아하는 것
이 서로 다르다.

中國戎夷, 五方之民, 皆有性也, 不可推移. 東方曰夷, 被髮文皮, 有不
火食者矣. 南方曰蠻, 雕題交趾, 有不火食者矣. 西方曰戎被髮衣皮, 有
不粒食者矣. 北方曰狄, 衣羽毛穴居, 有不粒食者矣. 中國、夷、蠻、
戎、狄, 皆有安居、和味、宜服、利用、備器, 五方之民, 言語不通, 嗜

欲不同.

『예기』禮記「왕제」王制편의 이 구절이 오랑캐를 중국으로부터의 방위에 따라 동이東夷, 남만南蠻, 서융西戎, 북적北狄으로 구분한 근거이다.

제목에 '오랑캐'란 말을 썼는데, 여기서는 이 말을 제한된 의미로 쓴다는 사실부터 밝힌다. "이민족을 낮잡아 이르는 말"로 보통 쓰이지만, 여기서는 夷, 蠻, 戎, 狄 네 글자의 공통된 훈訓으로서 '오랑캐', 중화中華와 구분되는 주변의 이민족을 가리키는 것이다. 그런 의미에서는 우리 민족도 당연히 오랑캐의 하나다.

네 방향 오랑캐를 서로 다른 글자로 표시한 데 엄밀한 분류학적 근거가 있는 것은 아니다. 서로 다른 방향의 사람들은 서로 다른 성질을 가질 것이라는 오행설五行說의 관념에 따른 규범적 호칭일 뿐이다. 우리에게 얻어 걸린 글자에 벌레나 짐승 대신 활이 들어 있는 것이 기분 좋은 일이기는 하지만 너무 큰 의미를 찾을 필요는 없겠다. 근년의 갑골문 연구에서 '夷' 자가 방석 위에 꿇어앉은 사람의 모습을 본뜬 것이라는 주장도 나왔다.

역사 초기의 화華·이夷 개념도를 보면 중국 본토의 황해 연안이 동이 지역으로, 장강 이남이 남만 지역으로 표시되어 있다. '화하'華夏, 즉 중화의 영역은 지금의 하남河南성 범위를 크게 넘어서지 않는다. 이 개념도는 춘추시대 전까지 유효한 것이었다. 당시의 동이는 하夏·상商·주周 왕조체제에 편입되지 않은 동쪽의 여러 부족을 가리킨 것이다. 춘추전국시대를 지나며 중국 동해안이 모두 화하에 편입되자 비로소 바다 건너 한반도를 동이로 부르게 되었다. 마찬가지로 장강 유역의 초楚나라, 오吳나라, 월越나라가 춘추시대에 중원으로 들어오자 남만의 영역은 더 남쪽으로 내려가게 되었다.

후세의 외이外夷에 관한 논설 중에는 화하와 외이의 차이가 아주

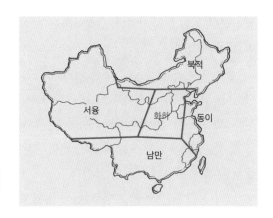

지금의 하남성 영역을 크게 넘어
서지 않는 '화하'를 설정한 화·이
개념도.

큰 것처럼, 마치 외이는 인간과 전혀 다른 존재인 것처럼 본 것이 많다. 청淸나라의 입관入關으로 만주족의 천하가 되었을 때 정복자를 미워하는 한족漢族 민족주의 논설에서 그런 경향이 극에 이르렀다.

옹정제雍正帝(재위 1722~1735)는 이런 풍조를 『대의각미록』大義覺迷錄으로 반박했는데, 화하와 외이의 차이가 본질이 아니라 문화의 차이일 뿐이라는 주장이었고, 중국의 고대 문헌으로 그 주장을 뒷받침했다. 당대 민간의 학자들도 대개 그 주장을 수긍했다(1730년 시시한 반청反淸 음모 하나가 발각되었을 때, 옹정제는 그것을 제국 이념 홍보의 기회로 삼아 『대의각미록』을 반포하면서 주모자 증정曾靜이 "사악한 것이 아니라 어리석은 것이므로 죄를 벌하기보다 깨우쳐줄 대상"이라며 너그럽게 처분했다. 그러나 5년 후 제위를 이은 건륭제는 즉위 절차가 끝나기도 전에 이 일의 재심을 명령하고 증정을 극형에 처했다).

화이 간의 차이를 크게 보고 작게 보는 주장은 역사적 변화에 원인이 있는 것이다. 춘추전국시대까지의 천하는 여러 선수가 함께 뛰는 운동장이었다. 화하가 주전선수라면 외이는 후보선수였고, 화하가 1부 리그라면 외이는 2부 리그였다. 외이는 언제라도 교체 투입이 가능한 선수였고 리그 승격이 가능한 팀이었다. 반면 진秦나라 통일 이후로는 안과 밖의 경계가 뚜렷해졌다. 한漢나라 초기에 흉노匈奴에 시달리면서 외이를 무서워하고 싫어하는 심리가 중국인의 마음속에 자리 잡기 시작했다.

흉노 이래 중화제국에 대한 외이의 위협은 북방으로부터 거듭거듭 닥쳤다. 선비족의 북위北魏, 거란족의 요遼, 여진족의 금金, 몽골족의 원元, 만주족의 청淸에 이르기까지 한족의 천하 지배를 위협하고 전복한 것은 모두 북방 오랑캐였다. 만리장성이 다른 방면 아닌 북쪽에 설치된 것이 당연한 일처럼 보인다.

그러나 당연한 일로 그냥 넘어가지 말고 한 꺼풀 더 벗겨보자. 다른 방면보다 북쪽에서 심각한 위협이 많이 제기된 이유가 정말 무엇이었을까?

중국문명의 본질은 농업문명

중국문명의 본질은 농업문명이다. 석기시대까지는 농업의 생산성이 수렵·채집과 차이가 아직 적었다. 농업사회가 다른 사회들을 압도할 조직력을 키울 만큼 잉여생산이 크지 않았다. 청동기시대에 들어와 생산력이 크게 발전하면서 농업사회의 치밀하고 거대한 조직이 시작되었다. '고대국가'의 발생으로 표현되는 이 단계가 중국에서는 하·상 왕조로 기록되었다.

상나라 탕왕湯王이 하나라를 정벌할 때 1000여 개 나라가 따랐는데, 주나라 무왕武王이 상나라를 정벌할 때는 100여 개 나라가 따랐다고 한다. 무왕이 탕왕보다 인기가 덜했던 것이 아니다. 그사이에 '나라'의 규모가 커지면서 그 숫자가 줄어든 것이다. 온 천하의 지지를 받은 (적어도 기록에 그런 것처럼 남은) 것은 탕왕이나 무왕이나 마찬가지였다.

주 무왕 때의 100여 개 나라 중 거의 모두가 지금의 하남성 영역에 있었으니 한 나라의 크기는 우리의 1개 면 내지 1개 군 정도였다.

아직 도시국가 단계였다. 나라의 크기가 계속해서 커지고 수가 줄어들면서 영토국가 단계로 나아갔다. 춘추시대에 접어들 무렵에는 대부분 지역이 영토국가에 편입되어 있었고, 전국시대에 접어들면 7웅七雄을 비롯한 10여 개 나라가 중원中原(화하의 영역)의 모든 땅을 나눠 가진 상태가 된다.

중원의 범위도 넓어졌다. 초기 농업의 발전에 유리한 조건을 갖춘 지역이 여러 곳 있었다. 그중 넓은 지역이 황하 중류 유역, 장강 중하류 유역과 장강 상류 유역이었다. 청동기문명의 발전에 따라 이 세 지역에서 나란히 큰 정치조직이 자라났다. 이 단계에서는 세 지역의 문명 수준에 큰 차이가 없으면서 상호 접촉이 많지 않은 상태에서 별개의 문화권을 이루고 있었다. 황하문화권과 장강문화권, 파촉巴蜀문화권이었다.

중국문명 초기의 역사기록이 황하문화권 입장의 서술로 남아 있는 것은 청동기시대 후기 이래 문명권의 통합이 황하문화권의 주도하에 이뤄졌기 때문이다. 그래서 중국문명이 '황하문명'으로 알려지기도 했지만, 고고학 발굴과 연구의 진행에 따라 황하문화권은 초기 중국문명권의 일부일 뿐이었다는 사실이 밝혀져왔다.

문명권의 통합에서 황하문화권이 주도권을 쥐게 된 이유가 무엇일까. 나는 철기鐵器 보급이 황하 유역에서 시작된 것이 아닐까 하는 가설을 여러 해 동안 검토해왔다. 중국의 철기시대에는 세계 다른 지역과 구별되는 특징이 있다. 다른 지역에서는 광석에서 추출한 철괴를 비교적 낮은 온도에서 망치로 두들겨 모양을 빚어내는 단조鍛造가 오랫동안 주종이었는데, 중국에서는 높은 온도로 녹여 거푸집으로 찍어내는 주조鑄造가 일찍부터 발달했다. 단조가 수공업이라면, 주조는 공장공업이라 할 만큼 생산성이 높은 방식이었다. 그래서 중국에서는 철기의 사용량이 다른 지역보다 많아서 여러 방면에 큰 영향을 끼쳤다. 한나라에서 철기가 소금과 함께 중요한 전매품목이 되고 외국 수출 금지 품목이 된 데서 이 사실을 알아볼 수 있다. 철기시대 진입의 의미가 특별히 컸다는 점을 생각해서, 춘추전국시대의 변화에도 큰 배경조건으로 작용한 것이 아닐까 추측했던 것이다(유럽 고고학계에서 선사시대의 시기 구분 방법으로 확립된 석기·청동기·철기의 3분법을 중국에는 적용하기 어렵다. 중국에서는 문자기록이 일찍 시작되어 청동기시대 중에 이미 역사시대에 진입했기 때문이다. 유럽과 지중해 지역에서는 철기시대가 한참 진행된 뒤에 문자가 나타났다).

그러나 심증은 있지만 물증이 없다. 근년에 춘추전국시대의 유적 발굴이 많이 이뤄졌는데, 철기 유물이 대량으로 나온 것은 전국시대 말기인 기원전 3세기 이후의 유적뿐이다. 철기의 대량생산이 그렇게 늦게야 시작되었다면 춘추시대 이전에 황하문화권이 중화문명의 주도권을 쥐는 과정과 연결시킬 수 없다.

청동기시대 말기에 급격한 정치·경제·사회적 변화가 일어난 것은 일반적 현상이었다. 지중해 동부 지역의 '후기 청동기 대붕괴'Late Bronze Age Collapse 현상이 서양 고대사학계의 주목을 받아왔다. 기원전 12세기 전반기의 짧은 기간 중에 그리스의 미케네, 바빌론의 카시트, 아나톨리아의 히타이트, 이집트 왕조 등 당시의 문명 중심지가 거의 모두 파괴되거나 몰락한 사실에 관심이 모인 것이다. 여기에서도 변화의 원인이 명확하게 밝혀지지 못하고 있지만 철기의 출현과 그에 따른 전쟁 양상의 변화에 많은 관심이 쏠려 있다(미케네는 기원전 16세기 이래 그리스문명의 중심지였는데 기원전 12세기 들어 급속히 퇴락했다. 카시트 왕조는 기원전 16세기부터 바빌론 지역을 통치하다가 기원전 1153년에 동쪽에서 온 엘람족에게 정복당했다. 기원전 15세기부터 13세기까지 전성기를 누린 히타이트제국은 기원전 1180년경에 붕괴해서 여러 개 도시국가로 쪼개졌다. 이집트 신왕조는 람세스 3세(재위 기원전 1186~1157) 이후 통치력을 상실했다).

장강문화권이 춘추시대를 통해 중화문명권에 합류한 사실은 초楚·오吳·월越 세 나라의 등장에서 알아볼 수 있다. 세 나라 모두 중원의 기존 세력에게 '오랑캐' 취급을 받았지만 강대국의 위용을 뽐냈다. '송양지인'宋襄之仁의 고사에서 그 상황을 알아볼 수 있다.

송나라 양공은 춘추5패에 꼽힐 만큼 위세를 떨친 군주였으나 초나라에게 뜻밖의 패전을 당해 몰락했다. 송군이 포진한 앞에서 초군이 강을 건너는 것을 보며 양공의 좌우에서 공격하기 좋은 기회라고 진언했다. 그러나 양공은 거절했다. "상대의 어려움을 이용하는 것은 어질지 못한 일이오." 초군이 강을 건너와서 대오를 정비하고 있을 때 좌우에서 다시 공격을 권했으나 양공은 같은 이유로 또 거절했다. 그리하여 모든 준비를 갖춘 초군이 공격해오자 송군은 무너지고 말았다.

이 고사는 양공 개인의 지나치게 어진 품성만이 아니라 송·초 두 나라의 문화적 차이를 보여준다. 중화의 일원을 자부하며 전쟁에도 격식을 차리는 송나라와 마구잡이로 달려드는 초나라의 차이다. 공자는 "오랑캐에게도 배울 것이 있으면 찾아서 배워야 한다"라고 했는데, 전쟁 방식에는 확실히 오랑캐의 가르침이 통했다. 춘추 초기에 비해 춘추 말기의 전쟁은 "너 죽고 나 살기"의 오랑캐 방식으로 옮겨가 있었다.

또 하나 큰 문화권인 장강 상류의 파촉은 기원전 316년에 진秦나라에게 정복당했다. 막대한 생산력을 가진 이 지역에서 진나라가 거둔 변법變法의 성과가 이후 100년간 진나라의 통일 사업을 뒷받침해주었다.

춘추시대 이전에 장강문화권은 '남만', 파촉문화권은 '서융'이었다. 오랑캐의 이름을 가졌지만, 화하와 비슷한 수준의 농업문명과 정치조직을 발전시키고 있던 지역들이었다. 『예기』「왕제」에 "중원과 이, 만, 융, 적, 모두 자기네 거처와 음식, 의복, 도구, 기물이 있으며 5방 사람들 사이에 말이 통하지 않고 좋아하는 것이 서로 다르다"라고 하여 5방의 서로 다름만을 말하고 우열優劣을 논하지 않은 것은 농업문명권이 아직 중원에 모두 포괄되지 않고 있던 이 단계의 상황을 그린 것이다.

중원에 대한 북방의 특별한 의미

춘추전국시대를 지나는 동안 황하문화권, 장강문화권, 파촉문화권 등 기존의 중요한 농경지역이 모두 '중원'으로 통합되었다. 그에 따라 전국시대 이후의 외이는 농경문화를 갖지 않았거나 농경의 비중이 작은 부족들이 되었다. 그러나 농업기술과 농기구의 발달에 따라 전에는 농업화가 어렵던 외이 지역으로 농경문화가 꾸준히 퍼져 나갔고, 중원은 그런 외이 지역을 단계적으로 흡수하면서 계속 확장되었다. 한반도는 농경문화가 고도로 발달한 뒤까지도 바다 건너에 떨어져 있어서 중원에 흡수되지 않은 특이한 지역이었다.

황하와 장강 유역의 중원에 자리 잡은 농경문명은 1000여 년에 걸쳐 남해안, 지금의 복건福建성과 광동廣東성 지역으로 확장해 나갔다. 남방지역의 초기 농업 발달이 늦은 조건은 두 가지였다. 온난·습윤한 기후 때문에 숲이 빽빽해서 개간이 어려웠다는 것과, 강우량이 많은 곳의 개간을 위해서는 배수排水라는 고난도 수리水利 기술이 필요했다는 것이다. 철기 보급이 이들 조건의 극복에 큰 역할을 맡음으로써 농경문화의 남방 확장이 순조로워졌다. 남방은 중국문명이 꾸준히 진격해 나아간 방향이었다.

동쪽과 남쪽으로의 확장이 바다에 막혔다면, 서쪽으로의 확장은 산악과 사막에 막혔다. 티베트 고산지대와 신강新疆·청해靑海의 건조지대는 농경만이 아니라 어떤 산업에도 적합하지 않은 곳이어서 인구가 희박했다. 바다와 거의 다를 바 없는 인간 활동의 장벽이었다.

북쪽이 변화의 여지가 큰 방면이었다. 강우량이 꽤 되고 지형도 평탄한 지역이 많다. 유목이 가능한 초원지대가 있고, 농업기술의 발

장강 파촉문명 유적지인 삼성
퇴三星堆에서 출토된 황금 마
스크. 삼성퇴박물관 소장.

달에 따라 농경사회가 자라날 수 있는 지역도 많았다. 흉노로부터 선비, 돌궐, 거란, 여진, 몽골, 만주족에 이르기까지, 중원에 심각한 위협을 제기한 오랑캐의 대부분이 이 방면에서 나타났다.

중국과 오랑캐 사이의 관계에 관한 기록은 중국 쪽에 압도적으로 많이 남아 있다. 중국 입장에서 남긴 이 기록에는 중국의 우월성을 강조 내지 과장하는 경향이 있었고, 이 경향은 오랑캐와 중국의 차이를 크게 보려는 입장으로 이어졌다. 화·이 관계의 실상을 이해하기 위해서는 이 경향을 감안할 필요가 있다. 대부분의 중국 기록 내용에 비해 오랑캐와 중국 사이의 차이는 그리 크지 않았고, 양자 간에는 서로 공유하는 것이 많았으리라고 나는 추정한다.

북방의 장성은 화·이 대립이 가장 극명하게 나타난 현장이었다. 화·이 관계가 이질적 존재들 사이의 단순한 대립관계가 아니었으리라는 추정을 이곳에서 제일 먼저 확인해본다. 대립이란 것 자체가 공유하는 것이 꽤 있을 때 비로소 일어나는 것이다. "소 닭 보듯" 하는 이질적 존재들 사이에는 대립조차 일어나기 어렵다.

장성을 쌓는 데 가장 큰 노력을 기울인 중국 왕조는 한나라와 명나라였다. 한나라에게는 흉노라는 숙적이 있었고, 명나라는 몽골족과 오랫동안 다투다가 나중에는 만주족에게 유린당했다. 흉노, 몽골, 만주족은 당시의 중국과 얼마나 떨어진 거리에 있었을까? 나중에 더 세밀히 살펴보겠지만, 여기서 약간의 실마리를 뽑아두겠다.

진 시황秦始皇이 흉노에 대비해서 장성長城을 쌓았다는 이야기가 있는데, 시황이 경계한 것은 '호'胡였다. 『사기』에 '동호'東胡로 나오는, 당시에 흉노보다 강성한 세력이었다. 흉노도 동호도 전국시대에는 그리 큰 세력이 아니었다. 인접한 제후국 조趙나라와 연燕나라가 오랫동안 그럭저럭 통제하던 작은 세력들이었다. 그런데 공교롭게도 진나라의 통일 무렵에 갑자기 중원 전체를 위협하는 큰 세력으로 나타난 것이 어찌된 일일까?

전국 말기 중원의 대혼란을 피해 많은 인구가 북방으로 달아났다. 위만衛滿이 조선(고조선)으로 넘어온 것도 그런 상황 속에서였다. 망명자 중에는 큰 세력을 이끈 높은 신분의 사람들도 있었다. 한나라 초기에는 한왕 신韓王信과 연왕燕王 노관盧綰 같은 제후들까지 흉노로 넘어갔다. 망명자들은 많은 선진기술을 가지고 갔다. 제철製鐵을 비롯한 생산기술부터 정치기술과 병법兵法까지. 대규모 기술 유입이 아니라면 이 시기 흉노의 급속한 세력 확장을 설명할 길이 없다.

『사기』「흉노열전」에 중항열中行說이란 인물이 나온다. 문제文帝 때 사신으로 갔다가 흉노에 귀순한 환관인데 이런 내용이 보인다. "그는 선우單于의 좌우에 있는 사람들에게 기록하는 방법을 가르쳐서 인구와 가축의 통계를 조사하여 기록하도록 시켰다." 유목사회에 없던 행정기술을 전파해준 것이다.

진나라 또는 한나라를 싫어하거나 두려워하는 많은 사람에게 흉노가 대안을 제공해준 것이다. 한왕이나 연왕에게는 만족할 만한 신분과 생활양식을 보장해주었고, 중항열 같은 인물에게는 경륜을 펼칠 기회를 열어주었다. 전혀 이질적인 야만사회라면 불가능한 조건이다. 당시의 흉노가 중국문명을 상당 수준 받아들인 상태였기 때문에 망명자들에게 대안이 된 것이고, 그래서 중화제국을 위협하는 큰 세력으로 자라날 수 있었던 것이다(한 고조가 천하를 차지한 후 진나라에 대항하는 과정의 연합세력이던 이성異姓 제후를 핍박하기 시작하자 기원전 201년 한왕 신이 흉노에 투항했다. 이듬해 고조가 32만 병력으로 흉노를 원정했지만 오히려 포위당해 곤욕을 겪었다. 그 후 70여 년간 "돈으로 평화를 사는" 저자세로 흉노를 대하다가 무제 때에 이르러 흉노를 공격하기 시작했다).

명明나라의 경우에는 몽골족 아닌 만주족에게 천하를 넘겨준 사실에 유의할 필요가 있다. 원元나라를 몰아내고 천하를 차지한 이후 명나라가 내내 경계한 것은 몽골족이었다. 황제가 포로로 잡힌 일도 있고 북경까지 쳐들어온 일도 있었다(1449년 명 영종英宗이 몽골족 오이라트부를 정벌하러 출병했다가 오히려 포로로 잡히는 토목지변土木之變을 겪었다. 그리고 1550년에는 알탄 칸의 군대가 북중국 일대를 휘젓고 북경 성문을 공격한 일이 있었다). 그러나 1644년 만주족이 북경을 접수할 때 몽골족은 (일부가) 그 밑에서 도와주는 입장이었다. 신흥세력인 만주족이 결정적 단계에서 주도권을 쥔 이유가 무엇일까?

몽골족보다 만주족 사회가 중국문명에 더 접근해 있어서 중국인들이 대안으로 받아들이기 쉬웠다는 점에서 나는 결정적 이유를 찾는다. 그리고 그 첫 번째 차이가 농업화의 수준에 있었다고 본다. 만주족의 주된 구성원이 된 거란족과 여진족은 10세기 초에서 12세기 초까지 북중국을 통치한 일이 있었고, 몽골족은 12세기 초에서 13세기 중엽까지 중국을 통치했다. 농경문화가 전파될 기회였다. 그런데 몽골족의 본거지인 초원지대는 너무 건조해서 농업화가 힘든 반면 동북 지역은 농업화가 크게 진척되었다.

만주족이 동북 지역에 세운 후금後金은 상당 규모의 농업사회를 포괄하고 있었기 때문에 명나라에 좌절감을 느낀 중국 지식인과 기술자들에게 대안이 될 수 있었다. 1644년에 산해관山海關을 지키던 오삼계吳三桂가 쉽게 문을 열어준 이유 하나는 만주족이 선포한 청나라가 중화제국의 체제에 접근해 있었다는 것이다. 명나라 아닌 청나라의 천하에서도 그는 장래를 내다볼 수 있었다. 문을 두드리고 있던 것이 몽골족이었다면 달랐을 것이다.

장성이 뚫려서 명나라가 무너진 것이 아니다

만리장성은 대단히 강한 아우라를 가진 문화유산이다. 사람들이 장성을 제일 많이 참관하는 곳이 베이징 동북쪽 교외에 있는 팔달령八達嶺인데, 놀라운 위용이다. 그런 웅장한 성곽이 도시 하나를 감싸도 대단한데, 그것이 1만 리 길이로 뻗어 있다니!

1972년 닉슨이 중국을 방문했을 때 이곳에서 장성을 보고 이렇게 말했다. "장성은 위대한 성벽이며, 위대한 민족이라야 이런 것을 세울 수 있다." 고통과 치욕의 역사에서 벗어나려고 발버둥치고 있던 중국인들에게 듣기 좋은 말을 해주기 위해 장성을 들먹인 것이다.

닉슨의 이 말은 줄리아 로벨의 『장성, 중국사를 말하다』(The Great Wall: China Against the World, 1000 BC~AD 2000)에서 재인용한 것이다. 장성에 관한 많은 정보가 담겨 있고 이 글을 쓰는 데도 참고가 된 책이므로 이 책에 관한 생각을 조금 적어둔다.

2006년 이 책이 나왔을 때 흥미로운 주제이기에 얼른 구해 보았다. 그런데 막상 읽기 시작하자마자 깜짝 놀랐다. "이런 책이 21세기에 나오다니!" 19세기 말이나 20세기 초에 나왔으면 크게 환영받았을 책이다. 100년 전의 선교사들보다 자료 수집을 좀 더 체계적으로 했다는 것 외에는 사고력과 분석력에 아무 차이가 없다. 중국을 깔보

1972년 만리장성을 방문한 닉
슨 미국 대통령. 미국 국립문서
기록관리청.

고 중국문명의 가치를 낮춰 보는 관점이 지난 수십 년간 많이 불식되
어왔지만, 서양 학계 일각에는 아직도 자리를 지키고 있음을 확인할
수 있다.

　로벨의 책에 좋은 관점도 많이 있다. 장성을 쌓은 목적이 방어만
이 아니라 공격에도 있었다는 관점은 훌륭한 것이다. 그런데 목적이
공격'에만' 있었던 것처럼 우기는 건 지나치다. 중국의 호전성을 단정
하기 위해 맹목적으로 매달리는 느낌이다.

　지금의 하북河北성에서 섬서陝西성까지, 일찍부터 중원에 포괄된
지역의 북쪽으로 둘러쳐진 장성은 분명히 방어용이다. 그러나 그 서
쪽으로 감숙甘肅성 깊숙이 돈황敦煌 부근까지 세워진 부분은 농경지
역을 방어하는 목적이 아니다. 한나라 때 세워진 이 구역의 장성은
서역西域과의 교통로로서 감숙회랑을 확보하기 위한 것이었다.

'실크로드'라는 이름이 붙은 이 교통로는 기원전 2세기 말 장건張騫(기원전 164~114)이 개척한 이래 중국의 가장 중요한 육상 대외교역로가 되었다. 인도와 페르시아는 중국 부근의 가장 큰 문명권으로서 한나라 때부터 중요한 교역 상대가 되었는데, 해상교통이 발달하지 않은 시기에 가장 중요한 통로가 이 방향으로 열린 것이다. 이 통로의 대부분은 사막과 고산지대를 지나기 때문에 크게 방해되는 세력이 없는데, 유일한 위협 세력이 흉노 등 북방의 유목민이었기 때문에 그를 막기 위해 장성을 이어 쌓은 것이었다.

팔달령 언저리 장성의 위용에 닉슨은 경탄했는데, 로벨은 장성 전체가 그런 웅장한 모습이 아니라는 사실을 밝히는 데 무척 공을 들였다. 1793년 영국 사절 매카트니는 건륭乾隆황제를 만나러 열하熱河로 가는 길에 장성의 위용에 감동해서 장성을 쌓는 데 사용된 석재의 양이 "잉글랜드와 스코틀랜드의 모든 건물에 사용된 분량"과 맞먹고, 높이 2미터 두께 60센티미터의 돌담으로 지구를 두 바퀴 감을 수 있는 정도라고 했다. 이것은 5000킬로미터 길이의 장성 전체가 자기가 본 곳처럼 두께와 높이가 각각 10미터 전후에 이르는 석축일 것으로 가정하고 계산한 것이다.

그런 환상은 사라진 지 오래다. 큰 석재와 벽돌을 쓰는 그런 웅장한 축성법은 대포가 많이 쓰이게 된 명나라 때 제국의 중심부를 보호하는 구간에만 사용된 것이었다. 명나라 이전에 세워진 성벽은 진흙과 돌멩이 등 현장 부근에서 구할 수 있는 재료를 갖고 최소한의 전술적 우위를 목표로 간략하게 건설된 곳이 많았다.

로벨의 주장이 억지스러워 보이는 한 가지는 장성의 효용성을 부정하는 것이다. 장성을 세운 중국인을 사악할 뿐 아니라 어리석기까지 한 존재로 규정하려 드는 것처럼 보인다. 장성이 제 구실을 못한 일이 역사를 통해 몇 차례 있었던 것은 사실이다. 그러나 제 구실을 한 때가 더 많았다. 제 구실 못한 것이 특이한 일이기 때문에 기록에 남게 된 것이다.

장성은 돌로 쌓은 구조물로서가 아니라 하나의 제도로서 의미를 가진 것이다. 구조물 자체가 방어력을 가진 것이 아니라 그 구조물을 이용하는 군사제도가 효능을 가진 것이었다. 제국을 옹위하는 제도는 일시적·국부적 상황이 제국을 쉽게 무너트리지 않도록 막아준다. 그러나 제국의 근거가 무너질 때는 제국의 한 부분인 제도가 어떻게 혼자 버틸 수 있겠는가?

1644년 청군의 입관 장면을 보자. 요동遼東 지역의 숱한 방어선이 무너진 뒤에도 장성은 버텼다. 명나라가 무너져서 장성이 뚫린 것이지, 장성이 뚫려서 명나라가 무너진 것이 아니다. 북경이 이자성李自成에게 유린당할 때 오삼계는 당시 중국인을 대표해서 선택을 내린 것이고, 그 선택의 기회는 장성 덕분에 주어진 것이었다. 명나라가 잃어버린 천하를 이자성의 천하로 만들 것인가, 청나라의 천하로 만들 것인가 하는 선택이었다.

장성은 중화제국이 존재한 2000여 년 동안 화하와 외이 사이의 장벽으로 서 있었다. 다른 어느 방면에서도 볼 수 없는 굳건한 모습이다. 그러나 그 굳건한 장벽도 소통을 완벽하게 차단하는 것이 아니었다. 오히려 안팎의 상호관계에 절제를 가함으로써 변화를 순조롭게 만든 효용도 장성에서 찾아볼 수 있다. 중화와 오랑캐 사이의 관계에서 보다 긴밀하고 유기적인 측면을 찾는 작업의 초입에서 장성을 둘러싼 교섭관계를 먼저 떠올려본다.

2

춘추전국시대에 빚어져 나온 '천하'

초 제후가 육혼 오랑캐를 정벌하다가 낙에 이르러 주나라 땅에서 열병식을 함에 정왕이 왕손만을 보내 초 제후를 위로할 때 초 제후가 솥의 크기와 무게를 물었다.

楚子伐陸渾之戎 遂至于雒 觀兵于周疆. 定王使王孫滿勞楚子 楚子問鼎之大小輕重焉.

『춘추좌씨전』 선공宣公 3년(기원전 607)조의 기사다. 초 제후를 "초자"楚子라 한 것은 제후의 등급인 공·후·백·자·남 중 '자'에 해당하기 때문이었다. 낮은 편의 등급이었다. 제후의 등급은 족보가 첫째 기준이었고, 국력이 그다음 기준이었다. 주나라 초기 초 제후가 '자'의 등급을 받을 때는 초나라의 국력도 약소했다. 오랑캐 지역의 작은 세력 하나가 주나라 조공체제에 들어와 최소한의 인정을 받았던 것이다.

그런데 300년 후에는 상황이 크게 달라졌다. 초나라 세력이 당시

상나라 말기에 제작된 구정九鼎. 구정은 천자의 권위를 상징했다. 상해박물관 소장.

의 어느 제후국 못지않게 커진 기원전 704년에 초 임금 웅통熊通은 자기네가 3황5제 중 전욱顓頊의 자손이고 조상인 죽웅鬻熊이 주 문왕文王의 스승이었다며 등급의 상향 조정을 천자에게 요청했다가 거절당하자 스스로 '왕'의 칭호를 취했다. 그때까지는 '왕'이 주나라 천자만의 칭호여서 제후가 감히 취할 수 없는 것이었다.

　그리고 100년 후 초 장왕莊王이 구정九鼎의 스펙을 묻고 있었다. 구정은 천자의 권위의 상징이었다. 그 크기와 무게를 물은 데는 "내가 지금 천자를 천자로 존중해드리고 있기는 하지만, 구정을 구리로 만들 수 있는 것처럼 천자의 권위도 만들어낼 수 있는 것이니 절대적 상하관계를 너무 당연한 것으로 여기지 말라"는 경고의 뜻이 담겨 있었다. 그래서 "솥에 관해 묻는다"〔問鼎〕는 말이 하극상을 가리키는 숙어로 자리 잡게 되었다.

　춘추시대 초기에는 대다수 제후국이 지금의 하남성 일대에 다닥 다닥 모여 있었다. 상나라 시절부터 '중원'으로 전해져 온 오래된 동네였다. 그곳에서 인구가 몇 만에 이르는 나라면 큰 편이고 10만을 넘는 나라가 별로 없었다. 도시국가 단계를 크게 벗어나지 않은 나라들이었다.

그런데 그 바깥에서는 인구 100만을 바라보거나 넘어서는 나라 몇 개가 커 나가고 있었다. 상나라 때는 중원 바깥, 외이外夷의 지역이던 곳이다. 외이라고는 하지만 농경문명이 자리 잡고 있었고, 황하 문명권에 동화되지 않을 뿐이던 곳이 많았다. 주나라 시대 들어 그런 지역을 끌어들인 몇 개 제후국이 슈퍼파워로 대두한 것이다.

춘추시대 천하질서의 원리를 대표한 구호가 '존왕양이'尊王攘夷와 '계절존망'繼絶存亡이었다. '존왕양이', 임금을 받들어 외적을 물리친다는 것은 어느 때 어느 곳에서나 비슷하게 통할 만한 구호였는데, '계절존망', 끊긴 것을 이어주고 사라진 것을 되살려준다는 구호에 춘추시대의 특색이 담겨 있었다. 도시국가에서 영토국가 단계로 넘어오는 고비에서 끊기는 가문, 사라지는 국가가 많았다. 세상이 좀 덜 시끄럽고 참혹한 일이 적기를 바라던 그 시대 사람들의 마음을 담은 것이 '계절존망' 구호였다.

춘추시대, 주변부의 강대국이 성장하다

기원전 771년 주나라가 오랑캐의 공격을 피해 서안西安 부근에 있던 왕도를 낙양洛陽 부근으로 옮기면서 동주東周시대가 시작되었고, 동주시대의 전반부를 춘추시대, 후반부를 전국시대라 부른다.

동쪽으로 옮겨오면서 천하에 대한 주나라 천자의 통제력이 크게 줄어들었다. 이에 따라 중원 바깥에서 덩치를 키운 강대국들의 세력 경쟁이 중원 내부까지 파고들게 되었다. 굳이 팽창의 야욕이 없는 강대국들도 다른 강대국의 세력을 견제하기 위해 적극적 정책을 취해야 하는 상황이었다. 그래서 '계절존망' 원리의 필요가 더욱 절실했던 것이다.

춘추시대를 통해 '존왕양이', '계절존망'의 원리가 철저하게 지켜진 것은 아니지만, 그 원리를 존중하는 태도는 대체로 지켜졌다는 점에서 약육강식의 풍조에 완전히 휩쓸린 전국시대와 구별된다. 천하질서의 전면적 붕괴를 막을 필요 위에서 강대국 간의 세력균형이 유지된 기간이었다.

천하의 질서가 천자의 권위로 지켜지는 것을 '왕도'王道라 할 때 강대국의 세력균형으로 최소한의 평화를 유지하는 상태를 '패도'覇道라 할 수 있다. 후세에는 패도가 '벌거벗은 힘'을 가리키는 뜻으로 많이 쓰이게 되지만, 원래 패도는 왕도만은 못해도 그에 버금가는 괜찮은 원리를 뜻했다. '패'覇 자가 '백'伯에서 나온 것으로 흔히 해석한다. '백'은 천자를 보좌해서 한 방면의 질서를 주도하는 우두머리 제후를 가리키는 말이었다.

패도는 권력보다 권위와 신뢰에 의지하는 질서의 원리였다. 『사기』「자객刺客열전」에 노魯나라 장군 조말曹沫이 회담장에서 제 환공齊桓公을 비수로 협박해 노나라에 유리한 조건으로 조약에 서명하게 한 일이 적혀 있다. 환공은 나중에 이 조약을 원천무효로 파기할 마음이 있었는데 관중管仲이 말렸다고 한다. 강요당한 약속까지도 존중하는 자세로 천하인의 믿음을 얻는 것이 목전의 득실보다 더 크다는 이유였고, 환공이 이 건의에 따름으로써 큰 패업을 이뤘다는 것이다.

춘추시대의 패도를 대표하는 제후 5인을 꼽아 춘추5패라 부른다. 그런데 문헌에 따라 5패의 명단에 차이가 있다. 『사기색은』史記索隱에 들어 있는 제 환공, 진 문공晉文公, 진 목공秦穆公, 초 장왕楚莊王, 송 양공宋襄公의 명단이 제일 널리 받아들여진다. 그러나 다른 문헌에는 이들 중 한두 명이 빠지고 오왕 합려吳王闔閭, 월왕 구천越王句踐, 정 장공鄭莊公 등이 들어가는 명단이 있다.

진秦나라와 초나라는 춘추시대 들어 비로소 존재가 나타난 나라였고, 더욱이 오나라와 월나라는 춘추시대 말기에 와서야 일어난 신흥국이었으므로 이 나라 임금들을 춘추5패로 꼽는 것을 불만스럽게 여기는 사람이 많았다. 그러나 당시의 천하질서에 미치는 힘이 워낙 큰 세력들이었기 때문에 5패에 이름을 올린 것이었다.

서주시대까지 오랑캐 취급을 받던 진秦, 초, 오, 월 등 신흥국들이 주변부에서 실력을 키워 강대국으로 성장했고, 그 성장의 주된 수단은 전쟁이었다. 춘추시대를 통해 전쟁의 양상이 바뀌었다. 초기의 전쟁은 운동경기처럼 한 차례 접전의 결과에 따라 진 쪽이 적당히 양보하는 맹약을 맺고 끝내는 방식이 표준이었다. 그런데 춘추 말기에는 상대방을 끝장내자는 전면적 지구전이 유행하게 되었다. 송 양공의 몰락을 가져온 기원전 638년의 전쟁도 그런 변화의 한 단면이었다.

병법의 대명사로 통하는 손무孫武와 오기吳起가 중원의 오래된 나라 출신이면서 오나라와 초나라에서 활동한 것은 유의할 만한 사실이다. 새로운 전쟁 방식이 변방의 신흥국가에서 더 쉽게 받아들여졌기 때문이라고 짐작할 수 있다.

『사기』「손자오기孫子吳起열전」에 제나라 출신의 손무가 오왕 합려에게 등용되는 장면이 그려져 있다. 궁중 여인으로 병법을 시연하다가 합려의 애첩 둘이 군령을 제대로 따르지 않는다는 이유로 목을 쳤다는 이야기다. "애첩"이라 해서 여색을 아끼는 합려의 마음을 떠올리기 쉬운데, 그 뜻만이 아니었을 것이다. 군주의 처첩은 나라 안팎의 중요한 동맹관계를 대표하는 경우가 많았다. 손무의 책략에는 임금의 군령軍令을 절대화하는 의미가 있었던 것이다.

기원전 506년 오나라가 초나라를 공격할 때 보름 동안 다섯 차례 연이은 전투 끝에 초나라 수도 영郢을 함락시켰다고 한다. 100여 년 전 무식한 공격으로 송 양공을 혼내준 초나라 군대도 그사이에 중원의 우아한 전쟁 방식에 길이 들어 있었던 것일까? 쉴 틈 주지 않고 달려드는 오나라 군대에게 기가 질렸을 것이다. "우리도 한때는 빡세게 놀았는데, 이놈들은 진짜 너무한다!"

같은 열전 뒤쪽에 나오는 오기는 손무보다 약 100년 후 위衛나라 출신으로, 초년에 노魯나라와 위魏나라에서 장군을 지내고 뒤에 초 도왕悼王에게 등용되었다. 그가 한 일은 "법령을 정비하여 불필요한 관직을 없애고 왕족의 봉록을 폐지하여 군대를 키웠다"라고 적혀 있다. 한마디로 왕권 강화였다. 이런 정책으로 왕족과 대신들의 미움을 받은 오기는 도왕이 죽은 후 그들의 공격을 받았는데, 도왕의 시신 곁으로 피해서 그를 향해 쏜 화살 중에 시신에 맞은 것이 있었다. 숙왕肅王으로 즉위한 태자가 이 불경죄를 빌미로 공격에 가담한 자를 모두 처단했으니, 오기는 자기 죽음으로까지 초나라의 중앙집권에 공헌한 것이다.

시대의 모순을 상징한 오자서伍子胥

5패 중 오왕 합려의 행적이 특히 흥미롭다. 두 개 두드러진 대목이 있는데, 하나는 왕이던 사촌동생 료僚를 죽이고 스스로 왕이 된 것, 또 하나는 그로부터 9년 후 초나라를 거의 멸망시킨 큰 승리를 거둔 것이다. 두 대목에 모두 깊이 얽힌 인물이 오자서伍子胥였으므로 『사기』 「오자서열전」에서 이어지는 이야기를 읽을 수 있다.

오나라가 사서에 구체적으로 나타난 것은 합려의 할아버지 수몽壽夢(재위 기원전 586~561)부터인데 합려의 아버지 제번諸樊(재위 기원전 561~548)이 장남으로 뒤를 이었다. 제번 후에 그 동생 여제余祭(재위 기원전 548~531)와 여매余昧(재위 기원전 531~527)가 뒤를 이었는데 여매 다음에 문제가 생겼다. 수몽의 막내아들 계찰季札이 굳이 왕위를 사양하는 바람에 여매의 아들 료에게 왕위가 넘어갔다. 이에 불만을 품은 합려가 기원전 515년에 료왕을 죽이고 왕위를 빼앗았다.

합려의 계승권 주장은 장자長子 상속의 원리에 입각한 것이다. 그러나 합려 이전의 오나라에 그런 원리가 없었음을 그 숙부들의 왕위 계승이 보여준다.

형제 계승에서 장자 계승으로 넘어간 변화는 국가 형태의 큰 발전이었다. 국가 규모가 작을 때는 권위보다 권력이 중요했다. 임금이 죽었을 때 나이 어린 아들보다 장성한 동생이 역할을 이어받는 편이 나았다. 그러나 규모가 큰 국가에서는 보편적 존중을 받는 권위가 임금 개인의 힘보다 더 중요해진다. 누가 더 힘이 세냐에 따라 이 사람도 될 수 있고 저 사람도 될 수 있는 애매한 기준이 아니라 이 사람 아니면 안 된다는 천명天命의 확실한 소재를 밝혀야 한다.

상나라 세계世系에는 부자 계승보다 형제 계승이 압도적으로 많았다. 반면 주나라는 장자 계승의 원칙이 확고했다. 공자가 주공周公을 성인으로 받든 큰 이유 하나가 이 원칙의 확립에 있었던 것이 아닌가 생각한다. 형인 문왕이 죽은 후 어린 조카 성왕成王의 섭정을 7년간 맡아 실제로 천자 노릇을 하면서도 신하의 자리를 지킨 것이 주공의 공로였다. 당시 새 왕조에 가장 큰 위협을 가한 것이 성왕의 다른 숙부들인 관숙管叔과 채숙蔡叔이었다는 사실로 볼 때 장자 계승의 원칙은 주공에 의해 비로소 확립된 것이다.

그보다 500년 후까지 형제 계승이 시행되고 있었던 사실에서도 오나라의 후진성을 알아볼 수 있다. 이웃의 초나라는 왕을 칭한 지 200년이 되어 문명국 행세를 하며 오나라를 깔보고 있었다. 그런데 기원전 6세기 말에 이르러 오나라의 국력이 급속히 자라나는 과정에는 선진국에서 넘어온 인재들의 역할이 컸다. 손무도 그런 인재의 하나였지만, 가까운 초나라에서 넘어온 사람이 많았다. 오자서처럼 원한을 품고 초나라를 떠난 사람들에게는 복수를 위해서도 경륜을 펼치기 위해서도 기술 수준이 낮으면서 잠재력이 큰 오나라가 매력적인 대안이었다.

오자서는 료왕에게 초나라를 공격할 뜻이 별로 없음을 알고서는 합려를 위해 료왕을 암살하고 합려의 등용을 받았다(암살의 선진기술도 가져왔다). 합려가 즉위 후 초나라에 적극적 공세를 취한 데는 군사적 긴장상태로 정치적 반대를 가로막고 대외적 성공으로 자기 왕위의 정당성을 증명하려는 뜻도 있었을 것이다.

오자서는 자기 시대의 모순을 상징한 인물이었다. 초나라에서 달아난 지 20년 만에 오나라 군대를 이끌고 초나라 수도를 함락시킨 그는 자기 아버지와 형을 억울하게 죽인 평왕平王의 무덤을 허물고 그 시신에 매질을 했다. 아무리 잘못이 있더라도 자기가 모시던 임금을 그토록 가혹하게 대한다는 것은 춘추시대의 윤리에서 벗어난 짓이었다. 전국시대로의 이행을 보여주는 행위였다.

그러나 다시 20년이 지난 후 오자서는 전혀 다른 모습을 보여준다. 합려의 뒤를 이은 부차에게 월나라 구천을 철저하게 제거할 것을 건의했으나 받아들여지지 않았다. 지역 패권을 확고히 다지자는 것이 오자서의 주장이었는데, 부차는 위세를 중원에까지 떨치고 싶은 마음으로 바빴고 그것을 위해 월나라를 포용해서 활용하려는 정책이었다. 오자서는 주장을 굽히지 않다가 참혹한 죽음을 맞았고, 몇 해 후 부차가 중원으로 출정한 동안 월왕 구천이 기습으로 오나라를 멸망시켰다(부차가 복수를 위해 장작 위에서 잠을 자고 구천이 복수를 위해 쓸개를 먹었다는 뜻에서 '와신상담'臥薪嘗膽이란 말이 널리 쓰였지만, 『사기』에는 '상담'만 나오고 '와신'은 보이지 않는다. 합려가 월나라와 싸울 때 입은 손가락 상처 때문에 죽었다고 하는 이야기는 오자서의 입장을 두드러지게 하기 위해 지어내거나 부풀린 것 같다. 합려가 정말로 구천 때문에 죽은 것이라면 부차가 아무리 불효자라도 적당히 넘어갈 수 없었을 것이다).

구천을 보좌해 부차를 격파한 두 사람, 범려范蠡와 문종文種의 훗날 행적도 흥미롭다. 초나라 출신의 친구 사이로 경륜을 펼치기 위해 함께 월나라로 넘어가 구천을 모신 사람들이었다. 구천이 패업을 이룬 후 범려는 그를 떠나 제2의 인생을 꾸린 것으로 전해진다. 송나라 도陶 땅에 가서 주공朱公이란 이름을 쓰며 장사로 엄청난 재물을 모았다고 하여 '도 주공'은 재신財神의 대명사가 되었다. 범려가 떠나면서 문종에게 "구천은 어려움을 함께 겪을 사람이지 편안함을 함께 누릴 사람이 아니"라며 함께 떠날 것을 권했지만 문종은 남아 있다가 얼마 후 오자서와 비슷한 억울한 죽음을 당했다고 한다.

파촉巴蜀문화권의 진면목을 드러낸 삼성퇴 발굴

오랑캐의 땅으로 여겨지던 장강 유역에서 초, 오, 월 세 나라가 나타나자마자 중원을 호령하는 위세를 보인 것이 어떻게 된 일일까? 중원의 격식에 얽매이지 않는 '오랑캐스러움'을 우선 떠올릴 수 있다. 기원전 638년 송 양공을 곤경에 몰아넣은 것은 중원문화에 물들지 않은 초나라 군대의 씩씩한 기세였다.

그러나 그런 오랑캐의 씩씩함이 얼마나 오래, 그리고 넓게 통할 수 있었을까? 중원의 오래된 나라들도 새로운 전쟁 방식을 익히고 있었고, 오랑캐도 중원에 일단 끼어들면 중원문화에 물들어 오랑캐다움을 잃어버리는 추세가 있었다.

더 중요한 조건은 획득할 자원이 주변부에 풍성하다는 점에 있었다. 농경문화를 발전시켜 많은 인구와 생산력을 키워놓고 있으면서도 하·상·주 중심의 조공체제에 편입되지 않고 있던 지역이 가장 중요한 정복 대상이었다. 그런 지역은 장강 유역에 많았다. 장강 중·하류 유역은 춘추시대에 초·오·월을 통해 중원에 편입되었다. 또 하나 중요한 지역인 장강 상류 유역, 사천四川 분지는 어떤 사정이었을까?

몇백 년 후 한나라가 쇠퇴할 때 제갈량諸葛亮이 내놓은 천하 3분지계는 과거 황하문화권과 장강문화권, 파촉문화권의 영역으로 세력권을 가르자는 것이었다. 한나라 400년 동안 사천 지역은 제국체제의 주변부에 자리 잡고 있었지만, 예전부터 갖고 있던 풍부한 자원으로 촉한蜀漢의 근거가 될 수 있었던 것이다.

사천 지역 고대사에 관해서는 문헌 기록이 극히 적다. 『사기』「진秦본기」에 혜왕惠王 9년(기원전 316) 사마조司馬錯가 촉을 정벌해 멸망 시켰다는 기사에 이어 몇 차례 촉후蜀侯의 반란 등 짧은 기사 몇 개가 보일 뿐이다. 『화양국지』華陽國志, 『산해경』山海經, 『태평어람』太平御覽 등에 얼마간의 기록이 실려 있지만 사료로서 신뢰성이 약하다.

그런데 최근 30년 동안 이 지역의 고고학 발굴이 놀라운 내용을 쏟아내고 있다. 그 계기가 된 것이 1986년 삼성퇴三星堆 유적의 제사갱祭祀坑 출토였다.

삼성퇴 발굴의 역사 자체가 참으로 기구하다. 성도成都시 북쪽으로 약 40킬로미터 떨어진 곳에서 1930년대 초 상당량의 옥기玉器가 우발적으로 출토된 사실이 알려지면서 그 지역에서 활동하던 선교사들을 중심으로 1934년부터 몇 차례 발굴이 있었다. 그러나 하나의 변방문화에 불과할 것이라는 선입견 때문에 중시되지 않았다. 1980년에 이르러서야 본격적으로 발굴이 시작되었고, 그에 따라 사방 2킬로미터 크기 도성의 존재가 확인되면서 관심이 폭발했다. 지금으로부터 3000여 년 전, 상나라와 같은 시기에 상나라 도읍과 맞먹는 크기의 도성이 이 지역에 존재했으리라는 것은 아무도 상상하지 못했던 사실이었다.

도성의 확인에 따라 발굴작업을 확장한 결과 1986년 제사갱이 발견되었다. 2개 구덩이의 풍성한 출토 내용은 '중국의 경이'를 넘어 '전세계의 경이'를 불러일으켰다. 병마용兵馬俑보다 더 큰 발견이라고 보는 학자들도 있다. 당시 중국문명의 중심지로 인식되어온 상나라의 유적 출토 내용보다 양적으로나 질적으로나 뒤지지 않으면서 독특한 양식을 보여주었기 때문이다.

1986년 이후 사천 지역의 고대문화를 바라보는 고고학계의 시각

삼성퇴에서 출토된 특이한 작품 중 하나인 청동입인상青銅立人像. 왕 혹은 무당을 형상화한 것으로 추정된다.

이 달라졌다. 황하문명의 한 지류가 아니라 그와 대등한 하나의 큰 흐름이 이 지역에 있었다고 보게 된 것이다. 그 흐름을 확인하기 위한 조사 작업이 넓게 펼쳐졌고, 1990년대에 몇 개 중요한 유적지가 발견된 끝에 2001년, 삼성퇴와 맞먹는 품질과 규모의 금사金沙 유적이 성도시 서쪽 교외에서 발굴되었다. 다량의 뛰어난 청동기와 옥기 외에 가면假面, 관대冠帶 등 특이한 금제품이 여럿 나왔다. 고촉국古蜀國의 도읍이 어느 시점에서 삼성퇴에서 금사로 옮겨간 것으로 추측된다.

기원전 316년에 진秦나라가 촉나라를 정복한 후 바로 군현제에 편입시키지 않고 촉후蜀侯를 임명했는데, 그 후 30여 년간 진나라가 임명한 촉후가 반란을 일으켰다는 기사가 『사기』 「진秦 본기」에 몇 차례 보인다. 촉나라 왕조를 멸망시키고도 그 지역의 독립성을 소멸시키는 데 상당한 시간이 필요했던 것으로 보인다(진나라의 촉나라 정복에 관한

성도成都에 있는 금사金沙 유적지.

설화가 있다. 촉나라가 진나라의 도움을 얻으려고 사신을 보냈을 때 혜왕이 그 기회에 촉나라를 잡아먹으려고 꾀를 썼다는 것이다. 큰 석우石牛 5개를 만들어 촉왕에게 준다며, 꼬리 밑에 금 조각을 붙여놓고 금똥[屎金]이라고 했다. 대단한 보물로 여긴 촉왕이 장사들을 보내 석우를 끌어오게 해서 넓은 길이 생겼다. 그 길로 혜왕이 군대를 보내 촉나라를 공격했다는 것. 섬서성에서 사천성으로 넘어가는 길에 '석우도'石牛道라는 별명이 남아 있다).

　　상나라에서 주나라 시대에 걸쳐 황하문화권과 대등한 수준의 문화와 세력을 이루고 있던 장강문화권과 파촉문화권이 춘추전국시대에 이르러 중화문명으로 합류하는 과정에서 황하문화권이 주도권을 갖게 된 이유가 어디에 있었을까? 제철기술의 획기적 발전이 황하 유역에서 시작된 것 아닐까 궁리를 해봤지만, 지금까지 고고학 발굴 성과가 이 가설을 뒷받침해주지 않는다. 문자의 발달로 생각이 끌린다. 장강 유역의 청동기 유적에서는 상나라 유적처럼 풍부한 명문銘文과 복골卜骨이 나오지 않기 때문이다. 고대문명에서 문자의 역할은 워낙 의미가 넓고 큰 것이기 때문에 섣불리 판단할 수 없지만 앞으로 생각을 모아봐야겠다.

3
흉노가 강성해진 까닭

물과 풀을 따라 옮겨 살았기 때문에 성곽이나 일정한 주거지도 없고 농사도 짓지 않았으나 각자의 세력 범위는 경계가 분명했다. 글이나 서적이 없었으므로 말로써 약속을 했다. 어린애들도 양을 타고 돌아다니며 활로 새나 쥐를 쏘고, 좀 자라면 여우나 토끼 사냥을 해서 양식을 충당했다. 남자들은 자유자재로 활을 다룰 수 있어 전원이 무장 기병이 되었다. 따라서 그들은 평상시에는 목축에 종사하는 한편 새나 짐승을 사냥하며 지내다가, 필요할 때는 전원이 군사행동에 나설 수 있었다. (⋯) 싸움이 유리할 때는 나아가고 불리할 때는 후퇴하였는데, 도주하는 것을 수치로 여기지 않았다. 오직 이익을 위해서 일을 꾸밀 뿐 예의는 고려하지 않았다. (⋯) 건장한 사람이 좋은 음식을 먹고 노약자들이 나머지를 먹었다. 건장한 사람을 중히 여기고, 노약자를 경시하였던 것이다.

『사기』「흉노열전」에 그려져 있는 전형적인 유목민으로서 흉노의 모습이다. ①문자가 없다는 점, ②모든 남자가 활쏘기에 익숙하고 병사로 동원된다는 점, ③예절에 구애받지 않는다는 점이 농경민인 중국인의 눈에 두드러져 보였음을 알 수 있다.

이 몇 가지 특징만 보더라도 유목민에게는 국가와 같은 대규모 정치조직이 어려울 것 같다. 카를 비트포겔은 유목민 '사회'의 성립 자체가 단독으로 이뤄지기 힘든 것이라고 보았다. 다양한 생활용품을 자체 내에서 모두 생산하지 못하기 때문에 지속적으로 교환을 (안 되면 약탈이라도) 행할 수 있는 농경사회가 존재해야 유목민 사회도 성립할 수 있다는 것이었다.

순수한 유목사회의 존재가 이론적으로는 가능하다. 유목활동은 원래 수렵·채집에서 변형되어 나타난 것이다. 계절에 따른 초식동물 떼의 자연스러운 이동을 따라다니는 데서 유목이 시작되었다. 따라다니는 중에 인위적 관리 작업이 조금씩 늘어난 것이다. 최초의 유목사회는 필요한 모든 물자를 자체적으로 조달했을 수 있다. 그러나 농경사회와 접촉을 갖게 되면 교환을 통해 노력을 줄이고 편의를 늘리는 분업관계를 맺게 된다. 농경문명이 전 세계로 확산된 뒤에는 그런 접촉을 전연 안 가지는 유목사회가 존재할 여지가 없게 되었다.

20세기 후반기에 몽골과 시베리아에서 유목민 유적이 많이 발굴되었다. 그중에는 농경지와 수공업 등을 갖춘 마을의 유적도 있다. 농경사회와의 분업관계가 완제품의 수입에 그치지 않고 얼마간의 생산수단까지 도입하게 된 것으로 이해할 수 있다.

유목활동에 필요한 사회조직에는 규모의 한계가 있다. 일상생활을 함께하는 가족-씨족의 범위를 넘어 계절에 따른 이동을 함께하는 부족 단위까지는 자연스럽게 조직되는데, 부족이 번성해서 규모가 어느 수준에 이르면 벌의 분봉처럼 부족을 쪼개야 한다. 한꺼번에 몰고 다닐 가축 떼가 너무 많아지기 때문이다. 서로 다른 부족 간에는 물자 교환의 필요도 별로 없다. 서로의 위치를 확인하는 정도의 관계를 가지고 나란히 존재했다.

그렇다면 '유목제국'이란 하나의 형용모순이 아닐까? 농경사회에 비해 유목사회에서는 구성원 대부분이 같은 일을 하며 살고 잉여생산도 많지 않기 때문에 국가와 같은 대규모 조직을 운영할 전문 인력을 키울 수 없다. 부족 단위를 넘어서는 큰 조직 활동은 농경사회와의 관계 때문에 필요하게 된 것이다. 농경사회의 공격을 막고 필요할 때는 약탈에 나서기 위해. 보다 일상적으로는 물자 교환에 유리한 조건을 만들기 위해.

그래서 기원전 3세기 말에 건설된 '흉노제국'은 하나의 '그림자 제국'이었다고 나는 생각한다. 남쪽 농경사회가 하나의 제국으로 통일되는 데 따라 그로부터의 압력에 대응하기 위해 거대한 군사·정치 조직을 만들게 되었다고 보는 것이다. 농경사회에서 발전시킨 조직 기술과 원리를 활용함으로써 유목민들이 오랫동안 유리한 조건을 누릴 때도 있었다. 조직의 필요와 방법이 모두 농경사회에서 유래한 것이므로 '그림자 제국'이라 하는 것이다. 『사기』「흉노열전」에 보이는 묵특冒頓 선우의 굴기 과정에서 이 점을 확인할 수 있다.

직업군인을 키워 제국을 건설한 묵특 선우

묵특은 두만頭曼 선우의 맏아들이었지만 두만은 다른 아들에게 선우 자리를 물려주고 싶어서 일부러 묵특을 위험한 지경에 빠트렸다고 한다. 월지月氏에 인질로 보내놓고 월지를 공격함으로써 묵특을 죽이도록 유도했다는 것이다. 묵특이 위기를 탈출하는 과정에서 초인적 지혜와 용기를 증명했기 때문에 두만도 그를 물리칠 수 없게 되었다고 한다.

다른 아들에게 계승시키기 위해 묵특을 제거하려 했다는 사실에서 당시 흉노 사회에 장자 계승의 원칙이 인식되고 있었던 것 같기도 하지만, 이런 과정을 겪어 중용된 뒤에도 묵특이 두만을 공격해서 살해했다는 점에서는 이 원칙이 아직 확고하지는 않았음을 알 수 있다. 묵특(재위 기원전 209~174) 이후 선우 자리는 노상老上(재위 기원전 174~160)과 군신軍臣(재위 기원전 160~126)으로 부자 계승이 되었으나 군신의 아들 어단於單이 숙부 이치사伊稚斜(재위 기원전 126~114)에게 쫓겨나 한나라에 투항하면서 장자 계승 원칙은 도로 무너졌다.

임금 자리의 장자 계승은 국가 규모가 어느 수준을 넘어서기 위해 필요한 원칙이다. 개인의 지혜와 완력보다 계승권의 확실성이 보장해주는 권위와 안정성이 더 중요해지기 때문이다. 묵특이 이 원칙을 도입한 것은 제국 규모의 조직을 지키기 위해서였고, 이 원칙이 무너진 것은 한 무제漢武帝의 흉노 정벌이 시작된 뒤의 위기 속에서였다.

묵특이 두만을 제거하고 선우 자리를 탈취하는 방법도 흥미롭다. 묵특은 부하들에게 자기가 언제든 명적鳴鏑을 날릴 때는 모두 즉각 같은 표적을 향해 활을 쏘아야 한다고 명령했다. 그러고는 자기 애마에게 명적을 날렸다. 망설이며 쏘지 못한 자들을 모두 죽였다. 다음에는 자기 애첩에게 명적을 날렸다. 역시 망설인 자들을 모두 죽였다. 그리고 나서 기회를 만들어 두만에게 명적을 날렸다. 두만은 바로 고슴도치가 되었다.

흉노의 병사란 적령기의 모든 남성이었다. 생업에 종사하다가 필요할 때 자기 말 타고 자기 활 들고 모이는 사람들이었다. 이런 병사들이 상식과 인정에 어긋나는 명령을 일사불란하게 따른다는 것은 기대하기 힘든 일이다. 묵특은 그들을 직업군인으로 훈련시킨 것이다. 이 훈련의 효과가 두만의 제거에 그치지 않았을 것이다. 다른 유목세력을 통합하는 데도, 한나라 군대에 대항하는 데도 두루 효과가 있었을 것이다.

유목세력 통합의 과정이 동호東胡를 공격하는 장면으로 예시되어 있다.

묵특이 선우에 올랐을 당시 동호가 세력이 강했는데, 묵특이 아비를 죽이고 스스로 왕이 되었다는 소식을 동호 왕이 듣자 묵특에게 사자를 보내 두만이 가지고 있던 천리마를 얻고 싶다고 청했다. 이에 묵특이 신하들의 의견을 묻자, 신하들은 모두 말했다. "천리마는 흉노의 보배입니다. 주지 마십시오." 그러나 묵특은 말했다. "서로 나라를 이웃하고 있으면서 어떻게 말 한 마리를 아낄 수 있겠는가?" 그러고는 천리마를 동호에 보내주었다.

묵특이 자기를 두려워하고 있는 줄로 안 동호 왕이 얼마 뒤 다시 사자를 보내 선우의 연지關氏(선우의 처첩) 한 사람을 얻고 싶다고 청했다. 묵특이 또 좌우에 물었다. 모두 성을 내며 말했다. "동호가 연지를 요구하는 것은 무례합니다. 출병해서 공격해야 합니다." 그러나 이때도 묵특은 말했다. "남과 나라를 이웃하고 있으면서 어떻게 여자 하나를 아낄 수 있겠는가?" 그리고 아끼는 연지 한 사람을 골라 동호에 보내주었다.

이로써 동호는 더욱 교만해져서 서쪽을 넘보게 되었다. 당시 동호와 흉노 사이에는 천여 리에 걸쳐 비어 있는 황무지가 있었다. 쌍방은 각각 지형에 따라 수비 초소를 세워놓고 있었다. 동호가 사자를 보내 묵특에게 전했다. "흉노와 우리가 지키고 있는 초소 밖의 황무지는 흉노에게 어차피 무용지물이니 우리가 차지하면 좋겠소." 묵특이 이 문제를 신하들에게 묻자 몇 사람이 말했다. "버려진 땅입니다. 주어도 좋고 안 주어도 좋겠습니다."

그러자 묵특은 크게 성을 냈다. "땅은 나라의 근본이다. 어떻게 줄 수 있겠는가?" 그러고는 주어도 좋다고 한 자들을 모조리 참수한 다음 말에 오르며 전국에 명을 내렸다. "이번 출전에서 후퇴하는 자는 즉시 죽이겠다." 동호는 애초에 묵특을 업신여겨 흉노에 대한 방비를 하지 않았다. 묵특이 군사를 이끌고 습격하여 순식간에 동호를 대파하고 그 왕을 죽였으며 백성을 사로잡고 가축을 빼앗았

흉노 무덤에서 출토된 독수리 머리를 한 수사슴(기원전 4~3세기). 중국 산서역사박물관(좌). 1972년 오르도스에서 발굴된 흉노의 독수리형 금관(우).

다. 그리고 돌아오자 이번에는 월지를 쳐서 패주시켰고, 남쪽으로 누번, 백양, 하남왕 등의 영지를 병합하였다. 또 연燕과 대代를 공격하여 일찍이 진나라 몽염에게 빼앗겼던 흉노 땅을 모조리 되찾았다. (『사기』「흉노열전」)

가치관의 전환을 보여주는 이야기다. 애첩도 버릴 수 있고 명마도 버릴 수 있지만 땅은 버릴 수 없다는 묵특의 관점, 이것은 유목민의 관점이 아니다. 영토국가로의 전환을 보여주는 것이다. 이 전환을 눈치채지 못하고 있다가 목이 달아난 부하들은 '영토' 같은 데 얽매이지 않고 마음대로 옮겨 다니며 살던 시절이 얼마나 그리웠을까.

망명객들의 대안이 된 흉노

묵특의 제국 건설은 비용이 많이 드는 사업이었다. 많은 장정이 상비군으로 편성되면서 생산활동이 그만큼 줄어들었다. 그리고 좌·우 현왕, 좌·우 녹려왕, 좌·우 대장, 좌·우 대도위 등 작위와 관직, 그리고 왕부王府 등 정치기구를 만들었고 이 조직 운영에도 더 많은 인력이 투입되었다. 통합된 다른 유목사회를 착취해 그 비용을 모두 조달했을 것 같지는 않다. 상호 착취를 통해 큰 조직을 지탱할 만한 잉여생산이 유목사회에는 존재하지 않았다.

중요한 작위와 관직을 좌·우로 나누어 좌를 동쪽에, 우를 서쪽에 배치한 것만 보더라도 묵특의 제국은 남쪽의 농경제국을 상대하기 위해 만든 것이었다. 춘추전국시대 중원 농경사회의 생산력 증대로 유목사회에 대한 압력이 늘어났다. 향상된 군사력과 경제력을 무기로 토지, 인력과 물자 등 유목사회의 자원을 탈취하기 위한 여러 가지 활동이 진행된 것이다. 유목민의 조직 확장과 강화는 그 대응으로 방어적 입장에서 시작되었다.

유목민의 조직 확장 성공 여부는 농경사회와의 관계로부터 조직 비용을 충당할 수 있느냐에 달려 있었다. 조직력 덕분에 물자 거래에서 유리한 조건을 확보할 수 있었고 약탈활동으로 이득을 얻기도 했다. 유목사회의 대규모 조직은 그 동기와 수단이 모두 농경사회의 발전에서 유래한 것이었다.

농경사회가 분열되어 있던 전국시대까지는 유목사회의 통합 규모에도 한계가 있었다. 조趙나라, 진秦나라, 연燕나라 등 인접한 제후국들이 모두 중원 내의 쟁투에 집중할 필요 때문에 인근의 유목민에게 극단적 공세를 취할 여유가 없었고, 유목민 사이에도 근접한 제후국과의 이해관계가 엇갈렸기 때문이다. 조나라 무령왕武靈王(재위 기원전 326~299)이 병사들에게 오랑캐의 복식이던 바지를 입혀 기병騎兵을 양성한 일이 알려져 있다. 바지만 빌려 왔겠는가? 그 무렵의 제후국들은 오랑캐를 용병으로도 활용했다.

진나라의 통일로 상황이 바뀌었다. 농경사회를 통일한 후 진나라의 큰 사업 하나가 장성 축조였다. 유목민과의 거래를 (군사적인 것이든 경제적인 것이든) 일원화하기 위한 사업이었다. 진나라의 통일 직후 묵특 선우의 유목세력 통합은 그 반작용이었다. 묵특이 아무리 군사적 천재라 하더라도 그 짧은 시간 내에 그 많은 세력을 우격다짐만으로 복속시킬 수는 없었을 것이다. 농경사회 쪽의 일방적인 창구 일원화로 피해를 입고 있던 여러 세력이 통합의 필요성에 공감했기 때문에 가능한 일이었으리라고 생각된다.

묵특의 창구 일원화 사업이 큰 성공을 거둔 결정적 계기가 중국사에 '평성의 치욕'〔平城之恥〕이란 이름을 남긴 기원전 201년의 전투였다. 항우項羽를 막 물리치고 황제에 즉위한 유방劉邦의 체면을 구기는 일이 하나 생겼다. 한왕 신韓王信이 흉노에 투항한 것이다. 분노한 유방이 30만 대군을 일으켜 정벌에 나섰는데 흉노는 40만 대군으로 이를 공략, 황제가 7일간 포위되어 있다가 겨우 살아 돌아왔다고 한다. 그 후 70여 년간 한나라는 흉노에 해마다 막대한 재물을 보내고 황실 여인을 흉노에 시집보내는 등 굴욕적일 정도의 유화정책을 취하게 된다. 이 거래로 흉노가 얻은 이득이 조직의 비용을 충당하고 통합된 여러 세력을 만족시킬 수 있었을 것이다.

평성의 싸움에 관한 사서의 기록은 극히 간략한데, 그 상황은 너무나 극적인 것이라서 많은 의문이 남는다. 천하를 통일한 30만 대군 앞에 거칠 것이 무엇이랴, 호호탕탕 진군하다가 막 통합된 유목세력의 40만 대군 앞에서 얼마나 기가 막혔을까. 40만 대군을 그 시점에서 그 장소에 집결시킨 것은 엄청난 수준의 준비가 필요한 일인데, 막 통합된 유목세력이 어떻게 그런 일을 할 수 있었을까? 손자孫子·오자吳子 수준의 병법가가 있었던 것일까?

더욱 신기한 것은 한나라 황제를 통쾌하게 잡아 죽이는 대신 실컷 골려준 뒤 풀어주고 유리한 조건의 조약을 맺어 70여 년간 누린 사실이다. 그렇게 유리한 조건을 그토록 오래 누린다는 것은 인질을 잡아두는 방법 정도로 되지 않는 일이다. 이 역시 정상급의 병법가가 아니면 만들어낼 수 없는 상황이다.

　병법가만이 아니라 온갖 인재들이 묵특 선우의 막하에 모여 있지 않았을까 나는 생각한다. 앞에서 한왕 신의 흉노 투항을 이야기했다. 기원전 202년 한제국의 출범 때 강역의 서쪽 절반은 군현으로 편제하고 동쪽 절반은 제후국으로 쪼개놓았다. 제후 중에는 종실宗室 제후와 이성異姓 제후가 있었고, 이성 제후는 유방의 동맹세력들이었다. 일단 제국이 성립된 뒤에는 이성 제후를 밀어내기 위한 압박이 시작되었는데, 한왕 신에게는 흉노 제압이라는 과중한 짐이 지워졌다. 흉노를 제압할 군사력을 갖지 못한 한왕은 흉노와 타협하는 고식책을 쓰다가 이것이 발각되어 '내통'으로 단죄될 위기에 빠지자 흉노에 투항해버린 것이다.

　한왕에게 제후 비슷한 신분을 제공할 수 있는 제국체제가 흉노 측에 갖춰져 있지 않았다면 투항이 불가능했을 것이다. 묵특의 유목사회 통합에 중원에서 전파된 정치·행정·군사기술이 많이 활용되었을 것이다. 위만이 조선으로 넘어온 것처럼 전국 말기에는 중원에서 오랑캐 땅으로 망명하는 고급 인력이 많았다. 각국의 중앙집권화에 밀려나는 사람들도 있었고, 진나라에게 멸망한 나라의 지배층의 도피도 있었다. 그들은 유목사회에서 입지를 마련하기 위해 있는 대로 능력을 바쳤고, 그 공헌을 제일 잘 활용한 지도자가 묵특이 아니었을까.

　앞에서 중항열이란 인물을 소개했다. 한 문제文帝 때 흉노에 사신으로 갔다가 눌러앉은 사람이다. 『사기』 「흉노열전」에 이런 기록이 있다.

　처음 흉노는 한나라의 비단, 무명, 음식 등을 매우 좋아하였는데, 중항열은 그 점을 들어 선우에게 진언하였다.
　"흉노의 인구는 한나라의 한 군郡에도 미치지 못합니다. 그런데 흉노가 강한 것은 입고 먹는 것이 한나라와 다르기 때문이며 그것을 한나라에 의존하는 일이 없기 때문입니다. 지금 선우單于께서 풍습을 바꿔 한나라 물자를 좋아하시게 되면 한나라에서 소비하는 물자의 10분의 2를 흉노에서 채 소비하기도 전에 흉노는 모두 한나라에 귀속되고 말 것입니다. 한나라의 비단과 무명을 손에 넣으시게 되거든 그것을 입고 풀과 가시밭 사이를 헤치고 돌아다니십시오. 옷과 바지가 모두 찢어져 못 쓰게 될 것입니다. 그리하여 비단과 무명이 털옷이나 가죽옷만큼 튼튼하고 좋지 못하다는 것을 보여주십시오. 또 한나라의 음식을 얻으시면 모두 버리십시오. 그것이 젖과 유제품처럼 편리하고 맛있지 못하다는 것을 보여주십시오."

농경사회의 소비문화를 차단해야 흉노의 전략적 우위를 유지할수 있다는 것이 중항열의 주장이었다. 당시 흉노사회에 사치 풍조의위험이 있었기 때문에 이런 주장이 필요했을 것이다. 그러나 안락이주어지면 거기 길드는 인간의 습성은 이런 경각심으로 어느 정도 늦출 수는 있어도 아주 막을 수는 없는 것이다. 두 세대가 지나 한 무제가 즉위하는 기원전 141년 무렵에는 흉노의 요구는 너무 많아지고한나라의 국력은 자라나 '평성 체제'의 한계에 이르게 된다.

한나라가 공세에 나서기까지

출범 당시의 한제국은 중앙집권력이 약했다. 고조高祖 유방은 진나라가 무너질 때 유리한 위치를 선점한 항우에 대항하기 위해 여러 할거세력과 동맹을 맺어야 했다. 심지어 유방의 명목상 신하 중에도 동맹세력의 성격을 가진 한신韓信 같은 인물이 있었다.

한신은 유방의 천하 제패에 가장 큰 공을 세운 장군이다. 그러니유방이 천자 자리에 오른 후 반역의 죄목으로 숙청된 것은 무척 억울한 일로 보인다. 하지만 한신의 행적을 들여다보면 스스로 자초한 일로 볼 수 있다. 제나라 정벌 때의 일이 대표적인 사례다.

한신은 유방에게 대장군으로 임명된 후 동북방을 원정, 조나라와 연나라를 평정했다. 그보다 동남쪽에 있던 제나라가 또 하나 중요한 대국이었는데, 유방은 제나라까지 군사력으로 정벌하는 것은 무리한 일이라 생각해서 역이기酈食其를 사신으로 보내 (실제로는 동맹 성격의) 투항을 권유했다.

역이기가 제나라 왕을 설득하는 데 성공했다는 소식을 한신이 듣고 군대를 쉬게 하려 할 때 모사 괴통蒯通이 그를 부추겼다. 장군은 힘든 전투로 조나라 50여 성城을 겨우 얻었는데 일개 서생 역이기가 세 치 혀 운동만으로 제나라 70여 성을 얻는다니, 그 꼴을 어떻게 가만히 보고 앉았을 수 있냐는 것이었다. 그 말에 넘어간 한신이 제나라를 향해 '닥치고 공격'에 나서자 제나라 왕은 역이기를 솥에 삶아 죽이고 도망쳐 항우에게 원조를 청했다.

결과는 한신의 대성공이었다. 항우가 보낸 용저龍且의 20만 대군을 격파하고 제나라 확보에 성공했다. 그런 뒤 한신은 유방에게 사람을 보내 자기를 제나라 왕에 봉해달라고 청했다. 제나라는 항우 세력과 직접 마주치는 곳인데 민심이 불안하기 때문에 임시 왕[假王]으로라도 세워줘야 통치가 안정될 수 있겠다는 것이었다.

그때 항우군의 포위 아래 곤경에 빠져 있던 유방은 한신의 요청에 발끈했다. "빨리 와 도와주기만 기다리고 있는데, 이놈은 제 몫 챙기느라 바쁘구나!" 욕설이 마구 쏟아져 나왔다. 측근들이 유방의 발을 슬쩍 밟아 입을 막아놓고 귓속말을 했다. 지금 성질부릴 형편이 아니니까 해달라는 대로 해주라고. 상황을 깨달은 유방은 오히려 더 통 크게 나왔다. "임시 왕은 무슨 임시 왕이야! 진짜 왕 하라고 그래!"

그래서 한신은 제나라 왕이 되기는 했는데, 10여 년 후 뒤집어쓴 죄목보다 이것이 진짜 '반역'이라면 반역이었다. 유방이 그를 제왕에

봉하면서 속으로 얼마나 이를 갈았을까.

『사기』 권 89~93에는 한신을 비롯한 한나라 초기의 이성 제후들 이야기가 실려 있다. 종실도 여러 명 제후에 책봉된 것은 이성 제후들을 견제하는 번병藩屛으로 삼기 위해서였다. 유방이 기원전 202년에 세운 제국은 아직 제국다운 제국이 아니었다.

제국다운 제국을 만들기 위해 제일 먼저 정리한 것이 이성 제후였다. 기원전 195년에 유방이 죽을 때까지 이 사업이 진행되었다. 흉노에 유리한 조건으로 화친을 맺은 것도 이 사업에 집중하기 위해서였다고 볼 수 있다. 유방이 죽을 무렵 연왕 노관盧綰이 흉노에 투항했는데, 한나라 권력구조의 변화를 단적으로 비춘 사건이었다. 노관은 유방의 세력이 미미할 때부터 한결같은 충성을 바친 심복이었다. 그런 노관도 이성 제후의 정리를 피해 갈 수 없었고, 막장에 몰린 그의 선택은 흉노 행이었던 것이다.

이성 제후가 정리되자 이번에는 황실 내의 모순이 이리저리 터져 나왔다. 안으로는 여후呂后가 권력을 장악하여 황제를 허수아비로 만들었고, 밖으로는 종실 제후들이 중앙 조정의 통제를 벗어나 독립적인 경제력과 군사력을 키우는 추세가 나타났다. 여후의 세도는 15년간 계속되다가 기원전 180년 문제의 즉위 후 해소되었으나 제후 통제 문제는 20여 년이 더 지나 기원전 154년에야 오·초 7국의 난을 계기로 겨우 극복되었다. 제국의 선포로부터 50년이 지나서야 제국다운 제국의 틀이 잡힌 셈이다.

7국의 난을 촉발한 계기는 조조晁錯라는 사람이 만든 것이었다. 문제와 경제景帝의 큰 신임을 받은 조조는 제후국의 세력을 줄여 나가는 삭번책削藩策을 추진했고, 오왕·초왕 등의 제후들이 이에 반발해서 반란을 일으킨 것이었다. 반란 초기에 제후들은 자기네가 황제에 대항하려는 것이 아니라 조조 같은 간신을 처단하려는 것뿐이라고 주장했다. 경제는 조조를 처형하고 제후들을 회유하려 했으나 통하지 않았고, 결국 전면적 내전을 통해 진압하지 않을 수 없었다.

조조가 또한 제안했던 흉노 대책도 그의 억울한 죽음으로 막히고 말았다. 그가 문제에게 올린 수변권농소守邊勸農疏는 대규모 둔전屯田으로 변경을 충실하게 하는 정책을 제시한 것이었다. 40여 년간 계속되어온 굴욕적인 대 흉노 관계를 근본적으로 바꾸려는 적극적 시도가 나타난 것이다. 현실에서는 조조가 죽고 20여 년 후 그보다 훨씬 더 강경한 정책이 무제武帝에 의해 추진되었다.

오·초 7국의 난을 계기로 한나라의 중앙집권 체제가 안정되자 재정이 풍족해졌다. 10여 년이 지난 기원전 141년 무제가 즉위할 때는 엄청난 양의 곡식이 국가의 곳간에 쌓여 썩어날 지경이었다고 한다. 이 자원을 발판으로 무제의 흉노 정벌이 시작된다.

장건張騫의 진정한 역할은?

15세 나이에 즉위한 무제가 본격적 흉노 공격을 시작한 것은 8년 후인 기원전 133년이었다. 그러나 흉노와의 관계에 변화를 꾀하려는 의지가 더 일찍부터 그에게 있었다는 사실은 즉위 직후인 기원전 139년 장건의 월지 파견에서 드러난다. 젊은 근위대 장교 장건은 월지를 한나라 편으로 끌어들여 함께 흉노에 대항하도록 설득하는 사명을 띠고 장안을 출발했다.

한나라의 서북방, 지금의 감숙성 방면에 있던 월지는 흉노의 유목사회 통합 이전에 가장 강성한 유목세력의 하나였다. 두만 선우가 묵특을 월지에 인질로 보낸 일을 보더라도 당시 월지의 위세를 짐작할수 있다. 묵특의 흥기 이후 수세에 몰려 있다가 기원전 170년대에 흉노의 큰 공격을 받아 왕이 살해당한 후 월지의 주력이 서쪽으로 멀리 옮겨간 것을 대월지라 하고, 일부가 남쪽 고원지대로 옮겨간 것을 소월지라 한다.

월지 왕과 그 신하들을 형
상화한 석조 작품(1세기).
도쿄 고대오리엔트박물관.

　월지의 패망 30여 년 후에 장건을 사절로 보낼 정도로 한나라의
이 방면에 대한 정보가 캄캄했을 것 같지는 않다. 장건은 월지의 옛
땅을 헤매다가 흉노에 사로잡혀 10년간 억류된 끝에 기회를 보아 탈
출했고, 탈출한 뒤 다시 월지를 찾아 서쪽으로 향했다. 멀리 아무다
리야강(옥수스강) 상류의 박트리아 지방에 정착해 있던 월지인들에게
흉노를 협공하자는 황제의 제안을 전했으나 그들은 동쪽으로 돌아갈
마음이 없었다. 장건은 월지에서 한나라로 돌아오는 길에 또다시 흉
노에게 붙잡혔다가 기원전 126년 군신 선우가 죽은 후의 혼란을 틈
타 다시 탈출, 사행을 떠난 지 13년 만에 장안으로 돌아왔다.

　장건은 10년간 억류되어 있는 동안 아내를 맞아 가정을 꾸렸다고
한다. 사서에 전해지는 내용만으로는 그가 처했던 상황을 깊이 이해
하기 어렵다. 당시 흉노사회에서 포획한 중국인을 단순한 노예 이상
으로 활용하는 길이 있었기 때문에 생존을 넘어 생활까지 가능했던
것이 아닐까 짐작할 뿐이다. 그가 첫 번째로 탈출한 기원전 129년은
흉노에 대한 한나라의 전면적 공격이 시작될 때였다. 그가 '탈출'해서

돈황에 있는 한나라 망루 유적. 기원전 117년 한 무제가 건설한 돈황은 실크로드의 중요한 거점이었다.

한나라로 바로 돌아오지 않고 서쪽으로 향한 것이 애초의 '사명'을 완수하기 위해서였다고 사서에는 적혀 있지만, 흉노 측에서 상황 변화에 대응하기 위해 그에게 뭔가 역할을 주어 파견한 것은 아니었을까 하는 생각도 든다. 그로부터 3년 후 장건이 한나라로 돌아올 때 동행한 것은 호인胡人 시종 한 사람뿐이었다고 하니, 그의 거취를 설명할 근거는 그 자신의 진술 외에 거의 없었을 것 같다.

한나라에 대해서나 흉노에 대해서나 장건의 역할에 군사적 측면보다 경제적 측면이 컸을 것 같다는 생각이 든다. 파미르고원 서쪽에는 문명 수준이 높은 큰 경제권이 있었고 중국과 작은 규모의 교역을 시작하고 있었다. 한나라는 흉노에 대한 군사적 공격과 함께 이 교역로 확보를 위한 노력을 진행한 것으로 보인다. 훗날 흉노세력을 제압한 뒤 한나라는 기존의 장성 이북으로는 지속적 관리를 시도하지 않았으나 서쪽으로는 서역도호부를 설치해서 지금의 신강 일대를 강역에 편입시키면서 장성을 서쪽으로 연장해서 쌓기까지 했다. 발레리 한센은 『실크로드: 7개의 도시』(류형식 옮김)에서 "황제가 장건을 파견한 이유는 국방문제였음을 기억할 필요가 있다. 무역 때문에 보낸 것이 아니었다. (⋯) 항상 목적은 북방의 적들로부터 자신을 보호하는 것이었다"(404쪽)라고 말한다. 한센은 근년의 고고학 연구 성과를 활용해서 중국과 서역의 관계에 관한 좋은 관점을 많이 제시했지만 이 점에는 동의할 수 없다. 무제가 많은 인력과 자원을 투입한 실크로드 방면에는 보호가 필요한 농경사회가 없었다. 보호가 필요한 것은 교역이었다.

'흉노제국'은 하나의 '그림자 제국'이었다. 해가 뜰 때는 길었다가 한낮이 되어가면 짧아지고, 해가 기우는 데 따라 다시 길어지는 그림자의 속성을 이 그림자 제국도 가졌던 것이다. 중화제국의 새벽에 긴 그림자를 드리우다가 제국의 중앙집권 체제가 완성되는 데 따라 스러진 것이 흉노제국이었다.

4
한 무제의 손으로 준공된 '천하제국'

'한국'은 지금 존재하는 하나의 국가로서 '대한민국'을 가리키는 말이 지만 그 뜻이 거기에 그치지 않는다. '한민족'과 거의 같은 뜻으로 쓰이기 때문에 '한국사'라 하면 '대한민국 역사'보다는 '한민족의 역사'를 가리키는 것이다.

'중국'과 '중국사'의 의미도 이와 같은 틀로 이해하려 들게 된다. 그러나 이 틀이 잘 맞지 않는 것은 우선 중국이 다민족국가이기 때문이다. 한국의 민족인 한민족과 같은 '중민족'이 존재하지 않는다.

그렇다면 한족漢族이 인구의 대다수를 점하는 중국의 주류 민족이니 중국사를 "한족을 중심으로 중국의 여러 민족이 어울려 빚어낸 역사"로 생각할 수 있을까? 그런 정도의 개념이 표준으로 통용되는 것 같다. 그러나 실제로는 어려움이 많다. 여진족과 몽골족의 침략에 저항한 악비岳飛와 문천상文天祥은 한족의 역사에서 영웅과 열사로 높이 받든 인물들인데, 여진족(만주족)과 몽골족이 모두 중국의 소수민족이 된 이제 어떤 평가를 받아야 하는가?

악비(1103~1141)와
문천상(1236~1283)
은 각각 여진족과 몽
골족에 맞서 싸웠다.
청나라 시기 그림.

　다민족국가라는 사실보다 중국에서 '민족'의 의미를 더 애매하게
만드는 것은 한족의 정체성 문제다. 중국 인구의 압도적 다수를 점하
는 한족을 하나의 단일민족으로 볼 수 있는가? 민족 정체성의 주요
구성 요소로 언어, 역사, 혈통 등을 꼽는데, 중국의 민족 구분에는 언
어에 압도적 비중을 두는 것 같다. 역사를 본다면 지금 한족의 조상
중에는 과거 어느 시기에 '오랑캐'였던 사람이 많이 포함되어 있다.

　중국 고고학의 개척자 리지李濟(1896~1979)는 1923년 하버드대학
에 박사논문으로 제출하고 1928년에 출판한 『The Formation of the
Chinese People: an Anthropological Inquiry』(중국 민족의 형성)에서
형질인류학의 기준으로 '중국인'의 신체적 특성을 검토해서 중국인
내의 편차가 주변 민족과의 차이보다 작지 않다는 사실을 밝혔다. 예
를 들어 북중국인과 한국인 사이의 차이가 북중국인과 남중국인 사
이의 차이보다 훨씬 작은 것으로 그의 두개골 계측 연구에 나타난다.
출신 지역에 따른 체형과 기질의 차이에 대한 통념은 중국인의 일상
생활 속에 널리 자리 잡고 있다. 한족 자체가 하나의 '다민족'으로 인

식되는 것이다.

또 하나 '중국'의 의미를 애매하게 만드는 것은 '중' 자가 한국의 '한' 자처럼 고유명사의 뜻이 확실하지 않다는 점이다. '중국'中國이란 말이 처음 나타난 것은 서주시대 청동기 명문 중 "宅兹中国"이란 구절에서다. 그 뜻은 "가운데 나라"인데, 여기서 "나라"는 현대인이 생각하는 국가가 아니라 하나의 성읍 내지 지역을 뜻한다. 그 뜻이 차츰 넓어져 '중원'中原과 비슷하게 쓰이기도 하고 화이華夷 사상의 정착에 따라 '중화의 영역'이란 뜻으로도 쓰이게 되었다. 그러다가 20세기 들어 근대적 국제체제 안에서 국가를 새로 세울 때 '중화민국', '중화인민공화국'이란 국호를 쓰면서 줄인 말로 '중국'이 널리 쓰이게 되었다.

역사학자 거자오광葛兆光이 『宅兹中国』(이 중국에 거하라)이란 제목의 책(2011)을 쓴 것은 '중국'에 관한 역사 담론의 혼란을 정리하기 위해서였다. 이 책에서 그는 '중국사'의 범위가 지금의 중국 강역을 기준으로 삼는 것이 부적절함을 지적한다. 악비와 문천상의 행위를 이해하려면 송나라 때 사람들의 국가관을 기준으로 봐야 할 것이며, 후세에 한족에 통합되거나 중국의 소수민족으로 포괄될 수많은 역사공동체들을 당시 중국사의 주체로 봐서는 안 된다는 것이다.

우리가 피해의식을 가졌던 이른바 '동북공정'에도 이 문제가 투영된다. 고구려를 "중국의 한 지방정권"으로 보는 것은 지금의 중국 강역 전체를 중국사만의 무대로 보는 관점이다. 이에 대한 김한규의 지적은 한·중 어느 쪽에서 볼 때도 타당성을 가지는 것이다.

한중 간의 '역사 전쟁' 과정에서 한국의 학계와 언론계가 '고구려사의 중국사 편입'을 규탄하면서 '고구려사는 오로지 한국사의 일부일 뿐'이라고 주장하는 것도 자기중심적 사고방식의 또 다른 표현이라 할 수 있다. 역사가 사물을 형성하는 과정의 서술임을 인정한다면, 고구려 역사가 현재의 한국을 형성하는 과정의 일부였음과 마찬가지로 현재의 중국을 형성하는 과정의 일부였다는 사실을 인정하지 못할 이유는 어디에서도 발견하기 어렵다. 고구려사가 중국사인가 한국사인가 하는 문제는 처음부터 논쟁거리가 되지 못한다. (김한규, 『천하국가』, 13쪽)

한 무제는 북쪽만 바라본 것이 아니었다

'중국사'를 공부하는 사람들이 보통 생각하는 '중국'은 "宅玆中国"의 중국 그대로도 아니고 중화인민공화국 그대로도 아니다. 언어, 습속, 사상, 문화, 제도 등 여러 요소들이 어울려 '중국적'이라고 인정할 만한 형체를 오랫동안 유지한 것을 '중국'으로 인식하는 것이다.

역사를 통해 나타난 중국의 모습 중 가장 표준적인 것이 '천자국' 天子國이다. 천자가 천명을 받아 천하 전체에 군림하되, 주변부는 여러 제후에게 나눠 맡기고 천자가 직접 다스리는 중심부를 중국이라 한 것이다.

진 시황의 '천하통일'을 계기로 이 천자국의 틀이 바뀌게 된다. 춘추전국시대까지 천하의 구조는 5복五服의 틀로 파악되었다. 천자의 위치로부터 거리에 따라 전복甸服, 후복侯服, 수복綏服, 요복要服, 황복荒服이 동심원을 이룬다는 것이다. 천자의 집권력이 강하지 않기 때문에 통제 수준이 여러 등급으로 나뉜 것이다. 그런데 진 시황의 통일로 제국체제가 세워지자 제국 안의 화華와 제국 밖의 이夷로 나누는 이분법이 지배적 관점이 되었다.

진 시황의 통일이 바로 제국체제를 세운 것으로 볼 수는 없다. 그이전의 분권세력인 제후국들을 파괴함으로써 기초공사는 한 셈이지만 제국체제의 건축물을 제대로 세우지는 못했다. 그래서 그가 세운천하제국이 10여 년밖에 버티지 못한 것이다.

유방이 항우와의 쟁패를 통해 한나라를 세웠지만(기원전 206) 그 또한 완전한 천하제국이 되지 못했다. 유방 말년까지(기원전 195) 이성異姓 제후를 정리한 데 이어 문제 즉위 후 여씨 세력을 척결하고(기원전 180) 경제 때 오·초 7국의 난(기원전 154)을 평정함으로써 제국의 내부 권력구조가 겨우 완성되었다.

기원전 141년 무제가 즉위할 때 제국의 내부는 정비되어 있었지만 제국 외부와의 관계가 천하제국의 궤도에 오르지 못하고 있었다. 한나라 개국 이래 흉노와의 관계에서 수세에 몰려 있던 것이 가장 큰 문제였다. 무제는 기원전 133년부터 흉노에 대한 대대적 공세를 취해서 기원전 111년과 110년에 다시 정벌군을 보냈을 때는 "수천 리를 가도 흉노의 흔적을 찾을 수 없게" 되었다고 할 정도로 흉노 퇴치에 국력을 기울였다.

20년에 걸친 흉노와의 전쟁이 워낙 큰 사업이었기 때문에 다른 방면이 눈에 잘 띄지 않는데, 무제는 북쪽만 바라본 것이 아니었다. 즉위 직후에 장건을 서역으로 파견한 것이 월지와 연합해 흉노를 협공하기 위한 목적으로 흔히 풀이되지만, 서역에는 서역대로 무제가 노력을 기울일 의미가 따로 있었다. 그리고 동쪽으로 조선朝鮮, 남쪽으로 남월南越을 정벌함으로써 무제는 한제국의 모든 주변부를 정리하고자 한 것이었다.

조선과 남월이 한제국에서 정리할 필요를 느낄 만큼 강한 세력을 이루게 된 것은 전국 말기에서 한나라 초에 이르는 혼란 속에서 중국 문명이 대거 유출된 결과였다. 남월은 진나라에서 파견한 남해군위南海郡尉 조타趙佗가 진나라가 망할 때 지금의 광동성 일대에 자립해서 왕조를 열고 한나라와 조공관계를 맺었다. 조선은 기원전 195년 연왕燕王 노관이 흉노에 투항할 때 동쪽으로 달아난 위만 세력이 장악하고 있었다.

한나라가 기원전 111년 남월을 정벌하기에 이른 갈등의 뿌리는 철기鐵器의 밀수에 있었다. 당시 철기는 중국문명의 첨단제품으로, 경제적으로도 군사적으로도 매우 중요한 것이었기 때문에 엄격한 통제 품목이었다. 그리고 그 2년 후 조선 정벌에 나선 첫 번째 이유는 조선이 주변 다른 세력의 조공을 가로막는다는 것이었다. 조공관계에 따르는 이득을 독점하면서 지역에 패권을 구축하는 것이 한나라의 천하체제 구축에 장애물이 된 것이다. 여기서 유의할 점은 조선과 남월이 한나라에게 문제가 된 이유가 중국에서 파급된 요소들에 있었다는 사실이다.

한반도가 중국에 흡수되지 않은 이유

한나라의 기원전 109년 조선 정벌이 '예방전쟁'의 성격을 가진 것으로 나는 『밖에서 본 한국사』(2008)에서 설명한 일이 있다.

> 조선 왕이 한나라에 입조한 일은 그전에도 없었던 일이고 주변의 작은 나라들이 한나라에 직접 통하지 못하도록 가로막은 것도 새삼스러운 일이 아니었다. 한나라의 침공은 조선 쪽보다 한나라 쪽 사정 변화에 원인이 있는 일이었다. (…) 기원전 109~108년 한나라의 조선 정벌은 이처럼 흉노를 상대로 키워놓은 군비를 활용할 곳이 없던 상황에서 벌어진 일이었다. 소련을 상대로 키워놓은 군비를 가지고 미국이 여기저기 '예방전쟁'을 벌이고 있는 것과 비슷한 상황이었다. (69~71쪽)

그러나 '전쟁을 위한 전쟁'으로서 예방전쟁의 성격에 그치는 것은 아니고, 장기적 시각에서는 합리적인 이유가 없지 않았다는 사실을 덧붙였다.

건국 때부터 흉노에게 많은 고통을 당한 한나라는 국경 안을 다스

해남성박물관에 있는 전한
前漢(기원전 202~기원후 9)
시대 병사들의 도용. 기원전
109년 조선을 침공한 한나라
병사들은 이런 모습이었을 것
이다.

리는 것만으로는 제국의 안정을 기할 수 없다는 사실을 절감했다.
'교화'되지 않은 채로 기술만 넘겨받은 오랑캐들이 국경 밖에서 큰
정치·군사세력을 이루고 있는 것은 중국의 안보에 큰 위협이었다.
국경 밖의 오랑캐들을 조공관계로 통제 아래 두는 '천하체제'는
현실적인 안보를 위해 필요했던 중국의 대외정책이었다. 기원전
119년까지 흉노의 위협을 가라앉혀놓은 직후 남월과 조선을 정벌
한 것이 중국의 첫 천하체제 시도였다. (74쪽)

조선과 남월이 동방과 남방에서 큰 세력을 이루는 것이 종래의 5복
체제로는 잘못된 일이 아니다. 한제국의 통치가 전복, 후복, 수복까지
는 직접 미치고 요복과 황복은 조공으로 통제하는데, 조선과 남월 같
은 비교적 큰 나라가 요복으로서 황복의 다른 나라들보다 중요한 위
치를 차지할 수 있는 것이다.

그런데 진 시황부터 한 무제까지 구축해온 제국체제는 5복 체제와 다른 것이었다. 정치적 권위가 여러 층으로 포개지는 5복 체제는 분권적 성격을 가진 것인데 진·한제국은 보다 중앙집권적인 체제를 추구한 것이다. 제국 내부에서 봉건제로부터 군현제로 옮겨간 것도 전복·후복·수복 사이의 차등을 줄이는 방향이었고, 제국 외부에서도 요복과 황복의 차이를 없애는 방향으로 나아갔다. 요복이 강성하면 제국에 위협이 될 수 있다는 사실을 흉노와의 경험을 통해 절실하게 느낀 결과였다.

조선과 남월의 국력 성장은 요복의 위치로 나아가 있었다. 중화제국이 분권적 성격에 머물러 있는 동안에는 그 위치에 아무 문제가 없었다. 그런 상태가 오래 계속되었다면 문명과 기술의 발달에 따라 차츰 수복과 후복의 위치로 발전해갈 추세에 있었다. 그런데 한나라가 오·초 7국의 난을 계기로 중앙집권을 대폭 강화하면서 조선과 남월 같은 큰 세력을 제국 밖에도 용납하지 않게 된 것이었다.

한나라는 조선과 남월을 정복해서 제국에 합치려 했다. 그래서 남월의 터에 9군을 설치하고 조선의 터에 4군을 세워놓았다. 그런데 남월 9군은 큰 굴곡 없이 중화제국에 편입되었는데, 조선 4군은 결국 축출되고 한반도는 독립국가를 발전시킨다. 이 차이는 어디서 온 것일까?

결정적인 차이는 한나라 멸망(220) 후 중국 북부가 5호16국五胡十六國이라는 '오랑캐의 시대'로 접어들면서 중화제국이 남쪽으로 퇴로를 찾은 데 있었다. 진晉나라가 촉한 및 오나라의 경쟁을 물리치고 280년에 중국을 재통일했지만 천하질서를 충분히 회복하지 못했기 때문에 30여 년 후 오랑캐 세력에 밀려 남쪽으로 옮겨가게 되었다. 황하 유역에서 장강 유역으로 중심지를 옮긴 중화제국은 국력 회복의 길을 남방 개척에서 찾지 않을 수 없었고 그에 따라 남월 지역의 한화漢化가 빨라졌다. 반면 오랑캐들의 각축장이 된 북중국의 바깥에 있던 조선 지역은 중화제국의 압력에서 벗어나 독자적 발전의 길을 걸었다.

동서 교역의 한 단계 발전

한 무제가 즉위 직후인 기원전 139년에 장건을 서역으로 파견한 목적이 흉노에 대항하기 위한 월지와의 동맹에 있었다고 『사기』 등의 사서에는 적혀 있다. 그러나 당시 정황으로 볼 때 그의 사명이 그렇게 간단하지는 않았을 것 같다. 사마천司馬遷 등 사가들에게 흉노와의 대결이 워낙 크게 보였기 때문에 서역에 대한 관심을 모두 흉노와의 관계에 종속시킨 것 같다.

중시할 필요가 있다고 내가 생각하는 당시의 정황이란 한나라의 서방 교역 증대였다. 거대한 제국을 향한 정치적 통합은 거대한 시장을 향한 경제적 통합과 나란히 진행되었다. 진 시황의 통일정책에서 도로 건설과 도량형 정비가 중요한 비중을 차지한 것도 그 까닭이었다. 다음 단계의 경제적 통합은 한 무제의 염철鹽鐵 전매정책으로 나타났다.

통일 이전에는 변경의 여러 제후국이 각자 다양한 방식으로 주변 오랑캐와 교역을 벌이기도 하고 어느 제후국의 통제도 받지 않는 상인들의 움직임도 많았다. 그러나 한나라의 치안이 자리 잡는 데 따라 모든 경제활동에 대한 중앙조정의 통제가 강화되었다. 오·초 7국의 난 때 거상巨商들의 지지가 조정의 승리에 큰 공헌을 했다는 이야기가 있다. 그때까지는 천하 형세를 좌우할 만한 재력이 민간에 있었던 것이다. 얼마 앞선 시기에 여불위呂不韋가 재력을 발판으로 통일 직전의 진나라를 농단한 일도 그 시대 민간자본의 위력을 보여준 것이었다.

중앙집권의 강화에 따라 재정이 크게 늘어나고 대외교역도 조정의 주도하에 확장될 길이 열렸다. 종래 사방의 외이로부터 중국에 수

돈황 막고굴 제323굴 북벽의 장건출사서역도張騫出使西域圖. 장건이 한 무제의 명에 따라 중앙아시아 원정(기원전 138~126)을 떠나고 있다.

입되던 물자는 각 방면의 자연조건에서 나온 토산품이 대부분이었다. 외이의 문명·기술 수준이 중국보다 낮았기 때문이다. 그런데 유독 서쪽에서는 다른 문명권에서 나온 특이한 물품들이 전해지고 있었다. 광대한 사막과 험난한 산악지대 너머에 페르시아제국이 있기 때문이었다. 멀고 험한 여정 때문에 엄청난 운송비가 필요했지만 수십 년 평화 속에 한나라 사회의 소비수준이 높아지면서 수요가 갈수록 커졌다.

중국에서 서방으로 향하는 길로 이른바 실크로드가 선택된 것은 길 저쪽에 적합한 교역 상대가 있기 때문이었다. 타림분지의 사막과 '세계의 지붕'이라는 파미르고원을 지나는 길이 지형으로는 매력적일 리 없다. 페르시아제국이 만들어놓은 매력적인 시장이 파미르고원 바로 바깥까지 들어와 있기 때문에 파미르고원을 넘는 길이 뚫린 것이다.

그리스를 공격한 '다리우스 대왕'의 이름으로 잘 알려져 있는 아케메네스Achaemenes 왕조가 기원전 6세기에서 4세기 사이에 서아시아 지역을 중심으로 서쪽으로 발칸반도, 동쪽으로 중앙아시아까지 걸치는 거대한 제국을 경영했다. 이 제국은 강역 내에 튼튼한 도로망을 건설했고, 그 일부가 실크로드의 서반부를 이루게 된다. 알렉산드로스가 이 제국을 정복하고 죽은 후 제국의 강역 대부분은 셀레우코스Seleucos 왕조로 넘어갔다가 기원전 130년대에는 한 지방세력이던 파르티아Parthia가 자라나 이란에서 중앙아시아에 걸치는 영역을 차지했다. 아르사케스Arsaces 왕조의 파르티아제국이 한 무제 당시 파미르고원 서쪽을 장악하고 있었고 실크로드를 통한 한나라의 교역 상대였다.

파미르고원 서북쪽으로 펼쳐진 페르가나 계곡은 지금의 우즈베키스탄, 키르기스스탄과 타지키스탄에 걸쳐 있는 지역으로 아케메네스 시대에 페르시아문명이 자리 잡고 셀레우코스 시대에 헬레니즘 문화가 발달한 곳이었다. 알렉산드로스 정복 때 그 이름을 따 세워진 몇 개의 알렉산드리아 중 하나(Alexandria Eskhata)가 이곳에 있었던 사실에서 당시 이 지역의 중요성을 알아볼 수 있다. 한 무제 당시에는 파르티아제국의 판도 안에 있었는데 안식安息이라는 이름으로 중국에 알려진 파르티아와 별도로 이곳은 대완大宛으로 알려졌다. 장건이 찾아간 대월지가 페르가나 남쪽의 박트리아 지방에 자리 잡고 있었으므로 장건은 이곳을 거쳐 갔고, 한나라에서 가장 중시하는 교역 상대가 되었다. 장건이 대완을 처음 방문한 지 20여 년 후 무제가 대완에 정벌군을 보내기도 했는데, 군대를 이끈 이광리李廣利가 '이사貳師장군'이란 별명으로 통하게 된 것을 보아도 당시 중국인이 대완을 얼마나 중시했는지 알 수 있다. '이사'는 대완의 왕도였다.

왜 험악한 지형의 실크로드가 선택되었을까

파미르고원 서쪽으로는 가까운 곳까지 페르시아문명이 펼쳐져 있었다. 그런데 동쪽으로는 자연조건이 척박하고 따라서 인구가 희박한 광대한 타림분지를 지나가야 중국문명권에 도달할 수 있었다. 타림분지를 지나는 안정된 통로를 만드는 것이 실크로드의 열쇠였다.

타림분지는 강우량이 극히 적은 지역이어서 사람이 살 만큼 물 있는 곳이 드물다. 분지의 북쪽으로 천산天山산맥 기슭과 남쪽으로 곤륜崑崙산맥 기슭을 따라 산에서 흘러 내려오는 물이 있는 곳의 오아시스에 마을과 도시가 점점이 형성되어 있었다. 숙소와 식량 등 편의를 제공받을 수 있는 이 도시들을 잇는 2개의 띠가 실크로드의 북로와 남로가 되었다.

이 2개의 길을 통상 '천산북로'와 '천산남로'로 부르기도 하는데 혼란스러운 이름이다. 천산산맥의 북쪽과 남쪽을 지나는 길로 들리기 때문이다. 천산산맥 북쪽의 중가리아Dzungaria 지역을 지나는 길을 '천산북로'라 부르기도 하는데, 그 길은 실크로드로서 큰 기능을 발휘한 길이 아니다. 타림분지 남북의 길을 '타림 남로'와 '타림 북로'로 부르는 편이 좋겠다.

일부 학자들이 '초원의 길'이라 부르기도 하는 중가리아 지역은 타림분지보다는 강우량이 많고 따라서 인구도 많다. 그런데 왜 중가리아 아닌 타림분지를 실크로드가 지나가게 되었을까? 두 가지 이유가 있다.

첫째는 타림분지를 거치는 길이 페르시아문명권 중심부로 가는데 더 가깝다는 점이다. 분지를 지나 파미르고원만 넘으면 바로 페르가나 계곡에 들어설 수 있다. 반면 중가리아를 지나면 가없는 초원지대가 길게 이어진다.

둘째는 타림분지 오아시스 도시들의 정착성이 중가리아 초원지대의 유동적인 유목사회에 비해 안정된 조건을 보장한 것이다. 인원과 물자의 통과에는 비용이 든다. 그 비용은 통과 지역의 토착세력에 대한 세금이나 선물 또는 약탈 위험으로 나타난다. 통과 지역이 정착 세력의 장악하에 있을 때 통관세를 내는 것이, 장악 세력이 불확실한 지역에서 약탈의 위험을 겪는 것보다 상인들이 감당하기 쉬운 편이었다.

실크로드를 포함하는 중앙아시아 지역 역사는 그 실제 의미에 비해 연구가 적은 상황이다. 두 가지 이유가 있다. 하나는 근대역사학 연구가 국민국가를 배경으로 전개되었는데 이 지역에 강력한 국민국가가 근대 들어 오랫동안 존재하지 않은 것이다. 또 하나는 기록문화가 취약한 지역이어서 체계적 문헌자료가 적다는 것이다.

20세기 들어설 무렵에 시작된 고고학 발굴과 연구를 통해 중앙아시아 지역 역사 연구가 새로운 길을 열어왔다. 서양 열강의 제국주의 확장을 배경으로 시작된 이 지역 연구가 2차 세계대전 후에는 소련과 중국 등 이 지역을 영토로 한 공산권 국가들의 사업으로 이어졌다. 1990년대 이후 국제적 협력 분위기가 자라남에 따라 연구가 더욱 발전하고 있다. 그 성과의 축적에 따라 문헌 연구만으로는 떠올릴 수 없던 과거 이 지역의 여러 가지 모습이 새롭게 떠오르고 있다. 그 새로운 성과를 잘 정리해서 보여주는 책 하나가 연전에 나왔다. 발레리 한센의 『The Silk Road, A New History with Documents』(실크로드, 문헌을 곁들인 새 역사).

책을 펼치기 전에는 "문헌"documents이란 말이 의아했다. 실크로드의 새 역사라면 고고학 연구에 의거한 것일 텐데 문헌이라니? 알고 보니 발굴을 통해 찾아낸 상당량의 문헌이 연구 확장에 활용되어온 것이었다. 고고학 발굴로 출토되는 문헌은 대개 금석문이다. 그런데 이 지역에서는 종이에 적힌 문헌이 쏟아져 나오는 일이 종종 있다고 한다. 기후가 건조해 썩지 않기 때문이다. 그리고 이 지역에서는 종이가 귀해서 폐기된 각종 문서로 수의壽衣를 만든 사례가 많기 때문에 무덤 안의 시신에서 벗겨낸 종이옷에서 온갖 신기한 내용을 읽을 수 있다고 한다.

'대일통'大一統과 '정통'正統

전란에 시달리던 전국시대 중국인들은 평화를 가져올 '천하통일'을 염원했고, 진 시황의 통일은 이 염원에 힘입은 것이었다. 그러나 진 시황의 통일은 통일천하를 안정된 상태로 이어갈 '천하제국' 체제의 구축에 이르지 못했다. 한나라가 진나라를 대신하고도 50여 년이 지나서야 오·초 7국의 난을 계기로 제국의 내부가 정비되었다. 그리고 다시 30여 년이 지나 무제 때 동서남북 외이外夷들과의 관계를 포괄하는 천하제국의 틀을 세울 수 있었다.

한 무제가 세운 천하제국의 틀은 어떤 의미를 가진 것이었을까? 생각을 모으고 있는 참에 막 나온 흥미로운 논문 하나가 눈에 띈다. 양저위楊澤宇와 청하이옌成海燕의 「대일통大一統에서 정통正統으로」(从 "大一統"到"正統"：《史记》《汉书》民族传比较视野中"华夷观"的历史衍变与嬗代整合(文山学院学报 32卷 5期, 2019년 10월)).

논문의 내용인즉 『사기』와 『한서』의 「외이열전」을 비교할 때, 『사기』는 천하를 하나로 보는 '대일통'의 관점을 보여주는 데 반해 『한서』는 화이華夷의 구분을 엄격하게 보는 '정통'의 관점을 보여주는 차이가 있다는 것이다. 150년의 시차를 두고 사마천과 반고班固 사이에 적지 않은 화이관의 차이가 보인다는 것이다.

'대일통'과 '정통'. 오랑캐의 역사를 살펴보면서 두고두고 떠올릴 주제다. 중화제국이 팽창 추세를 보인 당나라, 원나라, 청나라 때는 '대일통'이 중시되고, 남북조시대의 남조나 송나라, 명나라 때처럼 위축 추세를 보일 때는 '정통'이 중시된 것이 사실이다. 그리고 청조清朝에 저항하던 20세기 초의 중국 혁명가들은 '정통'을 내세워 만주족을 배척했지만 공화국이 세워진 신해혁명 이후에는 중국의 분열을 막기 위해 대일통을 앞세우는 분위기로 돌아섰다.

인류학자 페이샤오퉁費孝通(1910~2005)이 1988년에 제기한 '다원일체론'多元一體論을 '중화민족', 즉 한족의 정체성에 대한 표준 담론으로 볼 수 있다. 상고시대에 '화하'華夏가 형성된 이래 주변의 다른 민족을 그 문화적·정치적 구조 안으로 꾸준히 흡수하며 확장해온 것이 지금의 한족이라는 것이다. 페이샤오퉁은 앞서 소개한 리지와 함께 중국 인류학계의 선구자인데, 서양 학문의 단순한 수입에 그치지 않고 동태적dynamic 고찰의 새로운 차원으로 발전시켰다는 평가를 받는다. 중화민족에 대해서도 어떤 변화의 결과가 아니라 변화의 과정으로 정의하는 관점이 그런 면모를 보여준다.

사카모토 히로코의 『중국 민족주의의 신화』(양일모·조경란 옮김)에 소개된 페이샤오퉁의 일화 중 재미있는 대목이 있다. 중화인민공화국 건국에 즈음하여 중국어의 "자먼"俎們이란 말을 다시 생각하게 되었다는 것이다. '우리'라는 뜻이지만 "워먼"我們과는 다르다. "워먼"이 청자聽者를 배제한 화자話者의 범위만을 가리키는 것과 달리 "자먼"은 화자와 청자를 아우르는 것이다. 중국인은 대일통의 시대에 "자먼"을 생각하고 정통의 시대에 "워먼"을 생각한 것 아닐지.

5
문명과 야만은 자전거의 두 바퀴

합쳐서 오래되면 갈라지고, 갈라져서 오래되면 합쳐진다.

合久則分 分久則合.

중국사에서 왕조의 성쇠와 치란의 반복을 설명하는 데 속담처럼 널리 쓰여온 말이다. 달의 차고 기움, 계절의 바뀜 같은 자연현상과 같은 이치로 정치의 굴곡을 설명한 것이다. 일견 그럴싸한 말이지만 너무 간명한 이치에는 함정이 있기 쉽다.

중국사에서 왕조의 교체는 계절이나 삭망朔望의 순환처럼 규칙적인 것이 아니었다. 큰 혼란 없이 간판만 바꾸는 식의 교체가 있는가 하면 수십 년이나 심지어 수백 년의 분열 상태를 겪으며 천하제국의 회복 자체를 기약하기 어려운 때도 있었다. 왕조 교체에 따르는 사회의 고통이 찰과상이나 타박상 정도에 그칠 때도 있었고, 환골탈태換 骨奪胎의 큰 변화를 몰고 올 때도 있었던 것이다.

진나라 통일 이후를 더듬어볼 때, 진秦·한漢 교체는 작은 변화였다. 왕조가 영씨嬴氏에서 유씨劉氏로 바뀌었지만, 중화제국 창건이라는 큰 과업의 앞부분과 뒷부분을 나눠 맡은 셈이다. 두 왕조 사이의 공백도 길지 않았다. 전한과 후한 사이 왕망王莽의 신新나라 또한 한 차례 외척의 찬탈에 불과한 것이었다.

제국 성립 이후 첫 번째 대란大亂의 시대는 400여 년 한 왕조가 쇠퇴한 뒤에 시작되었다. 220년부터 3국이 분열되었다가 60년 만에 진晉나라의 재통일로 수습되었지만 치治의 시대가 제대로 회복된 것이 아니었다. 30여 년 후인 316년 진나라가 한 차례 망하고 남쪽으로 도망가 명맥을 유지하는 동안 원래의 중국이라 할 수 있는 북중국은 5호16국, 오랑캐의 세상이 되었다. 그리고 100년이 지나 북위北魏가 북중국을 통일하고 남쪽의 진나라가 송나라로 넘어가면서 남북조南北朝시대에 접어들었다. 북위의 한 갈래로 출발한 수隋나라가 중국을 재통일한 것은 589년, 한나라 멸망 후 370년 만의 일이었다.

이처럼 긴 분열기는 중화제국의 역사에 다시 나타나지 않았다. 수隋·당唐 교체는 진·한 교체와 비슷한 작은 변화였다. 근 300년 지속된 당나라의 멸망 후 5대10국五代十國의 분열기는 50여 년에 그쳤다. 960년 개국한 송나라가 1127년 금金나라에 쫓겨 남쪽으로 가면서 남북조 비슷한 상황이 전개되다가 1279년 몽골의 중국 정복 완성으로 원元나라 시대에 들어섰다. 1368년 건국한 명明나라가 원나라를 몰아내고 1644년 청淸나라가 명나라를 대신하는 과정에는 상당한 혼란이 있었지만 긴 분열기는 없었다.

한나라 멸망 후 삼국에서 남북조에 이르는 긴 분열기가 그 후 중국사에서 다시 되풀이되지 않은 까닭이 무엇일까. 비슷한 시기에 유럽에서도 서아시아에서도 고대제국이 무너진 후 문명권 전체를 포괄하는 제국체제는 회복되지 않았다. 고대제국에 이어 중세제국이 성립한 것이 중국사의 고유한 특징이고, 중화제국의 본질은 수·당 중세제국에서 비로소 완성된 것이라 할 수 있다. 중세에 접어들 때 서방에서는 여러 문명권이 확장되면서 복잡하게 뒤얽힌 반면, 동아시아에서는 하나의 문명권이 압도적인 위상을 유지했기 때문일 것 같다.

중국의 전통적 역사학에서는 3~6세기 대분열기 연구에 몇 가지 제약이 있었다. 첫째, 치세 아닌 난세였기 때문에 배울 것이 없는 시대였다는 편견. 둘째, 이 시대의 상황 전개에 중요한 역할을 맡은 '오랑캐'를 역사의 주체로 인정하지 않으려는 정통론. 그 위에 오랑캐에 관한 자료가 전통적 문헌자료의 형태를 취한 것이 적다는 문제가 겹쳐져 있었다.

최근 100년 동안 이 제약들이 많이 극복되었다. 서양 근대역사학의 도입에 따라 역사학자들의 관심이 왕조 정통성에서 풀려나 난세의 동태적 고찰에 큰 비중을 두게 되었고, 중화인민공화국이 다민족국가를 표방함에 따라 오랑캐를 멸시하던 풍조도 억제되었다. 그리고 고고학과 인류학 연구의 발전에 따라 자료의 영역이 크게 넓어졌다.

부각되는 오랑캐의 역할

50년 전 내가 중국사 공부를 시작할 때와는 중국사의 풍경이 적지 않게 바뀌어 있다. 그중 크게 바뀐 영역의 하나가 3~6세기 대분열기다. 위에서 말한 20세기 후반 학계의 변화가 가장 큰 성과를 가져온 영역이기 때문이다. 중국 정통 왕조들의 위축된 모습만 안타깝게 그려지던 이 영역에서 다양한 요소들이 활기차게 부딪치고 어울리는 모습을 이제 볼 수 있게 되었다. 근년에 나온 연구 성과를 훑어보며, 이 시대가 중국의 진로와 성격을 결정하는 데 전국시대 못지않은 중요한 계기가 아니었을까 하는 생각을 하게 된다.

이 영역의 새 모습에서 가장 부각되는 것이 오랑캐의 역할이다. 김호동은 『몽골제국과 세계사의 탄생』(2010)에서 이렇게 말한다.

이제까지의 실크로드 연구에서도 유목민이 완전히 배제되었다고 말할 수는 없으나 아무래도 부차적인 의미밖에는 지니지 못했던 것이 사실이다. 유목민들은 국제상인들을 종종 약탈하거나 아니면 가끔씩 대가를 받고 안전을 보증해주는 존재로 묘사되곤 하였다. 그러나 이제는 많은 학자들이 유라시아 초원의 유목사회를 그 남쪽에 위치한 농경민들의 사회와 함께 세계사를 이해하는 데 '필수적인 두 요소'로 꼽고 있으니, 말하자면 세계사를 움직인 두 개의 수레바퀴의 하나인 셈이다. (25쪽)

부수적 존재로 경시되어온 유목민의 역할을 살려낸다는 취지는 좋다. 그러나 "두 개의 수레바퀴의 하나"라는 것은 좀 지나치다. 앞에서 나는 흉노제국을 하나의 '그림자 제국'에 비유했는데, 농경사회와 유목사회의 교섭에서 궁극적인 주도권은 농경사회 쪽에 있을 수밖에 없다는 생각이다. 철기시대에 들어선 이후에는 분명히 그렇다. 생각해보라. 철기의 등장으로 농경사회에서 삼림 개간, 수리水利 공사, 밭갈기 등 얼마나 큰 생산력 향상이 일어났는가? 유목사회에도 생산력 향상이 없지는 않았지만, 농경사회와 비교될 수준은 아니었다.

춘추시대까지는 이른바 중원 지역에도 오랑캐가 뒤섞여 있었다. 철기가 널리 보급되기 전의 상태에서는 농경과 유목의 생산력 차이가 크지 않기 때문에 강변의 평야에는 농경사회가 자리 잡고 있어도 인근의 산악지대에는 유목사회가 나란히 존재하던 상황이 그려진다. 철기 보급에 따라 농경의 생산력이 더 큰 폭으로 자라나면서 유목민도 차츰 농경으로 전환하거나 농경민이 유목민을 몰아내고 그 터를 농지로 개간하는 일이 이어졌다. 그렇게 해서 전국시대를 통해 중원 지역이 완전한 농업지대를 이루었고 전국시대 후기에 북방 제후국들이 장성을 쌓아 유목지대와의 경계선으로 삼은 것은 그 결과였다.

초기의 오랑캐가 유목민만은 아니었다. 채집·수렵 등 선사시대부터 이어져 온 다양한 생산·생활방식이 있었다. 농업의 발달과 확장에 따라 이들 원시적 생산·생활방식이 사라져 가는 중에 유목이 농업 다음으로 유력한 생산·생활방식으로 자리 잡은 것이다. 식물자원을 통제하는 농업과 동물자원을 통제하는 유목은 문명 초기에 나란히 발전한 경제활동이었다.

황하 유역에서 장강 유역에 걸쳐 광대한 농업지대가 형성되었을 때 이 지대를 관리하는 정치조직으로 세워진 것이 진·한제국이었다. 농업은 다른 경제활동에 비해 생산성이 높았기 때문에 계속 확장된 것이었고, 확장에 따른 기술 발달을 통해 잉여생산이 더욱더 커졌기 때문에 대규모 정치조직의 성립이 가능했던 것이다. 유목의 잉여생산은 거기에 미치지 못했다. 흉노제국의 성립은 진·한제국의 잉여생산을 탈취함으로써 가능한 것이었기 때문에 '그림자 제국'이라고 하는 것이다.

앞바퀴와 뒷바퀴의 서로 다른 역할

중국사에서 농경사회와 유목사회의 관계를 나란히 움직이는 두 개 수레바퀴보다는 자전거의 앞바퀴와 뒷바퀴 사이의 관계에 가까운 것으로 나는 본다. 자전거가 나아가는 동력은 하나의 바퀴에서 일어나고 다른 바퀴는 그에 끌려가거나 밀려가는 것이다. 중국문명 발전의 동력은 농경사회의 잉여생산에서 나온 것이었다.

자전거의 앞바퀴에는 동력을 일으키는 기능이 없지만 균형을 유지하고 진로를 결정하는 데 불가결한 역할이 있다. 중국사의 진행에서 유목사회의 역할이 바로 그런 것이었다. 농경문명 발전과 확장의 '변경'frontier 역할이다.

아직도 중국 오지 곳곳에는 선사시대 이래의 원시적 생산·생활방식을 지키고 있는 소수민족이 있다. 특수한 자연조건에 의지하는 생산·생활방식이다. 유목이 필요로 하는 자연조건은 농경문명의 확장에 적합한 편이다. 기온과 강우량의 차이를 빼면 농경이 가능한 광대한 평지가 유목지대에 남아 있는데, 기술 발전에 따라 농업지대가 건조 지역과 한랭 지역으로 계속 확장되어왔다. 그리고 유목민은 어느 정도 조직 활동 경험을 갖기 때문에 조건 변화에 따라 농업국가 체제에도 비교적 쉽게 편입할 수 있었다.

유목사회 연구의 개척자 오언 래티모어는 『Inner Asian Frontiers of China』(중국의 내륙아시아 변경지대, 1940)에서 중국 주변 유목민의 존재양식을 '내경'內境, inner frontier과 '외경'外境, outer frontier으로 구분했다. 농경제국의 판도 안에 존재했는가, 밖에 존재했는가 하는 차이다. 토머스 바필드는 『Perilous Frontier』(위태로운 변경, 1989)에서 이 개념을 발전시켜 유목사회의 농경국가에 대한 태도를 '내경전략'과 '외경전략'으로 구분했다.

기원전 2세기, 한나라 초기의 흉노제국은 외경전략을 구사했다. 농경국가의 외부에 세력을 이루고 있으면서 교역, 약탈, 조공 등의 관계를 통해 농경국가의 잉여생산력을 흡수하는 전략이었다. 이 전략이 농경국가에게 지우는 부담은 시간이 지남에 따라 커지는 경향이 있다. 유목사회의 소비 수준 상승에 따라 갈수록 요구가 커지는 속도가 농경국가의 생산력 확대를 넘어서기 때문이다. 그래서 기원전 133년 이후 20년에 걸쳐 한나라의 국력을 기울인 흉노 정벌이 일어나게 되었다.

한 무제의 정벌로 흉노제국이 무너진 후 대다수 흉노가 한나라 판도 안에 들어온 후에는 내경전략이 펼쳐진다. '귀순'한 흉노는 변경 방어 등 한나라의 안보에 공헌하는 역할을 맡으며 한나라 경제체제에 편입되는 것이다. 흉노제국이 사라진 외곽 지역에는 다른 오랑캐 세력들이 새로 형성되어 한나라에 대해 나름의 외경전략을 취하게 된다.

흉노제국이 무너지고 400여 년 후인 304년에 흉노족의 유연劉淵이 조趙나라를 열고 광문제光文帝를 칭하면서 5호16국 시대를 열었다. '5호'란 흉노와 갈羯, 저氐, 강羌, 선비鮮卑의 다섯 종족을 가리킨다. 유연이 이끈 흉노는 한나라에 귀순해 제국체제 안에서 내경전략을 펼쳐온 존재였다. 유연의 성姓도 한나라에서 하사받은 것이었다. 다른 종족들도 한나라가 느슨하게 끌어들여 '외이'外夷 아닌 '내이'內夷로 통제해온 대상이었다. 한나라 말기부터 진나라의 280년 재통일에 이르기까지 100년 가까운 혼란 시대의 군사적 수요 때문에 이들의 역할이 커졌고, 결국 제국체제의 전복에 이들이 앞장서게 된 것이었다.

그리 멀지 않은 시기에 서로마제국의 붕괴에도 오랑캐 용병집단의 역할이 컸다. 제국의 '대일통'大一統 정신은 많은 이질적 요소를 제국체제 안에 끌어들이는데, 이 이질적 요소들이 제대로 소화되지 않아 체제의 붕괴를 유발한 것으로 볼 수 있다. 사마천이 살았던 때는 대일통의 시대였고, 150년 후 반고가 살 때는 체제 붕괴의 위험이 느껴졌기에 '정통'正統을 강조하는 분위기로 돌아서 있었던 것 아닐지.

부견苻堅의 성공과 실패

당나라는 한나라와 함께 중화제국을 대표하는 왕조로 널리 인식되어 왔다. 지금은 '중국'을 뜻하는 접두사로 '한'漢 자가 많이 쓰이고 있지만 예전에는 '당'唐 자도 그 못지않게 썼다. 세계 각지의 차이나타운이 '당인가'唐人街로 흔히 불리고 서울의 '당인리'도 조선시대에 만들어진 이름이지만 '당' 자를 쓴 것이다.

당나라는 중화제국의 판도를 크게 넓혔을 뿐 아니라 외부와의 관계도 매우 활발해서, 중국사만이 아니라 세계사를 통해 가장 위대한 제국의 하나로 꼽힌다. 그런데 당나라가 과연 '중화'제국이 맞는지 의문이 있다. 북중국을 통일해서 남북조시대를 연 북위는 선비족의 왕조였는데, 당 황실은 북위 중심세력에서 출발한 가문이기 때문에 오랑캐 혈통을 의심받는 것이다. 이 의심이 근년 더욱더 굳어져 가고 있는데, 바로 이 잡종성雜種性에 당제국의 위대함이 뿌리를 둔 것이 아닌가, 많은 연구자들이 경탄하고 있다. 이 잡종성이 빚어져 나온 배경을 살펴본다.

5호16국의 초기 왕조들은 국가체제를 제대로 갖추지 못한 지역 군벌 수준의 세력이었다. 한나라 제국체제 안에서 자치권을 누리며 결집력을 갖고 있던 집단들이 진晉나라 통치체제가 무너진 공백 속에서 두각을 나타낸 것으로, 안정된 통치 태세가 갖춰져 있지 않았다.

그러나 시간이 지남에 따라 오랑캐 왕조들도 중국식 정치이념을 습득하며 통치의 시간적·공간적 확장을 꾀하게 되었다. 전진前秦의 부견符堅(338~385, 재위 357~385)은 370년대에 북중국을 통일하고 383년에는 천하통일을 꾀하는 남방 정벌에 나서기까지 했다.

부견의 저족氐族은 한나라 때부터 청해青海·신강·감숙성 경계 지대에서 거주하다가 서진西晉이 무너지고 북중국이 혼란에 빠진 후 갈족羯族의 후조後趙에 복속했다가 나중에 그 지도자 부홍符洪이 남방에 있던 동진東晉의 정북장군征北將軍·기주자사冀州刺史로 임명받았다. 5호 중에서 중국화가 많이 진전된 편이었다.

부견의 조부 부홍이 동진의 관직을 받으며 한편으로 자립해서 삼진왕三秦王을 자칭하다가 350년에 죽은 후 이어받은 백부 부건符健이 352년 황제를 칭했다. 부건이 355년에 죽은 후 그 아들 부생符生이 제위를 물려받았으나 2년 후 부견이 몰아내고 제위를 빼앗았다.

5호의 지도자 중 부견에 관한 기록은 사서에 많이 남아 있는 편이고, 그것을 통해 부견의 중국화 경향을 확인할 수 있다. 8세 때 할아버지에게 "공부를 하고 싶으니 스승을 붙여달라"고 조름에 부홍이 "우리 집안은 애쓰는 것이 고기 먹고 술 마시는 것뿐인데 네가 별나게도 공부를 하겠다니 신통하구나" 웃으며 승낙했다는 이야기가 있다.

제위를 빼앗는 경위도 '중국적'으로 각색되어 전해진다. 사촌형 부생은 걸주桀紂를 방불하는 잔인한 폭군으로 그려지고, 끝내 부견까지 해치려는 위기에 몰렸을 때 주변 사람들에게 이끌려 부득이하게 '기의'起義에 이르렀다는 것이다. 정황으로 볼 때 부생은 조상들의 뒤를 이어 그저 고기 먹고 술 마시는 데 애썼을 뿐인데, 부견이 중국적 정치이념에 입각한 별난 국가관을 갖고 새 세상 만들러 나선 것 아닐까 싶다.

부견의 중국화 성향을 체현한 인물이 왕맹王猛(325~375)이었다. 왕맹은 빈한한 한족 가문 출신으로 학업에 전념하며 지내다가 31세에 부견을 만나 경륜을 펼치기 시작했다고 하니 제갈량과 유비의 만남을 연상시키는 인물이다.

부견이 355년에 왕맹을 만나 2년 후 제위를 탈취할 때까지 그에게 지략을 얻었다고 하는데, 왕맹의 지략은 권력 탈취에 이르는 파워게임보다 탈취 후의 체제 구상에서 더 빛을 발했던 것 같다. 부견 즉위 후 왕맹의 큰 업적 하나가 포악한 귀족 20여 명을 처형한 것이니, 백성을 수탈하는 중간 권력을 제거하고 국가가 수탈을 독점하는 "나라다운 나라"를 만드는 것이 왕맹의 체제 구상이었던 것으로 보인다.

부견 즉위 후 불과 20년 내에 북중국 통일을 이룬 데는 항복을 관대하게 받아들여 체제를 확장하는 정책이 효과를 본 것 같다. '제국' 부활의 의미가 있는 일이다. 그러나 부견의 속성速成 제국은 기반을 충분히 다지지 못했다. 383년에 동진 정벌에 나선 부견의 군대는 조직력이 약한 연합군의 성격이었고, 비수淝水 전투 패배로 틈을 드러내자 복속했던 많은 세력이 이탈하면서 제국이 금세 무너지고 말았다.

동북방 오랑캐 선비족의 등장

부견의 제국이 무너진 후 북중국 일대는 군웅할거의 양상으로 일단 돌아갔지만 그 혼란은 길게 가지 않았다. 30여 년 후 선비족 탁발부拓拔部의 북위가 북중국을 다시 통일했다. 북중국에 왕조를 세우는 오랑캐들도 이제 중국식 정치이념에 따른 국가 경영에 익숙해지고 있었던 것이다.

선비족이 중국 기록에 처음 나타난 것은 후한 광무제光武帝 때인 45년, 흉노와 함께 변경을 습격했다는 기사다. 흉노제국이 무너진 후 그에 복속했던 부족들과 주변 부족들이 그 빈자리를 채웠는데, 동쪽에 선비가 있었고 서쪽에 오환烏桓이 있었다.

선비족은 후한 말에 두 차례 걸출한 지도자 아래 뭉쳐 큰 세력을 이뤘다가 도로 흩어졌는데, 5호16국 시대에 선비의 여러 부족이 따로따로 왕조들을 세웠다. 4세기 중에는 전연前燕, 후연後燕, 남연南燕, 서연西燕 등 모용부慕容部 왕조들이 활발하다가 4세기 말부터 탁발부의 북위가 세력을 일으켜 430년대까지 북중국을 통일했다.

북위의 중국화는 효문제孝文帝(재위 471~499) 때의 일로 흔히 얘기되지만 일찍부터 그런 경향을 보여준 두 가지 일이 있다. 하나는 제위帝位의 부자 계승이다. 도무제道武帝(재위 386~409)부터 효명제孝明帝(재위 515~528)까지 8대가 연속 부자 계승으로 이뤄졌다(손자가 이어받은 한 차례 포함). 힘과 능력에 따라 후계자를 결정하는 오랑캐 사회의 일반적 관습을 북위는 초기부터 벗어나 있었던 것이다.

또 하나는 398년의 평성平城 건설이다. 지금의 산서山西성 대동大同시 지역에 계획도시를 만들고 30만 명의 한족을 이주시켜 약 1000평방킬로미터의 농지를 경작시켰다고 한다. 이런 규모의 황도를 만들어 관료집단과 다양한 서비스 인력을 수용했다는 것은 진·한제국과 같은 성격의 제국체제를 바라본 것이 아닐 수 없다. 그리고 평성은 강

남북조시대 선비족 전사의 모습을 담은 조상彫像.

우량이 당시 기술 수준으로 농경의 한계선에 있는 곳인데, 오랑캐 왕조의 정책이 농경지역 확장을 바라보았다는 점이 눈길을 끈다.

북위의 중국화를 완성한 인물로 풍馮 태후(441~490)와 효문제가 꼽힌다. 풍 태후는 문성제文成帝(재위 452~465)의 황후로 문성제 사후 헌문제獻文帝(재위 465~471)와 효문제의 조정을 장악하고 개혁을 주도했다. 가장 중요한 제도 개혁은 균전제均田制와 삼장제三長制였다. 균전제는 농민에게 농지를 보장해줌으로써 제국의 농업 기반을 다지는 제도였고, 삼장제는 5가家를 1린隣, 5린을 1리里, 5리를 1당黨으로 사회를 일률적으로 조직하는 제도였다.

풍 태후가 한족이기 때문에 중국화에 몰두한다는 비난이 당시에 많았던 모양이다. 그러나 그 출신을 보면 그냥 한족이 아니었다. 그는 북연北燕 황실 출신이었는데, '연'이란 왕조 이름은 원래 선비족의 모용부에서 쓰던 것이다. 풍 태후의 조부 풍발馮跋이 모용부 지역에 살면서 후연 황제 모용보慕容寶의 양자 고운高雲과 친교를 맺었는데, 모용보의 동생 모용희慕容熙가 황제가 되었을 때 그를 죽이고 고운을 황제에 앉혔다가 2년 후 고운이 살해당하자(409) 풍발이 제위를 이었다. 5호가 북중국을 주름잡는 가운데 오랑캐의 중국화와 중국인의 오랑캐화가 나란히 진행되었고, 북연의 풍씨는 후자의 대표적 사례였다.

남아 있는 기록을 보더라도 풍 태후는 대단히 흥미로운 캐릭터다. 문성제가 죽었을 때 유물을 태우는 불길 속에 돌연 뛰어들어 주변 사람들이 겨우 구해냈지만 여러 날 사경을 헤맸다는 이야기가 있는가 하면 염문이 떠돈 총신寵臣이 여럿 있다. 그런데 그 총신들은 하나같이 태후에 대한 애정보다 국가에 대한 충성으로 아름다운 이름을 남긴 인물들이다.

아들 헌문제와 손자 효문제도 흥미로운 인물들이다. 헌문제는 12세에 즉위했다가 18세에 다섯 살 된 아들 효문제에게 양위하고 23세에 죽었다. 『위서』魏書와 『북사』北史 등의 정사에 대단히 훌륭한 능력과 성품이 기록되어 있는데 사실이 그랬던 것 같다. 양위하여 상황上皇이 된 뒤에도 유연柔然 정벌에 나서는가 하면 풍 태후의 개혁정책에 앞장서기도 했다. 왜 그가 일찍 양위를 해야 했는지 이해하기 어렵기 때문에 그의 죽음이 풍 태후의 독살이었다는 소문도 떠돌게 되었지만, 황제의 역할을 키우기 위해 '두 황제 체제'를 시도하지 않았을까 하는 생각도 든다.

효문제는 다섯 살에 즉위해 20년 가까이 할머니 그늘에서 지냈으니 웬만한 사람이라면 반감이나 싫증을 느낄 텐데, 웬걸, 풍 태후가 죽은 후 중국화 정책을 더 강력하게 추진했다. 494년에는 호복胡服을 한복漢服으로 바꿔 입게 하더니 2년 후에는 성姓까지 중국식으로 바꾸게 했다. 황실의 성부터 탁발에서 원元으로 바꿨다. 아무리 중국화가 필요한 정책이라 하더라도 자기 성까지 바꾸다니, 지나친 것 아닐까 싶을 정도로 과감한 조치였다.

또 하나 효문제의 중요한 중국화 조치는 낙양 천도였다. 398년의 평성 건설만 하더라도 오랑캐 왕조로서 획기적인 중국화 조치였는데, 100년이 지난 이제 중국의 전통적 중심지에 아예 들어앉기로 한 것이다. 권력의 근거지를 바꾸는 이 조치에는 전통세력의 반발이 워낙 컸기 때문에 493년에 남조 정벌을 핑계로 낙양으로 군대를 끌고 왔다가 해를 넘긴 다음 천도를 선포했다. 이제 북위 왕조는 '중국식 왕조'를 넘어 '중국 왕조'가 된 것이다.

호·한胡漢 이중체제를 넘어

효문제는 499년 33세의 나이로 죽었다. 발레리 한센은 『The Open Empire』(열린 제국)에서 그가 환갑까지 살았다면 남북조 통일이 그의 재위 중에 이뤄지지 않았을까 추측한다. 역사에는 가정假定이 없다지만, 그가 추진하던 과감한 개혁, 그리고 그의 사후 북위의 혼란을 생각하면 그럴싸하게 여겨지는 추측이다.

효문제를 이은 선무제宣武帝(재위 499~515)는 낙양 건설 등 중국화 정책을 계속 추진했으나 풍 태후나 효문제와 같은 영도력은 사라졌다. 그나마 선무제가 33세 나이에 죽고 여섯 살 나이의 효명제孝明帝(재위 515~528)가 즉위하고는 새 체제에 불만을 품고 있던 귀족층의 동요를 더 이상 억누를 수 없게 되었다.

풍 태후와 효문제가 추진한 변화는 혁명 수준의 체제 변혁이었다. 30여 년간 강력하게 추진된 이 변혁의 마무리 단계에서 북위 조정이 영도력을 잃은 것은 큰 수술을 받은 환자에게 회복 수단을 없앤 것과 같은 꼴이었다. 수술의 부작용이 터져 나오기 시작했다.

낙양(뤄양)의 남쪽 13킬로미터 지점에 있는 용문석굴龍門石窟은 유네스코 세계문화유산으로 등록돼 있다. 북위의 효문제가 낙양으로 천도한 494년부터 중국 불교에서 룽먼기龍門期(494~520)가 시작된다.

　치명적인 문제가 524년 6진六鎭의 난으로 드러났다. 비교적 안정된 통치체제를 오랑캐 왕조가 중국 땅에 세운 것을 흔히 '호한胡漢 이중체제'라 부른다. 부족사회 질서와 중국식 관료제를 병행하는 것이다. 바필드는 이 이중체제를 동북방에서 모용부 왕조(전연, 후연 등)가 장기간에 걸쳐 개발한 것으로 본다. 동북방에는 유목 외에도 농경, 수렵, 채집 등 다양한 생산양식이 혼재했기 때문에 이 지역 왕조의 효과적인 경영을 위해서는 여러 형태의 사회를 포용하는 다중 체제가 필요했으리라는 것이다.

　북위의 탁발부는 같은 선비족이기 때문에 모용부의 경험을 쉽게 수용했을 것으로 바필드는 본다. 4세기 말 북위가 일어날 때는 모용부 왕조가 혼란에 빠졌을 때이므로 모용부의 고급 인력이 탁발부로 많이 넘어갔을 것이라 추측할 수 있다. 북위는 410년까지 모용부 지역을 평정한 다음 근 20년이 지난 뒤에 서남방으로 확장하기 시작해

몇 해 안에 북중국 통일에 이르는데, 이 20년이 모용부의 이중체제를 배우고 익히는 데 필요한 시간이었을 것이다.

호·한 이중체제에서 군사 방면은 '호'의 원리로, 행정 방면은 '한'의 원리로 운영된다. 군사와 행정의 분리에 따라 농민이 군대의 폭력에서 보호받고 조정의 조세 수입이 안정될 수 있는 것이다. 그런데 군대에게서 농민 괴롭히는 특권을 빼앗으면 무슨 재미가 남는가? 군대를 거느리는 오랑캐 귀족들은 행정을 맡은 한족 관료들에게 피해의식을 느꼈을 것이다.

풍 태후와 효문제의 변혁은 이중체제를 넘어 군사를 행정에 종속시키는 중국화를 향한 것이었으므로 군대와 군사귀족의 불만이 더 클 수밖에 없었다. 천하통일이라는 그 변혁의 목표를 향해 대대적 남방 정벌에 나섰다면 군대의 역할이 생겨 불만을 해소할 수 있었을 것이다. 그런데 효문제 사후 20여 년 동안 정치 혼란으로 다음 단계로의 진행이 늦어지면서 군대와 군사귀족의 불만이 포화상태에 이르러 터져 나온 것이 6진의 난이었다.

6진의 난을 계기로 조정의 영도력은 완전히 사라져버리고 북위는 군벌들의 각축장이 되었다. 528년에 19세 나이의 효명제가 독살당한 뒤로는 군벌 권신들의 전횡이 이어지다가 결국 534년 서로 다른 황제를 앞세운 권신들에 의해 나라가 둘로 쪼개지기에 이르렀다. 낙양의 고환高歡 세력은 동위東魏, 장안長安의 우문태宇文泰 세력은 서위西魏가 되었다. 동위는 550년, 서위는 556년까지 명목상의 황제를 받들고 있다가 고환과 우문태의 아들들에게 제위를 넘김으로써 북제北齊와 북주北周로 왕조가 바뀌었다.

동위·북제는 효문제 이래의 중국화 노선을 지킨 반면 서위·북주에서는 선비족 전통을 회복시키는 분위기 속에 새로운 정치실험이 진행되었다. 『주례』周禮의 고제古制를 부활한다는 명분 아래 새로운 형태의 군사국가를 만드는 방향으로, 가장 두드러진 성과가 부병제府兵

制였다. 군사(호)·농사(한)를 분리하던 호·한 이중체제의 원리 대신 병
농일치兵農一致의 조직 원리를 도입한 것이다. 호·한 이중성을 병행하
던 종래의 이중체제에서 양자를 전면적으로 결합하는 단계로 나아간
것이다. 북주가 북제와의 경쟁을 이겨내고 그 중심세력이 수·당 지배
세력으로 이어지면서 천하제국을 건설하는 데 이 부병제가 큰 발판
이 되었다.

서위·북주에서는 선비족이 중국식 성을 취하게 했던 효문제의 정
책을 뒤집어 선비족이 원래의 성으로 돌아갈 뿐 아니라 한족 관리와
장군들에게도 선비족 성을 하사하는 정책을 취했다. 몇십 년 사이에
성이 이쪽으로 바뀌었다가 저쪽으로 바뀌는 일이 거듭되다 보니 서
위·북주의 지배세력을 놓고는 성씨만 보고 한족 집안인지 선비족 집
안인지 판별하기 어렵게 되었다. 수나라의 양씨楊氏와 당나라의 이씨
李氏가 과연 한족인지 선비족인지 하는 시비가 끝없이 이어진 것도
그 때문이었다.

6
돌궐의 성쇠와 당 태종

당 태종唐太宗이 즉위한 지 16년째 되는 642년에 광주廣州 도독 당인 홍黨仁弘의 독직 사건이 불거졌다. 비리의 규모가 커서 사형에 해당한다는 대리시大理寺의 판결이 황제에게 올라왔다.

이 사건이 주목받은 것은 당인홍이 개국공신이고 태종의 신뢰가 두터운 장군이었기 때문이다. 수나라 장군으로 있다가 당 고조高祖의 기병 직후에 휘하 군대를 이끌고 귀의해서 당나라의 천하통일 과정에서 많은 공로를 세웠다.

황제의 결정은 양자택일의 문제로 보였다. 판결대로 처형하든지, 아니면 황제의 사면권을 발동하든지.

그런데 태종은 별난 반응을 보였다. 대리시의 상주문을 다섯 차례나 받지 않고 돌려보냈다. 지금 바쁘니까 나중에 가져오라느니, 이제 밥 먹을 참이니까 그 뒤에 가져오라느니. 결국 받아보고는 이튿날 새벽 5품 이상 신하들을 모두 모아놓고 이렇게 말했다.

당 태종의 입상.

나라의 법이란 하늘이 내려준 것인데 이제 내가 한 차례 이를 어기고자 한다. 당인홍의 죄가 커서 사형에 처하는 것이 마땅한데, 조정에 대한 그의 공로가 큰 것을 생각해서 파관罷官에 그치려 하는 것이다. 이는 법을 어지럽히고 하늘의 뜻을 저버리는 짓이다. 이에 나는 나 자신에게 벌을 내려 남교南郊에 멍석을 깔고 사흘 동안 검소한 식사를 하루 한 차례씩 하며 근신하고자 한다.

신하들이 꿇어 엎드려 황제가 그런 자책을 하지 말기 빌며, 그 뜻을 거두지 않으면 자기들도 그 자리를 떠나지 않겠다고 버텼다. 방현령房玄齡이 대표해서 아뢰었다. "자고로 인신의 생사는 어떤 사안을 막론하고 황제의 권한입니다. 황제가 조서를 내리면 그것이 곧 법률입니다. 황상께서 스스로에게 죄를 내린다는 것은 있을 수 없는 일입니다."

　새벽부터 엎드린 신하들이 오후까지 버티자 결국 태종이 물러섰다. 물러서면서 자신의 세 가지 허물을 밝히는 조서를 발포했다. "첫째, 사람을 알아보지 못한 것. 둘째, 사사로운 정으로 법을 어지럽힌 것. 셋째, 상 주고 벌주는 일을 제대로 하지 못한 것. 이 세 가지 잘못을 극복하기 위해 나는 전력을 다할 것이니 그대들은 간쟁諫諍을 삼가지 말라."

　결국 살리고 싶은 사람 살렸으니 한 차례 쇼에 불과한 것이었다고 냉소할 수도 있겠다. 그러나 쇼에도 정치적 의미와 가치가 있을 수 있다. 한번 살펴보자.

　첫째, 공신집단에 보낸 경고. 천하 평정이 끝난 지 10여 년밖에 안 된 시점이었다. 특권층으로서 공신집단이 잘나가고 있을 때였다. 황제가 사면권 자동발매기처럼 보였다가는 황제의 초법적 위상을 공신집단이 공유하는 결과가 된다. 태종의 자책 쇼 앞에서 당인홍과 일체감을 가진 공신들은 깊은 고마움과 함께 두려움을 또한 느꼈을 것이다. 고마움과 두려움이 합쳐진 감정, 그것을 옛날 신하들은 '황송'惶悚이라고 표현했다.

　둘째, 법치의 의지 확인. 당인홍 사건이 터진 것은 정관률貞觀律을 반포한 지 5년 되었을 때였다. 정관률에 앞서 수 문제文帝의 개황률開皇律, 양제煬帝의 대업률大業律, 그리고 당 고조高祖의 무덕률武德律이 있었다. 수·당제국의 통일에서 영토 통합 못지않게 중요한 과제가 보편적 질서의 확립이었고 그것을 위해 제일 먼저 필요한 일이 법체계, 특히 형법체계의 정비였다. 당나라 제국체제의 첫 번째 특징으로 율령제律令制가 꼽히는 까닭이다.

　그래서 수 문제 이래 황제마다 법전을 반포했던 것인데, 태종의 정관률은 한 차례 법전의 완성으로 평가받는다. 고조의 무덕률까지는 기존 율령을 조금씩만 손보아 즉위 초에 서둘러 반포한 것이었는데 태종은 오래갈 율령을 만들 필요를 절실하게 느꼈기 때문에 즉위 후 10년을 들여 정관률을 만든 것이다. 태종은 이에 그치지 않고 처남인 장손무기長孫無忌에게 더 세밀한 법전을 편찬하게 하여 자기가 죽은 후 『당률소의』唐律疏議가 나오도록 했다. 당률唐律은 여기서 완성된 것으로 볼 수 있다.

'법치'法治를 이야기할 때, 법이 통치의 수단이 아니라 통치의 주체가 될 때, 즉 "법으로 다스리는" 정치가 아니라 "법이 다스리는" 정치가 진정한 법치라고 하는 논설을 종종 본다. 나는 이런 관점을 하나의 유토피아적 환상이라고 생각한다. 정치는 사람이 하는 것인데, 사람 밖의 제도에 매달려 정치의 완벽한 해결을 바라는 풍조는 일종의 물신주의fetishism다.

현실 속에서 법은 황제에게서 나오는 것이었다. 그런데 태종은 법은 하늘이 내리는 것이며 황제는 그것을 전하는 역할이고 황제 자신도 그를 어겨서는 안 된다는 자세를 몸으로 보여준 것이다. 현대 민주국가에서도 용인되는 국가원수의 사면권을 그토록 조심스럽게 다룬 것은 더할 나위 없는 법치의 실천이었다.

호·한 통합을 위해 필요했던 '법치'法治

220년 한나라 멸망 후 589년 수나라 통일에 이르기까지 3세기 반의 시간이 흘렀다. '오랑캐'〔胡〕라 불리던 많은 요소들이 그동안 중국에 통합되었다. 5호16국 이래 오랑캐 왕조들이 북중국을 통치하는 동안 오랑캐의 중국화와 중국인의 오랑캐화는 나란히 진행되었다. 그 과정을 통해 빚어진 수·당제국의 특성을 호·한胡漢 이중체제로 흔히 설명한다.

'통합'의 궁극적 의미는 무엇이었는가? 오랑캐와 중국의 차이는 혈통보다 제도와 관습에 본질이 있다. 지금 중국의 주류 민족인 한족에는 긴 세월을 통해 많은 오랑캐의 혈통이 흡수되어 있고, 그 흡수는 진 시황의 통일 이전부터 시작된 것이다. 유목을 위주로 하는 오랑캐 사회의 질서 원리가 농경을 위주로 하는 중국과 다르다는 것이 혈통보다 더 중요한 차이였다. 따라서 수·당제국 통일의 의미는 영토의 통합, 혈통의 통합보다 질서 원리의 통합에 있었다.

통합 이전에 유목사회는 물론 농경사회에서도 질서 원리의 대부분이 법령보다 관습의 형태로 존재했다. 통합이 진행되는 동안 농경사회는 농경사회대로, 유목사회는 유목사회대로, 따로따로 운영한 것이 호·한 이중체제였다. 아직 두 사회의 접점이 그리 크지 않은 단계였다.

접점이 확대됨에 따라 양쪽 사회를 같은 원리에 따라 운영하는 범위가 넓어지고, 어느 단계에 이르면 두 사회를 포괄하는 전면적인 운영의 틀이 필요하게 된다. 이 새로운 틀에는 농경사회도 유목사회도 익숙지 않은 요소들이 들어가지 않을 수 없다. 익숙지 않은 제도에 사람들을 적응시키기 위해 예전에는 암묵적으로 통용되던 관습을 명문화할 필요가 생겨났다. 지주와 경작자의 관계, 상품 거래의 기준, 상속의 원칙, 비행非行 응징의 방법, 관官의 역할 등등 많은 정치·사회적 관계가 성문법의 세계로 들어오게 된다.

로마제국의 가장 중요한 유산으로 법체계를 드는 학자들이 많다. 비슷한 시기에 제국을 운영했던 로마와 한나라를 비교해보면 로마쪽이 다양한 이질적 요소들을 더 많이 포괄했다. 따라서 한나라에서는 로마만큼 성문법 체계를 확장할 필요를 느끼지 않았다. 그런데 수·당제국은 고대 로마 못지않게 다양한 요소를 품고 복잡한 구조를 이루게 된 것이었다. 율령체제가 당나라의 중요한 특징이 된 것은 그런 까닭이었다.

북위에서 제정한 균전제均田制와 서위·북주에서 시행한 부병제府兵制가 당나라 제국체제의 뼈대가 되었다. 농경사회나 유목사회에서 장기간에 걸쳐 자연발생적으로 형성된 것이 아닌 제도들이 국가의 크고 강한 힘을 통해 대다수 인민의 생활과 활동 방식을 규정하게 된 것이었다. 그런 제도들을 인민이 "하늘이 내린" 것처럼 받아들이게 하기 위해서는 황제부터 법 어기기 어려워하는 시늉을 할 필요가 있었다.

중국중세사 연구자 박한제는 『대당제국과 그 유산』(2015), 248쪽에서 "호월일가"胡越一家를 당나라 통합성의 표현으로 제시하며 태종이 '황제'와 '천가한'天可汗의 호칭을 함께 칭한 것을 그 뜻으로 보았다. 그 뜻을 밝힌 태종의 말을 『자치통감』에서 인용하기도 했다.

자고로 모두 중화를 귀히 여기고 이와 적을 천하게 여겨왔으나, 짐은 홀로 그들을 사랑하기를 하나같이 하였다. 그러므로 그 종락들이 모두 짐을 의지하기를 부모처럼 여겼다.

토머스 바필드는 『*Perilous Frontier*』(위태로운 변경)에서 태종의 뛰어난 군사적 성공 역시 유목민의 전술을 잘 활용한 데 큰 이유가 있었다고 분석했다(141~143쪽). 태종의 '천가한' 역할이 호칭에 그친 것이 아니라 오랑캐의 가치관을 제대로 실현한 것으로 본 것이다. 형제들을 죽이고 부친을 겁박해서 황제 자리에 오른 것부터 중국의 윤리관으로는 엽기적인 행위지만 당시 오랑캐의 윤리관으로는 달랐을 수도 있다(흉노의 묵특이 떠오르지 않는가?). 수 양제에 관한 이야기 중에도 오랑캐의 관점을 떠올릴 만한 점이 많은 것을 보면 북위·서위·북주·수·당의 지배집단에서는 호·한 이중성이 일반적인 현상이었던 것 같다.

태종, 황제와 천가한天可汗을 겸하다

황제와 천가한을 겸하던 태종의 이중성은 고종高宗(재위 649~683) 이

후 재현되지 않았다. 바필드는 이 때문에 당제국의 광영이 감퇴한 것을 아쉬워하지만, 나는 이것이 태종 자신의 결단에 따른 것으로 본다. 태종이 후계자 문제에 임하는 태도에 이 결단의 과정이 보인다.

태종이 즉위 직후 8세의 장남 승건承乾을 태자로 책봉한 것은 자신이 겪었던 황위 계승의 투쟁이 되풀이되지 않길 바라는 뜻이었다. 그후 10년간 태자 승건에 관한 기록은 찬양 일색이다. 그러다가 638년경부터 태자의 '기행'奇行이 기록되기 시작하다가 643년 모반의 죄로 폐위되고, 태종이 사형만은 면제해주었으나 1년 후에 죽었다.

638년에 승건의 바로 아래 동생 태泰가 방대한 지리서 『괄지지』括地誌를 완성한 일을 태종이 엄청나게 띄워주었다. 그로부터 태의 정치적 권위가 커지면서 태자 자리에 위협을 느낀 승건이 태를 제거하려는 음모를 꾸몄다는 것이 그의 모반 내용이었다. 즉위 후 10년이 지난 시점에서 태종이 원하는 후계자의 스타일에 변화가 일어난 것이 승건과 태 사이의 긴장관계를 불러온 것이 아닌가 생각된다.

발레리 한센은 『The Open Empire』(열린 제국)에서 태자 승건에 관해 이렇게 썼다.

(태자의) 빠른 선택이 꼭 현명한 선택은 아니었다. 그 아들에게 정신적 문제가 있었기 때문이다. 게다가 그 아들의 궁중 악사와의 동성애 관계에 분노한 태종은 그 악사를 처형했다. 태자는 중국어 쓰는 것을 거부하고 돌궐突厥어와 돌궐 복장을 고집함으로써 당나라 황실의 중앙아시아 뿌리가 아직도 얼마나 가까이 있었는지 보여주었다. (181쪽)

순진한 관찰이다. 승건이 폐위된 뒤에는 그 조치를 정당화하기 위해 문제를 승건의 개인적인 것으로 돌리려는 경향이 있었다. 돌궐 풍속을 좋아한 승건의 '기행'은 그 앞 세대에서는 기행이 아니었다. 천가한으로서 태종의 풍모는 위대한 오랑캐 족장의 모습 그대로였다. 즉위 초년의 태종이 후계자에게도 천가한의 풍모를 기대한 것은 자연스러운 일이었다. 바필드가 『Perilous Frontier』(위태로운 변경)에서 "돌궐풍 태자인 승건이 황제가 되었다면 유목생활에 대한 그의 친근함과 애정을 바탕으로 중국에 두 번째 천가한이 나타났을 것"(146쪽)이라 한 말이 실상에 더 접근한 것으로 보인다.

즉위 10년 후 정관률을 완성한 시점에서 태종은 대당제국의 장래가 황제와 천가한을 겸하는 지도자의 개인 플레이보다 체계적 제도에 의지해야 한다는 쪽으로 생각이 바뀌고 있었다. 차남 태의 『괄지지』는 이 방향에 영합하는 것이었기 때문에 태종의 각별한 상찬을 받았던 것이다. 태자가 이것을 보고 이 방향의 노력도 보완함으로써 두 측면을 겸비했다면 태종은 더없이 만족했을 것이다. 그러나 두 아들은 각자의 스타일에 집착하며 '너 죽고 나 살기'의 각축을 벌였다.

공식적으로는 승건이 아우를 제거하려는 음모를 꾸민 것으로 판결되었다. 그러나 638년과 643년 사이에 두 황자 간의 반목이 한쪽만의 책임이었으리라고 볼 수는 없다. 동생 쪽의 도발과 획책에 관한 이야기도 많이 전해진다. 결국 승건을 폐위한 후 태종은 반목의 당사자였던 둘째 아들(황후 소생 중)에게도 태자 자리를 줄 수 없었기 때문에 셋째 아들 치治를 책봉했는데, 그는 후에 고종으로 즉위하게 된다.

진·한제국의 '그림자 제국'으로 흉노가 있었다면 수·당제국에게는 돌궐이 있었다. 남북조시대에 북방의 큰 세력으로 유연이 있었지만 치밀한 조직을 이루지 못하고 있었다. 6세기 중엽 신흥세력 돌궐이 유연을 격파하고 유목제국을 세운 것은 중국의 재통일 국면에 호응하는 변화였다. 초기의 흉노제국이 한나라에 우위를 점했던 것처럼 돌궐제국도 수·당 교체기에 당나라 건국세력을 포함한 군웅을 압도했다. 당 고조 역시 뇌물을 바치고 많은 이득을 약속하며 돌궐의 지원을 얻고 칭신稱臣까지 한 일이 있다. 당나라의 중원 수습이 마무

리될 무렵인 622년 돌궐의 내침을 막기 위해 파견된 당나라 사신은
힐리가한頡利可汗을 이런 말로 설득했다고 한다.

> 중국과 돌궐은 풍속이 각기 달라 중국이 돌궐을 얻어도 신하로 삼
> 을 수 없고, 돌궐이 중국을 얻는다고 한들 어디에 쓸 데가 있겠습
> 니까? 또한 물자와 재물을 약탈하면 모두 장군과 병사들이 갖게
> 되니 카간(가한)께서는 아무것도 얻는 것이 없으십니다. 이것을 빨
> 리 기병 부대를 거두어들이고 사신을 보내 화친을 하면 나라에서
> 반드시 많은 재물을 드리니 포목과 비단이 모두 카간에게 들어가
> 힘든 수고를 없애고 앉아서 이익을 얻는 것만 못합니다. 당나라가
> 이전에 천하를 차지할 즈음 카간과 형제가 되기를 약속해서 사람
> 들이 서로 왕래한 것이 끊인 바가 없습니다. 카간께서 이제 선한
> 마음을 버리고 미워하는 것을 따르시면 많은 것을 버리고 적은 것
> 을 쫓아가는 것이 아니고 무엇이겠습니까?
>
> ─『책부원구』 660권(정재훈, 『돌궐유목제국사』, 312~313쪽에서 재인용)

이 무렵 당나라 조정에서는 돌궐의 위협을 피하기 위한 천도遷都
논의까지 있었다고 한다. 태종 즉위 직후 돌궐이 장안까지 쳐들어왔
을 때 태종이 시종들만 데리고 강가로 나가 강을 사이에 두고 힐리가
한을 꾸짖은 끝에 화의를 맺고 철군시킨 장면이 그의 담력을 돋보이
게 하는 이야기로 전해진다. 돌궐의 군사력은 당시 당나라 제국체제
에 최대의 위협이었고 돌궐과의 소통 능력은 태종의 황제 노릇에 큰
밑천이었다. 태자 승건에게도 그 밑천을 키우도록 부추겼을 것 같다.
그러나 4년 후 힐리가한을 생포하여 돌궐제국을 무너트린 뒤에는 돌
궐 문제의 우선순위가 밀려남으로써 태자의 비극이 빚어진 것이 아
닐지.

'외경外境전략'과 '내경內境전략'

힐리가한의 몰락에 관해 정재훈은 『돌궐유목제국사』에서 이렇게 말한다.

> 일릭(힐리) 카간이 이와 같은 상황을 초래한 것은 동돌궐 정권이 그동안 수조의 지배 아래서 지나치게 중국에 의존하다가 수말당초의 결정적 계기에도 불구하고 북중국에 단순하게 간섭하며 '다자적 관계'를 유지하고 통제하는 데만 집착한 것과 무관하지 않았다. (…) 일릭 카간은 충분한 능력이 있었음에도 당초 심각한 혼란에 빠져 있던 북중국 정권을 대체해 과거 북위 또는 이후의 이른바 '정복왕조'처럼 보다 안정적으로 내지를 직접 지배하고 수취하는 체제를 만들어낼 수 없었다. (327쪽)

정재훈은 '정복왕조' 세우는 것을 유목민의 '성공'으로 보는 고정관념을 가진 것 같다. 나는 바필드의 '외경전략'과 '내경전략' 개념을 더 그럴싸하게 본다. 유목민의 이해관계를 유목민의 입장에서 보는 것이기 때문이다. 중화제국의 외부에 세력을 이루고 긴장관계를 유지하며 그로부터 이득을 취하는 것이 외경전략이고, 중화제국 내부에 들어가 통제를 받으며 역할을 맡는 것이 내경전략이다. 오랑캐 왕조는 제국이 쇠퇴할 때 내경 상태의 오랑캐가 체제를 넘겨받음으로써 세워지는 것이 통상적인 경로였다. 외경, 내경, 정복의 전략은 유목세력이 임의로 선택하는 것이 아니라 주어진 상황에 따라 결정되는 것이었다고 나는 생각한다.

돌궐 제1제국(6세기 중엽의 발흥에서 630년까지를 제1제국, 687년의 부흥에서 745년의 멸망까지를 제2제국으로 통상 부른다)은 수·당제국에 대해 외경전략을 구사했다. 한나라에 대해 외경전략을 구사하다가 한나라의

돌궐의 황금 유물. 몽골국립박물관.

안정 이후 격파당한 흉노제국처럼 돌궐제국도 당나라 초기까지 유리한 입장에 있다가 당나라의 안정에 따라 격퇴된 것이다.

제1제국의 붕괴 후 돌궐은 당나라의 기미羈縻정책에 묶여 당나라의 정복사업에 군사력으로 활용되었다. 680년대에 이르러 그 일부가 이탈해 북방의 초원으로 돌아가서 세력을 키우고 690년대 들어 당나라 변경을 공격하기 시작했다. 외경전략으로 돌아간 것이다.

돌궐의 이탈과 재건은 당나라 조정의 문민화文民化의 결과로 보인다. 태자 승건의 폐위는 황제의 군사적 역할이 줄어드는 신호였다. 형들의 각축 중에 어부지리로 태자가 되고 황제가 된 고종은 모든 기록에 온순한 성품으로 그려진 인물이다. 그는 황후인 무후에게도 대단히 온순해서 그의 재위 중반 이후에는 무후의 통치가 이미 시작된 것으로 볼 수 있다.

측천무후則天武后(624~705, 재위 690~705)의 통치에서 가장 높이 평가받는 업적 하나가 관료제의 발전이다. 귀족 중심의 무력武力국가에서 관료 중심의 재정財政국가로의 전환을 당나라 때 중화제국의 중요한 변화로 보는 연구자들이 있다. 제국 내부의 착취체제를 발전시키면서 외부에 대해서는 "돈으로 평화를 사는" 정책을 기조로 삼게 되었다는 것이다. 무후가 659년 황후에 오른 후 오랫동안 조정에 군림할 수 있었던 것은 당나라가 과감한 정복보다 치밀한 관리를 필요로 하는 때였기 때문이라고 생각된다.

630년 제1제국의 붕괴 이후 돌궐은 당나라 군사력의 주축이 되었다. 당제국의 팽창 과정에 핵심 역할을 맡으면서 많은 혜택을 누릴 수 있었다. 그러다가 660년대 고구려 정벌을 끝으로 당나라의 정복사업이 마무리되면서 그 군사적 역할이 줄어들었다. 680년대 돌궐제국의 부활은 내경전략에서 외경전략으로의 복귀였으며, 당나라에서 내경전략의 수익성이 떨어진 결과였다.

돌궐 제2제국은 제1제국만큼 큰 세력을 떨치지 못했다. 당나라 안에서 돌궐 외에도 많은 오랑캐 세력이 내경전략을 펼치고 있어서 돌궐의 외경전략이 큰 효과를 거둘 수 없었기 때문이다. 돌궐 제2제국이 745년 내분으로 멸망한 후 유목사회의 패권을 장악한 위구르가 외경전략에 가장 큰 성공을 거둔 것으로 바필드는 『*Perilous Frontier*』(위태로운 변경)에서 평가한다.

전통적 역사에서는 유목민을 중국 정복의 야욕을 가진 위험한 적으로만 보는 경향이 있다. 유목민이 중국에 대해 위험한 존재이기는 했지만 간접적 착취를 더 좋아했다는 것이 내 생각이다. 당나라에 대한 위구르의 정책이 이 현상의 가장 좋은 사례일 것이다. 위구르는 처음부터 약해지고 있는 당나라를 내란과 침략으로부터 보호해주는 입장을 취했고, 그 대가로 엄청난 분량의 비단을 받아 초원지역에서 역사상 가장 부유한 유목민이 되었다. (…) 중국 왕조에 대한 위협은 간접적으로 유목국가에 대한 위협이 되었다. 따라서 유목군주는 어떤 변화보다도 수지맞는 현재 상황을 유지하는 길을 택했다. 중국 왕조가 내란이나 침략으로 무너지면 그만큼 자기네를 우대해주지 않는 세력이 권력을 쥘 수 있기 때문이었다. 이 점에서 위구르는 당 왕조의 보존에 이해관계가 걸려 있었던 것이다.

중세에 그려진 소그드인 상인들의 모습.

840년에 위구르제국이 무너지자 당나라는 보호자를 잃고 멸망을
기다리는 처지에 빠지고 말았다. (150~151쪽)

755년 안녹산安祿山의 난으로 당 조정이 통제력을 잃었을 때 결정
적인 도움을 준 것이 신흥세력 위구르였다. 위구르는 작은 군대를 보
냈지만 몇 차례 전투에서 중요한 승리를 거뒀다. 757년과 762년 반란
군이 점령했던 수도 낙양을 되찾았을 때 위구르 군대가 며칠 동안 마
음껏 약탈하도록 허용한 사실을 보더라도 그 역할이 얼마나 중시되
었는지 알아볼 수 있다.

당나라의 전반기에는 돌궐, 후반기에는 위구르가 최강의 초원세
력으로 부각되었는데, 그 그늘에서 눈길을 끄는 존재가 있다. 소그드
인Sogdian이다. 소그드는 한 무제 때 장건의 보고에 '강거'康居로 나타

났고 당나라 기록에는 '강국'康國으로 나오며, 지금의 사마르칸트 지역이 그 본거지였다. 그런데 소그드인은 일찍부터 상업활동에 매진해서 중국으로부터 동로마제국에 이르는 광대한 지역에 디아스포라를 형성하고 상품과 문화의 교류에 앞장섰다. 돌궐과 위구르제국에서 소그드인이 행정을 많이 담당하고 당나라에 보내는 사절단에도 많이 참여했다고 하는데, 그 부족의 상업활동을 배경으로 한 현상이었다. 소그드는 별개의 국가로서 세력을 떨친 일이 없기 때문에 기록이 많지 않은데, 실크로드의 '소프트웨어' 역할이 아니었을까 하는 생각이 든다. 수백 년 후 몽골의 세계정복이라는 특이한 현상을 이해하는데도 소그드인의 활동 방식에서 어떤 열쇠를 얻을 수 있지 않을까, 숙제로 남겨둔다.

만주와 한반도 사이의 '북고남저'北高南低

630년 돌궐 제1제국이 무너진 후 돌궐 군사력의 대부분은 '천가한' 당 태종의 휘하에 들어왔다. 태종은 이 군사력을 이용해서 당제국의 강역을 크게 넓혔는데, 중요한 정복 대상 하나가 고구려였다. 태종이 시작한 고구려 정벌은 고종이 이어받아 668년에 완결되었다.

한반도는 중국의 주변 지역 중 중국 중심부와 가장 비슷한 기후 조건을 가진 곳이다. 따라서 중국문명의 본질인 농업문명이 전파되기 좋은 곳이었다. 그런데 한반도와 중국 사이에는 당시의 농업기술을 적용하기 어려운 만주 지역이 있었다. 고대사에서 만주 지역과 한반도 지역 사이의 관계를 나는 『밖에서 본 한국사』(2008)에서 이렇게 설명했다.

금속기문명이 대륙으로부터 처음 전파되던 시절에는 대륙에 가까운 위치의 만주가 당연히 한반도보다 선진지역이었다. 고조선 수도의 남하, 부여에서 고구려의 파생, 고구려에서 백제의 파생이 모두 선진문명의 남진 현상을 보여주는 상황들이다. (…) 그런데 기원전 3세기 이후 중국 방면으로부터 철기를 바탕으로 한 집약적 농업문명이 본격적으로 전파되면서 문명의 북고남저北高南低 상황이 서서히 바뀌기 시작했다. 온난한 기후의 한반도가 그 단계 농업문명의 정착에 유리한 조건이었기 때문이다. 7세기 신라 통일 무렵에는 저울추가 남쪽으로 기울어지기 시작했고, 10세기 이후 고려시대에 들어서서는 만주에 대한 한반도의 문화적 우위가 확연해져 있었다. (34쪽)

중국문명의 한반도 전파는 역사를 통해 꾸준히 이뤄져온 일이거니와, 중국에 강력한 제국이 세워져 동쪽을 침공할 때 전파 속도가 획기적으로 상승한 일이 몇 차례 있었다. 그 인과관계에는 양면성이 있는 것으로 보인다. 문명·기술의 전파가 빨라졌기 때문에 침공의 이유가 생긴 측면이 있고, 침공 때문에 전파가 더욱 빨라진 측면도 있는 것이다.

기원전 2세기 말 한사군漢四郡 설치가 첫 번째 계기였고, 7세기 초~중엽 수·당제국의 고구려 정벌이 두 번째 계기였다. 그 후에는 13세기에 몽골의 침공이 있었다.

한사군은 문명 전파의 송유관 노릇을 한 것으로 나는 본다.

낙랑 등 군현을 설치한 것은 변방 내지 역외를 중국의 의지대로 통제하려는 뜻이었다. 그러나 지원이 제대로 지속되지 못해 자립을 강요당하는 상황에서 이런 뜻은 관철될 수 없었다. 오히려 생존을 위해 주변 세력에게 봉사하며 그에 의존해야 하는 상황도 벌어졌다. 기술 전파 측면도 그렇다. 조선을 평정한 후 그 지도층을 사민徙民시킨 데는 기술 보유 집단을 현지에서 제거함으로써 중국과의 기술 격차를 좁히지 못하게 하려는 뜻이 있었다. 그러나 지원 끊긴 낙랑군이 자립 생존을 위해 팔아먹을 것이 기술 말고 무엇이 있었겠는가. 기술이란 원래 물처럼 높은 곳에서 낮은 곳으로 흐르는 성질을 가진 것인데, 낙랑이라는 통로가 있음으로 해서 그 과정이 더욱 촉진되었을 것이다. (같은 책, 79쪽)

만주와 한반도 사이의 '북고남저' 상황은 고구려까지 계속되었다. 그러나 한반도의 농업 발달과 인구 증가에 따라 고구려의 중심도 한반도로 남하하고 백제와 신라가 국력을 키움으로써 한반도의 '삼국시대'가 펼쳐지게 되었다.

삼국시대라 하여 3국의 대등한 병립竝立을 떠올리는 것은 후세의 관점이고 신라의 관점이다. 중국의 남북조시대에 전성기를 맞은 고구려는 동북아시아의 강대국이었고, 백제와 신라는 그 뒤에 붙어 있던 작은 나라들이었다. 백제는 고구려의 한 갈래로 출발한 나라였고 신라는 고구려의 비호 아래 백제·가야·왜의 압력을 견뎌내고 일어선 나라였다. 당나라가 정벌의 필요를 느낀 대상은 고구려였고, 신라와의 '동맹'은 이이제이以夷制夷의 술책일 뿐이었다.

고구려 격파 무렵 당제국이 공격적 대외정책을 거두기 시작하고 있었던 것이 한반도의 독립 유지를 위한 조건이 되었다. 정벌 당시 안동도호부와 웅진도독부, 계림도독부를 설치해 적극적 경영의 의지를 보였으나 결국 느슨한 기미정책으로 물러선 이유는 신라 측의 견결한 저항에도 있었겠지만 당나라 조정의 문민화가 그 배경조건이었다.

전성기의 고구려는 상당 규모의 농경사회도 품고 있었으나 만주지역의 다른 세력과 마찬가지로 다양한 성격의 사회를 포괄하는 복합국가였다. 고구려가 사라진 자리에서 신라와 발해가 당나라의 기미정책 아래 발전해 나갔는데, 그중 신라가 고려로 이어지며 소중화小中華의 길로 향하게 되는 것은 농경에 적합한 기후조건 때문이었다.

7
무력국가에서 재정국가로

7세기에서 13세기에 이르는 당송唐宋시대는 중국문명이 가장 크고 화려한 꽃을 피운 시대로 널리 인식된다. 이 시대의 뛰어난 문학작품에 대한 후세 사람들의 흠모 때문에 문학사에서 제일 먼저 떠오른 관점이지만, 다른 방면에서도 이 시대 중국의 찬란한 모습이 경탄을 불러일으킨다. 특히 당나라 초기의 거대한 제국 건설과 송나라 시대의 화려한 문화와 기술 발전이 찬탄의 대상이다.

그러나 이 시대의 앞쪽과 뒤쪽 사이에는 중국인의 생활방식에도 국가의 운영방식에도 큰 차이가 있었다. 당나라 초기에는 대다수 인민이 폐쇄적인 부병제 아래 생활한 반면 송나라 후기의 사람들은 고도로 발달한 시장경제 속에서 살았다. 국가의 역할에도 그에 상응한 차이가 있었다.

미야자키 이치사다宮崎市定(1901~1995)는 이 국가 성격의 변화를 무력武力국가에서 재정財政국가로의 전환으로 설명했다. 거대한 변화의 윤곽을 그려놓은 미야자키의 관점은 후진 연구자들에게 큰 도움이 되었다.

재정국가라 함에는 두 가지 기본적인 뜻이 있다. 하나는 국가 내 경제활동이 자라나 그로부터의 조세 수입이 국가체제 운영에서 차지하는 비중이 커졌다는 뜻이고, 또 하나는 국가 경영에서 명쾌한 폭력보다 치밀한 관리가 더 중요하게 되었다는 뜻이다. 여기서는 후자의 의미를 한 차례 깊이 살펴본다.

사회 운영에는 '힘'이 필요한 측면과 '꾀'가 필요한 측면이 있다. 이두 측면은 중국에서 '무'武와 '문'文으로 인식되었다. 페어뱅크와 골드먼은 『China, a New History』(신중국사, 1992)에서 무를 경시한 송나라의 풍조를 그리면서 유가사상이 원래 무를 천시했기 때문에 사士·농農·공工·상商의 4민四民에도 넣지 않았다고 한다(108쪽).

이것은 오해다. 제2·3·4계급인 농·공·상은 현대 용어로 하자면 1차, 2차, 3차 산업을 가리키고, 제1계급 '사'는 사회 운영의 담당자였다. 4민 개념이 출현한 춘추시대의 '사'는 원래 무사武士였다. 꾀보다힘이 더 중요한 시대였다. 전국시대에 문사文士의 측면이 나타나기 시작했고, 제국시대 들어 문사의 비중이 점점 커져 무사의 위상을 압도하게 되었다.

정치조직의 규모가 커질수록 그 운영에서 힘보다 꾀의 중요성이커진다. 조그만 나라들이 각축하던 춘추시대에서 7웅七雄으로 세력이 모이던 전국시대를 지나 하나의 제국으로 합쳐지는 과정에서 무사보다 문사의 역할이 커진 것은 자연스러운 변화였다. 한나라 쇠퇴 후의 혼란 속에서 무의 중요성이 다시 살아났지만, 남북조를 거쳐 수·당제국의 재통일에 이르는 동안 문으로 돌아가기 시작했다. 당나라가안정을 얻게 되자 바로 문민화文民化의 길을 걸은 것은 "말등 위에서천하를 얻을지언정 말등 위에서 다스릴 수는 없다"는 이치대로였다.

문의 수요가 일어나기 시작할 때는 글만 읽는 선비가 이례적 존재였다. 무력이 선비의 기본 자격이었고, 개인의 전투 능력보다 무리를 이끄는 힘이 무력의 더 중요한 측면이었다. 위나라 이후 오랫동안 관리 등용에 쓰인 구품중정제九品中正制는 향촌의 동원력을 가진 호족豪族 계층을 국가체제에 편입시키는 데 큰 효용이 있었다.

자기 세력기반을 갖지 않은 전문적 문사를 관리로 등용하는 제도가 과거科擧였다. 과거제의 기원에 관해서는 아직도 이설이 분분한데, 여러 특성이 장기간에 걸쳐 서서히 형성되어온 것으로 볼 때 어느 시점으로 확정하기는 어려울 것 같다. 다만 측천무후 시기에 과거제의 역할이 크게 자라난 사실에 대해서는 이론이 없다. 과거제를 통한 관료 충원 비율은 아직 높지 않았지만 과거 출신자가 고위직에 진출하는 비율이 크게 높아진 것이다. 그리고 송대에 이르면 관료 등용의 주된 통로로서 과거제의 역할이 확립된다.

하나의 왕조가 경쟁세력을 물리치고 자리 잡는 과정에서는 "마상득지"馬上得之의 표현대로 무력에 우선 의지한다. 많은 무장세력을 규합하는 지도자가 창업에 성공한다. 그러나 왕조가 일단 수립되고 나면 방대한 제국의 운영을 위해 조세 수취를 늘려야 하고, 이를 위해서는 지방세력을 약화시키고 중앙정부에만 충성하는 관료집단을 육성할 필요가 있다. 무장 출신으로 송 왕조를 연 조광윤趙匡胤이 자신을 추대했던 옛 동료 장군들을 모아놓고 조기 퇴직을 권한 것은 그런 필요 때문이었다. "떡 하나씩 드릴 테니 자네들만 드시고, 주변에 떡고물 바라고 꼬여드는 세력은 흩어버리시게."

"술 한잔에 군대 내놓기"

송 태조가 옛 동료들의 병권 반납을 권한 "술 한잔에 군대 내놓기"〔杯酒釋兵權〕 술자리가 961년 7월에 있었으니 즉위 후 1년 반 만의 일이었다. 그 사이에 후주後周 잔여세력을 평정해서 내부 안정을 겨우 취해놓았지만 중원은 아직 여러 할거세력으로 쪼개져 있어서, 재통일까

송 태조 조광윤 좌상.

지 아직도 10여 년의 정벌사업을 앞두고 있었다. 군사력의 필요가 많이 남아 있는 상황에서 병권의 집중을 서두른 것은 선뜻 이해하기 어려운 일이다.

당 후기 이래 '절도사'節度使로 대표되는 지방 병권이 국가체제에 어떤 부담을 지우는지에 대해서는 절도사의 위치에서 실력을 키워온 태조 자신이 누구보다 잘 알았을 것이다. 사실 태조의 즉위 시점에서 중원 재통일 사업은 후주 왕조에 의해 고비를 넘긴 상황이었다. 조만간 이뤄질 재통일 자체보다 왕조의 지속성 담보를 태조는 더 중요한 과제로 여겼을 수 있다. 당나라가 문을 닫은 후 불과 50여 년 사이에 5개 왕조가 주마등처럼 명멸한 끝에 자신의 송나라가 문을 열게 된 것 아닌가.

송나라는 개국 초부터 무력을 억제하는 경향을 보였다. 중국문명의 가장 찬란한 꽃을 피운 송나라를 자랑스러워하는 중국인들이 오랑캐와의 관계를 놓고는 당혹하지 않을 수 없게 된 사정이다. 5대10국의 혼란은 수습했지만 주변 오랑캐와의 관계에서는 근 300년간 굴욕적인 입장을 벗어나지 못했다. '세폐'歲幣의 이름으로 막대한 재물을 보내줘야 했고, 중원의 일부를 떼어줘야 했고, 결국 몽골의 침공으로 멸망에 이르렀다.

송 태조를 보좌한 승상 조보趙普가 역사상 손꼽히는 명재상이었는데, 그가 "남쪽 먼저, 북쪽 나중, 쉬운 것 먼저, 어려운 것 나중"(先南後北, 先易後難)이라는 방침을 권했다고 한다. 현실에 얽매이는 소극적 전략처럼 보이기도 하지만, 전투력보다 경제력을 앞세운 원대한 전략으로 해석하기도 한다. 눈에 보이는 군사적 성공을 서두르지 않고 남방의 경제력을 먼저 확보해서 유리한 조건을 확보했다는 것이다.

농업생산력이 크게 자라나고 있었다. 마크 엘빈은 『*The Pattern of the Chinese Past*』(중국사의 패턴, 1973)에서 11세기를 전후한 중국의 '녹색혁명'green revolution을 이야기한다. 선사시대의 농업 발생 이후 가장 큰 농업생산력의 향상이 송나라 때 중국에서 이뤄졌다는 것이다. 농업기술의 획기적 발전은 남방의 벼농사를 중심으로 일어난 것인데, 이것은 송나라 이전부터 시작된 변화였다. 송나라의 치안 안정 덕분에 발전의 성과가 널리 보급되고 거대한 경제적 변화를 일으키게 된 것이었다.

황하 유역 중심의 북중국과 장강 유역 중심의 남중국을 통상 회수淮水를 기준으로 구분한다. 남중국은 전체적으로 북중국에 비해 기온이 5도 이상 높고 강우량이 3배가량 많다. 초기 농업 발전에는 불리한 조건이었지만 기술이 어느 수준에 도달한 후에는 생산성이 매우 높은 지역이 되었다. 한나라 때는 남중국 인구가 북중국의 절반이 안 되었는데, 송나라 때는 비중이 뒤집어져 있었다. 수나라 통일 후 첫 번째 사업이 남중국의 식량을 북중국으로 옮겨가기 위한 운하 건

승상 조보를 방문한 송 태조.

설이었다는 사실이 이 변화를 단적으로 말해준다.

바둑에 "부자 몸조심"이란 말이 있다. 형세가 유리할 때 방어적 전략을 취하는 것이다. 예리한 도발이 들어오면 조금씩 양보하며 적당히 처리해서 유리한 형세를 지킨다. 문무文武의 선택도 마찬가지다. 제압해봤자 이득도 별로 없는 오랑캐를 몽땅 제압하겠다고 군사력을 극대화하려 들면 군사비가 많이 들 뿐 아니라 내부의 강한 군사력이 체제에 위협이 될 수 있다. 송나라가 요나라와 금나라에 매년 세폐로 보낸 수십만 냥 은과 수십만 필 비단이 큰 손실 같지만, 평화의 값으로 무리한 것은 아니었다. 심지어 북중국을 금나라에 내어주고 남송으로 쪼그라든 것도 가장 생산성 높은 지역을 지킨 '강소국'强小國 전략이었기에 몽골의 침략을 금나라보다 50년 가까이 더 버텨낼 수 있었던 것 아닐까?

균전제와 양세법의 차이

오랑캐에 대한 중화제국의 굴욕적인 자세는 송나라에 와서 시작된 것이 아니었다. 한나라도 초기에 흉노에게 눌려 지냈고 당나라도 초기에 돌궐의 눈치를 살폈다. 당 태종이 돌궐을 복속시키고 '천가한'으로 천하를 호령했지만 오랑캐에 대한 중국 황제의 위세는 오래가지 않았다. 돌궐 등 오랑캐를 중국 군사력에 편입시키고 유지하는 데는 비용이 너무 많이 들었다.

비용은 두 가지였다. 눈에 보이는 비용은 군대 경비로 지출한 막대한 양의 비단이었고, 보이지 않는 비용은 제국체제에 대한 위협이었다. 후자의 비용이 755년 안녹산의 난으로 터져 나오면서 당제국은 파산 상태에 빠졌다. 난국 수습을 위해 위구르의 도움을 받은 데서 이 파산 상태가 드러난다. 그때까지 기미정책을 통해 활용해온 오랑캐의 군사력을 동원할 비용이 없어서 제국의 통제 밖에 있던 위구르를 끌어들인 것이었고, 그에 대한 보상은 757년과 762년 낙양에 대한 약탈을 허용하는 식으로 이뤄진 것이다.

780년부터 시행된 양세법兩稅法을 재정국가 전환의 출발점으로 보기도 한다. 여름(6월)과 가을(11월) 두 차례 걷는다 하여 '양세'라 부른 이 제도는 종래의 조租·용庸·조調를 대신해 납세를 간결하게 한 것이다. 안녹산의 난으로 인구 이동이 많고 문서가 산실된 상황에서 효율적 징수를 위해 채택된 제도였다.

조·용·조는 북위 이래 균전제의 일환으로 시행되어온 것인데, 농지세인 전조田租와 인두세인 요역徭役, 그리고 지역 특산물인 조調를 부과한 것이다. 내용이 여러 갈래인 데다 현물로 납부했기 때문에 관리가 복잡했고, 인구 이동이 많은 전란 상황에서는 제대로 시행하기 어려웠다. 농지세 하나로 묶어 돈으로 납부하게 한 양세법이 능률적인 개혁이었음은 분명하다.

그러나 국가제도에서 능률이 전부는 아니다. 조세제도는 국가와 인민의 관계 중 경제적 측면을 담은 것이다. 중국의 농업사회 발달에 따라 농지를 주된 조세 근거로 삼는 경향은 일찍부터 나타났지만 그에 대한 저항도 만만치 않았다. 『춘추』春秋 선공 15년(기원전 594)조 "초세무"初稅畝 기사에 대한 『좌전』左傳의 비평에 그 내용이 나타난다.

예법에 어긋나는 일이다. (임금이) 재산을 늘리더라도 곡식을 내가는 것이 힘 빌리는 것을 넘어서서는 안 된다.
初稅畝 非禮也 穀出不過藉 以豐財也.

원래 주나라 봉건제도는 백성이 영주의 보호를 노동력으로 갚는 것이었는데, 이제 재물로 갚는 제도가 시작됨으로써 그 관계가 타락하기 시작했다는 것이다. 100년 후 노魯나라에서 이 제도를 시행하려 할 때(기원전 483) 요직에 있던 제자 염구冉求가 의견을 묻자 공자는 이렇게 말했다.

군자의 행동은 예법의 원리에 따르는 것이다. 베풀 때는 두텁게 하고, 섬길 때는 치우치지 않게 하고, 거둘 때는 가볍게 하는 것이다. 그렇게 한다면 나도 만족할 것이다. 그런데 예법의 원리를 등지고 한없이 욕심만 차리려 한다면 설령 전부田賦를 행한다 하더라도 끝내 만족할 수 없을 것이다. 더욱이 계손씨가 일을 올바르게 하려한다면 주공의 전범을 따르면 될 것인데, 만약 자기네 마음대로 하고 싶다면 내 의견은 청해서 무얼 하겠는가?

공자는 임금과 백성 사이가 물질적 거래 아닌 서로 돕는 정신으로 맺어지는 것을 이상적 제도로 생각했다. 도덕적 의미를 앞세운 관념이었지만, 실제적 효과도 가진 제도였다. 임금과 백성이 서로 돕는 사이라면 임금의 힘은 백성의 충성에만 근거를 둔다. 그러나 이 관계가 물질적 거래가 되면 임금의 힘은 쌓아놓은 재물에 근거를 두게 된다. 임금이 백성보다 재물에만 관심을 쏟게 되면 올바른 정치가 행해지기 힘들 것이라고 공자는 생각한 것이다.

당나라의 균전제에도 나름의 윤리적 원리가 담겨 있었다. 많은 농민이 적정 규모의 경작지를 갖도록 보장하는 것이다. 그런데 양세법은 누가 얼마나 많은 농지를 어떻게 가지게 되었는지 따지지 않고 면적에 따라 세금을 거둘 뿐이었다. 인민을 바라보지 않고 재물만 바라보는 변화였으니, 이것도 '재정국가'의 한 면모라 할 것이다. 11세기 후반 송나라 신종神宗(재위 1067~1085) 때 왕안석王安石의 '신법'新法 운동에도, 조선 후기의 대동법大同法에도, 같은 성격의 문제가 있었다.

당나라 공신집단의 몰락

오랑캐가 중원을 점령해 통치체제를 운영하는 것을 '정복국가'라 한다면 초기의 당나라는 정복국가의 성격을 다분히 가졌던 셈이다. 황실을 비롯한 초기 당나라의 지배집단은 '관롱關隴집단' 출신인데, 북위에서 형성된 관롱집단은 호·한胡漢 이중성을 가진 집단이었다. 고조와 태종에게는 정복국가의 성격이 분명했으나 고종 이후의 문민화로 그 성격이 사라졌다. 앞에서 언급한 태자 승건이 태종의 뒤를 이었다면 아마 좀 더 오래갔을 것이다.

당나라 조정은 측천무후의 장악 아래 관료조직으로 성격이 바뀌었다. 고종을 보좌하도록 태종에게 탁고託孤의 명을 받은 장손무기長孫無忌(?~659)와 저수량褚遂良(596~659)의 행적에서 그 변화를 살펴볼 수 있다.

장손무기는 태종의 처남이고 고종의 외삼촌이었다. 『당률소의』편찬을 맡은 일을 앞에서 언급한 바 있거니와 태종 후기의 조정에서 최고의 권위를 가진 공신이었다. 그런데 조카인 고종의 성공에 너무 집착한 탓일까? 그의 평생 경력에 최대의 오점으로 남은 일이 고종 즉위 몇 해 후인 653년에 있었다.

'방유애房遺愛 모반'사건이라고 하지만, 방현령房玄齡의 아들 방유애의 문제라기보다 그 아내 고양高陽공주의 문제였다. 태종의 17녀 고양공주는 이런저런 문제로 태종의 미움을 받아 궁궐에 출입도 못하는 신세였는데, 고종 즉위 후 황제가 똑똑지 못하다는 소문이 돌 때 황제 바꿨으면 좋겠다는 얘기를 주변에 꺼냈다가 걸려든 일 같다. 이 사건의 조사를 장손무기가 맡았다.

이 사건에 중요한 공신과 종실 여럿이 연루되어 처벌받았는데, 역할이 줄어든 공신들이 뒷방에서 쑥덕댄 정도 일을 갖고 새 황제의 위엄을 세우기 위해 지나치게 부풀렸던 것 같다. 조사를 맡은 장손무기

장손무기 전신화. 미국 볼티모어 월터스미술관.

가 이제 외척의 위치에서 동료 공신과 그 자제들을 가혹하게 처분함으로써 많은 지탄을 받았다. 특히 태종이 태자를 바꿀 때 고종 대신 거론되던 셋째 아들 각恪(황후 소생이 아니었다)은 연루된 정황이 확실하지 않은데도 서둘러 죽인 것 때문에 장손무기의 사심 때문이라는 의심이 짙었다. 각의 억울함은 장손무기의 실각 후 인정되었다.

2년 후인 655년에 황후 바꾸는 문제가 제기되었을 때 고종이 원로대신 몇 사람을 불러 의견을 청했다. 저수량은 결연히 반대했고, 장손무기는 직언을 삼갔지만 은근히 반대하는 것으로 간주되었다. 그에 앞서 고종이 무측천과 함께 선물을 싸들고 장손무기의 집에 찾아가 회유하려 애쓴 일이 있었기 때문에 실망이 컸을 것이다.

무측천이 황후가 된 후 저수량은 지방관으로 쫓겨났다. 처음에는 담주潭州(지금의 호남성) 도독으로 나갔다가 2년 후에는 멀리 계주桂州(지금의 광서성)로 쫓겨가고 얼마 후 모반사건에 연루되어 지금 베트남 땅인 애주愛州에 귀양갔다가 그곳에서 죽었다. 저수량이 죽던 해에 장손무기 역시 모반으로 몰려 귀양갔다가 자살을 강요당했다.

정관 17년(643)에 태종이 세운 능연각凌烟閣은 아름다운 군신관계의 표상으로 일컬어진다. 황제가 늘 가까이하고 싶은 24명 공신의 초상을 진열한 곳이었고, 첫 번째 자리가 장손무기였다. 16년 후 장손무기의 몰락은 공신집단의 전멸을 고한 사건이었다.

방유애 사건을 그 과정의 한 고비로 볼 수 있다. 태종이 주재할 때였다면 고양공주 한 사람만 처벌하고 방유애에게 부인을 새로 얻어줬을 것 같다. 그런데 능연각 공신 중 여러 집안이 파탄을 맞음으로써 공신집단의 위상이 무너지고 말았다. 서열 1위 공신인 장손무기는 이 사태에 편승해 종실의 명망 있는 인물을 해쳤다는 혐의까지 받고 6년 후 스스로 억울한 죽음에 몰렸으니 순망치한脣亡齒寒의 이치를 몰랐던 것일까? 아니면 공신 아닌 외척으로서 새로운 입지를 모색한 것일까?

공신집단의 몰락을 주도한 인물 허경종許敬宗(592~672)의 모습을 대비시켜 보면 그 몰락의 의미가 잘 드러난다. 허경종은 수나라에서 과거를 통해 관직에 들어섰다가 개인의 재능과 계략을 통해 서서히 지위를 높인 사람이었다. 655년 무측천의 황후 책봉을 앞장서서 지지함으로써 그 전폭적인 신임을 받고 권력을 쥐게 되었다.

허경종이 역사상 최악의 간신 중 하나로 꼽히게 된 데는 그와 대립했던 공신집단을 영웅호걸로 흠모하는 후세 사람들의 편견도 작용했을 수 있다. 그러나 전해지는 구체적인 행적을 보면 여색과 사치를 좋아하고 이기심이 강한 소인배였다는 사실에 의문의 여지가 없다.

그런데 호걸과 소인배의 취향 문제를 넘어 제국 경영의 과제를 놓고 무후의 관점을 생각해보자. 무후가 탄압한 공신들은 각자 나름의 신망을 갖고 따르는 무리를 거느린 사람들이었다. 공신들의 위신이 높은 조정은 권력과 권위, 어느 측면에서나 '분권'分權 상태라 할 수 있다. 황제의 권위와 권력이 방대한 제국의 구석구석까지, 그리고 오래도록 침투하기 위해서는 '집권'集權을 강화할 필요가 있었다. 허경종 같은 소인배는 문제를 일으켜도 그 한 몸에서 크게 벗어나지 않으니 제국의 권위·권력구조에 큰 위협이 되지 않는 것으로 무후는 보았을 것 같다. 태종이 호걸들을 이끌고 제국을 일으킨 것이라면 무후는 소인배를 동원해서 제국을 관리하는 길을 찾은 것이라고 하겠다.

돈으로 평화를 사는 정책

지도자의 개인기가 큰 역할을 맡던 '창업'創業 단계에서 조직력에 의지하는 '수성'守成 단계로 당나라가 넘어가는 한 고비가 643년 태자의 폐립이었다. 그 무렵 돌궐의 위협이 해소된 것이 그 배경이었다. '천가한'의 역할을 위해 돌궐 풍속을 몸에 익혔던 태자를 대신해서 태종이 마음에 둔 것은 『괄지지』를 편찬한 둘째 아들(정실 소생 중) 태泰였으나 태자와의 경쟁 중에 실격되고 말았다. 그래서 힘도 없고 꾀도 없는 셋째 아들이 간택되어 6년 후 고종으로 즉위했고, 제국 경영의 칼자루는 무후의 지도력을 통해 공신집단에서 관료집단으로 넘어갔다.

창업에서 수성으로의 전환 과정은 황제와 공신집단, 그리고 황후와 관료집단 사이의 권력투쟁으로 점철되었지만, 그 큰 흐름은 "순천자順天者는 흥하고 역천자逆天者는 망한다"라는 속담대로 당시의 사회경제적 상황에 따라 귀추가 결정된 것으로 볼 측면이 있다. 수나라와 당나라에 의해 통일된 중원, 특히 남중국의 농업생산력은 한나라 때에 비해 엄청나게 자라나 있었다. 많은 농민이 폐쇄적이고 자급자족적인 장원에서 풀려나 높은 잉여생산율을 실현하고 있어서 인구 증가에 비해 경제총량의 증가가 훨씬 더 컸다. 공신집단의 봉지封地와 채읍采邑을 줄이는 것이 국가 재정에도 유리하고 인민의 복리에도 맞는 변화였다.

공신집단의 무력武力에 대한 수요가 계속 있었다면 이 변화가 억제되었을 것이다. 그러나 630년대에 돌궐제국이 와해된 후 많은 돌궐 병력이 당제국에 편입되어 변경 방어와 정벌사업에 활용되기 시작했다. 돌궐 외의 다른 오랑캐들도 당나라의 기미정책에 수용되어 싼 값에 무력을 제공하게 되었다. 용병의 성격이 다분했던 이 군대의 급여 등 비용은 주로 비단으로 지불되었다. 서역 방면의 주둔지 유적에서 다량으로 출토되고 있는 민무늬 비단은 당시 남중국의 경제력과 북중국의 군사력 사이의 관계를 증언해준다.

고종(재위 649~683)에서 현종玄宗(재위 712~756)에 이르는 당나라의 성세盛世는 값싼 군사력의 활용과 효율적인 생산력 수취를 발판으로 한 것이었다. 755년 안녹산의 난은 이 체제를 파탄시켰다. 중앙정부의 군사력으로 이 난을 진압할 수 없었기 때문에 지방의 다른 절도사들에게 각 지역의 실질적 통치권을 넘겨줘야 했고, 위구르와 같은 외부 군사력을 끌어들이기 위해 도성의 약탈을 용인해야 했다. "이게 나라냐!" 소리가 나왔을 것이다.

안녹산의 난 후에도 당나라가 150년간 명맥을 유지한 것은 남중국의 생산력 덕분이었다. 북중국의 대부분 지역을 절도사들이 점거한 상태에서 왕조를 유지하기 위해 남중국의 착취 강도를 높이지 않을 수 없었고 이를 위해 염세鹽稅가 활용되었다. 당나라 말기 황소黃巢의 난을 비롯한 민란에서 소금 판매조직이 큰 역할을 맡게 되는 배경이었다.

돈으로 평화를 사는 정책은 송나라에서 시작된 것이 아니라 당나라 공신세력이 측천무후에게 거세되면서 시작된 것이었다. 안녹산의 난까지 처음 약 100년간은 오랑캐 중심의 절도사 세력에게 급료를 주며 용병으로 썼다. 안녹산의 난 후에는 북중국 여러 지역의 통치권을 절도사들에게 떼어주고 외부의 위구르에게 의지하며 약 100년을 더 버텼다. 이 시기 위구르의 번영은 초원지대 최초의 거대도시 카라

안녹산의 난을 피해 수도 장안을 떠나는 현종. 명나라 시대의 복제품.
워싱턴D.C. 스미스소니언국립아시아예술미술관.

발가순Karabalghasun(오르두-발리크Ordu-Baliq라고도 불린다) 유적에 남아 있는데, 당나라와의 관계를 통해 이뤄진 번영이었다. 1889년에 발굴이 시작된 이 도시는 32평방킬로미터의 면적이 10미터 높이의 이중 성벽으로 둘러싸인 것으로 밝혀졌다(당시 장안의 성곽 내부 면적은 78평방킬로미터).

840년에 위구르제국이 무너진 후에는 보호자를 잃은 당 왕조가 치안 능력조차 상실하고 말았으니 5대10국의 혼란은 907년 공식적인 왕조의 종말보다 훨씬 더 일찍 시작된 것으로 볼 수 있다. 토머스 바필드는 『Perilous Frontier』(위태로운 변경)에서 중원의 거대제국과 초원의 거대제국 사이의 상관관계를 제기하면서 위구르제국의 붕괴로부터 100여 년간을 중원과 초원이 함께 무정부상태에 빠져 있던 시기로 설명한다.

위구르제국 붕괴 이후 뚜렷한 강자가 나타나지 않던 북방에서 10세기 들어 세력을 강화하기 시작한 것이 동북방의 거란契丹이었다. 북방의 오랑캐는 흉노에서 유연, 돌궐, 위구르에 이르기까지 유목 외의 산업을 거의 가지지 않은 것이 일반적인 특징인데, 동북방 만주 방면의 오랑캐는 유목 외에도 수렵과 농업 등 다양한 산업을 갖고 있었다. 그래서 5호16국 시대에도 이 방면에서 나온 선비족(모용부)이 호·한 이중체제 형성에 앞장섰던 것이다.

서희의 담판이 성공한 이유

조너선 스카프는 『Sui-Tang China and Its Turko-Mongol Neighbors: Culture, Power and Connections, 580-800』(수당제국과 그 튀르크-몽골 이웃들)에서 중국 북방 지역의 기후와 생태 조건을 살펴 각 지역 인구의 한계를 추정한다. 깊은 내륙으로 들어갈수록 강우량이 적은 것은 당연한 사실인데, 그에 덧붙여 위도와 고도를 고려하는 점이 특이하

발해 유적지에서 나온 용머리.
국립중앙박물관.

다. 몽골고원은 기온이 낮아 증발이 적기 때문에 강우량이 비슷한 다른 지역에 비해 초원의 식생이 풍성하다는 것이다. 몽골 지역의 초원 1평방킬로미터에 50두 가축을 키울 수 있는 반면 신강 지역에서는 서너 마리밖에 키울 수 없었다고 말한다(25~26쪽).

유목민의 큰 세력이 서북방 신강 방면보다 북방 몽골 방면에서 많이 일어난 까닭을 설명해주는 이야기다. 그런데 동북방은 어땠을까? 만주 방면에는 강우량이 꽤 큰 평지가 많다. 그러나 중세 이전의 기술 수준으로는 농업 발달이 어려운 조건이었다. 위·진·남북조의 혼란기에는 중국의 농업 발달이 남쪽으로만 향했다. 당나라 때까지 만주 지역에는 소규모 밭농사가 여러 형태의 산업과 뒤섞여 있었다.

이 지역에서 비교적 큰 농업사회를 이룬 것은 발해渤海(698~926)였다. 고구려의 농업기술을 이어받은 발해는 당나라의 군사력이 닿지 않는 만주 동부 지역에서 독립을 지키다가 713년 이후에는 당나라와 조공－책봉관계를 맺고 만주 중부 지역까지 세력을 넓혔다.

순수 유목사회에 비해 농업을 포함하는 혼합사회는 생산력이 크면서도 군사력에서 뒤졌다. 유목사회에서는 모든 구성원이 잘 훈련된 기마병이기 때문이다. 만주 방면의 혼합사회는 남방의 농경사회와 서방의 유목사회 양쪽으로부터 군사적 압박을 받았기 때문에 큰 세력을 키울 수 없었다. 다만 두 방면 모두 제국이 와해되어 정치조직의 확대에 방해가 없을 때는 호·한 이중체제의 이점을 활용할 수 있었다. 5호16국 시대 선비족의 활동이 그런 예다.

840년 위구르제국이 무너진 후 거란의 흥기 과정에서 야율아보기耶律阿保機(872~926)의 지도력도 이중체제를 통해 빚어진 것이었다. 거란은 원래 8부部로 갈라져 있었고 각 부의 수령도 3년 임기 선출직이 관례였다. 아보기의 일라迭剌부는 중국 방면을 공략, 농민과 농토를 확보함으로써 힘을 키운 결과 제부를 통합하여 요 왕조(907~1125)를 열 수 있었다.

요나라의 이중체제는 초기부터 남정南廷과 북정北廷을 함께 둔 데서 나타난다. 남정은 5대10국의 혼란기를 틈타 중국에서 탈취하는 농경지역을 운영하고, 북정은 주변 유목민족을 상대하고 부족사회를 관리하는 역할을 맡았다. 경제와 군사를 분담한 셈이다.

요나라의 제국체제가 안정 단계에 들어선 것은 제5대 경종景宗(재위 969~982) 때였다. 그때까지는 황제가 시해되는 일이 거듭되고 황위 계승 방법도 불확실했다. 경종 이후는 장자 계승이 다시 흔들리지 않았다. 5대10국의 혼란이 경종 무렵 송나라의 재통일로 수습되고 있던 상황에 영향을 받은 측면도 있었을 것 같다.

936년 석경당石敬瑭이 후당後唐을 멸하고 후진後晉을 세우는 과정에서 거란의 도움을 청하는 조건으로 연운16주燕雲十六州를 떼어준 결과 요나라가 장성長城 이남까지 영토를 확장하게 되었다. 그러나 요나라는 중원 진출에 적극적인 태도를 보이지 않았다. 946년에 후진의 수도 개봉開封을 점령했으나 바로 퇴각한 것은 황제의 죽음 때문이기도 했지만, 정복의 의지가 강하지 않았음을 또한 보여준다.

'서희徐熙의 담판'(993)도 요나라의 영토 야욕이 크지 않았음을 보여주는 사례다. 침략군이라면 으레 영토를 뺏으러 오는 줄 알고 당시 고려에서 당황했는데, 담판을 통해 오히려 강동6주江東六州를 확보한 서희가 영웅이 된 것이다. 서희의 업적은 용맹한 기세로 거란 장수를 겁줘서가 아니라 요나라가 원하는 고려의 역할을 정확하게 읽어내고 그에 부응함으로써 얻은 것이었다. 당시 강동6주는 발해 멸망 후 여진족이 주로 거주하던 지역임에 비추어 볼 때, 요나라가 고려에게 바란 것은 여진의 견제였던 것으로 추측된다.

스카프는 『Sui-Tang China and Its Turko-Mongol Neighbors: Culture, Power and Connections, 580-800』(수당제국과 그 튀르크-몽골 이웃들)에서 전통시대 중국사 서술의 '계층 편향성'을 지적한다. 기록과 편찬의 담당자들이 모두 중앙의 문사 계층이었기 때문에 변경 지역의 실정에 어둡고 경직된 관념에 얽매이는 경향이 있었다는 것이다 (52~53쪽). 20세기 이래 고고학 연구의 확장과 발전에 의해 이 편향성이 조금씩 보정되고 있기는 하지만, 아직 갈 길이 멀다. 그래도 50년 전 중국사 공부를 시작할 때에 비해 시야가 많이 밝아졌음을 생각하며, 우리 세대까지 얻어놓은 그림을 남기는 일에 보람을 느낀다.

8
틈새를 찾은 동북방 혼합형 오랑캐

30년 전 강의실에서 중국사를 가르칠 때 가장 기본 도구는 개설서(통사)였다. 미국산으로 페어뱅크와 라이샤워의 『동양문화사』, 일본산으로 미야자키의 『중국사』, 그리고 중국(타이완)산으로 부낙성의 『중국통사』가 번역본이 나와 있어서 활용할 수 있었다.

이번 작업을 위해 보다 근래에 나온 개설서를 보고 싶어서 페어뱅크와 골드먼의 『*China, a New History*』(신중국사, 2006 증보판)를 구해 읽고 있다가 지금까지 본 개설서와 아주 다른, 그리고 이번 작업에 적절한 참고가 되는 책을 만났다. 발레리 한센의 『*The Open Empire*』(열린 제국)이다. 2000년에 나온 초판은 1650년까지를 살핀 것인데 2015년의 증보판에 1800년까지를 다루는 한 개 장을 덧붙였다.

『*The Open Empire*』(열린 제국)의 첫 번째 목적은 '왕조사'에서 벗어나는 것이다. 전통시대 중국의 역사서술에서 왕조사인 '정사'正史가 워낙 압도적인 중요성을 누렸기 때문에 현대의 연구자들도 왕조사의 틀에서 벗어나기가 힘들다. 문헌자료 중에 정사의 비중이 크기 때문

이다. 19세기 말 이래 고고학과 인류학 등의 연구를 통해 획득한 비非
문헌자료와 전통적 형태에서 벗어난 문헌자료가 이제 새로운 시야를
어렴풋이나마 열어줄 만큼 분량이 되었다. 한센이 이 새로운 자료를
활용해서 정치·남성·이념 위주의 왕조사를 넘어 사람들의 실제 생활
모습에 접근하려 애쓴 것은 중국사 연구의 오랜 편향성을 바로잡으
려는 시도로서 높이 평가할 일이다(이 책의 가치를 크게 보면서도 중국사를
공부하는 이들에게 입문서로 권할 수 없는 것이 아쉽다. 상식을 뛰어넘는 관점을
세우는 데 너무 몰두해서 그런지 상식에 미달하는 오류가 너무 많다).

그러나 이 노력은 아직 초보적 단계에 머물러 있다. 시대구분에서
부터 한계가 드러난다. 제1부 "중국의 발명"(기원전 1250~200), 제2부
"서쪽을 바라보며"(200~1000), 제3부 "북쪽을 바라보며"(1000~1800)의
3부로 구분해놓았는데, 제1부는 '중화제국'이 존재하지 않거나 자리가
덜 잡힌 시기를 다룬 것이므로 그 이후와 나눠지는 의미가 있다. 그러
나 제2부와 제3부 사이에는 구분의 의미가 별로 납득되지 않는다.

중국사의 전개에서 서쪽과 북쪽 사이에는 큰 차이가 없었다. 동
쪽은 바다에 막혀 있고 남쪽은 농업 확장의 방면이었는데 서쪽과 북
쪽은 모두 유목민의 활동 영역이었다. 한나라 때의 흉노 이래 몽골계,
돌궐계 등 여러 계통의 유목민들이 중국 서북방의 초원지대에서 활
동했고, 형편에 따라 북방에서 서방으로, 또는 서방에서 북방으로 옮
겨 다닌 일이 많았다. 중국의 서쪽과 북쪽 변경은 모두 유목민의 세
계로 연결되어 있었던 것이다.

한센이 서쪽과 북쪽 사이의 차이를 크게 보는 것은 초원지대의
바깥을 바라보기 때문이다. 북쪽의 초원지대 너머는 삼림과 동토지
대뿐인 반면 서쪽으로 초원지대를 지나가면 페르시아문명과 인도문
명이 있었다. '서쪽 시대'에는 유목민의 세계 바깥에 있는 다른 문명
권과의 관계가 중요했는데 '북쪽 시대'에는 유목민과의 관계에 묶이게
되었다는 것이 두 시대를 구분하는 취지일 것이다. 그래서 한센은 불

교의 역할을 중시한다. 후한後漢 말에 받아들인 불교가 송나라 초까지 성행한 사실을 놓고 중국이 서방으로 열려 있던 시기로 규정한 것이다.

중국에서 불교의 성행은 중요한 역사적 사실이다. 하지만 그것으로 중국사를 크게 구분하는 근거로 삼는 데는 무리한 감이 있다. 인류 문명은 온대지역에서 발생하고 발전했다. 큰 문명권들은 동서東西로 배치되는 것이 일반적 현상이었다. 유라시아대륙의 동쪽 끝에 있는 중국문명권에서 보자면 다른 주요 문명권은 모두 서쪽에 있었다. 다른 문명권과의 관계를 기준으로 중국사의 시대구분을 시도한다면 불교문명권, 이슬람문명권, 기독교문명권과의 관계가 기준이 될 수는 있을 것이다. 그리고 그 관계가 육로를 통해 주로 이뤄지는 시기와 해로를 통해 주로 이뤄지는 시기를 구분할 수도 있을 것이다.

그러나 서쪽과 북쪽 사이에는 그런 문명사적 의미의 차이가 없다. 중국이 서쪽을 바라봤다고 한센이 말하던 시기의 끝 무렵에 가서야 해상운송이 활발해지기 시작했고 그전까지 서방과의 접촉에서는 육로의 비중이 압도적이었다. 그리고 육로, 즉 실크로드를 이용하는 조건에 계속해서 큰 작용을 한 것은 중국의 서방에서 북방에 걸쳐 활동하던 유목민이었다.

농경과 유목의 관계

전통시대 중국인들은 유목을 문명과 대비되는 '야만'으로 여겼다. 그러나 사실에 있어서 유목은 문명 발전의 다른 한 측면이었다. 식물을 길들여 식량자원을 확보한 것이 농경이라면 같은 목적으로 동물을 길들인 것이 목축이었다. 다만 식물이 동물보다 먹이사슬의 아래쪽에 있어서 확보할 수 있는 분량이 더 많기 때문에 농경이 문명의 주축이 된 것이다.

목축이 유목의 형태로 크게 확장된 것은 농경사회의 성장을 배경으로 이뤄진 일이다. 영국의 고고학자 앤드루 셰라트는 '부산물혁명'Secondary Product Revolution을 이야기한다. 초기의 목축은 식량으로서 고기를 얻는 데만 목적이 있었는데, 기원전 4000~3000년대에 털, 사역력, 운송력 등 부차적 용도가 개발됨으로써 목축의 대형화가 가능하게 되었다는 것이다. 고기는 유목사회 내에서 소비되지만 다른 부산물들은 인근의 농경사회에 제공하고 곡식, 직물 등 여러 가지 물품과 교환할 수 있는 것이다.

목축의 대형화에 따라 유목의 형태가 발전하게 되었다. 가축 떼가 커짐에 따라 한곳에 머물러 있으면 초지가 황폐해지기 때문이다. 그래서 자연 상태의 초식동물이 계절마다 옮겨 다니는 경로를 따라 이동하며 가축을 관리하는 방식이 개발된 것이다. 이동 방식은 여름에 높은 곳으로 갔다가 겨울에 낮은 곳으로 돌아오는 수직형과, 여름에 북쪽으로 갔다가 겨울에 남쪽으로 돌아오는 수평형이 있다. 알프스와 안데스, 히말라야 산지에 아직도 남아 있는 이동목축transhumance은 수직형 이동 방식이다. 동유럽에서 동북아시아에 이르는 광대한 초원지대에서는 수평형 이동 방식이 널리 행해졌다.

농경지대가 크게 자라나지 않은 문명 초기에는 유목지역과 농경지역이 뒤얽혀 있었다. 중국에서 춘추시대까지 '중원'中原에 뒤섞여 있던 '오랑캐'가 아직 진행 중이던 농업화의 단계를 보여준다. 전국시대에 중원의 농업화가 완성되면서 북방에 장성의 축조가 시작되었다.

유목이 행해진 곳은 강우량이 농경에 부족한 초원지대였다. 춘추시대까지 중원 이곳저곳에 산재해 있던 오랑캐의 대부분은 농업기술의 발달에 따라 농경으로 전환해 화하華夏에 흡수되었고 일부가 외곽의 산악지대와 초원지대로 옮겨가 유목사회를 이루었다. 유목사회는 농경사회에 비해 잉여생산이 적기 때문에 내부의 생산관계만으로는 계층과 직업의 분화가 활발하지 않고 대규모 정치조직을 키워낼 동력도 없었다. 생산활동과 생활을 함께하는 부족이 조직의 확실한 단위였고, 부족 간의 연합은 느슨한 형태에 그쳤다.

유목사회에 부족을 넘어서는 정치조직이 자라난 것은 농경사회와의 관계 때문이었다. 농경사회가 영토국가로 조직됨에 따라 유목민에게 갑질을 하게 되자 유목민은 이에 대응하기 위해 대규모 조직의 동기를 갖게 된 것이다. 약탈도 물자 교환의 한 형태로 볼 수 있다. 기록에는 유목민의 농경사회 약탈이 많이 남아 있지만, 농경민의 유목사회 침략과 약탈이 더 많았다. 기록을 남기는 것이 농경사회의 특기였기 때문에 치우쳐 있는 것이다.

기원전 3세기 말에 일어난 흉노제국을 '그림자 제국'이라 한 것은 진秦·한漢제국의 통일에 대응해 일어난 현상이라는 뜻이다. 그런데 유목민의 제국이 나타나자 세라트가 간과했던 유목사회의 부산물 하나가 새로 생겨났다. 무력武力이다. 유목사회는 그 생활방식 때문에 강한 군사력을 양성할 수 있었다. 한나라가 흉노제국을 격파한 이래 당나라 때까지 유목민 기마병은 중국의 모든 무력충돌 현장에서 중요한 역할을 맡게 되었다. 왕조를 공격하는 쪽에서든, 방어하는 쪽에서든.

당나라 때 돌궐과 위구르가 중국과의 관계에서 이득을 취한 밑천은 그 무력이었다. 무력 시장에서 유리한 위치를 지키기 위해서는 경쟁자를 배제해야 했다. 그래서 다른 오랑캐의 흥기를 막는 데는 당나라의 부탁이 없거나 보상이 충분치 않아도 자발적으로 힘을 기울였다. 만주 방면의 거란과 여진이 9세기 중엽까지 세력을 키우지 못하고 있었던 것은 당나라보다 돌궐과 위구르의 압력 때문이었다.

당나라의 쇠퇴와 유목제국의 소멸

위구르제국의 붕괴는 참으로 허망했다. 840년 키르기스의 침공으로 수도 카라발가순이 함락되자 8세기 중엽부터 근 100년간 천하를 호령하며 고도의 번영을 누리던 제국이 그대로 사라져버렸다. 야만족이던 키르기스는 제국을 넘겨받을 생각 없이 재물의 약탈에 그쳤고 위구르 잔여세력도 제국의 재건에 나서지 않았다. 일부 세력이 서남쪽의 실크로드 방면으로 옮겨가 오아시스 국가를 유지한 정도였다.

이 허망함의 원인을 위구르 내부 사정보다 당나라 사정에서 찾을 수 있지 않을까. 위구르의 번영은 당나라와의 관계에 기초를 둔 것이었다. 화려한 도시 카라발가순은 자체 생산기반 없이 당나라에서 끌어들인 재물로 만들어낸 철저한 소비도시였다. 한 차례 파괴를 겪자 도시를 재건할 자원이 위구르에게 없었다.

그리고 당나라에서 재물을 착취할 여지도 계속해서 줄어들고 있었다. 755년 안녹산의 난 이후 당나라의 통제력이 줄어들어 북중국 일대는 절도사 세력의 할거 상황이 되었다. 각 지역의 조세징수권이 절도사들에게 넘어갔다. 중앙정부의 재정 수입은 남중국 일대로 한정되었고, 착취의 강화에 따라 9세기 들어서는 남중국에서도 반란이 일어나기 시작했다.

730년대 돌궐제국이 무너질 때 위구르가 바로 당나라에 접근한 것은 당나라가 지불 능력 있는 고객이었기 때문이다. 840년 위구르제국이 무너질 때는 당나라와의 거래관계를 물려받겠다는 세력이 나타나지 않았다. '그림자 제국'을 투영시킬 중화제국의 실체가 흐려진 것이다.

남북조시대에 북방에서 널리 활동하던 유목민 유연이 치밀한 정치조직을 발전시키지 못한 것은 북중국의 오랑캐 국가들이 만만한 상대가 아니었기 때문이다. 중원의 통일이 이루어질 무렵에 돌궐이 유연을 몰아내고 유목제국을 세워 수·당제국을 상대하다가 위구르가 그 뒤를 이은 것인데, 이제 위구르제국이 무너지자 북방의 유목제국이 사라졌다. 당나라가 이 시기에 용병으로 활용한 돌궐의 일파 사

8세기 위구르제국 가한의 초상.

타沙陀부가 당나라가 망한 후 5대 중 후당後唐을 세우기도 했는데, 이 때의 사타부는 유목민이 아니었다(사타부는 당나라 황실의 성을 하사받았기 때문에 '당'을 자칭한 것이다). 북방의 제국이 사라진 틈새에서 동북방의 거란이 일어섰다.

농경민을 초식성, 유목민을 육식성으로 본다면 중원 동북방의 오랑캐는 잡식성이었다. 농경, 유목, 그리고 수렵·어로 등 다양한 산업이 혼재했다. '산업다각화'가 되어 있어서 지역 내의 자급자족에 좋은 조건이었지만 외부세력과의 경쟁에는 불리한 조건이었다. 농경사회에게는 생산력에서 뒤졌고, 유목사회에게는 전투력을 따라갈 수 없었다. 그리고 자급자족의 경향 때문에 대규모 조직의 동기도 약했다.

5호16국의 혼란 속에서 이 지역의 선비족이 두각을 나타낸 것은 농경사회에도 유목사회에도 강한 세력이 없던 '틈새'가 주어졌기 때문이었다. 그 틈새 속에서 선비족의 모용부는 호·한 이중체제를 개발했고, 탁발跖拔부의 북위는 그 체제를 북중국 전역으로 확장했다. 토머스 바필드는 이 이중체제가 선비족의 잡식성에서 나온 것으로 해석한다.

수·당제국과 돌궐·위구르제국 시대에는 혼합형 오랑캐를 위한 틈새가 존재하지 않았다. 거란은 6세기 초부터 동북방에 모습을 나타냈지만 농경제국이나 유목제국에 눌려 지내는 입장을 오래도록 벗어나지 못했다. 잡식성 세력을 억압하는 데는 농경제국과 유목제국의 이해가 일치했다. 695년 당나라에 복속되어 있던 거란이 큰 반란을 일으켰을 때, 당시 당나라와 대치하고 있던 돌궐(제2제국)이 거란을 진압하기 위해 당나라와 협력한 일도 있었다.

혼합형 오랑캐를 위한 또 하나의 틈새

당나라의 쇠퇴와 위구르제국의 소멸로 혼합형 오랑캐를 위한 틈새가 또 한 차례 나타났다. 840년 위구르제국 멸망 후 그에 눌려 지내던 여러 세력이 자라났는데 그 가운데 하나가 거란이었다. 거란이 그중 특출한 성과를 거둔 조건을 그 흥기 과정에서 살펴볼 수 있다.

거란은 초기에 8부部가 느슨한 연맹을 맺고 있었다. 이 느슨한 연맹을 강력한 중앙집권적 조직으로 통일시키는 것이 그 흥기의 관건이었다. 일라부의 야율아보기가 907년 연맹의 수장인 가한에 취임했다가 임기제인 그 자리를 종신직으로 만들고 916년에 이르러 '거란'의 국호를 내걸었으니, 907년 아보기의 가한 취임이 거란 통일의 고비였다고 볼 수 있다.

일라부의 패권이 아보기의 조부 때부터 산업기반을 확장한 결실이었다고 바필드는 『Perilous Frontier』(위태로운 변경)에서 설명한다. 아보기의 조부 때라면 위구르제국 멸망 직후의 시기다. 거란 8부 중 서남쪽 모퉁이, 중국과 가까운 위치에 있던 일라부가 농업을 확장하고

거란인의 모습. 내몽골 파림우기
巴林右旗 경릉慶陵의 동릉東陵에
서 출토된 그림이다.

야금, 직조 등의 산업을 일으키기 시작했다는 것이다. 당나라와 위구
르제국의 통제력이 굳건할 때라면 허용될 수 없는 일이었다. 바필드
는 구양수歐陽脩의 『오대사기』五代史記를 인용해서 아보기가 농업을
기반으로 새로운 세력을 구축하고 소금 독점권을 발판으로 경쟁자들
을 제거하는 과정을 보여준다(169~170쪽). 거란 내부에서 일라부의 패
권이 중국 농경사회와의 인접성에 기인한 것처럼 거란이 요제국 건설
에 성공한 이유도 같은 데 있었다고 보는 것이다.

초기부터 남정南廷과 북정北廷을 함께 둔 요나라의 이중체제는 농
경과 목축을 포괄하는 복합형 국가의 특성에 따른 것이었다. 유목민
의 부족사회 질서를 보존한 북정은 다른 유목세력의 도전을 물리치
는 군사력을 담당했는데, 936년 연운16주를 획득하면서 요나라의 농
경지역이 장성 이남으로 확장됨에 따라 경제력을 담당한 남정의 비중
이 커졌다.

11~12세기 요나라에서 제작된 목조 관음상. 미국 캔자스시티 넬슨앳킨스미술관.

1125년에 요나라를 멸망시킨 여진女眞의 금나라는 북중국의 영토를 크게 늘리면서 요나라의 이중체제를 그대로 물려받았다. 여진도 거란과 같은 혼합형 산업기반을 가지고 있었기 때문에 그 승계가 쉬웠을 것이다. 그런데 거란과 여진의 차이는 무엇이었을까? 완전히 서로 다른 종족이었을까?

중국 주변 제 종족의 이름은 중국의 기록을 통해 확인된다. 그런데 기록을 남긴 중국 주류사회의 인식이 현실과 맞지 않는 상황이 많이 있다. 그래서 서로 다른 종족을 같은 이름으로 부른 경우도 있고, 같은 종족을 다른 이름으로 부른 경우도 있다. 숙신肅愼과 말갈靺鞨과 여진은 대략 같은 범위의 종족을 가리킨 것으로 이해된다. 각 시기 중국 사회의 인식이 연결되지 못해서 시기마다 다른 이름이 쓰인 것이다.

숙신과 말갈을 여진의 조상으로 볼 수 있는 것처럼 동호東胡와 선

요령성 북진시에 있는 숭흥사 요쌍탑.

비를 거란의 조상으로 볼 수도 있다. 흉노제국이 일어서기 전에 몽골
고원 동쪽 초원지대는 동호의 영역이었다. 흉노에게 격파된 후 동호
의 일부가 오환烏桓과 선비 등 작은 세력을 이루고 있다가 흉노제국
이 무너질 때 선비족이 두각을 나타냈다. 『후한서』後漢書에는 흩어진
흉노 무리들이 선비로 모습을 바꾸는 정황이 그려져 있다. 선비족이
초원의 주류가 되는 상황에서 주변 세력들이 그에 포섭되는 것이다.

숙신과 말갈은 중국에서 멀리 떨어져 있기 때문에 그 가리키는 범
위가 막연했다. 우리 『삼국사기』에 나타나는 '말갈'도 나타나는 시기
와 위치가 들쑥날쑥한 것이 중국의 지칭을 옮겨놓았기 때문이다. 고
구려 북쪽 일대에 많이 나타나지만 한강 상류 유역 등 남쪽에서도
나타난다. '말갈'이란 이름만 갖고 하나의 종족으로 보는 데는 의문이
있다.

10세기의 여진도 범위가 막연하다. 여진 중에서 문화 수준이 비교
적 높은 부류를 숙여진熟女眞, 낮은 부류를 생여진生女眞으로 구분했

는데, 거란으로부터 동쪽과 북쪽에 있는 종족을 모두 '여진'으로 부르다가 인식이 구체화됨에 따라 구분하게 된 것 같다. 여진 중에는 발해 유민도 있었고, 그들은 거란인보다 문화 수준이 높더라도 피정복자로서 억압받았을 것이다.

여진이 세운 금나라는 요나라보다 북중국의 통치 영역을 늘렸을 뿐 아니라 문화와 제도 전반에서 중국화가 더 빠르고 철저했다. 거란인보다 문화 수준이 낮았기 때문에 백지처럼 쉽게 중국 문화를 흡수했다고 보는 연구자도 있지만, 수긍하기 어렵다. 중국에서 멀수록 문화 수준이 낮았으리라는 선입견에 얽매인 것으로 보인다. 거란과 여진은 대체로 비슷한 문화 수준과 산업 형태를 갖고 인접 지역에 어울려 있었는데, 발해라는 역사적 경험에 의해 갈라져 있었던 것이 아닐까? 훗날 여진족이 청나라를 세울 때 그 일대의 여러 종족(거란의 후예 포함)이 만주족滿洲族으로 통합될 수 있던 것과 같은 공통분모가 만주 지역의 오랑캐들 사이에는 10세기 무렵에도 있었을 것 같다.

뒤늦게 시작된 중국의 해상교역

중국사에서 3세기에서 10세기까지는 종래의 시대구분에서 대개 '중세'로 여겨진 기간이다. 발레리 한센은 이 기간을 '서쪽을 바라본 Facing West 시대'로 설정해서 그 앞의 '중국을 발명한Inventing China 시대', 그 뒤의 '북쪽을 바라본Facing North 시대'와 구분했다.

다시 말하지만 나는 이 구분에 수긍하지 않는다. 중국의 서방과 북방은 고대부터 근세에 이르기까지 서로 연결된 '유목민의 세계'였다. 한센이 '서쪽을 바라본 시대'를 말한 것은 서역 바깥에 있던 인도 문명권과 페르시아문명권을 염두에 둔 것이다.

다른 거대 문명권과의 관계를 중시하는 것은 좋은 관점이다. 그러나 내가 수긍하지 않는 까닭은 그 관계가 10세기 이전에 비해 그 후에 더 줄어들었다고 볼 수 없기 때문이다. 10세기 이후에는 이슬람 세계의 팽창에 따라 오히려 서방과의 교섭이 더 늘어났다. 다만 육상 통로에 대한 중국의 통제력이 약해지면서 해로의 중요성이 커지는 변화가 있었다.

조녀선 스카프가 전통시대 중국사 서술의 '계층 편향성'을 지적한 일을 앞에서 언급했는데, 이 편향성은 바필드나 한센 등 다른 유목사회 연구자들도 모두 의식하고 있는 것이다. 정통성을 중시하는 중국의 주류 지식인과 역사가들이 '중화'의 관점에 얽매여 역사의 한 측면만을 부각시키고 다른 측면은 파묻어버렸다는 것이다.

20세기 들어서부터 고고학과 인류학 연구의 발전으로 그 편향성을 보정할 근거가 많이 확충되었다. 덕분에 유목사회의 역할에 관한 이해가 크게 늘어날 수 있었다. 그러나 인도, 페르시아 등 다른 문명권과의 관계를 밝히기 위해서는 또 하나의 편향성을 극복할 필요가 있다. 중앙아시아를 통한 육상 교류에 비해 동남아시아를 통한 해상 교류의 실상을 밝히기가 더 어렵다는 문제다. 유목민과의 관계는 왕조의 명운이 걸린 일로 인식되었기 때문에 기록이 많은 반면 남방의 해상 교류에 관한 기록은 훨씬 적다는 것이 또 하나의 편향성이다.

거대 문명권 사이의 교류는 장거리 교역의 필요성에 좌우된다. 중국문명은 농경사회의 높은 생산성을 발판으로 경제력을 크게 키워 장거리 교역의 조건을 갖추었다. 교역의 비용을 감수할 만한 사치품의 시장이 만들어진 것이다. 그런데 그 경제력의 기반이 농업생산력이기 때문에 해로보다 육로의 개척에 나서기가 더 쉬웠다. 사막과 고산준령을 지나는 육로, 실크로드가 오랫동안 해로보다 큰 역할을 맡았던 이유다.

중국의 농경지대가 남중국해 연안까지 확장된 것은 4세기에서 12세기까지 꾸준히 진행된 일이다. 이 지역의 경제력이 어느 수준에 이르렀을 때, 교역에 대한 지역 자체의 수요가 자라나면서 해상교역의 본격적 발달이 가능하게 되었다.

남중국해를 배로 다닌 승려들

7세기에 당나라가 들어선 뒤 해상교역이 크게 늘어났다. 해로의 발달 단계를 어렴풋이나마 보여주는 자료가 승려들의 여행기다. 여행이 힘들던 시절 먼 곳까지 움직인 사람들 중에는 세 가지 대표적 부류가 있었다. 상인, 군인, 그리고 종교인. 종교인 중에는 다른 부류의 사람들에 비해 넓고 깊은 관찰력과 기록을 남기는 능력을 가진 사람들이 많았다.

여행 기록을 남긴 중국 승려 중 가장 잘 알려진 사람은 현장玄奘 (602~664)이다. 그의 『대당서역기』大唐西域記가 『서유기』에 활용되어 더욱 유명세를 탔다. 그는 629년 장안을 떠났다가 645년에 돌아왔는데, 왕복 모두 육로를 통해서였다. 그런데 다음 세대의 의정義淨 (635~713)은 673년에서 695년까지 인도와 동남아시아 몇 곳에 체류했는데 왕복에 모두 해로를 이용했다. 수마트라섬의 팔렘방에 체류 중이던 689년에 필묵筆墨을 구하기 위해 광주廣州에 잠깐 다녀간 일이 있다는 것을 보면 해로 여행이 무척 쉬워진 것 같다.

여행 기록을 남긴 최초의 중국 승려 법현法顯(334~420)의 경험과 대조된다. 법현은 399년에 동진東晉을 떠나 인도에 갔다가 412년에 돌아와 『불국기』佛國記를 남겼는데, 그 돌아오는 길이 여간 험하지 않았다. 상선으로 스리랑카를 떠났다가 폭풍도 만나고 해적도 만나고 심지어 선원들의 살해 위협까지 겪었다고 한다. 마지막 항해도 광주를 목표로 한 배가 수십 일간 표류하다가 식량이 다 떨어질 무렵 겨우 육지에 닿았는데 알고 보니 산동반도였다고 한다. 스리랑카를 떠난 지 꼭 1년이 되었을 때였다. 아직 해로 여행이 위험할 때였는데 법현이 고령이어서 육로를 취할 기력이 없었기 때문에 부득이 해로를 취한 것 같다.

인도 승려 선무외善無畏, Subhakarasimha(637~735)도 고령으로 해로 여행을 했다. 그는 80세가 되던 716년에 인도에서 장안으로 왔다. 의정과 선무외의 활동 시기에는 해로 여행이 안전하고 편안해진 모양이다. 『왕오천축국전』往五天竺國傳을 남긴 혜초慧超(704~787)는 청년기인 720년대에 인도를 여행했는데, 돌아온 길은 육로가 분명하지만 간 길은 분명치 않다. 떠나기 전에 광주 지방에 있었으므로 해로였으리라고 추측된다.

의정은 광주에서 파사波斯 상선을 타고 인도로 갔다고 하는데, '파사'를 페르시아로 보는 데 의문이 있다(마이클 하워드의 『Transnationalism in Ancient and Medieval Societies』(고대와 중세 사회의 국제활동, 2012), 232쪽에 그렇게 나와 있다). 7세기 후반에 페르시아 상선을 인도-중국 항로에서 손쉽게 이용할 수 있었다고 상상하기 어렵기 때문이다.

다른 해석의 가능성을 앙드레 윙크의 『Al-Hind, the Making of the Indo-Islamic World』(알-힌드, 인도-이슬람 세계의 형성, 2002), 48~49쪽에서 찾을 수 있다. 그 시기에 말레이반도의 한 지역이 중국에서 '파사'라는 이름으로 통했다는 것이다. 페르시아 상선이 중국에 다니기 시작한 것은 9세기, 이슬람 정복Islam Conquest 뒤의 일로 알려져 있다. 그전에는 페르시아 배가 말레이반도까지 오고 그 지역 주민들이 중국으로 중계무역을 했기 때문에 페르시아 상품을 구할 수 있는 곳이라 해서 '파사'란 이름이 붙게 된 것 아닐지. 유리 공예품 등 파사 상품은 널리 알려져 있지만 정작 파사가 어디인지는 명확하지 못하던 상황을 보여주는 것 같아 흥미롭다.

서북방의 유목민과 실크로드 방면에 비해 동남아시아 지역과의 관계나 해로 개척 과정에 관한 중국의 역사기록이 적고 현대 학계의 연구도 적다. 해상활동을 경시하던 대륙국가의 전통이 가져온 편향성이다. 그러나 문명권들 사이의 거리가 바닷길을 통해 빠르게 좁아지고 있었다. 몽골의 유라시아 정복이 시작되기 전에 문명권 간의 관계가 어떻게 전개되고 있었는지 이해하기 위해서는 무엇보다 남중국해와 인도양의 해상활동을 파악할 필요가 크다.

9

내륙의 바다, 사막

중국은 56개 민족으로 구성된 다민족多民族국가를 표방하지만 인구의 91.5퍼센트를 점하는 한족漢族의 국가에 55개 소수민족이 곁들여져 있는 모양새다. 2개 이상의 공용어를 나란히 쓰는 일반 다민족국가와 달리 중국의 전국적 공용어는 한어漢語 하나뿐이고, 각 소수민족의 언어는 각자의 자치구역 안에서만 한어와 나란히 공용어로 쓰인다.

'민족'의 의미도 고르지 않다. 서남방 산악지대에는 "골짜기 하나에 민족 하나씩" 있다 할 정도로 작은 규모의 민족들로 구분되어 있는 반면 회족回族, 위구르족維吾尔族, 만주족滿洲族 등 덩치가 크고 구성이 복잡한 민족들도 있다.

무엇보다 주체민족인 한족의 범주가 민족의 일반적 정의에 비해 대단히 넓다. 전통시대의 '한인'漢人이 그대로 한족의 범위가 되었는데, 한인은 민족의 개념이 아니라 '중화인'中華人의 뜻이었다. 중화체제에 포섭되어 한어를 쓰고 중국식 생활을 해온 사람들은 혈통에 관

19세기 말 시버족을 그린 그림. 시버족은 만주어를 사용하며 신강위구르자치구에 살고 있다.

계없이 한인으로 인식되었다.

　인구 1000여만 명으로 규모가 큰 편의 소수민족인 만주족의 경우, 20세기 동안 민족 정체성이 많이 약화되었다. 고유한 생활방식은 민속촌에나 남아 있고 만주어는 생활에 쓰이지 않게 되었다. 아직도 만주어를 쓰는 극소수 지역 중에 신강新疆 한구석의 시버족錫伯族 자치구역이 있다. 만주 지역에 있던 시버족의 일부가 청나라의 실변實邊 정책에 따라 이주했던 것이다. 민족 정체성의 가장 중요한 지표 중 하나가 언어인데, 시버족이 엉뚱한 위치에서 만주어를 지키고 있다는 사실이 민족 정체성이 전반적으로 약화되어가는 시대 상황을 뒤집어 보여준다.

　황싱타오黃興濤의 『重塑中华』(다시 만든 중화, 2017)는 근대 중국의 '중화민족' 관념 형성 과정을 해명한 책이다. 민족의 개념을 19세기 중엽부터 서양 선교사들이 소개했지만 그 개념을 중국인 자신에게 적용하려는 노력은 19세기가 끝날 무렵 변법變法운동 단계에 와서야 시작되었다고 한다. 서양 물질문명의 성과물만을 도입하려던 양무洋務

운동 단계와 달리 '민족국가' 건설의 과제를 인식하면서 중국의 '민족주의'가 탄생한 것이다.

초기의 중국 민족주의는 배타적 성격이 강했다. 중국이 처한 곤경의 책임을 이민족 왕조에 떠넘기고 만주족 지배로부터의 독립을 공화제 혁명의 한 목적으로 보는 경향이 있었다. 일본이 1930년대에 괴뢰국가 만주국을 세워 동북지방을 점령할 때 국민당 정부의 반발이 강하지 않았던 데도 이런 경향이 작용했다고 보기도 한다.

공산당이 국민당에 비해 포용적인 민족정책을 취하게 된 데는 대장정大長征(1934~1936)의 경험이 크게 작용했다. 민족 간 협력이 국가의 성립을 위해 얼마나 중요한지 공산당 제1세대는 소수민족 지역을 전전하는 동안 투철한 인식을 갖게 된 것이다. 이 점에 있어서 공산당은 서양을 흉내 내기에만 급급하던 국민당에 비해 중국의 역사적 경험을 적극적으로 내면화한 것으로 볼 수 있다.

중국 소수민족 분포의 비대칭성

오랫동안 책장 한구석에 파묻혀 있던 책 하나를 꺼내 읽었다. 린후이샹林惠祥(1901~1958)이 1936년에 낸 『中國民族史』(중국민족사, 상·하). 중요한 주제라서 구해놓았지만 방법론이 석연치 않아서 서문만 읽고 덮어뒀던 책이다.

이번 작업을 하면서 이 책이 생각났다. '중국민족'이란 주제의 최신 관점을 파악하려 애써왔는데, 이 주제에 관한 1949년 이후의 서술은 '신新중국' 민족정책에 묶여 있다. 신중국 건설 전에 나온 이 책에서 근대적 연구방법이 적용된 초기 성과의 비교적 객관적인 서술을 찾아볼 수 있지 않을까 하는 생각이 든 것이다.

저자의 관점을 일목요연하게 보여주는 표 하나가 있다(상권, 9쪽). 윗줄에는 역사에 나타난 16개 종족계열이 계系라는 이름으로 나열되

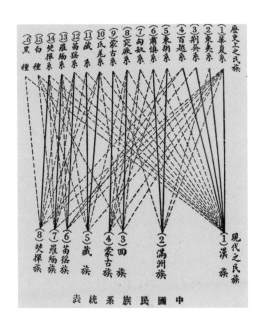

中國民族系統表

중국 민족 계통표. 역사에 나타난
16개 종족계열로 나열됐다. 린후이
샹, 『중국민족사』 상권, 9쪽.

어 있고, 아랫줄에는 지금의 8개 민족이 족族이란 이름으로 표시되어
있다. 각 계와 각 족의 계승관계가 실선(주된 계승관계)과 점선(부분적 계
승관계)으로 그려져 있다. 예컨대 한족은 16개 종족집단 모두를 계승
했는데, 그중 화하華夏와 동이東夷 등 4개 계가 주축이다(린후이샹이 말
하는 '동이'는 산동山東성 지역에 있던 고대의 동이를 가리키는 것이다). 그리고
만주족은 동호東胡와 숙신肅愼을 주축으로, 그 밖의 3개 계를 부분
계승한 것이다.

이 책은 18개 장으로 구성되었는데, 서론부 2개 장 이후 16개 장
에서 16개 종족계열을 각각 다뤘다. 중국사에 나타난 모든 종족집단
을 16개 계열로 분류하는 것이 이 책의 목적이다. 예를 들어 동호계
를 다룬 제7장에는 "만주족의 첫 번째 내원"이란 부제가 붙어 있고,
오환, 선비, 유연, 해, 거란이 각 절에서 다뤄져 있다.

주변 민족에 관한 중국의 역사기록은 작성 시기 중국인의 인식
에 국한되어 있어서 기록 대상에 대한 체계적 이해에 한계가 있다. 만

주 지역의 종족으로 어느 시기에는 '숙신' 이야기를 하다가 다음 시기에는 '말갈' 이야기가 나오고 또 얼마 후에는 '여진' 이야기를 하는데, 그사이의 계승관계는 무시되거나 아주 소략하게 언급될 뿐이다. 린후이샹은 그 빈틈을 채워 넣는 작업을 한 것이고, 거기에는 추측에 의지한 것도 많지만 주변 민족들의 시간적 흐름을 개관하는 데 좋은 출발점을 제공한다.

위 도판에 보이는 한 가지 추세는 북방과 서방의 종족들이 부분적으로만 한족에 흡수되고 주류가 현대의 각 민족으로 이어진 데 반해 남방의 형오荊吳와 백월百越, 그리고 동방의 동이는 한족에 완전히 흡수되었다는 점이다. 중국 농경문화의 확장 방향을 보여주는 것이다. 북방과 서방에는 유목을 중심으로 하는 다른 문화가 지속되어 중화와 다른 정체성이 유지된 반면, 동방과 남방은 농경문화에 편입되면서 주민들의 종족 정체성이 퇴화한 것이다.

애초에 『오랑캐의 역사』를 구상하면서 모든 방면을 균형 있게 다루고 싶었다. 그러나 역사가 균형 있게 전개되어오지 않은 것을 어쩌나. 산동에서 광동까지, 전국시대에 오랑캐 지역이던 중국의 남해안과 동해안 일대가 당·송 시대에는 모두 중화에 편입되어 있었다. 동남 방면의 오랑캐라면 한반도와 일본, 유구琉球, 그리고 동남아시아 지역으로 물러나 있었다. 긴 시대에 걸쳐 중국과 얽힌 오랑캐의 역사가 긴박하게 진행된 곳은 역시 서북 방면이었다.

'내부 유라시아'를 하나로 보자는 제안

중국과 주변 오랑캐의 관계사를 볼 때 중국이 상수常數처럼, 오랑캐가 변수變數처럼 느껴지기 쉽다. 중국은 언제나 자기 자리를 지키고 있는데 오랑캐는 언제 어느 오랑캐가 나타나 어떤 짓을 할지 예측불허로 느껴지는 것이다.

두 가지 이유가 있다. 하나는 중국 측에서 남긴 기록이 압도적으로 많다는 것이다. 기록의 주체인 중국인들은 자기 위치와 모습을 당연한 것으로 여기는 한편, 객체화된 오랑캐에 대해서는 자기네 눈에 비친 모습으로만 기록에 남겼다. 20세기 이래 중국사 연구가 고고학과 인류학의 도움으로 문헌기록에 대한 압도적 의존으로부터 벗어나면서 이 편향성이 얼마간 보정되어왔다.

또 하나의 이유는 중화제국의 막대한 규모와 장구한 지속성에 있다. 중국은 진 시황의 통일 이래 세계 인구의 20퍼센트 전후를 점하는 거대한 제국으로 존재해왔다. 제국이 일시적으로 와해될 때도 결속력이 강한 문명권으로서 존재는 계속되어 제국의 복원이 거듭거듭 이뤄졌다. 그래서 여러 종족이 명멸한 유목민 오랑캐들이 중국이라는 꺼지지 않는 등불 주변을 맴돈 부나방처럼 보일 수 있는 것이다.

두 번째 이유를 극복하기 위한 가설 하나가 인류학 쪽에서 나온 것이 있다. 데이비드 크리스천이 『A History of Russia, Central Asia and Mongolia』(러시아·중앙아시아·몽골의 역사, 2책, 1998)에서 제시한 '내부 유라시아'Inner Eurasia 개념이다.

크리스천은 유라시아대륙을 내부 유라시아와 외부 유라시아Outer Eurasia로 쪼개서 본다. 외부 유라시아는 동아시아에서 유럽에 이르기까지 태평양, 인도양, 지중해, 대서양에 접하고 강우량이 넉넉한 온대·아열대 지역이다. 주요 문명들이 발생하고 발전한 지역이다.

외부 유라시아에서 내륙으로 들어가면 강우량이 적어 농업문명을 정착시키기 어려운 지역이 펼쳐진다. 동유럽에서 동북아시아에 이르는 이 광대한 건조지역에서는 어느 시기에도 선진문명이 발달한 적이 없었고, 서로 다른 언어와 풍속을 가진 많은 종족들이 얽혀서 살아왔다.

유라시아대륙의 절반 가까운 면적의 이 광대한 지역을 하나의 역사공동체로 볼 것을 크리스천은 제안하고 있는 것이다. 가능한 일일까? 가장 큰 규모의 역사공동체로 여겨져 온 것이 '문명권'이다. 문명은 사람들의 생활방식을 통합시키는 현상이다. 그래서 발전된 문명을 가졌을 때 대규모 정치조직도 성립되고 넓은 지역에 걸친 많은 사람들의 움직임을 묶어서 역사적 고찰의 대상으로 삼을 수 있는 것이다. 외부 유라시아의 여러 지역이 문명권으로 구분되어 인식되고 각 문명권의 특성이 탐구의 대상이 되었다. 그에 비해 문명 수준이 낮았던 보다 광대한 지역을 하나의 역사공동체로 보자는 제안이 일견 터무니없어 보인다.

그런데도 이 제안에는 흥미로운 점들이 있다. 제안의 주된 기준은 기후조건과 그에 따른 생태조건이다. 각 문명권의 특성이 그 기후조건에 좌우된다는 것은 상식이다. 농경의 확산이 어려울 만큼 강우량이 적다는 것은 강우량이 어느 계절에 어느 정도로 집중되느냐 하는 것과는 다른 차원의 확연한 기후조건이다. 그 조건을 공유하는 지역이라면 강우량이 넉넉한 다른 지역과 구분되는 경제적·문화적 특성을 공유할 개연성을 생각할 수 있다.

인류문명은 농경을 중심으로 발전해왔다. 자연을 길들여 식량 확보를 쉽게 만든 것이 문명의 핵심인데, 동물자원을 확보하는 목축보다 식물자원을 확보하는 농경에서 더 큰 성공이 이뤄졌다(식물이 동물보다 먹이사슬의 아래쪽에 있어서 대량 확보가 쉬웠다는 점을 앞에서 언급한 일이 있다). 농경을 통한 잉여생산이 빠르게 자라나 고등문명의 발판이 되었다. 강우량이 적은 내부 유라시아의 문명 발달이 늦은 것은 그 때문이었다.

흉노제국을 한漢제국의 '그림자 제국'으로 본 메타포를 연장해서 내부 유라시아에 하나의 '그림자 문명'을 설정할 수는 없을까 하는 생각이 든다. 중국의 중원에서 농업생산의 발달로 하나의 제국이 이뤄졌을 때 그 힘이 이웃한 유목사회에 투영되어 흉노제국이 성립된 것처럼, 외부 유라시아에서 발달한 문명의 힘이 내부 유라시아의 광대한 공간에 투영될 때, 원래의 문명권 안에서는 일어날 수 없던 새로운 변화가 일어나 특이한 피드백 현상을 일으킬 수도 있지 않았을까 하는 생각이다.

외부 유라시아의 여러 문명권들 사이에도 늘 얼마간의 접촉과 교섭이 있었다. 그 교섭의 범위는 각 문명의 전통의 차이에 제한되었다. 불교사상이 중국에 전파될 때 현세를 중시하는 공자의 가르침을 따르는 중국 지식층의 반발이 있었고, 다신교의 전통을 가진 로마에서는 유일신을 받드는 기독교가 박해받았다. 내부 유라시아의 여러 사회에서 외래종교를 받아들이는 과정에서는 이런 배타성이 훨씬 드물게 나타난다. 외부 문명과 길항하는 같은 층위의 전통이 없었기 때문이다.

'공空 문명'의 성격을 가진 하나의 문명을 내부 유라시아 여러 사회가 공유했던 것이라고 볼 수도 있을 것 같다. 외부 유라시아 여러 문명권과 같은 층위의 기반구조를 갖지 않았다는 조건 때문에 내부 유라시아의 여러 사회는 상당 수준의 포용성을 나름대로 가지게 된 것으로 보인다. 이 포용성이 인류문명 발전의 몇몇 고비에서 '그림자 문명'으로서 중요한 역할을 맡은 것으로 이해할 수도 있을 것 같다.

"순수한 유목민은 가난한 유목민"?

'스키타이인'Scythians은 기원전 8세기경에서 3세기경까지 우크라이나 평원에서 활동하며 상당 규모의 정치조직을 발전시켰던 종족이다. 한편 '스키타이문화'Scythian Cultures는 그와 비슷한 시기에 내부 유라시아의 광범한 지역에 나타난 문화적 특성이었다. '스키타이문화'보다 '청동기시대 북방문화'라는 이름이 더 적합할 것 같은데, 스키타이인이 헤로도토스의 기록에 등장함으로써 유럽인에게 잘 알려진 덕분에 이름을 차지하게 된 것이다.

아제르바이잔 민게체비르(고대 스키타이왕국)에서 출토된 기원전 7세기 금제 스키타이 허리띠의 버클
(좌). 크림반도 케르치(옛 판티카페움)에서 출토된 기원전 4세기의 스키타이 궁수. 스키타이인들은 뛰
어난 궁수였으며, 이들의 활 쏘는 방식은 페르시아인들, 그 후로는 그리스인들을 포함한 다른 국가들에
도 영향을 미쳤다(우).

　　한반도에까지 흔적을 남길 만큼 넓은 지역에 나타났다는 점에서
'스키타이문명'으로 생각하는 연구자들도 있지만 '문화' 차원으로 보
는 것이 보통이다. 지역에 따라 그 특성이 나타난 시기에 상당한 편차
가 있고, 하나의 '문명권'을 대표할 만한 규모의 정치조직도 형성되지
않았기 때문이다.

　　스키타이문화의 가장 두드러진 특성은 동물의 형상이 고도로 양
식화된 장식품이다. 수렵과 목축을 기반으로 한 사회였음을 알 수 있
다. 신석기시대 이래 농경문화가 인류문명 발전의 주축이 된 상황에
서 수렵·목축문화가 이처럼 긴 기간에 넓은 지역에 걸쳐 뚜렷한 흔
적을 남긴 것은 특이한 현상이다.

　　이 특이한 현상도 '그림자 문명'의 한 모습이 아니었을까. 농경지역
에서 일어난 큰 변화의 파장이 비非농경지역에 밀어닥친 결과로 생각
할 수 있을 것 같다.

　　기원전 10세기를 전후해서 여러 지역에서 철기문명이 시작되었다.
철기 사용에 따른 생산성 향상은 많은 변화를 몰고 왔다. 농업이 더욱 집약적인 형태로 발전하고 잉여생산의 증대에 따라 도시가 자라나고 정치조직이 확장·강화되었다. 기원전 12세기 전반에 많은 기존 문명중심지가 거의 동시에 파괴된 '후기 청동기 대붕괴'Late Bronze Age Collapse의 원인으로 철기의 출현을 꼽는 학자들은 국가 성격의 변화를 생각한다. 농업에 기반을 둔 전형적인 고대국가가 일반화되는 단계로 보는 것이다.

목축은 신석기시대에 농경과 나란히 나타난 생산양식인데, 철기시대에 이르러 농경의 생산성이 비약적으로 발전하는 단계에 이르자 상대적 열세에 빠지게 되었다. 농경이 가능한 기후·생태조건을 가진 지역의 주민들은 농경으로 전환하거나 주변의 척박한 지역으로 밀려났다. 척박한 지역에서 넓은 초지를 활용하기 위해 유목의 형태를 취하게 되었다. 내부 유라시아 일대에 스키타이문화가 나타난 시기가 바로 유목활동의 확산기였다. 안장과 등자 등 기마술의 발달도 이 시기에 유목활동을 통해 이뤄졌다.

유목은 넓은 초지를 활용하고 생산 품목을 특화함으로써 종래의 목축보다 생산성을 높이는 길이었다. 이런 생산양식이 널리 확산될 수 있었던 것은 생산물을 교환할 상대로서 농경사회가 존재하기 때문이었다. 물론 유목사회는 식량과 생활용품의 대부분을 자체 내에서 생산한다. 그러나 전부는 아니다. 유목사회 연구의 개척자 오언 래티모어는 이런 말을 했다. "순수한 유목민이란 곧 가난한 유목민이다(It is the poor nomad who is the pure nomad)."(김호동, 『몽골제국과 세계사의 탄생』, 54쪽에서 재인용) 크리스천은 내부 유라시아의 유목활동이 농경지역과의 경계지역에서 시작된 사실을 지적한다(1권 17쪽). 배후지역에 비해 인구가 조밀하고 농경지역의 영향을 받는 경계지역에서 변화가 먼저 일어나고, 배후지역은 경계지역에 노예와 물자를 공급하는 창고 역할을 맡았다는 것이다.

노예 공급이라는 현상에 주목할 만한 의미가 있다. 농경사회와의

페르세폴리스의 아파다나 계단에 부조로 새겨진 스키타이 파견단.

교류를 통해 생산성을 높이고 조직력을 강화한 경계지역의 유목민이 채집경제에 머물러 있던 배후지역 주민을 포획해서 노예로 사역한 것은 유목활동의 확장에 따른 일이었다. 농경사회가 유목사회를 공격해서 노예를 획득함으로써 농경활동을 확장시킨 것과 나란히 일어난 일이다.

스키타이문화는 채집경제 단계에 있던 내부 유라시아 전역으로 유목활동이 확장되는 과정에서 나타났다. 기술력과 조직력이 뒤처진 원주민의 저항이 미약했기 때문에 정복자들의 문화적 특성이 큰 굴절 없이 광대한 지역으로 전파될 수 있었던 것이다.

강물이 흘러가는 길이 지형에 따라 여러 가지 모습을 보이는 것처럼, 문명의 전파 과정에도 지리적 조건에 따라 다양한 현상이 나타난다. 외부 유라시아의 여러 지역에서 발생한 선진문명의 흐름이 내부 유라시아로 흘러들 때 광대한 초원이 하나의 유수지와 같은 역할을 맡는 대목들이 있었다. 문명 선진지역 사이에서는 서로 접촉이 있더라도 기존 문명체계의 저항 때문에 다른 문명의 수용이 억제되는데, 문명 수준이 낮은 내부 유라시아에서는 그런 저항이 약해서 짧은 시간 내에 넓은 지역으로 확산될 수 있었던 것이다.

농경문명 발전의 한 고비에서 파생된 유목활동은 스키타이문화를 타고 내부 유라시아 여러 지역으로 확산되었다. 접촉면이 큰 광대한 지역의 활발한 변화는 다양한 피드백 현상을 일으켰다. 후세에 나타날 '유목제국'에서도 문명 확산의 특정한 단계에서 내부 유라시아의 지리적·생태적 측면이 특이한 역할을 맡는 측면을 읽을 수 있을 것이다. 13세기에 인구 수십만 명에 불과한 몽골족이 역사상 최대의 제국을 일으키는 상황도 이 측면을 읽지 않고는 이해하기 어려울 것 같다.

바다와 사막, 정주定住 세력이 없는 공간

문명의 발달 과정에서 바다의 역할은 많은 주목을 받아왔다. 바다는 사람이 살지 않는 곳이고 농업을 중심으로 한 초기 문명에서는 역할이 아주 작았다. 문명 발달에 따라 지역 간 분업관계가 형성되면서 상업의 발생에 따라 운송의 필요가 커질 때 수상 운송은 육상 운송에 비해 대량 화물의 장거리 이동에 유리한 조건을 갖고 있었다. 이 단계부터 바닷가와 큰 강변에 도시가 많이 자라나게 되었다.

학생 시절 몽골제국의 역참驛站제도를 알게 되면서 사막도 바다와 같은 성격을 가진 것이 아닌가 하는 생각이 들었다. 사람이 살지 않는 곳이면서 빠른 이동이 가능하다는 것이 양자의 공통점이다. 전근대세계에서 운송의 효율성은 매체의 성능만이 아니라 통과 지역의 정치적 조건에도 달려 있었다. 통과하는 여러 지역의 세력들이 통과를 가로막거나 많은 통과세를 요구한다면 아무리 매체의 성능이 좋더라도 운송 비용이 컸을 것이다. 바다와 사막처럼 정주定住 세력이 없는 공간이 운송에 유리하다는 점은 쉽게 이해할 수 있다.

빈 공간이 운송에 유리한 점도 있지만 이를 이용하기 위해 필요한 기술적 조건이 있다. 바다의 경우 항해술이 어느 수준에 도달해야 한다. 육지를 바라보며 배를 몰다가 어두워지면 항구에 들어가 쉬어야 하는 연안항해 수준으로는 빈 공간의 이점을 활용할 수 없다. 항구마다 정주 세력이 있기 때문이다. 육지가 보이지 않는 난바다에서 나침반으로 방향을 잡고 해가 저문 뒤에도 별을 보며 항로를 찾을 수 있어야 바닷길을 제대로 활용할 수 있다.

인도양은 여러 문명권·문화권이 그리 멀지 않은 거리에서 마주보는 곳이기 때문에 해상 교통이 일찍부터 발달한 바다였다. 13세기 이전 인도양의 교통 상황을 파악하는 것이 몽골제국 흥기의 배경을 이해하기 위해 필요한 일이다. 바다 이야기는 앞으로 많이 하게 되겠는데, 여기서는 스리위자야Sriwijaya 이야기부터 꺼내둔다.

앞 장에서 이야기한 의정이 671년에서 695년까지 동남아시아와 인도에 체류하고 돌아온 후 남긴 『남해기귀내법전』南海寄歸內法傳에 '불서'佛逝라는 나라 이름이 나오는데, 이것이 수마트라섬의 팔렘방에 수도를 둔 스리위자야였다. 송나라 기록에는 '삼불제'三佛齊라는 이름으로 나타난다.

스리위자야는 7세기 후반에 세워져 10세기까지 수마트라섬과 말레이반도의 대부분, 그리고 자바섬의 서부를 지배한, 이 지역의 역사상 최대 국가였다. 스리위자야가 멸망한 후 그 역사도 전승되지 못하고 있었는데, 20세기에 들어와 프랑스 학자 조르주 세데스George Cœdès(1886~1969)의 손으로 발굴되었다. 그 후 스리위자야의 역사는 중국 기록과 현지에서 발굴된 금석문의 대조를 통해 밝혀져 왔고, 인

7~11세기 스리위자야제국이 건설한 보로부두르 사원. 스리위자야제국은 온대·아열대 유라시아의 해상 교류 과정에서 탄생했다.

도네시아 민족주의의 중요한 근거로 자리 잡았다.

의정은 671년 광주에서 파사波斯 상선을 타고 20일간 항해하여 팔렘방에 도착해서 6개월간 체류한 뒤에 인도로 건너갔다. 687년 인도를 떠나 귀국하는 길에도 팔렘방에 들러 695년까지 체류했다. 가는 길의 체류는 산스크리트어를 배우는 등 준비를 위한 것이었고, 오는 길의 체류 동안에는 수집해온 경전을 번역했다.

689년에 잠깐 광주에 건너가 필묵과 조수를 구해왔다는 대목이 흥미롭다. 광주와 팔렘방 사이의 항해가 그리 어렵지 않게 되었기 때문에 그렇게 왕래할 수 있었던 것 아닌가. 그리고 번역 작업을 여러 해 동안 팔렘방에서 수행한 것을 보면 그곳이 작업에 유리한 조건이었음을 알 수 있다. 불교왕국이던 스리위자야에서 경전 내용을 토론할 상대가 많았으리라는 점도 생각되지만, 장기 체류의 조건이 크게 불편하지 않았음도 알 수 있다.

스리위자야가 지배한 수마트라섬과 말레이반도는 인도양과 남중국해 사이의 말라카해협을 끼고 있는 곳이다. 의정이 귀국을 서두르지 않고 8년간이나 체류할 만큼 안정된 조건을 제공하는 정권이 이 지역에 자리 잡고 있었다면 인근 해상활동의 주도권도 그 정권이 쥐고 있었으리라고 짐작할 수 있다. 의정이 여행을 시작할 때 탔다는 '파사' 상선이 페르시아 배가 아니라 말레이반도의 한 지역에 속한 배가 아니었을까 앞 장에서 추측한 것도 그 까닭이다. 말라카해협 일대에 강력한 지역 정권이 존재했다면 페르시아 지역과 중국 사이의 교역은 이 지역을 중심으로 한 중계무역의 형태를 취했을 것으로 생각되는 것이다.

핀들레이와 오루어크의 『Power and Plenty』(권력과 풍요, 2007)에서 한 대목을 옮겨놓는다. 앞으로 인도양과 남중국해의 교역 상황을 살펴보는 데 출발점으로 삼을 만한 대목이다.

중국과 중동 지역 사이의 해로가 동남아시아 지역을 통과한다는 사실은 한쪽은 당나라와 송나라, 또 한쪽은 아바스 왕조와 파티마 왕조가 같은 시기에 번영하던 두 지역 사이의 동남아시아 지역에서 양쪽 방향으로 중계와 수출 교역이 번성할 조건이 되었다. 앞에서 본 것처럼 인도차이나의 푸난Funan왕국이 일어나고 크라지협의 교역이 활발했던 것도 이 사실 때문이고, 후에는 말라카해협과 순다해협을 장악한 수마트라의 상업제국 스리위자야로 그 역할이 넘어갔다. 그러나 이 교역은 이익이 너무 커서 경쟁자가 나타나지 않을 수 없었다. 가까운 자바섬뿐 아니라 육지의 캄보디아, 타이, 버마, 그리고 실론의 세력들이 경쟁에 나섰다. (67쪽)

II

천하 밖에서 어떤 변화가
일어났는가?

몽골제국에서 '근대성'을 찾는다

1206년 40대 초반의 테무진鐵木眞(1162?~1227)이 칭기즈칸Genghis Khan, 成吉思汗으로 즉위하면서 선포한 대몽골국大蒙古國의 인구는 얼마나 되었을까? 30만 명가량? 몽골제국이 완성된 후 몽골족 인구를 여러 학자들이 70만 명 전후로 추정하는데, 1206년 시점까지는 나중에 몽골족의 범주에 들어갈 여러 부족들이 아직 합쳐지지 않은 채로 있었다.

그로부터 21년 후 칭기즈칸이 죽을 때는 몽골군이 금나라를 황하 이남으로 쫓아냈고, 서아시아 이슬람권의 강국 호라즘을 멸망시켰으며, 유럽으로 쳐들어가 러시아 일대를 휩쓸고 있었다. 몽골군의 진격은 계속되어 1279년 남송南宋을 멸망시킬 때는 전 세계 인구의 절반 이상이 몽골제국의 지배 아래 들어와 있었다.

문화·기술 수준이 그리 높지 않은 조그만 인구집단이 몇십 년 사이에 인류 역사상 유례없는 거대한 제국을 일으킨 것이 어떻게 가능한 일이었을까? 역사학자에게는 인과관계를 설명하려는 강박이 있

칭기즈칸 초상화.

다. 그러나 몽골제국의 흥기에 관해서는 만족할 만한 설명을 찾기 어렵다.

김호동은 『몽골제국과 세계사의 탄생』의 "제국의 기초"라는 절 (93~114쪽)에서 이 설명에 접근하려는 노력을 보였다. 쿠다quda(혼인관계), 안다anda(결의형제), 누케르noker(교우관계), 보골boghol(주종관계) 등 친족관계를 넘어서는 조직 원리와 천호千戶(minggan), 친위대 keshig, 법령jasaq, 분봉分封 등의 제도들이 나열되어 있다. 토머스 바필드의 『Perilous Frontier』(위태로운 변경) 제6장 "몽골제국"의 앞부분 (187~206쪽) 내용과 대동소이한 설명이다. 인과관계를 해명하는 규정적normative 서술이 아니라 현상을 그려 보이는 묘사적descriptive 서술에 그친다는 점에서 그렇다.

몽골제국의 흥기는 많은 사람에게 인류 역사상 유례없는 사건으로 보인다. 그렇게 보인다면 인과관계의 해명은 역사학자에게 불가능한 일이다. 역사학의 설명은 '유례'類例의 비교에서 나오는 것인데, 애당초 유례가 없는 사건을 어떻게 해명하겠는가? 이 사건에 대한 이해를 높이기 위해서는 인과관계의 해명에 앞서 이와 비슷한 유례를 찾아내서 이 사건을 '유례 있는' 일로 만들 필요가 있다.

지구의 역사나 생명의 역사를 상정한다면 인류문명의 발생 자체가 하나의 유례없는 사건이다. 발생 후 수백만 년 동안 개체 수 100만 이하로 생태계의 한 틈새에 머물러 있던 인류라는 종種이 어느 날 문명을 발생시킨 이래 1만 년 동안에 개체 수를 수십억으로 늘려 지구 표면을 뒤덮게 되지 않았는가.

'유례없는' 사건의 발생이 문명의 속성이라 본다면, 문명의 초기에는 그런 사건이 뜸하다가 문명의 성숙에 따라 잦아지는 추세를 생각할 수 있다. 농경으로 출발한 인류문명에서 농업이 중심적 위치를 지키고 있는 단계에 비해 농업의 비중이 줄어드는 단계에서 새로운 현상이 늘어나는 경향도 생각할 수 있다. 그러므로 '유례없는' 것으로 보이는 사건의 유례를 찾으려면 그보다 나중에 일어난 일 중에서 비슷한 것을 먼저 찾는 편이 좋겠다. 그렇게 해서 고찰의 범위를 늘려놓고 공통된 특이성을 파악할 수 있으면 그보다 앞서 일어난 일 중에서 그 특이성이 부분적으로라도 나타난 유례를 더 찾을 수 있을 것이다.

몽골제국의 가장 중요한 특이성은 여러 문명권을 관통하는 통치체제를 세웠다는 데 있다. 그 이전의 '제국'은 하나의 문명권을 관리하고, 기껏해야 주변부로 얼마간 확장하는 역할을 넘어서는 일이 없었다. 몽골제국의 이 특이성은 수백 년 후 근대세계에서 나타날 '세계화' 현상에서 다시 나타나게 된다. 19세기 중·후반에 조그만 섬나라가 세계를 호령한 일, 신대륙의 식민국가 하나가 20세기 후반의 세계를 통제한 일, 그리고 소수의 자본가집단이 대다수 인류의 생활조건을 오랫동안 좌우해온 일, 모두 몽골제국 이전에는 없었던 현상이다.

농경문명 발생 이래 오랫동안 지속되어온 하나의 정상 상태normal

state가 해소되는 시점에서 패러다임 전환paradigm shift의 새로운 단계가 몽골제국을 계기로 가시화된 것이 아닐까? 몽골제국의 특이성 속에서 근대적 특성을 찾아내는 것이 그 제국의 흥기가 가진 의미를 제대로 포착하는 길이 아닐까 생각한다. 이 과제를 놓고는 역사학보다 인류학 쪽의 성과가 더 많이 참고가 된다. 역사학에 비해 규정적 서술에 집착하지 않고 묘사적 서술에 만족하는 경향 때문이다.

문명권의 울타리를 넘어서는 '세계사'의 출현

근대역사학은 국민국가와 함께 발전해왔다. 전근대사회에서도 역사는 가장 중요한 학문 영역의 하나였지만 그것을 전업으로 삼는 사람은 극소수였다. 대다수 지식인이 역사를 교양의 한 부분으로 익혔을 뿐이다. 근대 들어 유럽 여러 나라들이 국민국가로 성장할 때 국가이데올로기의 바탕을 만들기 위해 역사 연구를 장려하는 분위기 속에서 근대역사학이 일어났다. 19세기 중엽 독일에서 근대역사학의 초기 발전이 이뤄진 것은 국민국가 형성의 과제가 그곳에서 특히 절실했기 때문이다.

대학마다 역사학과를 설치하면서 직업적 역사학자가 늘어나기 시작했다. 그래서 나는 역사학을 근대산업의 한 부문으로 여기고 직업적 역사학자는 학자 이전에 '역사업자'의 정체성을 가졌다고 주장한다. 한국의 역사학자 대다수가 대학에 직장을 가지고 있고, 또 그중 대다수가 한국사에 종사하고 있는 까닭이다. 어느 나라나 비슷한 사정이다.

고대에서 중세까지 지배계층의 기본 교양으로 자리 잡고 있던 '역사'가 이 단계에 이르러 국민보편교육의 중요한 내용으로 채택되면서 방대한 교육시장을 낀 '역사학'이 등장한다. 과거의 탐구를 통해 국가체제의 정당성을 확인하는 국가 이데올로기를 생산, 전국 교육현장에 공급하는 직업적 역사학자들이 나타남으로써 역사학은 하나의 산업분야로서의 면모까지 띠게 되었다. (「기술조건 변화 앞의 역사학과 역사업」, 권학수 외, 『역사학과 지식정보사회』, 2001, 157~158쪽)

다른 나라 역사를 공부하는 역사학자들도 대부분 특정 국가(군)의 역사를 전공하는 것이 보통이다. 각 국가의 역사를 주제로 학계가 구성되어 있기 때문이다. 학계가 구성되어 있지 않은 영역을 전공으로 삼으려면 불편하고 불리한 일이 많다. 의견 나눌 학자들을 찾기도 어렵고 연구비를 확보하기도 어렵다. 직장 얻기도 물론 어렵다. 그래서 역사학 분야에는 국가 단위의 역사를 전공 범위로 삼는 관성이 꾸준히 작용한다.

20세기를 지나는 동안 이 관성은 차츰 약화되었다. 20세기가 시작될 때는 국제정세의 변화가 10여 개 국민국가의 향배에 좌우되는 상황이었다. 국가 간 동맹이나 연합은 임의적인 것이어서 큰 구속력도 지속성도 없었다. 1930년대부터 강고한 진영이 구축되고 국가의 수가 크게 늘어나면서 개별 국민국가의 향배가 전처럼 중요하지 않게 되었다. 그에 따라 한 지역의 여러 국가를 묶어서 고찰하는 '지역사'가 비중을 늘리기 시작했다.

2차 세계대전 이후 지역사는 지역학regional studies의 발전에 자극받아 일어났다. 지역학은 미국의 세계경영 필요에 따라 형성된 학제간inter-disciplinary 분야로 여러 인문·사회과학 분야가 동원되었는데, 그중 인류학이 큰 역할을 맡게 되었다.

초기의 인류학에서는 과학성과 법칙성을 중시했는데, 20세기 중엽 이후 문화인류학 중심의 발전에서는 그런 경향이 약화되었다. 인류학이 "인문학 중 가장 과학적이고 사회과학 중 가장 인문적인 분야"라고 한 에릭 울프(1923~1999)의 말이 이 추세를 보여준다. 그런 추세 속에서 인류학과 역사학이 많은 영향을 주고받게 된 것은 자연스러운 일이다. 헤로도토스가 '역사학의 아버지'일 뿐 아니라 '인류학의 아버지'이기도 하다는 주장까지 나왔다.

제도화된 역사학이 국가주의의 틀에서 벗어나지 못하고 있는 동안 '과거의 탐구'라는 역사학 본연의 임무를 인류학자들이 많이 대신하게 되었다. 국가주의의 틀로 포착하기 힘든 주제들이 20세기 들어 늘어난 것을 인류학에서 많이 다루게 된 것이다.

인류학자들이 과거의 탐구에서 얼마나 중요한 성취를 이뤄왔는지 이번 작업에서 절감하고 있다. 작업을 구상할 때부터 바필드의 『Perilous Frontier』(위태로운 변경), 아부-루고드의 『Before European Hegemony』(유럽 패권 이전, 1991) 등 인류학자와 사회학자들의 연구가 중요한 참고가 될 것을 예상하기는 했다. 그런데 막상 작업을 시작하고 보니 역사학보다 인류학 쪽 성과를 더 많이 참고하게 되었다.

인류학자들의 연구에서 얻는 가장 큰 도움은 국가주의의 틀만이 아니라 종래 지역학의 틀까지도 벗어나는 새로운 시각을 얻는 데 있다. 종래의 지역학은 세계경영의 필요에 발판을 둔 것이어서 19~20세기 상황에 따라 지역을 구분하기 때문에 그 이전의 역사적 상황과 통하지 않는 문제가 많았다. 그런데 근래 인류학계에서는 기후, 생태 등 기본적 조건들을 감안해서 지역을 구분하는 새로운 기준들이 제시되어왔다.

데이비드 크리스천이 『A History of Russia, Central Asia and Mongolia』(러시아·중앙아시아·몽골의 역사 1, 1998)에서 제시한 '내부 유라시아' 개념도 그런 예의 하나다(크리스천은 제도적으로 '역사학자'지만 그가 제시하는 '빅 히스토리'는 인류학에 속하는 것으로 나는 본다). 몽골, 카자흐, 우즈베크, 키르기스, 투르크멘 등을 개별 민족과 국가로만 봐서는 역사의 큰 흐름을 시야에 담을 수 없다. 그에 비해 유라시아 북부의 광대한 평원 지대를 하나의 무대로 묶어서 볼 때, 유목민의 세계가 역사의 큰 굴곡에서 맡은 역할을 더 넓고 깊게 이해할 수 있다.

데일 아이켈먼의 『*The Middle East and Central Asia, an Anthro-pological Approach*』(중동과 중앙아시아, 제4판, 2001)가 나온 경위도 흥미롭다. 1981년의 제1판은 중동 지역만을 다룬 책이었다. 그 후 공산권 붕괴에 따라 중앙아시아 등 옛 소련 지역에 접근할 수 있게 되면서 대상 지역을 확장한 것인데, 그 결과 북아프리카에서 중앙아시아에 걸친 광대한 건조지역을 하나의 무대로 제시하게 되었다. 이 건조지역도 인류 역사의 전개에서 꾸준한 역할을 맡은 하나의 장場으로 이해할 수 있다.

문명사의 전개에서 경계境界지역의 역할

크리스천과 아이켈먼의 제안은 현대과학의 성과를 활용해서 문헌자료의 구속을 벗어나는 길을 보여준다. 기후학, 지질학, 생태학 등 여러 분야의 성과에 입각해서 옛날 사람들이 처해 있던 중요한 조건들을 밝혀내는 것이다. 생활과 생산의 조건을 기준으로 지역을 구분해서 역사의 주체를 설정한다면 국가주의 등 근대적 제 관념의 구속에서 벗어나는 길도 열릴 수 있다.

식물자원을 경영하는 농경과 동물자원을 관리하는 목축은 문명 발생의 기반이 된 생산양식이었다. 이후 문명의 발전은 잉여생산이 빠르게 자라난 농경을 주축으로 이뤄졌다. 농업의 확장에 따라 목축은 농경이 어려운 조건의 한계지역(고산지역, 건조지역, 한랭지역)으로 밀려나면서 유목의 형태로 발전했다. 크리스천이 말하는 '내부 유라시아'나 아이켈먼이 말하는 '중위도 건조지대'는 산업혁명 이후 새로운 산업활동(광공업과 산업화된 농업)이 밀려들기 전까지 농경의 한계 밖에 있던 저개발 지역을 많이 품고 있어서 유목민의 중요한 활동무대였다.

몽골족 유목민의 일상생활을 묘사한 그림. 몽골국립미술관.

크리스천과 아이켈먼 등 인류학자들의 유목사회 연구가 종래 역사학에서 주변부에 파묻혀 있던 유목사회를 부각시킨다는 점에서 반갑다. 그러나 유목사회와 농경사회를 기계적으로 대등한 위치에 놓는 관점은 불만스럽다. 나는 근세 이전 문명의 전개에서 농경사회가 주동적 역할을 맡았다는 생각이고, 그래서 '그림자 제국', '그림자 문명' 같은 그림이 떠오르는 것이다. 이 관점의 차이가 '경계지역'borderlands에 대한 시각에서 뚜렷이 드러난다. 크리스천도 경계지역의 중요성을 인식하고 이렇게 썼다.

> 그 결과 선사시대에서 오늘에 이르기까지 내부 유라시아 역사의 동력은 대부분이 그 남쪽 끄트머리에서 나타났다. 접경지역에서 일어난 충격이 안쪽으로 전해질수록 힘이 줄어들었기 때문에 안쪽 지역일수록 외부 유라시아의 영향을 적게 받고 '내부 유라시아' 식 생활방식을 더 뚜렷하게 나타낼 수 있었다. 그래서 내부 유라시아를 외부 유라시아의 영향력으로부터의 거리에 따라 여러 겹의 동심원으로 나눠 보는 것이 여러 면에서 유용하다. 인구가 가장 조밀하고 역사적 변화가 가장 격렬했던 지역은 외부 유라시아와의 경계선에 가까운 지역이었다. (…) 깊은 안쪽에 자리 잡은 사회들은 내부('외부'의 착오인 듯—인용자) 유라시아에 보다 가까운 사회들에게 노예와 물자를 제공하는 인적 저수지 역할을 맡았다. 그런 식으로 내부 유라시아의 역사에 지리적 위치에 따른 서열이 나타났고, 이제부터 서술할 역사에서 외부 유라시아에 가까운 지역에 중점이 놓이게 되는 까닭도 여기에 있다. (17쪽)

크리스천은 이 경계지역이 가진 본질적 불안정성이 유라시아의 수천 년 역사에서 중심적 역할을 맡은 사실과 아메리카나 오스트레일리아의 근대사에서는 비슷한 성격의 경계지역이 100여 년밖에 존재하지 않은 사실을 대비시키고 그 이유를 자문자답한다.

> 역설적인 질문이 일어난다. (내부 유라시아의) 경계지역에서 변방의 불안정성이 그토록 안정된 모습을 보인 까닭이 무엇일까? 대답은 분명하다. 내부 유라시아와 외부 유라시아 사이의 생태적 구분이 워낙 확연하기 때문에 근대 이전에는 어떤 특정한 형태의 사회도 군사적 측면, 인구 구성 측면, 문화적 측면에서 결정적인 이점을 누릴 수 없었던 것이다. (17~18쪽)

이런 관점 때문에 나는 크리스천을 역사학자라기보다 인류학자로 보는 것이다. 역사학자라면 신대륙에서 경계지역이 형성된 시점이 인류 역사가 근대로 접어드는 길목이었다는 사실에서 더 분명한 대답을 찾았을 것이다. 생태·지리적 조건의 차이가 인간사회에 끼치는 영향이 전체적으로 줄어드는 상황이었다. 신대륙의 변방이 빠르게 무너져가던 시점에는 유라시아의 변방도 그 못지않게 빠르게 무너지고 있었다.

크리스천은 사람 아닌 땅을 역사의 주체로 보는 것 같다. 그가 내부 유라시아의 안쪽 광대한 영역을 본체로 보고 경계지역을 종속적인 것으로 보는 데 나는 동의할 수 없다. 인구가 많은 경계지역에 주동적 역할이 있었고, 안쪽의 동토·삼림지대는 부차적 역할을 맡은 배후지로 본다. 기후·생태조건을 기준으로 '내부 유라시아' 지역을 설정한 것은 좋은 생각이다. 그러나 내부 유라시아 전체를 외부 유라시아와 대비되는 하나의 덩어리로 보아서는 역사의 흐름에 접근하기 어렵다. 그가 말하는 '경계지역'을 여러 문명권의 외곽지역으로 이해하면서 그 외곽지역들이 하나의 광대한 배후지를 공유한 것으로 보는 편이 더 적절할 것 같다.

문명의 발전은 문명권의 확장을 가져온다. 문명권 밖에 있던 공간과 인구가 문명권 안으로 계속 흡수되는 것이다. 이 과정에서 문명권의 오랜 중심지보다 새로 편입된 외곽에서 새로운 확장의 추동력이 일어나게 된다. 외곽에서 발생한 새로운 상황 속에서 확장의 메커니즘이 도출되기도 쉽고, 확장을 위한 인적·물적 자원도 외곽에서 쉽게 획득되기 때문이다. 농경문명의 경우 농업기술의 발전이 확장의 메커니즘이 되고 그 기술에 의거한 생산량 증대와 농경지 확대가 물적 자원을 제공해준다.

이슬람의 '노예 전사'와 몽골제국의 '친위대'

문명권의 확장 과정에서 지리적 조건이 작동하는 메커니즘을 중심부-외곽-배후지의 세 층위로 나눠 분석하는 시각을 나는 제안한다. 바필드가 『Perilous Frontier』(위태로운 변경)에서 초점을 맞춘 것은 중심부(중국)와 외곽(유목사회) 사이의 관계였다. 한편 크리스천은 각 문명권 중심부 외의 광대한 지역을 '내부 유라시아'로 지목하면서 그중에서 각 문명권과 인접한 지역이 가지는 '경계지역'의 특성을 설명했다. 크리스천이 말하는 경계지역을 각 문명권의 외곽지대로 파악하고 내부 유라시아의 '안쪽'을 특정 문명권에 편입되지 않은 배후지로 보자는 것이 내 제안이다.

문명권의 외곽에는 문명 발달의 결과를 수용하면서도 중심부와는 다른 문화 현상을 보이는 지대가 있다. 중국 서북방의 건조지역에서 중국문명의 발전에 영향을 받아 유목사회가 형성되었지만 농경사회와 다른 문화가 전개된 것이 그런 예다. 외곽지역은 중심부에 비해 기술 발전이 뒤처지기 때문에 중심부와의 대결에서 밀리는 입장이다. 기술 발전에 따라 농경활동이 건조지역으로 꾸준히 확장해 나간 것은 유목 등 다른 생산양식이 그에 필적할 만한 생산력 향상의 길을 찾지 못했기 때문이다.

진마도進馬圖. 몽골족에게 말은 전쟁을 수행하는 데 중요한 존재였다. 조맹부 그림.

　기술력에서 밀리는 외곽지역이 중심부로부터의 압력에 어느 정도 버티는 힘은 자원의 강점에서 나왔다. 중심부에 비해 인구 밀도가 희박한 외곽지역에서 중심부로부터 전파된 새 기술로 더 큰 효과를 얻는 일이 종종 있었다. 대표적인 예 중 하나가 등자鐙子였다.

　말의 사역은 기원전 3000년경 재갈의 발명과 함께 시작된 것으로 추정되는데, 기병騎兵의 전투력을 뒷받침해주는 등자는 기원 전후에 와서야 발명된 것으로 보인다. 그래서 그전의 전투에서는 말의 역할이 전차戰車의 형태로만 나타났던 것이다. 섬유 재질의 등자가 먼저 쓰이기 시작했지만 말에 올라타는 동작만 쉽게 해주는 정도였다. 철제 등자의 출현 덕분에 달리는 말 위에서 등자를 딛고 자세를 잡아 화살을 자유자재로 날리는 기병의 위력이 나타나게 되었다. 철제 등자는 중국의 제철기술 발달에 힘입어 나타난 것인데, 그 효과가 유목 사회에서 크게 일어난 것은 말(馬)이라는 자원이 풍부한 곳이었기 때

모자를 쓴 몽골 기병의
모습을 질흙으로 빚었다.
그들은 유목민이자 전사
였다.

문이다.

외곽지역에서는 지역 내의 자원만이 아니라 배후지의 미개발 자원도 동원할 수 있었다. 유목민의 농경사회 약탈에 관한 기록이 많이 남아 있지만 배후지의 미개인에 대한 약탈이 그보다 적지 않았을 것이고 미개인에 대한 약탈은 노예 획득에 주된 목적이 있었을 것이다. 미개인에게는 약탈당할 재산을 모아놓는 길도 별로 없었으니까. 농경사회의 약탈에서도 주민을 포획해 노예로 사역한 일이 많았다. 유목민 전사들이 군사활동에 전념할 수 있도록 가축 돌보는 일을 노예에게 맡기기도 했지만, 사회조직이 복잡해짐에 따라 새로운 일거리가 늘어나면서 인력 수요가 커진 측면도 있었다.

노예 인력의 일반적 용도 하나가 '노예 전사戰士'였다. 김호동의 『몽골제국과 세계사의 탄생』에도 칭기즈칸이 개발한 새로운 조직 원리의 하나로 주종관계boghol가 소개되어 있다. 칭기즈칸은 어린 나이에 아버지가 죽은 후 아버지가 이끌던 부족에게 버림받아 생사의 기로를 겪는 등 유목민의 전통적 조직 원리에 환멸을 느낄 일이 많았다. 그래서 여러 가지 새로운 조직 원리를 활용했는데, 그중 중요한 하나가 노예였던 것이다.

'노예'라고 하면 우리에게 먼저 떠오르는 것이 미국 남부의 목화

역사가 라시드 알-딘(1250~1318)이 쓴 『집사』集史에 나오는 삽화 〈몽골과 중국의 전투〉(1211). 프랑스 국립도서관.

밭이다. 그러나 그런 단순노동은 역사상 존재한 노예의 모습 중 한 가지일 뿐이다. 또 하나의 모습이 노예 전사였다. 극한적 전투행위의 수행에 있어서나 주인에 대한 충성이 쉽게 흔들리지 않는다는 점에 있어서나 노예 전사는 자유민 전사에 비해 장점을 가진 존재였다. 이슬람권에는 '맘루크'Mamluk라는 이름의 노예 전사가 광범위하게 존재했다. 가장 유명한 사례는 1250년에서 1517년까지 노예 전사 집단이 이집트와 시리아 일대를 지배한 맘루크 술탄국이지만, 노예 전사 제도는 9세기에서 19세기까지 이슬람권 전역에서 널리 시행되던 것이었다.

문명권의 중심부와 외곽, 그리고 배후지 사이의 상호작용 속에서 인력 교류 측면의 가장 중요한 현상이 군사력과 노예제였고, 두 현상은 겹쳐져 나타나기도 했다. 때에 따라서는 노예제의 활용이 행정과 상업활동에도 나타났다. 이집트의 맘루크 술탄국이 성립한 배경에는 특수 노예로 양성된 맘루크에게 행정 요직을 맡기는 관행이 있었다.

청나라 황제에게 한족 신하들이 자신을 '신'臣이라 칭하는 한쪽에서 만주족 신하들이 '노재'奴才라는 말을 쓴 관행에서도 주종관계의 친근함을 강조하는 뜻을 읽을 수 있다.

맘루크 술탄국을 격파한 오스만제국에는 '예니체리'Janissary란 이름의 노예 전사가 19세기 초까지 있었고 그에 관해서는 많은 기록이 남아 있다. 그 주축은 발칸반도 기독교권에서 잡아온 소년들인데, 혹독한 훈련을 받고 술탄에게 절대적 충성을 바치다가 40세가 지나면 결혼도 하고 자기 직업도 가질 수 있었다. 출세에 유리한 길이라서 후기에는 자유민이 뇌물을 써서 예니체리에 편입하려는 풍조까지 있었다고 한다.

초기의 예니체리는 각자의 고향과 절연시켰지만 후기에는 연락을 유지하게 하고 만년에 고향으로 은퇴하는 것도 허용되었다. 이 변화에 오스만제국과 발칸 지역 사이의 달라진 관계가 비쳐져 보인다. 제국 초기에는 아직 가치가 적던 발칸 지역을 약탈 대상으로만 여겼지만, 그 가치가 커진 후기에는 예니체리의 활용이 그 개인의 봉사에 그치지 않고 출신 지역의 관리에까지 확장된 것이다. 노예제도의 기능이 극대화된 현상이었다.

맘루크와 예니체리가 보여준 것과 같은 인적 자원 교류의 기능은 여러 시대 여러 지역의 노예제도에서 널리 나타난 것이다. 몽골제국의 최정예 군대였던 친위대keshig에서도 노예 전사의 특성이 나타났다. 칭기즈칸이 휘하 세력 수령들의 자제를 인질turqaq로 받아 조직한 1만 명의 친위대 대원들은 대칸에 대한 절대적 충성을 발판으로 "그의 은총을 보장받고 장차 그와 함께 제국 통치에 동참하는 엘리트 집단"이 되었다고 김호동은 설명한다(『몽골제국과 세계사의 탄생』, 109쪽). 친위대에 자제를 보낸 휘하 세력 중에는 몽골족과 접촉이 별로 없던 투항 집단도 있었고, 그런 집단들이 몽골제국에 융화되는 데 친위대가 매체가 된 것이다.

유목사회 간의 접촉 확대가 제국 건설로

몽골제국에 관해서는 앞으로도 더 살펴봐야겠다. 중요한 현상이기도 하려니와, 아직까지 해명이 잘되어 있지 않은 현상이기 때문이다. 조금 더 살펴본다 해서 명쾌한 그림이 나오지는 못할 것이다. 그러나 근래의 연구 성과를 잘 둘러보면서 맥락을 넓게 더듬어보면 몽골제국의 성격을 보다 깊고 넓게 이해할 수 있는 그림을 흐릿하게라도 뽑을 수 있을 것 같다.

토머스 올슨의 『*Commodity and exchange in the Mongol empire: A cultural history of Islamic textiles*』(몽골제국의 상품과 교역: 이슬람세계 직물의 문화사, 1997)도 여기에 도움이 된다. 직물과 복식, 천막에 관한 이야기만 담긴 100여 쪽 분량의 작은 책인데, 내가 어렴풋이 생각해온 몽골제국의 가장 중요한 특성을 지금까지 본 어느 책보다 잘 보여준다.

여러 면에서 몽골 시대는 이 직물 교환의 역사에서 정점을 이루는 것이며, 장차 유럽 해상제국의 출현으로 열리게 될 새로운 단계의 전주곡, 또는 그 배양기incubator로도 볼 수 있는 것이다. (101쪽)

흉노와 돌궐, 거란과 여진의 경험을 아무리 들여다봐도 몽골제국의 흥기를 설명할 만한 틀을 찾을 수 없다. '유례가 없다'는 것이 몽골제국의 특성이고, 그렇다면 몽골제국을 새로운 유례가 만들어지는 계기로 봐야 할 것 아닌가? 중세와 근대의 분기점을 몽골제국에서 찾아볼 마음이 드는 것이다.

이 방향으로 내가 하고 싶은, 그러나 아직 자신 있게 할 수 없는 이야기를 올슨은 직물이라는 한 가지 물품의 움직임만을 놓고 꽤 분명하게 내놓는다.

유목민은 필요한 모든 물품을 자체 내에서 공급할 수도 없고 그렇게 하지도 않는다. 경제적으로나 정치적으로나 문화적으로나 아나톨리 카자노프가 말한 '비자족적'non-autarchic 성격을 가진 사회다. 필요한 경제적 자원을 늘 정착사회로부터 획득하고, 문자와 종교 등 정착사회의 문화현상이 유용할 때는 쉽게 받아들인다. 차용현상은 국가 형성 단계에서 특히 빈번해지기 때문에 유목민의 역사에서 주기적 현상처럼 나타난다. 그 단계에서는 정복 과정에서 정착사회와의 접촉이 늘어나고 각종 전문가에 대한 수요가 커지기 때문이다. (101쪽)

(문화 교류와 물자 교역에서) 유목민의 역할을 작게 보는 풍조는 정착민 세계의 오래된 편견에서 비롯된 것이다. 초원에 사는 사람들을 야만인, 문명의 파괴자로 보거나 기껏 좋게 봐줘야 자연인이나 고귀한 미개인 정도로 보는 편견이다. 아틸라, 칭기즈칸과 티무르의 추종자들이 각자의 우주관과 미적 기준과 도덕적·경제적 가치체계를 갖춘 복잡한 문화의 소유자였다는 사실을 오늘날 연구자들은 이런 편견 때문에 놓쳐서는 안 된다. 정착사회의 풍요로운 문화적 자산에 마주쳤을 때 그들이 차용의 기준으로 삼은 것은 자기네 독자적인 세계관과 취향이었다. 초원 주민들은 여러 문명권 사이에서 이런저런 요소들을 아무 생각 없이 이리저리 옮겨다 주는 택배회사 같은 존재가 아니었다. 문명권 사이의 중요한 접촉이 어떻게 이뤄진 것인지 이해하기 위해서는 그들의 역사와 그들의 취향을 충분히 파악할 필요가 있다. (105~106쪽)

유목민은 고대부터 중세에 이르기까지 유라시아 여러 문명권의 외곽지대에 널리 존재했다. 유목민의 역사는 인접한 문명권과의 관계를 중심으로 전개되었지만, 생산양식을 공유하는 멀리 떨어진 유목사회들 사이에도 상황에 따라 긴밀한 접촉이 이뤄질 수 있었다. 접촉에는 군사적 접촉과 경제적 접촉이 있었다. 경제적 접촉은 유목사회 내부의 수요에 따라서만이 아니라 문명권 사이의 교역에 편승함으로써 큰 이득을 얻을 수 있었다. 그리고 군사적 접촉은 특정 문명권에서 급격한 기술 발달이 일어날 때 그 혜택을 받은 인접 유목민이 초원에서 군사적 우위를 누리면서 확대될 수 있었다.

몽골제국이 일어날 때는 유목사회 간의 경제적 접촉과 군사적 접촉이 모두 크게 확장되는 시점이 아니었을까 하는 것이 내 가설이다. 그런 거대한 제국의 건설을 칭기즈칸과 그 몇몇 후계자들의 의지와 능력만으로 설명할 수는 없다. 유목사회 간의 접촉 확장이 제국 건설이라는 형태를 취한 것으로 설명하는 편이 더 그럴싸해 보인다. 몇 가지 조건이 그 방향의 설명을 뒷받침해주는 것 같다. 앞으로 좀 더 세밀하게 살펴보겠다.

11

종이가 필요 없던 유럽의 후진성

1980년대 10년간 대학에 전임으로 있을 때 사학과의 동양사 전공자는 나 혼자였다. 동양사 강의의 절반가량은 강사를 초빙해 맡기고 나머지는 내가 맡아야 했다. 고대사에서 근대사까지 여러 시대 역사의 강의를 준비하며 동양사의 통시대적 흐름을 어설프게라도 한 차례 파악해놓아야 했다.

대부분 역사학도들이 지역과 시대를 기준으로 연구 분야를 설정하는 것과 달리 나는 좁게는 천문역법, 넓게는 과학사상이라는 통시대적 주제를 바라보고 있었기 때문에 여러 시대 역사를 공부할 기회를 반갑게 활용했다. 넓은 범위를 파악하는 것이 처음에는 꽤 힘들었지만, 몇 해 매달리다 보니 동양사 분야에 어떤 주제들이 떠올라 있는지 알 수 있게 되었고, 중국사의 그림도 머릿속에 대충 그려지게 되었다.

그때 그리던 중국사의 그림은 왕조 중심의 스케치였다. 진 시황과 한 무제의 제국 건설에 이르는 과정을 중국문명의 성숙 과정으로 보고, 다른 문명권에 비해 제국의 역할이 꾸준히 지켜진 것을 중국사의 특성으로 보는, 그때 세운 관점을 지금까지 갖고 있다.

윤곽만을 그려놓은 이 스케치의 구석구석을 보다 정밀하게 채워넣는 작업을 그 후 40년간 해온 셈인데, 지금까지도 잘 채워지지 않는 구석이 원나라다. 다른 구석들은 처음에 막연하다가도 기존 연구들을 찾아보면 차츰 명료해지는데, 이 구석은 그렇지가 못했다. 왕조 중심의 틀로는 어떻게 해도 몽골제국의 특성과 의미를 제대로 그려낼 길을 찾을 수 없다.

'왕조사관의 극복'을 중국사의 과제로 더러 이야기하는데, 나는 왕조사관을 극복하기보다는 보완할 필요가 있다고 본다. 제국의 역할이 꾸준히 지켜진 것이 중국사의 특성인 만큼, 왕조의 성쇠에서 그 흐름의 윤곽을 읽을 수 있다. 다만 왕조에 완전히 묶여 있던 전통시대 역사서술의 한계를 넘어설 필요가 있는데, 나는 외부세력들과의 관계를 통해 하나의 길을 찾고자 하는 뜻에서 『오랑캐의 역사』 작업에 착수한 것이다.

『오랑캐의 역사』 작업의 가장 큰 목적은 이른바 '전통시대'와 '근대' 사이의 연속성을 찾는 것이다. 전통시대에는 중화제국이 만만한 오랑캐들만을 상대하고 지냈기 때문에 제국의 틀이 지켜졌는데, 서세동점西勢東漸의 양상이 나타난 근대에 들어와서는 외부의 충격이 너무 커서 제국의 틀이 무너지기에 이른 것으로 보는 것이 역사학계 안팎의 통념이다.

그러나 엄밀히 살펴보면 이 통념에 다시 생각할 점들이 있다. 3세기 초에 한漢제국이 무너지고 6세기 말 수나라의 통일까지 근 400년간 중화제국의 틀이 지켜진 것이 확실한가? 지금의 중국이 '제국' 아닌 '공화국'을 표방하고 있지만, 실제로는 중화제국의 특성을 이어받은 측면도 있지 않나? 근대의 경험이 전통시대의 어떤 경험과도 본질적으로 다른 것이었다고 단정할 수 있을까? 어쩌면 근대 속에서 살아온 우리가 근대의 충격에 지나치게 매몰되어 문명의 연속성을 과소평가해온 것은 아닌지 되짚어보고 싶은 것이다.

이런 목적을 놓고 볼 때, 지금까지 나 자신이 많은 수수께끼를 품고 있던 몽골제국에서 큰 열쇠를 찾을 수 있지 않을까 하는 생각이 들었다. 중세 이전의 제국은 각 문명권 내의 정치질서였다. 여러 문명권을 포괄하는 전 지구적 의미의 '세계제국'은 문명의 세계화가 이뤄진 근대세계의 특이한 현상이다. 그런데 몽골제국은 그런 세계제국에 접근한 최초의 사건이었다. 바로 그 특성이 중화제국의 틀로는 포착이 되지 않는 것이다. 몽골제국의 성립을 '문명의 세계화' 과정 속에서 이해한다면 우리가 살아온 '근대'라는 시기의 역사적 의미에 접근하는 데도 큰 도움이 될 것 같다.

'다문명제국'의 출현

'문명'civilization의 기본적인 의미는 "사람들이 살아가는 방식"이다. '문화'culture도 비슷한 뜻을 품은 말이다. 두 말을 구분해서 쓰는 기준은 사람마다 차이가 있는데, 나는 역사의 흐름에서 큰 줄기를 이루는 경우에 '문명'이란 말을 쓴다.

역사의 흐름에서 큰 줄기를 이루기 위해서는 성장의 메커니즘을 갖지 않을 수 없다. 인접한 두 사회가 서로 다른 생활방식을 갖고 있을 때, 한쪽이 다른 쪽을 부러워해서 따라 할 수도(동화) 있고, 더 큰 힘을 키운 쪽이 자기네 방식을 다른 쪽에게 강요할 수도(정복) 있다.

신석기시대 농업혁명 이후 몇 개 지역에서 농업을 기반으로 한 문명권이 형성되었다. 초기 농업에 적합한 자연조건(기온, 강우량, 지형)을 가진 곳의 인구 증가에 따라 인접한 사회들 사이의 접촉이 늘어나면서 동화와 정복의 과정을 통해 문명권이 자라난 것이다.

각 문명권은 바다, 산악, 건조지대 등 농경이 불가능한 공간을 사이에 두고 있어서 상호 접촉이 적은 반면 농경지가 연결되어 있는 하나하나의 문명권이 그 안의 사람들에게 '세계'로 인식되었다. 하나의 문명권이 하나의 '제국'으로 정치적 통합을 이룰 때도 있고 그렇지 않을 때도 있었지만 문명권으로서 정체성은 그와 관계없이 계속되었다.

문명권의 위치와 규모는 일단 지리적 조건으로 결정된다. 그러다가 시간의 흐름에 따라 기술 발전으로 농경지가 확장되면서 문명권이 커지고, 인접한 문명권의 통합도 이뤄지게 된다. 메소포타미아와 나일강 유역은 별개의 문명으로 오랫동안 존재했지만 그사이에 큰 지리적 장벽이 없기 때문에 접촉이 점차 늘어나다가 7~8세기 이슬람혁명을 통해 하나의 문명권으로 통합되기에 이르렀다.

이슬람혁명 다음의 문명권 지각변동이 13세기의 몽골제국이었다. 그사이 문명권의 분포를 개관한다면, 동아시아에 중국문명권이 있고 남아시아에 힌두문명권이 있었으며, 이슬람문명권이 서아시아에서 북아프리카를 거쳐 이베리아반도까지 확장되었다. 그리고 유럽에 기독교문명권이 있었다.

몽골제국이 여러 문명권의 상당 부분을 정복해서 이룩한 '다문명 제국'에서 문명권 통합의 추세를 읽을 수는 없을까? 김호동은 『몽골제국과 세계사의 탄생』에서 문명권의 울타리를 넘어 전 세계를 시야에 담는 '세계사'의 탄생이 몽골제국에서 이루어진 사실을 주목한다.

필자는 세계사에서 '근대성'이 언제 어디서 어떤 방식으로 시작되었느냐에 대한 이처럼 다양한 논의들을 재론할 생각은 없다. 다만 흥미로운 사실은 이러한 논의들 가운데 아부 루고드의 제안을 제외한다면, 연구 대상이 되는 시대는 대체로 '대항해의 시대'가 시작되는 15세기 후반 이후에 집중되어 있다는 점이다. (…) 그러나 우리는 '대항해의 시대'가 어떻게 해서 출현하게 되었는가를 생각해볼 필요가 있다. 몽골제국이 유라시아 대부분의 지역을 지배하

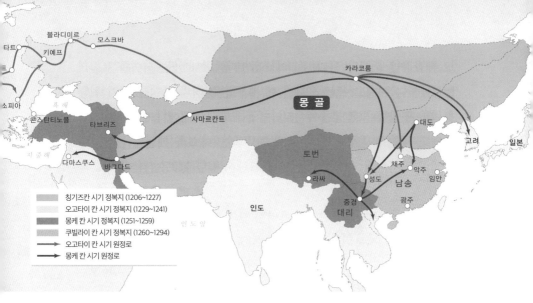

몽골제국의 세계정복전(김호동, 『몽골제국과 세계사의 탄생』, 돌베개, 2010, 118~119쪽).

던 13~14세기는 '대항해의 시대'와 그 이후에 나타난 세계사의 전
개과정에 어떤 영향을 미쳤는가. 위에서 언급했듯이 근대세계의
출현을 논하는 대부분의 학자들은 몽골 시대가 남긴 영향에 대해
서 그다지 적극적인 관심을 표명하지 않았다. 그렇다면 그것은 사
실상 별다른 영향이나 유산을 남기지 않았기 때문일까, 아니면 농
경지대와 정주문화를 중시하고 유목의 세계를 소홀하게 여기는,
편견이라고 부를 수밖에 없는 과거의 전통적인 관점 때문일까?
(199~200쪽)

20세기에 보편화된 근대적 학술은 유럽을 중심으로 발전해온 것
이라서 유럽중심주의의 편향성을 벗어나기 어려운 문제가 있다. '유럽
패권 이전'을 살피는 역사학에서도 그렇다. 모든 역사 발전의 원동력
을 유럽 전통에서 찾으려는 심한 경우는 말할 것도 없고, 객관적 시
각을 지키려 애쓰는 학자들조차도 유럽사를 보는 틀에 모든 지역의
역사를 끼워 맞추려는 경향을 벗어나기 어려웠다.

대표적인 주제가 '근대성'modernity이다. '근대'라는 시대를 유럽의 발명품처럼 여기고 모든 인류가 이 새로운 시대의 혜택을 받기 위해 유럽의 특성들을 본받아야 한다는 '근대화'의 바람이 20세기를 휩쓸었다. 근대문명이 좋기만 한 것이 아니라는 사실을 깨닫는 사람들이 근래 늘어나면서 근대성의 의미에 대한 냉정한 검토가 확대·심화되고 있다.

중세에서 근대로의 이행을 문명권 간의 장벽 제거, 즉 '세계화'라는 밑바닥 의미에서부터 검토하고자 한다. 오랜 기간 동안 여러 단계를 거쳐 이뤄져 온 과정이다. 7~8세기 이슬람혁명도 '문명권 통합'이란 의미에서 이 과정의 한 단계로 이해할 수 있을 것 같다. 그리고 13세기 몽골제국에서는 더 진전된 단계를 읽을 수 있을 것 같다.

유럽중심주의의 반성

학술계의 유럽(서양)중심주의를 반성하는 두 개의 중요한 담론이 1970년대에 나왔다. 이매뉴얼 월러스틴의 『The Modern World-System』(근대세계체제, 4책, 1974~2011)과 에드워드 사이드의 『Orientalism』(오리엔탈리즘, 1978). 월러스틴의 세계체제론은 자본주의를 중심으로 하는 근대세계체제의 한계와 문제점을 살피는 길이 되었고, 사이드의 오리엔탈리즘은 근대학술의 문제의식과 방법론이 어떤 굴레에 묶여 있었는지 밝힘으로써 큰 파장을 일으켰다.

두 개 담론을 아울러 수용한 주목할 만한 연구 성과 두 가지가 1980년대에 나왔다. 키르티 차우두리의 『Trade and Civilisation in the Indian Ocean』(인도양의 교역과 문명, 1985)과 재닛 아부-루고드의 『Before European Hegemony』(유럽 패권 이전, 1991). 두 책 모두 근대 이전 인도양의 교역망을 중심 주제로 삼은 것이다.

차우두리는 서문에서 페르낭 브로델의 『La Méditerranée et le

monde méditerranéen à l'epoque de Philippe II』(펠리페 2세 시대의 지중해세계, 1949)를 모델로 삼았음을 밝혔다. 브로델은 새로운 연구방법을 추구하던 아날학파의 대표적 연구자로, 월러스틴에게도 큰 영향을 끼친 인물이다. 차우두리가 브로델의 방법론을 계승하되 그 적용 대상을 인도양으로 옮긴 데는 브로델조차 극복하지 못했던 유럽중심주의를 벗어나려는 뜻이 있었다.

유럽중심주의를 벗어나려는 차우두리의 의지는 그가 인도 출신이라는 사실로 어느 정도 설명된다. 아부-루고드의 경우에도 개인적 이유로 비슷한 의지를 설명할 여지가 있다. 그 부군이 사이드와 함께 '팔레스타인 출신의 양대 지성'으로 꼽히는 이브라힘 아부-루고드였기 때문이다. 1980년대까지도 학술계에서 유럽중심주의를 벗어나는 길이 이른바 '제3세계'와 특별한 연고를 갖지 않은 학자들에게는 몹시 어려웠던 사정을 돌아볼 수 있다. 차우두리는 초년의 탁월한 동인도회사 연구를 발판으로, 아부-루고드는 도시사회학자로서 카이로 등 이슬람권 여러 도시를 관찰하고 연구한 경험을 발판으로 새로운 길을 열 수 있었다.

아부-루고드는 차우두리와 달리 브로델에 대한 비판의식을 분명히 한다. 아래 인용 중 "세계-경제"world-economy는 브로델이 설정한 개념을 차용한 것이다.

그러나 브로델처럼 지혜로운 사람도 무의식적인 유럽중심주의적 착오를 피할 수 없었다. '유럽에서 최초의 세계-경제는 11세기에서 13세기 사이에 모습을 나타냈다'는 사실, '여러 개 세계-경제가 (…) 유럽이라는 지리적 영역 안에서 꼬리를 물고 나타났다'는 사실, 또는 '유럽의 세계-경제는 13세기 이후 몇 차례 모습을 바꿨다'는 사실을 모두 흔쾌히 인정하면서도 그는 내가 보기에 요점이라 할 내용을 놓쳤다. 12~13세기에 유럽이 지중해를 지나 홍해와 페

르시아만을 거쳐 인도양, 말라카해협과 중국에 이르는 장거리 교
역체계에 끼어들어 세계-경제의 '하나'를 빚어내기 전에 다른 곳
에는 여러 개의 세계-경제들이 이미 존재하고 있었다. 그 세계-경
제들이 존재하지 않았다면 유럽이 차츰 손을 밖으로 뻗쳐 더듬어
보기 시작했을 때 재부財富가 아니라 허공만 움켜쥐었을 것이다.
(『Before European Hegemony』, 11~12쪽)

7~18세기의 1000여 년 기간을 다룬 차우두리의 책에 비해
13~14세기의 100년 기간을 다룬 아부-루고드의 책이 16세기 후반
을 다룬 브로델의 책과 더 잘 비교된다. 그리고 몽골제국 성립 시점에
문명권들 사이의 관계가 어떻게 펼쳐지고 있었는지 살펴보려는 내 과
제에도 적합한 시기를 집중적으로 다룬 책이다. 13세기에 여러 문명
권이 어울려 새로운 현상을 빚어내고 있던 두 개의 큰 마당 중 하나
가 내부 유라시아의 초원지대였고, 다른 하나가 인도양이었다. 바다
쪽에서 어떤 일이 벌어지고 있었는지, 아부-루고드의 안내를 따라가
본다.

인도양 항로의 발전

이집트, 메소포타미아, 페르시아, 인도 등 인도양의 인접 지역에 여러
고대문명이 발달했기 때문에 인도양의 해상 교역은 일찍부터 자라나
기 시작했다. 여러 문명 유적에서 종종 발굴되는 먼 지역의 물품으로
그 시기 교역의 존재를 확인할 수 있다.

그러나 초기 교역은 규모에 한계가 있었다. 자급자족 단계에 머물
러 있어서 타 지역 물품에 대한 수요가 적었고, 선박과 항해술이 충
분히 발전하지 못한 단계였기에 해상운송의 비용과 위험이 컸다. 그
래서 장거리 교역의 품목은 소량의 사치품으로 제한되어 있었다.

잉여생산율의 확대와 도시의 성장에 따라 식량, 직물 등 생필품까지 교역 대상이 되고 조선술과 항해술이 발달하면서 해상 교역이 꾸준히 늘어났다. 그러다가 인도양에 안정된 교역망이 자리 잡고 교역량이 대폭 늘어나기 시작하는 계기가 7~8세기의 이슬람혁명으로 만들어졌다는 데 차우두리와 아부-루고드의 견해가 일치한다.

사막에서 오아시스 도시가 교역의 거점으로 일어난 것처럼 큰 경제권을 배후지로 가졌거나 장거리 항로의 요충에 위치한 항구들이 교역의 거점으로 자라났다. 이 거점들이 모두 통일된 정치조직의 지배하에 있을 때는 운송비용이 줄어든다. 교역로의 유지 등 국가 차원의 비용만 징수하면서 지방세력의 착취를 막아주기 때문이다. 같은 국가에 속하지 않더라도 같은 문명권에 속해서 '말이 통하는' 관계라면 그에 버금가는 조건을 누릴 수 있다. 이슬람의 확산은 인도양에 면한 넓은 지역에 이런 조건을 만들어주었다.

아부-루고드는 인도양을 아라비아해(아프리카 동해안과 인도 서해안 사이), 벵골만(인도 동해안과 말레이반도·수마트라섬 사이), 남중국해(동남아시아와 중국 주변)의 3개 해역으로 구분한다. 13~14세기에는 중국에서 아라비아 지역까지 3개 해역을 관통하는 항로는 확립되지 않고, 각 해역의 분절점인 인도 동남-서남 해안 지역과 말라카해협 일대에서 중계무역이 성행했다고 한다.

항로의 분절 현상이 계절풍 때문이라고 아부-루고드는 설명한다. 계절에 따라 항해가 가능한 방향이 정해지기 때문에 바람의 방향이 달라지는 이웃 해역으로 항해를 계속하려면 바람을 기다리기 위해 항구에서 대기하는 시간이 너무 길어진다는 것이다.

이 설명은 만족스럽지 못하다. 바람의 방향이 항해를 힘들고 더디게 만들 수는 있어도 불가능하게 만드는 것은 아니다. 돛의 방향을 조정해서 역풍에 가까운 바람에서도 추진력을 얻는 기술은 일찍부터 발달해 있었다. 그리고 항해의 수익성이 충분하다면 한 차례 항해에

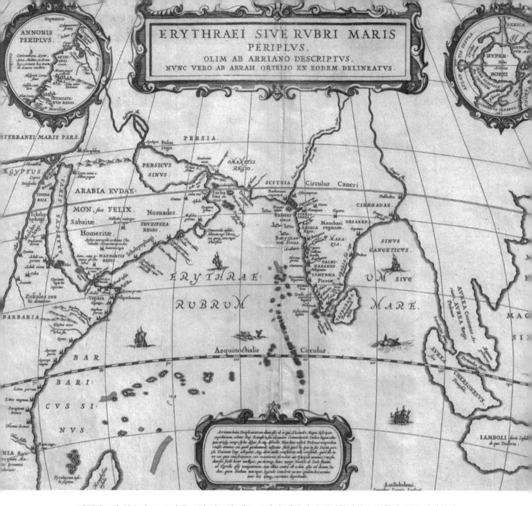

네덜란드인 얀손이 1658년에 그린 인도양 해도. 3개의 해역이 유럽인들에게도 명확히 구분·인식되었음을 알아볼 수 있다.

몇 해씩 걸리는 항로도 성립된다는 사실을 16세기 이후 유럽인의 '대항해시대'에서 확인할 수 있다. 계절풍의 제약은 부수적인 조건이고 항로 주변의 인문지리적 조건이 더 결정적인 제약이었을 것 같다.

필립 커틴은 8~9세기에 중국에서 아라비아까지 인도양을 관통하는 항로가 활용되고 있었다는 견해를 제시한다. 그 항로가 얼마나 많이 활용되었는지는 근거가 분명하지 않지만 계절풍에 대한 그의 고려는 합당한 것으로 보인다.

무슬림의 교역자 집단이 700년경부터 활동을 시작했고, 이제 페르시아만의 상인들이 중국까지 관통하는 항로를 이용하기 시작했다. 한쪽 끝에 당제국이, 다른 쪽 끝에 아바스제국이 든든하게 자리 잡고 있던 8~9세기에 이 항로는 널리 활용되었다. 계절풍 이용 방법을 약간 바꿈으로써 이런 항해가 가능해졌다. 페르시아나 메소포타미아를 떠난 배가 9월에 페르시아만을 내려가 이제 익숙해진 돛방향의 조정 기술quartering tack을 써서 북동풍을 뚫고 인도 남부로 건너간다. 그 뒤에는 남서풍으로 바뀐 계절풍을 이용해서 12월경까지 벵골만을 가로질러 남중국해에 들어서면 남쪽에서 불어오는 계절풍을 이용해서 4~5월 중에 광동에 도착할 수 있다. 그리고 가을에 북풍을 받으며 회항에 나서면 인도양에 북동풍이 시작할 때 들어설 수 있고, 4~5월 중에 페르시아만에 도착하게 된다. 이 일정에 따르면 초여름의 험한 날씨를 피하면서 왕복 1년 반의 항해 기간 중에 몇 개 항구에서 교역활동을 위한 시간도 충분히 가질 수 있다. 배의 수리 등을 위해 반년의 휴식을 갖더라도 배 한 척이 2년에 한 차례씩 왕복할 수 있는 항로다. (『Cross-Cultural Trade in World History』(세계사 속의 문명 간 교역), 108쪽)

아부-루고드가 말하는 3개 해역은 13~14세기에 서로 다른 문명권에 속해 있었다. 서쪽의 아라비아해는 이슬람문명, 중간의 벵골만은 힌두문명, 그리고 동쪽의 남중국해는 불교문명과 한자문명이 어울려 있었다. 상인과 선원들의 활동은 각자의 문명권 안에서 편리하고 안전했다. 이방인의 세계로 항해를 계속해 나가 큰 이득을 바라볼 수 있더라도, 이득보다 위험이 더 크다고 판단되면 해역의 분기점에서 양쪽 문명권과 모두 소통할 수 있는 중계업자들과 거래를 끝내고 돌아가는 편을 선택했을 것이다.

교역이 더욱 활발해지고 교역량이 많아지면서 문명권의 경계선을 넘어서는 활동도 늘어나고 그 활동을 통해 문명 간 융화 현상도 일어났다. 남송의 해운 담당 관리 조여괄趙汝适이 쓴 『제번지』諸蕃志에 서아시아와 동아프리카 지역의 사정과 물산이 소개되어 있는 것을 보면 인도양의 문명 간 접촉이 13세기 초까지 벌써 얼마나 긴밀했는지 알아볼 수 있다.

13~14세기까지 인도양은 아직 하나의 바다가 아니었다. 그러나 3개 해역 하나하나가 교역의 무대로서 지중해 못지않은 역할을 이미 키워 놓고 있었고, 하나의 더 큰 무대로 통합되는 길에 들어서 있었다. '유럽 패권'의 필연성을 부정하는 아부-루고드의 관점은 이 연구로 충분히 입증된 것으로 보인다.

바다와 초원의 유사성과 차이

월러스틴은 세계체제를 중심부core-반주변부semiperiphery-주변부periphery의 3중 구조로 설명했다. 선진국-중진국-후진국의 통속적 관념을 넘어 그사이의 구조적 관계를 밝힌 것이다. 세계체제론이 큰 각광을 받은 데는 경제개발정책에 대한 함의가 크다는 이유가 있다. 종래의 관념으로는 어느 나라든 좋은 (자본주의) 정책을 잘 수행하면 모두 선진국이 될 수 있다는 것이었는데, 세계체제론에서는 구조적 제약을 지적한 것이다. 이 점에서 1960년대에 유행한 종속이론dependency theory을 발전시킨 것으로 볼 수 있다.

차우두리와 아부-루고드가 월러스틴 담론의 뼈대를 수긍하면서도 넘어서야 할 한계로 지적한 것은 한마디로 유럽중심주의다. 16세기 이후 유럽인이 추동한 자본주의 세계체제만을 "진정한" 세계체제로 보는 데 대한 불만이다. 그래서 그들은 대항해시대 이전 인도양의 교역망에서도 세계체제의 특성이 충분히 나타났다는 사실을 밝히는 데 애쓴 것이다.

15세기 이전의 인도양 교역망이 치밀하게 발전해 있었고, 그 교역을 둘러싼 금융업 등 자본주의 제도들이 고도로 발달해 있었다는 사실을 그들 연구에서 확인하면서 뒤따르는 의문이 있다. 인도양뿐이었을까? 두 사람 모두 인도양과 특별한 연분을 가진 연구자였기 때문에 인도양으로 먼저 눈길이 간 것은 아닐까?

세계체제론을 유럽중심주의의 굴레에서 풀어내는 데 참고가 될 사례는 13~14세기의 인도양 외에도 많이 찾을 수 있을 것 같다. 제일 먼저 비슷한 시기의 내륙아시아를 살펴보고 싶다. 인도양 못지않게 인적·물적·사상적 교류가 활발했던 지역이다. 그런데 1980년대까지는 이 지역에 특별한 연분을 가진 사람들 중에 차우두리나 아부-루고드만큼 학문적 '세계체제'의 중심부에 자리 잡은 연구자가 없었다. 그래서 인도양이 먼저 '뜬' 것은 아닐까? 1990년대 이후에는 내륙아시아 지역에 관해서도 이 시각에서 참고할 만한 연구가 나오지 않았을까?

토머스 올슨의 『Culture and Conquest in Mongol Eurasia』(몽골시대 유라시아의 문화와 정복, 2001) 서론 한 대목을 읽으며 바다와 초원의 비슷한 점과 다른 점을 생각해본다.

유목민을 시야에 담을 때 상황의 전개에 대한 유목민의 역할은 통상 '소통'과 '파괴'라는 두 개의 상투적 표현으로 정리된다. 전자의 의미는 유목민이 원거리 교통과 통신을 보장하는 광역 평화체제*pax*를 만들어 여러 정착문명의 대표자들이 (마르코 폴로처럼) 유라시아의 여러 문화권을 돌아다님으로써 전파의 촉매가 되도록 해주었다는 것이다. 후자의 의미는 반대로, 흉포한 군사력으로 접촉을 막고 문화를 파괴했다는 것이다. (4~5쪽)

바다에도 '소통'과 '파괴'의 양 측면이 있다. 항로가 열리기만 하면

멀리 떨어진 사회들 사이의 접촉을 쉽게 해주는 '소통'의 측면이 있는 반면, 상황에 따라 참혹한 재난을 가져오는 '파괴'의 측면이 있지 않은가. 여러 문명권이 서로 떨어져 있을 때 그사이의 공간이 바다와 초원이었다. 그 공간의 파괴력이 문명권들을 떼어놓고 있었지만 조건에 따라 소통의 경로가 되기도 했다.

초원은 바다와 달리 사람이 사는 곳이었다. 그래서 두 문명권 사이에 접촉이 일어날 때 유목민이 단순한 택배업자와 달리 제3의 역할을 맡는다는 점을 올슨은 강조한 것이다.

하나의 문명권 안에 사는 사람들은 자기 문명권을 '세계'로 인식했다. '천하'라 부르든 '움마'Ummah라 부르든 사람들이 세계로 인식하는 영역 내에서는 장기간의 상호작용을 통해 일종의 '세계체제'가 형성되기 마련이다. 하나하나의 체제마다 중심부와 반주변부와 주변부가 있었다.

"중심부, 반주변부, 주변부"라는 이름 자체가 '중심부중심주의', 중심부가 역사 추동의 주체이며 주변부는 끌려다니는 객체라는 선입관을 보여준다. 유목민의 역할을 생각하며 나는 "중심부, 외곽, 배후지"로 바꿔서 부르고 싶다. 크리스천이 말하는 '내부 유라시아'의 '경계 지역'borderlands을 각 문명권의 '외곽'periphery으로서 산업이 미개한 '배후지'hinterlands와 구분하는 것이다. 외곽의 유목민은 인접한 문명권에 어느 정도 소속되어 있지만 완전히 매인 것은 아니다. 위치와 상황에 따라 둘 이상의 문명권에 함께 속할 수도 있다. 문명과 접촉이 적은 배후지는 '미개발 자원'의 상태로 남아 있다.

토머스 쿤이 말하는 '정상 상태'normal state와 '패러다임 전환'paradigm shift의 순환이 문명의 역사에도 적용된다고 나는 생각한다. 문명의 정상 상태에서는 중심부가 역사를 추동하고 외곽의 유목민은 종속적 위치에 머물러 있다. 그러나 패러다임 전환 단계에 이르러 총체적 변화를 겪을 때는 유목민이 주도적 역할을 맡기 쉽다. 기존 문명에 매몰되어 있지 않고, 다른 문명을 받아들이기 쉽고, 배후지의 자원을 동원할 수도 있기 때문이다. 몽골제국의 흥기는 그런 상황에서 이뤄진 것으로 보인다.

"거기는 종이가 없었잖아!"

중국에서는 송나라 때 지폐가 널리 쓰였는데 왜 유럽에서는 그러지 않았을까? 학생 시절 어쩌다 이 문제로 토론을 벌이던 끝에 한 친구가 확실한 답을 내놓았다. "거기는 종이가 없었잖아!"

12세기까지 지폐가 만들어지지 않은 이유에 대해서는 더할 나위 없이 확실한 답이다. 종이 없이 어떻게 지폐를 만드나! 그런데 그때까지 종이가 없었던 사실은 어떻게 설명하나?

제지술은 진입 문턱이 그리 높지 않은 기술이다. 종이가 없던 사회에서 종이를 구경하고 그 좋은 점을 알게 되면 모방하기가 어렵지 않다. 식물성 재료를 빻아 섬유질을 분해한 다음 물에 섞었다가 체로 걸러내 말리면 된다. 품질을 높이기 위해서는 재료 선택과 공정 설계의 먼 길을 걸어야 하지만, 일단 종이 비슷한 것을 만드는 것은 어려운 일이 아니다.

그리고 중국과 교류하는 사회에서는 종이를 구경하지 않을 수 없었다. 일찍부터 중국 왕조에서 내보내는 외교문서가 대개 종이에 작성되었고, 황제의 하사품 중에도 종이가 있었다. 발레리 한센의 『*The Silk Road, A New History with Documents*』(실크로드, 문헌을 곁들인 새 역사)에 재활용지로 만든 수의壽衣가 연구 자료로 많이 활용된 데서도 종이 사용이 얼마나 널리 퍼져 있었는지 알아볼 수 있다.

그런데 105년에 발명된 제지술이 751년 탈라스Talas, 怛羅斯 전투를 계기로 이슬람세계에 전파되고, 12세기 이후에야 유럽에 도입된 것으로 알려져 있다. 종이처럼 유용하고 모방하기 쉬운 발명품이 이웃 문명권으로 전파되는 데 왜 수백 년씩 긴 시간이 필요했을까?

일단 이슬람권 전파를 보면, 6세기 반의 시차를 줄여볼 여지가 있다. 2세기 초에 제지술이 발명되었지만 종이의 사용이 크게 확장된 것도, 황제의 하사품에 종이가 들어간 것도, 7세기 당나라 때의 일이다. 그리고 초기의 당나라가 상대한 것은 이슬람권이 아니라 유목민이었다. 유목민에게는 종이의 용도도 적고 식물성 재료도 구하기 어려웠기 때문에 당나라에서 유입되는 종이를 사용했을 뿐, 제지술 자체를 도입하지는 않았다.

탈라스 전투는 새로 일어난 이슬람제국과 당제국 사이의 최초의 정면대결이었다. 아바스제국은 당나라 황제에게 선물(하사품)로 받는 종이로 만족할 수 없는 큰 잠재적 수요를 갖고 있었고, 또한 독자적으로 제지술을 발전시킬 재료와 기술력을 갖고 있었다.

이슬람권에서는 이슬람제국이 성립된 지 오래지 않아 중국에서도 보편화된 지 오래지 않은 제지술을 받아들인 것이다. 그에 비해, 이슬람권 서쪽에 접한 유럽 기독교권에 제지술이 전파되는 데 장장 4세기의 시간이 걸린 것은 이해하기 어려운 일이다.

종이의 재료도 흔한 유럽에 제지술이 늦게까지 들어오지 못한 이유는 종이의 수요가 없었기 때문이라고밖에 생각할 수 없다. 종이는 다양한 용도를 가진 물품이지만 가장 기본적인 용도는 기록이다. 돌, 끈, 천, 점토판, 파피루스, 죽간, 양피지 등 정보의 축적과 전달에 사용되었던 다른 어떤 재료도 따를 수 없는 정보 매체로서 큰 역할을 종이가 맡았다.

문명 발달 수준의 가장 중요한 지표 중 하나가 정보처리 기술이다. 복잡한 내용의 정보를 교환할 수 있는 언어가 문명 발생의 기반이었다. 정보를 보관하고 축적할 수 있는 문자의 발명이 다음 단계 문명의 발전을 뒷받침했다. 그리고 그다음 단계가 정보의 대량 전파를 가능케 한 인쇄술이었다. 중국에서는 비단에 목판으로 무늬를 찍은

8세기의 문명과 16세기의 야만이 한눈에 대비되는 코르도바 모스크-대성당.

220년경의 유물이 발견되었고, 종이에 찍은 목판인쇄물은 7세기 중엽부터 나타난다. 이슬람권에서는 제지술 도입 후인 9~10세기 중에 인쇄술이 나타난 것으로 확인되고 있다.

코르도바는 8세기부터 이슬람제국 통치하에 있다가 13세기에 기독교세계로 '수복'Reconquista된 곳이다. 8~9세기에 세워진 모스크 일각을 허물고 대성당을 지어서 '코르도바 모스크-대성당'Mezquita - Catedral de Córdoba이라 불리는 곳이 있다. 나는 1985년 그곳을 찾아갔을 때 모스크 건축의 우아함에 대비되는 대성당 모습의 사나움에 충격을 받으면서 어려서부터 빠져 지내던 유럽중심주의를 벗어나는 계기가 되었다.

어렸을 때부터 유럽-서양을 흠모하던 마음이 뒤집히면서 반대쪽 극단으로 치우친 것은 아닌지 조심스러운 마음도 있다. 그러나 8~12세기에 중국과 이슬람권이 제지술을 공유하고 인쇄술을 발전시키는 동안 유럽은 어떤 상황에 있었을까? 유럽의 훗날 위세를 덮어놓고 새로운 눈으로 살펴볼 필요가 있다. 어쩌면 아직 제지술을 배우기 전의 유럽은 중국이나 이슬람권과 대등한 수준의 문명을 갖지 못하고 이슬람문명의 외곽과 같은 위치에 머물러 있던 것으로 봐야 할지도 모르겠다. 13세기 몽골인의 세계정복과 19세기 유럽인의 세계정복 사이에 통하는 점도 꽤 찾을 수 있을 것 같다. 제지술의 도입이 유럽 르네상스의 계기가 된 측면도 더 살펴볼 여지가 있을 것 같다.

12
항전 아닌 투항으로 중국문명을 지킨 야율초재

1206년에 대몽골국을 세운 칭기즈칸은 1227년 죽기 전까지 역사상 최대의 초원제국을 일으켜놓았다. 서방의 서요西遼, Qara Khitai와 호라즘Khwarazm, 花剌子模을 격파하고(1218~1220) 카스피해 연안까지 진출했으며, 남쪽의 서하西夏를 멸망시켰다(1226). 흉노, 돌궐 등 종래의 어떤 초원제국보다 넓은 판도가 확보되어 있었다.

그런데 이 방대한 초원제국도 몽골제국 팽창의 첫 단계에 불과한 것이었다. 50년 후(1279) 남송 정복이 끝날 때는 당시 알려져 있던 세계의 대부분이 그 판도 안에 들어와 있었다. 인도와 유럽, 그리고 이슬람세계가 완전히 석권되지 않고 살아남은 사실을 오히려 설명할 필요가 있을 정도다.

이 설명으로 많이 제시되는 것이 최고 통치자 대칸大汗, Qaghan의 계승을 둘러싼 혼란이다. 초대 칭기즈칸(재위 1206~1227)에서 5대 쿠빌라이(재위 1260~1294)에 이르기까지 계승 때마다 제국이 상당 기간 마비 상태에 빠지고 내전을 겪기도 했다. 칭기즈칸의 셋째 아들 오고

감숙성 은천시銀川市 서쪽 하란산賀蘭山 동쪽 기슭에 있는 대규모의 서하 왕릉 유적지.

타이(재위 1229~1241)가 물려받을 때는 그래도 순탄한 편이었지만 쿠릴타이khuriltai 절차를 거치는 데 2년 가까운 시간이 걸렸고, 그동안 정복사업은 정지 상태에 있었다.

오고타이 사후 그 아들 귀위크(재위 1246~1248)가 물려받는 데 5년이나 걸린 데서 그 승계가 명쾌하지 않았음을 알 수 있다. 귀위크의 뒤를 칭기즈칸의 막내아들 툴루이의 아들인 몽케(재위 1251~1259)가 물려받는 데는 3년의 시간이 걸렸고, 그사이에 칭기즈칸 가문은 두 진영으로 갈라졌다. 툴루이계와 주치(맏아들)계가 하나의 진영을 이루고 오고타이계와 차가타이(둘째 아들)계가 이에 맞서는 대립이 길게 이어졌다.

대칸의 계승이 거듭될 때마다 몽골제국 지도부의 분열은 갈수록 심각해졌다. 오고타이 계승 때는 쿠릴타이 절차가 진행되는 동안에만 정복사업이 중단되었지만, 귀위크와 몽케의 계승 후에는 제국의 통합성이 약해졌다. 쿠빌라이 계승 때는 두 개 쿠릴타이가 따로 열리며 내전이 일어났고, 제국이 4개 칸국汗國, Khanate으로 분열되기에 이른다.

1. 칭기즈칸의 셋째 아들 오고타이 초상.
2. 오고타이의 아들 귀위크 초상.
3. 귀위크의 뒤를 이은 몽케 초상. 몽케는 칭기즈칸의 막내아들 툴루이의 아들이다.
4. 몽케의 동생이자 제5대 통치자인 쿠빌라이 초상.

국가 규모가 커지면 왕위 계승을 예측 가능하게 만드는 것이 중요한 일이 된다. 작은 조직에서는 지도자 개인의 능력(완력과 지혜)이 조직의 유지와 발전에 필요하기 때문에 능력 위주로 후계자가 결정되고, 왕조가 세워진 뒤에도 형제 계승이 많다. 그러나 많은 후보자 중에서 선택할 경우 더 유능한 인물이 뽑힐 가능성은 크지만, 불확실성 때문에 혼란의 위험이 있다. 그래서 '정통성'의 기준을 세워 선택의 여지를 없애는 방법으로 제도를 안정시키게 된다. 중국 고대 상나라에서는 왕위의 형제 계승이 많았지만 주나라에서는 장자 계승의 원칙이 확립되었고, '신하가 군주를 선택하는'(擇其君) 것은 반역의 죄목이 되었다.

그러나 장자 계승 원칙이 지켜지지 않을 때도 적지 않았다. 한 고조(재위 기원전 206~195)가 죽고 15년간의 혼란 후 문제(재위 기원전 180~157) 이후에야 계승이 안정되었고, 당 태종(재위 626~649)은 형제들을 죽이고 부황을 겁박해서 황제 자리에 올랐다. 송 태조(재위 960~976)도 아우 태종(재위 976~997)에게 계승되었다. 1392년에 개국한 조선에서도 태종(재위 1400~1418)과 세조(재위 1455~1468) 즉위 과정에서 장자 계승 원칙이 유린되었다. 불확실성이 큰 창업創業 단계에서는 이념적 정통성보다 현실적 역학관계가 더 크게 작용한 것으로 볼 수 있다.

부족장 회의에서 지도자를 선출하던 쿠릴타이의 전통이 계승 과정을 어렵게 만든 원인이 되었다는 이야기도 있지만, 그럴싸하지 않다. 칭기즈칸은 전통에 얽매이지 않고 많은 조직 원리를 만들거나 채용했다. 남송과 금나라는 물론이고 서요와 서하에서도 황위의 장자 계승 제도가 시행되고 있었으니, 좋아 보였다면 얼마든지 따라 했을 것이다. 자신이 후계자를 지정하고 쿠릴타이가 추인하도록 하는 방법은 그가 정한 것이었다. 추인의 과정은 계승의 타당성을 모든 구성원에게 확인시키는 과정이었다. 쿠릴타이 석상에서 후계자를 반대한다는 것은 있을 수 없는 일이었고, 반대하는 길은 참석을 거부하는 것이었다. 후계자 옹위 세력은 쿠릴타이 기간 동안 군대, 영토, 재산 등의 재분배로 참석자들을 만족시키기 위해 노력했다.

칭기즈칸이 정한 계승방법이 그 자신의 계승에서는 꽤 원활하게 작동했다. 그러나 시간이 지나 형제간의 선택이 아니라 4촌간의 선택이 되면 모든 구성원을 만족시키는 길을 찾기 어렵게 되어 내전이 일어날 위험까지 있다.

모든 구성원은 아니라도 대다수 구성원을 만족시킬 길이 있다면 이 계승방법이 지속될 수 있었을 것이다. 제국의 급속한 확장이 많은 구성원을 만족시킬 자원을 늘려주고 있는 한, 계승 과정에서 불거지는 갈등은 구조조정의 열쇠로 순기능을 발휘했다. 쿠빌라이가 형인 몽케를 계승할 때 동생인 아리크부카의 반발로 내전이 일어남으로써 이 계승방법의 한계가 드러났다. 쿠빌라이 이후에는 장자 계승 제도가 채용되었으나 그 대신 4칸국에 대한 '대칸'의 통제력이 줄어들어 몽골제국은 실질적 분열 상태로 들어섰다.

몽골제국이 능률적인 계승방법을 채택해서 계승에 따른 혼란을 줄였다면 더 큰 제국을 이뤄낼 수 있었을 것이라는 가상적 주장에 나는 동의하지 않는다. 1200년대에서 1270년대까지 몽골제국은 파격적인 팽창을 거듭했고 그 과정에서 거듭거듭 새로운 상황에 직면했다. 대칸 계승 때마다 한 차례 휴식기는 새로운 상황에 맞추는 제국의 구조조정을 위해 필요한 것이었다. 그런 휴식기가 없었다면 제국의 팽창기가 60여 년간 계속될 수 없었을 것이다.

두 문명권의 전통을 아우른 몽골제국

유라시아를 석권한 몽골 군사력의 장점은 어디에 있었는가? 기마병의 위력이 널리 알려져 있다. 그보다 덜 알려진 또 하나의 장점은 공

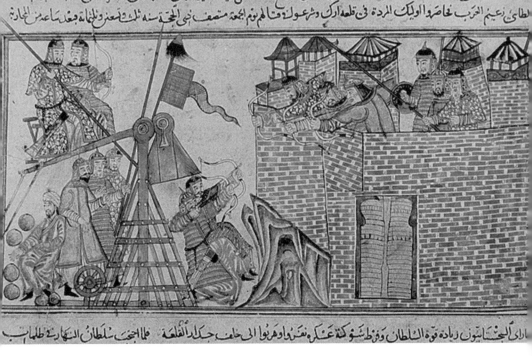

몽골군이 공성전에서 투척기를 쓰고 있다.

성술攻城術이었다. 페르시아와 러시아 지역에서 기마병은 익숙한 존재
였고 그만큼 대비가 되어 있었다. 그러나 몽골군이 금나라로부터 "싸
우면서 배운" 투척기 등 공성술은 처음 당해보는 서방 세력에게 절대
적 위력을 발휘했다(중국과 이슬람권에서는 서로 다른 방식의 투척기가 발전해
있었다. 1253년 훌라구의 페르시아 정벌 때는 중국인 투척기 기술자 1000호를 데
려갔고, 1272년에는 훌라구가 시리아 기술자를 보내 양양襄陽 공격을 돕게 했다).

13세기 중국은 공성술이 고도로 발달해 있었다. 그러나 중국 군
대가 다른 문명권으로 쳐들어가 그 기술을 써먹을 일은 없었다. 몽
골군은 중국 발명품을 서방으로 가져가 그 가치를 마음껏 발휘한 것
이었다. 공성술만이 아니었을 것이다. 군사기술만도 아니었을 것이다.
70년에 걸친 정복 기간 동안 여러 문명권의 기술과 제도 중 쓸모 있
는 것을 꾸준히 채용함으로써 몽골군은 막강한 전투력을 키워 나갔
다. 그리고 방대한 영역을 통치하는 방법도 그 기간 중 진화를 계속

했다.

문명권의 외곽부는 중심부와 달리 문명의 일부 요소만을 누린다. 그래서 외곽부의 유목민은 중심부의 농경민에게 야만인으로 보인다. 그러나 유목민이 누리는 문명의 '불완전성'이 오히려 농경사회에 대한 우위를 뒷받침해줄 때가 있다. 문명의 패러다임 전환 단계에 이르면 변화에 쉽게 적응하도록 해주기 때문이다. 그리고 새로운 단계에서 필요한 인적·물적 자원을 배후지로부터 확보할 조건도 외곽부가 유리하다. 중화제국과 북방 오랑캐 사이에 수백 년을 주기로 밀고 밀리는 형세가 뒤집히기를 거듭한 것은 이 때문이다.

몽골제국의 흥기에서 새로 나타난 현상은 중국과 이슬람권, 두 개 문명권의 영향을 함께 받으며 진행되었다는 점이다. 두 문명권은 오랜 세월에 걸쳐 영역을 확장해왔고, 특히 이슬람권은 7~8세기 이슬람 팽창을 통해 이집트, 메소포타미아, 페르시아 등 여러 고대문명권을 통합해서 대서양 연안으로부터 중앙아시아에 이르는 광대한 영역에 자리 잡고 중국과 함께 유라시아대륙의 양대 문명권을 이루고 있었다.

두 문명권의 확장에 따라 양자 간의 접촉도 늘어나지 않을 수 없었다. 그러나 751년의 탈라스 전투 이후 직접 충돌이 없었던 것은 중화제국의 후퇴 때문이었다. 안녹산의 난(755) 이후 당나라의 대외정책이 약화되었고, 5대10국(906~960)의 혼란을 수습하고 송나라가 일어선 뒤에도 서북방은 요·금과 서하에게 가로막혔다. 이 기간 중국과 이슬람권 사이의 교류에서는 남방 해로의 역할이 늘어났다. 그러나 이 해로는 인도에서 동남아시아에 이르는 힌두·불교문명권을 지나가야 했고, 그 때문에 양대 문명권 간의 직접 교류보다는 말레이반도-말라카해협 일대를 분기점으로 하는 중계무역이 주된 양상이 되었다. 요컨대 양대 문명권 사이에는 교류의 잠재적 수요가 커지는 데 비해 교류의 실현이 미흡한 상태가 오래 계속된 것이다.

물리학 강의실에서 듣던 '3체 운동'three-body problem이 생각난다. 뉴턴물리학에서 움직이는 두 물체 사이의 중력관계는 고전수학으로 충분히 표현된다. 그러나 3개 이상 운동체(예컨대 태양과 지구와 달) 사이의 관계는 표현이 불가능했기 때문에 수학이 새로운 영역으로 확장해야 했다는 이야기다.

문명 간 교류에도 마찬가지로 관계의 주체가 둘일 때에 비해 셋이 될 때 그로부터 파생되는 변이variation가 엄청나게 늘어나는 것 아닐까. 그중에는 돌연변이mutation가 일어날 가능성도 커지는 것 아닐까. 8세기 이래 중국과 이슬람권은 상당한 거리를 두고 각자 발전해왔는데, 13세기에 이르러 몽골을 중심으로 한 유목민 세력이 양쪽 문명권과 긴밀하게 접촉하면서 3체 운동을 이루는 제3의 운동체로 나타난 것으로 볼 수 있지 않을까. 몽골제국은 동쪽에서 얻은 자산으로 서쪽을 압박하고 서쪽에서 얻은 자산으로 동쪽을 공략할 수 있었던 것이 아닐까 하는 생각이 든다.

문명 간 중간세력의 흥기라는 점을 놓고 보면 육로의 중간에 위치한 유목민만이 아니라 해로의 중간에 있던 해양세력도 비슷한 기회를 맞지 않았을까? 7세기 말에 당나라 승려 의정이 인도에 다녀오는 길에 오래 체류한 스리위자야가 이 지역의 대표적인 해양세력이었다. 스리위자야는 경쟁세력이 계속 나타났기 때문에 크게 확장되지도 못하고 오래가지도 못한 것으로 보인다. 그 단계에서는 해양보다 초원이 세력 확장과 활동의 확대에 적합한 지정학적 조건이었으리라고 생각된다.

칭기즈칸의 독창적 조직 원리

토머스 바필드는 칭기즈칸이 제국 건설에 유목사회의 전통적 조직 원리를 따르지 않고 여러 가지 방법으로 '자기 사람'들을 만들어 활용했다고 본다.

칭기즈칸은 초원제국을 일으키는 데 부족에 대한 충성심을 활용하기보다는 그 개인의 추종자들을 만들어 조직했다. 대다수 몽골 부족들은 그를 칸으로 선출해놓고 이듬해에는 등을 돌리는 등 변덕스러운 모습을 보였다. 심지어 그의 삼촌과 형제 중에도 때에 따라 그의 적들과 손을 잡은 일이 많았다. 그런 경험이 그에게 깊은 상처를 남겼기 때문에 그는 자기 친족이나 다른 몽골 지도자들에게 권한을 위임할 때 그들의 독립성에 어떤 식으로든 제한을 두려고 들었다. 과거 흉노인과 돌궐인이 자기네 선우나 카간과의 사이에 가졌던 것과 같은 친밀한 관계가 몽골인들과 칭기즈칸 사이에는 없었다. (『Perilous Frontier』, 191쪽)

바필드는 초원제국의 건설자 대부분이 세 가지 유형 중 하나에 속한다고 보았다. ①초원의 한 지역을 차지한 강성한 부족의 지도자가 세력권을 확장하는 경우. ②무너진 지 오래지 않은 제국의 후계자를 자처하는 경우. ③선출을 통해 추대되는 경우(같은 책, 187~188쪽). 칭기즈칸은 어느 유형에도 속하지 않고, 새로운 방법으로 조직을 만들어 거듭된 전투를 통해 세력을 키워낸 특이한 '자수성가'의 사례라고 한다.

바필드는 칭기즈칸이 부족의 전통을 등진 이유를 아버지가 죽은 후 아버지가 이끌던 부족이 유족에게 등을 돌리는 등 개인의 경험에서 찾는다. 그러나 당시 초원의 유동적 상황이 부족의 전통에 얽매이지 않는 개방적 노선을 뒷받침해주었기 때문에 주변적 위치에 있던 칭기즈칸이 '적자適者, the fittest로서 선택'된 것이라고 볼 수도 있을 것 같다. 자기 부족의 확고한 지지를 받는 지도자들에 비해 확실한 지지기반이 없던 칭기즈칸 같은 인물이 어떤 장벽을 돌파하기만 하면 훨씬 더 큰 확장성을 가질 수 있지 않았을까 하는 생각이다.

칭기즈칸은 '자기 사람'을 만드는 데 몇 가지 제도를 활용했다. 그중 '친위대'keshig가 그의 조직 원리를 대표적으로 보여준다. 린다 코마로프가 엮은 『Beyond the Legacy of Genghis Khan』(칭기즈칸의 유산을 넘어, 2006)에 실린 찰스 멜빌의 「The Keshig in Iran: the Survival of the Royal Mongol Household」(이란의 몽골친위대, 135~164쪽)에 친위대의 성격과 기능에 관한 상세한 설명이 들어 있다.

1206년 대몽골국을 선포하면서 칭기즈칸은 그전에 100여 명으로 운용하던 경호대 대신 1만 명 병력의 친위대를 설치했다. 당시 그 휘하의 병력은 10만 명가량으로 추정된다. 전 병력의 10분의 1을 차지한 친위대는 최강의 정예부대가 되었다(1206년에 1000명으로 시작했다가 차츰 확대된 것으로 보는 연구자도 있다).

다른 부대 장교들보다 더 우대받던 이 정예부대 병사에게는 개인의 무예(와 용모)도 필수였지만, 대부분이 지휘관과 귀족의 자제였다. 각급 지도자들의 '인질'을 모아놓는 제도이기도 했던 것이다. 그런데 '인질'의 의미가 간단하지 않았다. 전국시대 이래 중국의 인질에는 단순한 협박의 장치를 넘어 두 나라의 관계를 다각적으로 증진시키기 위한 상주常駐 외교관의 역할이 있었다. 한나라에서 청나라까지 황제의 근위대를 지방세력의 자제로 많이 채운 것도 그런 뜻의 연장이었다(병자호란 때 소현세자를 인질로 데려간 것도 마찬가지다).

친위대의 기능이 군사에 국한된 것도 아니었다. 기존 행정기구가 맡지 못하는 업무를 대칸 측근의 인재 집단인 친위대가 맡게 되었고, 제국의 팽창에 따라 새로운 일거리가 끊임없이 나타났기 때문에 친위대는 몽골제국의 핵심 조직이 되었다. 쿠빌라이(재위 1260~1294) 즉위 후 친위대의 규모와 기능을 축소한 것은 정규 행정조직의 확장과 안정에 따른 결과였다.

칭기즈칸이 자기 친족과 부족에게 절대적 신뢰를 두지 않는 만큼 새로 거두는 추종자와 귀순세력에게는 더 큰 포용력을 발휘할 수 있었다. 귀순세력의 지도부를 바꾸지 않고 기득권을 인정하는 대신 그 자제들 중에서 친위대 병사를 뽑아 갔다. 인질을 데려간 셈이지만 그 병사들은 제국 핵심부의 구성원으로 출세의 길을 바라볼 수 있었기 때문에 고향의 부형들에게 큰 영향력을 끼칠 수 있었다. 초기의 친위대는 몽골족과 거란족, 여진족, 한족, 카자흐족으로 주로 구성되었지만, 제국 확장에 따라 동쪽의 고려인으로부터 서쪽의 러시아인까지 제국 내 거의 모든 종족을 망라하게 되었다. 스티븐 호는 이탈리아인 (마르코 폴로)까지도 원나라에서 친위대 소속으로 활동했을 가능성을 제기했다(『*Marco Polo's China: a Venetian in the Realm of Khubilai Khan*』(마르코 폴로의 중국, 2006), 165~168쪽).

약탈 대상에서 통치 대상으로

1206년에 세워진 대몽골국은 유목국가였다. 인접국 금나라에 대한 몽골의 정책노선은 한마디로 바필드가 말하는 '외경전략'outer frontier strategy이었다. 금나라를 공격하더라도 영토 탈취가 아니라 재물과 유리한 교역 조건의 획득이 목적이었다. 오랑캐 출신이기 때문에 이 전략을 잘 이해하는 금나라는 몽골의 공격에 강경한 대응으로 일관했고, 그 결과 몽골은 원하지도 않는 영토를 획득하게 되는 일이 종종 있었다. 생산력을 취하기 위해서가 아니라 금나라의 군사활동을 제한하기 위해 점령하는 영토였다.

이렇게 획득한 영토를 제대로 관리해서 조세를 징수하는 정책은 칭기즈칸에게 떠오르지 않았다. 이런 영토는 몽골 귀족이나 장군에게 영지領地로 하사해서 구워먹든 삶아먹든 마음대로 하도록 맡기는 것이 상례였다. 대몽골국이 제대로 다스려야 할 영토는 초원이었고, 농경지대는 국가의 기본 자산이 아니었다. 금나라로부터 빼앗는 땅에서 농민을 몰아내 초원을 늘리자는 주장은 이런 초원 중심의 유목민 관점에서 나온 것이었다.

1229년 오고타이 즉위 후 농경지대에 대한 정책이 바뀌기 시작한 덕분에 1234년 금나라 멸망 후 북중국 일대가 몽땅 초원지대로 바뀌는 운명을 피할 수 있게 되었다. 이 정책 전환을 이끌어낸 대표적 인물이 야율초재耶律楚材(1190~1244)였다. 『원사』元史 권146의 열전에 실린 그의 행적에서 몽골제국이 중국식 통치방법으로 전환해가는 과정을 이해할 수 있다.

야율초재는 요나라 황실 자손(야율아보기의 9세손)으로 금나라 고관을 지낸 집안 출신이다. 그 아버지가 60세 나이에 얻은 아들을 놓고, 큰 인물이 될 아이인데 다른 나라에 쓰일 운명이라며 "(남쪽의) 초나라 재목이 (북쪽의) 진나라에서 쓰인다"[楚材晋用]라는 고사에 빗대 이름을 지었다고 한다. 요나라 황손으로 금나라에서 벼슬을 하던 사람이 자기 아들 역시 다른 나라에 쓰일 것을 예상하고 그 생각대로 이름을 지어줬다는 기이한 이야기다. "충신은 두 임금을 섬기지 않는다"[忠臣不事二君]라는 유교적 덕목에 구애받지 않던 오랑캐 왕조의 개방적 분위기를 보여주는 이야기일 수도 있다.

금나라 조정이 1214년 변경汴京(즉 개봉開封)으로 옮겨간 뒤 야율초재는 옛 수도 중도中都(즉 연경燕京)의 관원으로 남아 있다가 이듬해 몽골군에 함락될 때 포로로 잡혔다. 칭기즈칸은 풍채와 학식이 뛰어난 이 청년을 측근에 두었고 이 청년은 30년간 칭기즈칸과 오고타이의 조정에서 일하게 되는데, 1231년 이후에는 문관 최고직인 중서령中書令의 자리에 있었다.

야율초재는 중국뿐 아니라 이슬람권 방면으로 몽골 지배가 확장될 때도 농경지역에 대한 살육과 파괴를 억제하는 전략과 정책을 꾸준히 건의했고, 추상적 '인의'仁義를 내세우기보다 조세 제도 등 '수익 창출 모델'을 제시하며 실용적 득실에 중점을 두었다. 그는 천문·지

야율초재 초상. 요나라 황실
자손으로, 칭기즈칸과 오고타
이의 측근으로 활약했다.

리·역법·술수術數 등 다방면의 박학으로 명성을 떨쳤는데, 송나라의
학술이 성리학에 집중된 것과 달리 요나라와 금나라에서는 '실학'實學
의 풍조가 성했고, 그것이 유목민 지도부를 설득하는 데 주효했던 것
같다.

조세원租稅源으로서 농민의 가치를 설파하여 과도한 살상을 억제
시키는 한편 유사儒士를 비롯한 각 부문 전문가 집단을 보호하고 등
용하도록 이끈 것도 중국의 안정된 통치를 유도한 노력으로 볼 수 있
다. 오고타이에게 권해 4000여 명의 유사를 등용하게 한 1238년의
'무술선시'戊戌選試는 과거 제도에 접근한 시도로서 후일 쿠빌라이가
원 왕조를 세우는 데 활용할 인재집단을 창출한 계기로 평가된다.

자크 제르네가 쓴『La Vie quotidienne en Chine à la veille de
l'invasion mongole』(몽골 침략 전야 중국인의 일상생활, 1959: 영문판 1962)
은 1250~1276년의 남송, 특히 그 수도 항주沆州의 생활상을 그린 책
인데, 여기에 마르코 폴로의『동방견문록』이 많이 인용된다. 폴로가

항주를 방문한 것은 몽골군에 함락된 뒤의 일인데(항주는 1276년에 함락되었고 폴로가 유럽으로 돌아간 것은 1292년이다), 폴로의 기록에 나타나는 화려한 모습은 함락을 계기로 큰 변화가 없었던 것으로 보이기 때문에 근접한 시기의 관찰로 참고 가치가 있다는 것이다.

1234년의 금 멸망과 1276년의 남송 멸망 사이에 몽골의 정복 정책이 크게 바뀌었다. 유목민의 속성을 이해하지 못하고 오랑캐로서 타자화하던 주류 한족사회와 마찬가지로 농경사회의 속성을 이해하지 못하는 유목민은 중국을 약탈 대상으로만 봤다. 그러나 접촉면이 넓어지고 이해가 깊어지면서 농경민을 백성으로 다스리는 입장의 중화제국을 몽골 지도부가 지향하게 되었다. 그래서 1271년 원 왕조의 선포에 이른 것이고, 그 후의 남송 정복은 적국의 침략이 아니라 '천하통일'의 사업이 되었다.

몽골 지도부의 정책 전환을 주도한 대표적 인물로 야율초재가 꼽힌다. 몽골군의 진격이 사납던 시기에 몽골의 신하 노릇을 했음에도 그는 후세 중국 학인들로부터 높은 평가를 받았다. 명나라의 손승은 孫承恩(1481~1561)은 "어짊의 공덕이 이보다 더 클 수 있는가?"〔仁者之功, 孰能與京〕 찬탄했고, 왕세정王世貞(1526~1590)은 그를 '원나라의 어진 인물 3인'〔元朝三仁〕의 하나로 꼽았다. 야율초재의 재능과 지혜〔才智〕에 대한 칭송이 워낙 많은 중에 어짊〔仁〕을 앞세운 두 사람의 평가가 특히 눈길을 끈다.

원나라와 일칸국, 초원을 벗어나다

칭기즈칸에게는 아들이 넷 있었다. 차남 차가타이는 장남 주치를 극력 배척했다. 어머니 보르테가 다른 부족에게 납치되었을 때 묻어온 '잡종'이라고 주장했다. 둘 사이의 불화가 심해서 무던한 성품의 3남 오고타이가 낙점을 받았다. 4남 툴루이는 막내가 안방을 물려받는 유목사회의 전통에 따라 제국 중심부의 몇 가지 핵심 요소를 물려받았다.

1241년 오고타이가 죽은 후 아들 귀위크가 물려받은 데는 이제부터 부자 상속의 원리를 세우려는 뜻이 있었던 듯하다. 그러나 오고타이계가 대칸 자리를 독점할 형세가 아직 되지 못했기 때문에 큰 반발이 일어났다. 서방에서 큰 병력을 거느리고 있던 바투(주치의 아들)는 귀위크를 선출하는 쿠릴타이에 참석하는 것을 거부했다. 1246년에야 대칸에 즉위한 귀위크는 2년 후 군대를 끌고 서방으로 가던 중에 죽었다. 그가 그때 죽지 않았다면 내전이 일어났을 것으로 바필드는 추정한다(『Perilous Frontier』, 215쪽).

귀위크가 죽은 후 바투와 툴루이계의 합작으로 툴루이의 장남 몽케가 대칸이 되었다. 귀위크가 죽기 전에 차가타이계를 자기 세력으로 끌어들이려 했지만 자격 없는 인물을 억지로 앞세웠기 때문에 차가타이계 내부에 분열이 일어나 힘을 모을 수 없었다.

바투는 사촌들 사이에서 가장 연장자인 데다 병력도 컸지만 '킹메이커' 역할에 만족하고 스스로 나서지 않았다. 몽골 중심부에서 멀리 떨어진 곳에 자기 나라를 지키는 편을 택했다. 몽케의 계승을 도와주는 대가로 실질적 독립성을 보장받았다. 차가타이계는 자기네 영역의 독립성을 강화하는 데 만족했고 오고타이계는 끝까지 불복하다가 쇠퇴하고 말았다. 칭기즈칸 시절의 통합성은 제국에서 사라졌다. 4칸국의 분열은 이때 시작된 것이다.

1259년 몽케가 죽은 후의 계승 분쟁은 형제간에 일어났다. 몽케는 차제次弟 쿠빌라이와 함께 남송 정벌에 나서면서 3제 훌라구를 페르시아 정벌에 보내고 말제末弟 아리크부카에게 수도 카라코룸을 맡겼다. 몽케가 죽자 쿠빌라이와 아리크부카가 대칸 자리를 놓고 다투다가 쿠빌라이가 승리를 거두고 이듬해 대칸 자리에 올랐다(몽케에게는 9명의 동생이 있었지만 정처正妻 소생의 4형제만을 놓고 형제의 서열을 표시한다).

계승 분쟁이 제국의 분열로 이어진 경위로 널리 알려져 있는 이야기다. 그런데 이 과정에는 우연으로 볼 수 없는 하나의 추세가 있는 것 같다. 당시 사람들이 의식하지 못했고 기록을 남기지 않았더라도, 분열의 방향을 정해주는 어떤 기반조건이 있었던 것처럼 생각된다.

분열의 단층선이 '문명'에 대한 태도에서 나타나는 것으로 보이는 것이다. 정착 농경사회가 문명의 주인이고 유목민은 손님인 것이 문명의 정상 상태다. 정착사회의 질서가 무너져 손님이던 유목민이 주인 노릇을 맡지 않을 수 없게 되는 상황은 패러다임 전환 단계라 할 수 있다. 그런데 유목민 중에는 주인 노릇을 흔쾌히 맡으려는 경향이 있는가 하면 새 역할을 거부하고 살던 방식대로만 살려는 경향도 있다. 몽골제국의 분열은 이 두 노선의 분화에 따른 것으로 생각할 수 있을 것 같다. 아리크부카는 카라코룸에 머물면서 초원의 전통을 지키는 보수적 입장에 섰기 때문에 형제들과 대립하게 된 것으로 보인다.

대칸 자리에 오른 몽케가 중국 정벌에 나서면서 동생 훌라구를 페르시아(이란) 방면 정벌에 보낸 뜻이 무엇이었을까. 자기 집안(툴루이계)의 세력 확대를 바라는 몽케 입장에서 발전 가능성이 가장 큰 방면들을 자기 형제가 차지하고자 한 뜻일 것이다. 제국을 움직이는 힘이 장기적으로는 초원이 아니라 문명권의 농경지대에 있음을 간파한 것으로 보인다.

농경지대의 힘은 쿠빌라이와 아리크부카 사이의 쟁투 과정에서 확인되었다. 쿠빌라이는 정면 대결을 서두르는 대신 카라코룸의 보급로를 차단했다. 아리크부카는 초원을 지키는 유목민의 순수성을 자기 정통성의 근거로 내세웠겠지만, "순수한 유목민이란 곧 가난한 유목민"이라던 오언 래티모어의 말이 다시 떠오르는 대목이다. 그는 굶주림을 피해 서쪽으로 옮겨가 차가타이계와 오고타이계 지도자들에게 도움을 청했지만 거부당하고 패망했다.

쿠빌라이가 아리크부카를 격퇴한 후 칭기즈칸 이래의 수도인 카라코룸을 버리고 지금의 북경 자리에 대도大都, Khanbaliq를 세운 것은 몽골제국 전체에 대한 대칸의 통치력보다 새 핵심자산에 집중하겠다는 뜻이었다. 중앙 초원의 차가타이칸국, 서방 초원의 킵차크칸국(금장한국Golden Horde), 페르시아 방면의 일칸국과 중국의 원나라, 4칸국의 분립은 이렇게 이뤄진 것이다. 원나라 황제가 대몽골국 대칸의 지위를 계속 지켰지만 명목상의 권위에 그치게 되었다.

칭기즈칸의 네 아들 중 장남 주치와 차남 차가타이의 후손은 칸국 하나씩을 지키게 된 반면 3남 오고타이의 자손은 몽케-쿠빌라이 형제와의 권력투쟁 과정에서 세력을 잃었다. 한편 4남 툴루이의 자손은 대칸의 타이틀과 함께 2개 칸국을 차지하게 되었는데, 일칸국은 다른 칸국들과 달리 원나라의 대칸과 밀접한 관계를 오랫동안 지켰다. '일칸'Il-khan이란 호칭 자체가 대칸에게 위임받은 종속적 통치자라는 뜻을 담고 있었다.

일칸국과 원나라의 사이가 각별히 가까웠던 이유는 중시조인 훌라구와 쿠빌라이가 형제간이었다는 데 있었다. 그런데 『Culture and Conquest in Mongol Eurasia』(몽골시대 유라시아의 문화와 정복, 2001) 및 『Commodity and exchange in the Mongol empire』(몽골제국의 상품과 교역, 1997) 등 토머스 올슨의 연구로 밝혀지는 두 나라 사이의 장기간에 걸친 긴밀한 관계를 보면 이유가 그것만이 아닌 것 같다.

일칸국과 원나라는 초원제국의 성격을 지킨 다른 두 칸국과 달리 이슬람권과 중국의 문명권에 들어가 주인 노릇을 맡은 왕조들이다. 몽골제국의 팽창 과정에서 마주친 양대 문명권의 경영에 몽케·쿠빌라이·훌라구 3형제의 뜻을 모은 결과가 두 왕조였고, 두 왕조가 지속되는 동안 두 문명권 사이에 활발한 교류가 계속되었다. 김호동이 『몽골제국과 세계사의 탄생』에서 설명하는 '세계사'의 탄생을 비롯해 문명의 역사에서 주목할 만한 여러 가지 현상이 이 시기 두 문명권의 교류를 통해 빚어지게 된다. 13세기 후반에서 14세기 전반에 걸친 두

나라의 관계에서 '유라시아 문명권'의 통합을 향한 움직임을 읽을 수
있다.

13

문명권 경영에 나선 몽골제국

학생 시절 윌리엄 맥닐의 『*The Rise of the West*』(서양의 흥기, 1963)를 읽으면서 무척 재미있으면서도 바닥에 깔린 유럽중심주의가 불만스러웠던 기억이 있다. 이 책을 작업하면서 유럽중심주의에 관한 생각을 한 차례 정리할 마음으로 다시 펼쳐보게 되었는데, 전에 못 본 글한 꼭지가 붙어 있다. 1991년 재판의 서문으로 "25년 후에 되돌아보는 '서양의 흥기'"라는 글을 붙인 것이다.

1990년 시점에서 1963년 초판 내용을 되돌아본 이 글의 초점은 유럽중심주의에 대한 반성에 있다. 유럽의 후계자 미국이 온 세계를 쥐락펴락하던 1950년대 상황에서 역사에 대한 자신의 인식도 자유롭지 못했음을 솔직하게 고백한다. 송나라 시대 중국문명의 힘과 중요성을 경시했던 것을 특히 중요한 문제로 지적한다.

한 세대 전까지 내가 접하던 역사서술이 중국의 역사에 대한 전통적 평가방법에서 벗어나지 못하고 있었다는 사실을 변명으로 삼는다. 역사적 중국 강역의 한 부분에 대한 통제권을 상실한 왕조라면 제대로 덕을 갖춘 황제 아래 강역이 온전하던 시대에 비해 열등한 상태일 수밖에 없었다는 평가다. (…) 자크 제르네(의 1972년 『Le Monde chinois』)에 이르러서야 초원지대에서 송나라 군대의 약세의 원인이 중국의 기술이 전통적 국경 밖으로 퍼져 나감으로써 중국과 유목민 사이의 종래의 균형이 무너진 데 있었다는 사실을 주목하게 되었다. 이 균형의 붕괴는 칭기즈칸의 활동을 통해 유라시아 전역에 파장을 미치게 되는 것이다. (xix쪽)

이 고백을 접하며 금석지감을 느끼지 않을 수 없다. 50년 전 역사 공부를 시작하던 때에 비해 역사학계에서는 유럽중심주의가 많이 극복되어 있다. 그러나 역사학 밖의 다른 학술분야에는 이 변화가 아직 많이 투영되지 못하고 있다. 월러스틴의 세계체제론이 단적인 예다. 유럽 패권으로 구축된 세계체제의 구조적 문제점을 밝히는 학설인데도 유럽의 전통 안에서만 문제를 고찰하는 경향은 가치관과 연구방법 자체가 유럽 전통에 묶여 있기 때문일 것이다.

맥닐이 송나라에 대한 평가를 특히 통절하게 반성하는 이유는 가치관이 적용되는 문제이기 때문이다. 인류는 최근 수백 년간 국가 간 경쟁의 시대를 살아왔다. 그 시대의 '좋은 정치'는 경제적·군사적 경쟁에서 승리하는 '부국강병'富國强兵의 정치였다. 온 천하에서 폭력을 줄이는 과제 같은 것은 정치적 과제로 부각되지 못하는 시대였다. 그런 시대에 태어난 정치철학이 국가 이상의 분석 단위를 갖지 못한 사실을 자오팅양은 지적한다.

중국의 정치철학은 무엇보다도 먼저 하나의 정치적 세계관, 즉 내가 말한 '천하체계'의 이론을 창조하려고 했다. 이것의 이론의 틀과 방법론은 서양의 정치철학과 매우 다르다. 먼저 이론의 틀에서 살펴보면 중국의 정치철학은 천하를 가장 높은 단계에 위치한 정치 분석의 단위로 간주했을 뿐만 아니라 동시에 딴 것에 앞서는 분석의 단위로 간주했다. 이것은 국가의 정치 문제를 천하의 정치 문제에 종속시켜 이해하려고 한 것이자 천하의 정치 문제는 국가의 정치 문제가 근거하는 것임을 의미했다. (『천하체계』(노승현 옮김), 29~30쪽)

송나라 때의 중국에도 국가주의가 있었고 애국심이 있었다. 그러나 그것이 정치의 전부가 아니었다. 인종仁宗(재위 1022~1063) 때 송나라 조정을 그린 연재사극 《청평악》淸平樂은 당시의 정치상을 깊이 있게 다룬 일품이다. 인종 때는 서하西夏가 칭제稱帝하며 송나라가 위축된 시기인데, 그때도 유교 원리가 정치에 잘 반영되고 경제적 번영이 이뤄지고 있었음을 보여준다.

어쩌면 금나라에 대한 굴욕적 정책을 주도한 진회秦檜(1090~1155)가 최악의 간신으로 남긴 오명도 당시보다 후세의 평가로 이뤄진 것인지 모른다. 그가 죽고 50년 후 남송이 금나라를 공격할 때 관작이 추탈되었으나 2년 후 북벌이 실패한 후 회복되었고, 후세의 평가도 크게 엇갈리는 인물이다. 요나라 황손으로 금나라에 출사하다가 몽골의 조정에서 큰 역할을 맡았던 야율초재와 같은 실용주의도 그 시대에 널리 통용되었던 것 아닐지.

북송 남송 가릴 것 없이 송나라의 문화와 예술은 전통시대부터 높은 평가를 누려왔고, 근년에는 그 시대 경제와 과학기술의 뛰어난 수준을 밝히는 연구가 많이 나왔다. 모든 방면에서 중국문명의 장점이 잘 발현된 시대로 이제 널리 인식되고 있다. 그러다 보니 의문이 더 깊어진다. 이처럼 뛰어난 문물을 자랑하던 왕조가 군사적으로는 오랑캐에 대한 열세를 내내 벗어나지 못하고 있다가 끝내 정복의 대상이 된 까닭이 무엇일까?

송나라가 끝까지 지킨 남중국의 경제기반

중국의 왕조 중 오랑캐에게 정복당한 것으로 보이지만 실제로는 내부 혼란으로 무너지고 난 뒤에 오랑캐 왕조가 들어와 공백을 메운 경우가 많다. 명나라가 특히 분명한 경우다. 북경이 반란군에게 함락된 후 명나라 주력부대를 지휘하고 있던 오삼계吳三桂가 대치 중이던 청나라 군대를 끌어들인 것은 다른 대안이 없었기 때문이다. 5호16국도 한·위·진晉의 혼란이 수습되지 못한 끝에 용병 역할로 중화제국 안에 들어와 군벌이 되어 있던 오랑캐들이 정권을 세운 것이었고, 요·금도 중국의 혼란에 흡인된 것으로 볼 수 있다.

송나라는 제국체제에 결정적 파탄이 없는 상태에서 오랑캐의 힘에 압도된 이례적인 경우로 보인다. 다른 오랑캐의 중국 정복과는 다른 설명을 필요로 하는 상황이다.

중화제국과 중국문명 사이의 간격에서 생각의 실마리를 찾을 수 있다. 중국문명 전체를 정치적으로 조직한다는 중화제국의 이념은 현실 속에서 완벽한 실현이 불가능한 것이다. 문명의 경계선은 제국의 국경처럼 명확한 것이 아니기 때문이다. 그래서 순수한 농경지역만을 제국에 넣을 때도 있었고, 주변의 유목지역까지 포괄한 때도 있었던 것이다.

당나라가 융성할 때는 많은 유목지역이 제국에 편입되었다. 그에 따라 제국의 구성이 복잡해지면서 혼란이 일어났다. 당나라 후기의 절도사 세력과 그에 이은 5대10국의 대부분은 제국에 편입되어 있던 오랑캐를 주축으로 한 것이었다.

송 태조가 즉위 후 옛 동료 장군들에게 병권 해제를 권한 일화는 군사력 중앙 집중을 꾀한 송나라의 기본 정책을 보여준다. 조정 직할의 금군禁軍이 송나라 군대의 주축이 되었다. 군사력의 약화를 피할 수 없는 정책이었다. '내 군대'를 내 세력으로 키우던 종래의 장군들

대신 월급쟁이 지휘관들이 군대를 관리하게 되었고, 그나마 최고위 지휘관들은 문관 중에서 임명되었다. 오랫동안 형성되어온 중국의 경무輕武 전통이 이때 확정되었다.

제국이 강한 군사력을 유지하려면 '군벌'軍閥의 위상을 보장해주어야 한다. 조직의 특성을 문관들에게 침해받지 않고, 조직의 가치를 스스로 증명하기 위해 전심전력으로 전투에 임하는 군대가 필요하다. 그런데 이런 군대가 필요로 하는 독립성은 상황에 따라 제국의 질서를 해칠 수 있다. 안녹산의 난(755) 이후 200년간 중국을 괴롭혀온 이 문제에서 벗어나기 위해 송나라는 군사력의 약화를 감수하기로 한 것이다.

중화제국의 영광을 받드는 사람들에게는 송나라의 이 선택이 안타까운 일이다. 그만한 경제력과 기술력을 가지고 부국강병의 길을 걸었다면 한 무제나 당 태종보다 더한 제국의 위세를 떨칠 수 있었을 것을! 요나라와 금나라에게 굴욕적인 입장에 머물러 있다가 몽골에게 멸망당하는 일을 피할 수 있었을 것을!

그러나 모든 선택에는 득실이 엇갈리게 마련이다. 송나라에게는 군사적 열세와 강역의 축소를 감수할 만한 이득이 있었다. 요·금에 바친 세폐歲幣는 넓은 강역의 확보와 유지를 위한 군사비에 비하면 약소한 액수였고, 강력한 군부의 존재로 인한 권력구조의 위험이 없었다.

"돈으로 평화를 사는" 송나라의 노선은 미야자키 이치사다가 말하는 '재정財政국가'의 길이었다. 풍부한 경제력 위에서 가능한 선택이었다. 장기간의 평화 속에서 학술, 사상, 상업, 문화를 한껏 발전시킨 송나라의 경제력은 어디에서 나온 것인가?

장강 유역의 농업생산력 발전이 그 근거였다. 농업기술 발달에 따라 강우량이 많은 장강 유역의 생산력 발전이 북방보다 빨랐고, 송나라 때는 인구가 북방보다 더 많아졌다. 프란체스카 브레이는 『The

Rice Economies』(벼농사 경제체제, 1986)에서 송나라 때 벼농사 기술 발전이 중요한 국가정책이었던 사실을 설명했다(203~206쪽). 1012년부터 참파 지역의 품종을 들여와 이모작을 시작하게 한 것이 가장 중요한 사례다.

농업생산력의 발전이 송나라 경제의 하드웨어를 제공하는 한편에서 소프트웨어를 만들어준 것은 운하 중심의 수운水運 네트워크였다. 수운 네트워크는 황하 유역보다 장강 유역 남중국에서 크게 발달해서 중국의 경제적 중심이 남쪽으로 옮겨가는 조건이 되었다. 1126년 수도가 금나라 군대에 함락되고 황제 이하 온 조정이 통째로 포로가 되는 파국을 겪고도 남쪽으로 옮겨 제국체제를 이어간 것은 남중국의 경제기반을 지킬 수 있었기 때문이다.

'천하'의 뼈대가 된 대운하

대운하는 7세기 초 수나라 때 만들어진 것이다. 운하의 이로움은 중국에서 일찍부터 인식되어 전국시대부터 축조가 시작되었는데, 북중국과 남중국을 연결하는 '대'大운하는 남북조의 대립을 끝낸 수나라가 천하제국의 통일성을 담보하기 위해 건설한 것이다.

당나라 말기에서 5대10국까지의 혼란기에 남중국과 북중국 사이의 거리가 다시 멀어졌다. 군벌(절도사)이 할거한 북중국과 달리 남중국은 쇠퇴해가는 당나라의 마지막 밑천으로 남아 있다가 과도한 착취에 항거하는 일련의 민란을 통해 무너져갔다. 5대10국 중 '5대'는 북중국에서 꼬리를 물고 천자국天子國을 자칭한 단명한 왕조들이었고, '10국'은 대부분(북한北漢을 제외하고) 남중국에 할거하던 지방세력이었다.

남북을 다시 통합한 송나라에게도 운하체제의 정비가 중요한 과제였다. 송나라의 수로 정비 사업에서 눈에 띄는 것 하나가 이중

중국 강남 지역은 송나라 때 수로의
모습이 비교적 많이 남아 있다.

갑문閘門의 발명이다. 조지프 니덤은 『*Science and Civilisation in China*』(중국의 과학과 문명)에서 이 발명이 984년 송나라 관리 교유악喬維岳에 의해 이뤄진 사실을 밝혔다(제4부 3권, 351쪽).

황하와 장강을 연결하는 대운하만을 놓고 보더라도 수면의 표고차가 약 40미터에 달한다. 그 때문에 수로 곳곳에 물살이 빠른 곳이 있는데, 종래에는 그런 곳을 지날 때 인부들이 기슭에서 밧줄로 배를 끌고 지나갔다. 많은 물이 계속 흘러내리지 않으면 배가 바닥에 부딪칠 위험이 크기 때문에 갈수기에는 막힐 때가 많았고 평시에도 통과가 힘들고 오래 걸렸다. 이중 갑문의 발명은 이로 인한 '병목 현상'을 해소함으로써 수운 체제의 안전성과 효율성을 크게 높일 수 있었다.

대운하는 만리장성과 함께 중국문명이 빚어낸 초대형 구조물로 명성을 떨친다. 그런데 대운하는 하나의 독립된 구조물이 아니라 중국의 방대한 수로 체계를 대표하는 한 부분이다. 철도가 등장하기 전까지 중국의 수로 체계는 세계 최대·최고의 내륙 교통망이었다. 7세기 이후 남중국 경제와 문화의 눈부신 발전은 수로 체계 위에서 이뤄진 것이었다.

기술 발전에 따라 농업생산력이 늘어나더라도 잉여생산물을 처분할 시장이 원활하지 않으면 경제 발전으로 이어지지 못한다. 수나라 이후의 남중국에서는 수송비가 극히 저렴했기 때문에 시장 기능이 극대화될 수 있었고, 농민은 자급자족의 틀에서 풀려나 생산성 제고에 전념할 수 있었다. 상업활동은 소수 상인들만의 영역이 아니라 대다수 서민의 일상이 되었다.

금속화폐 사용에서 금화, 은화 등 귀금속이 주종이던 다른 지역과 달리 중국에서는 동전이 압도적이었다는 사실도 중세 중국 경제의 특성을 보여주는 것이다. 고액권인 금·은화는 전문 상인들의 대규모·장거리·귀중품 교역에 주로 사용되고 소액권인 동전은 서민의 일상적 경제활동을 뒷받침해준 것이었다.

송나라의 탁월한 문명 수준에 관해서는 문학·예술·상업·기술·제조업의 여러 분야에서 많은 연구가 나와 있어서 어떤 것을 인용할지 판단하기 어려울 정도다. 꽤 오래전에 나온(1959, 영문판 1962) 자크 제르네의 인상적인 논평 한 대목을 소개한다.

13세기의 중국은 놀라울 정도의 근대성을 보여주었다. 전폭적인 화폐경제, 종이 화폐, 결제 제도, 고도로 발달한 차와 소금 관련 사업, 대외무역의 큰 비중, 그리고 지역별 생산의 전문화 등이 눈에 띈다. 상업의 큰 영역들을 무소부재의 국가가 장악하고 국가전매와 간접세로 세수의 대부분을 충당하고 있었다. 사회생활과 예술, 오락, 제도, 기술 등 여러 방면에서 중국은 당시의 어느 다른 나라보다도 확연히 발달된 모습을 보여주었다. 중국 밖의 어느 곳에도 야만인밖에 없을 것이라고 중국인들이 생각한 것은 자연스러운 일이다. (H. M. Wright, tr., 『*Daily Life in China on the Eve of the Mongol*

제르네가 보는 송나라의 근대성이란 무武에 대한 문文의 선택에서 나온 것이다. 제국의 양적 팽창보다 질적 발전을 택한 것이다. 돈으로 평화를 사는 노선이 지속되는 동안 경제와 문화가 한껏 발전할 수 있었다. 이 평화노선은 1276년 몽골의 무력에 짓밟혀버린 것처럼 보이지만, 몽골제국 치하에서도 경제적 번영은 계속되었다.

초원제국과 정복왕조의 분화

금나라에 군사적 열세를 보이던 남송이 1234년 금나라 멸망 후 40여 년이나 더 버틸 수 있었던 이유가 무엇이었을까? 결코 짧은 시간이 아니다. 몽골제국의 분열과 혼란, 서방 정벌에 치중한 사실, 기마전에 적합하지 않은 남중국의 지형 등을 흔히 이야기하는데, 나는 그런 설명이 미흡하게 느껴진다. 약탈을 목적으로 하는 정복이라면 세계 최대 보물창고인 남송이 어디에도 밀릴 수 없는 최고의 정복 대상이었다. 이 40여 년의 기간은 몽골 정복자들이 '정복'의 의미를 더 높은 차원으로 올려놓은 '업그레이드' 기간이 아니었을까 생각된다. 1250년대 이후 몽골의 남송 정벌은 거위고기를 먹으려고 죽이러 나선 것이 아니라 알을 받아 먹으려고 생포하러 나선 것이라는 인상을 준다.

1246년 귀위크의 조정을 방문한 카르피니Giovanni da Pian del Carpine나 1253~1255년 몽케의 조정을 방문한 뤼브룩Willem van Rubroeck의 여행기에 대칸을 비롯한 몽골 지도자들이 유럽에 관심을 보인 기록을 보면 다른 사회들을 알려고 애쓰는 그들의 자세가 분명하다. 마르코 폴로 일행이 쿠빌라이에게 우대를 받은 이유도 이해할 수 있다. 각지 지도층 자제들을 모아놓은 친위대에도 여러 지역의 정보를 수집하고 검토하는 기능이 있었을 것이다. 마르코 폴로가 친위대 소속이었으리라는 추측도 그래서 나오는 것이다.

오고타이 시대(1229~1241)부터는 몽골제국의 확장이 단순한 초원제국의 확대에 그치지 않고 복합적인 제국의 건설로 나아갔다. 바필드는 "칭기즈칸의 후계자들은 보편적 통치권을 주장했지만 그 자신은 초원의 장악에 중점을 둔 좁은 시각을 가지고 있었다"라며 그의 손자들 대에 와서야 거대 문명권의 정복이 시작된 것도 계획에 따른 것이 아니라 어쩌다 그렇게 된 것일 뿐이라는 견해를 보인다(『Perilous Frontier』, 198쪽). 그러나 오고타이가 야율초재를 등용한 것을 보면 이 변화의 시작이 바필드의 견해보다 더 빨랐던 것 같다.

데이비드 크리스천 역시 몽케 시대(1251~1259)에는 몽골 지도자들에게 정복의 의미가 달라져 있었다는 견해다.

1250년대까지 몽골 지도부는 초원과 농지 양쪽의 생산성 유지에 자기네 부와 권력이 걸려 있음을 이해하게 되었다. 몽케는 페르시아와 중국 정벌에 나서기 전에 조세 부담을 고르게 하고 군사활동에 따르는 생산력의 파괴를 줄이기 위한 조치를 취했다. 바그다드 약탈 외에는 몽케 시대의 정벌이 칭기즈칸 시대에 비해 훨씬 파괴성이 덜했음을 올슨은 지적한다. 몽케는 중앙아시아 등지에서 파괴된 지역의 생산성 회복을 위한 노력을 기울였고 상당한 성과도 거둔 것으로 보인다. (『A History of Russia, Central Asia and Mongolia』, 416쪽)

쿠빌라이와 아리크부카의 충돌을 '본지파'本地派와 '한지파'漢地派의 경쟁으로 해석한 일본 연구자들도 있다. 초원의 전통을 지키려는 경향과 중국의 고등문명을 접수하려는 경향으로 이해할 수 있다. 익숙하지 않은 새 길을 열려는 한지파에게는 익숙한 길에 한계가 있다는 문제의식과 함께 새 길이 이끌어줄 새로운 세상에 대한 기대가 있었을 것이다.

제국의 규모 확대에 따라 전통을 그대로 지키기 어려운 문제는 대칸 계승 과정에서 단적으로 드러났다. 칭기즈칸이 후계자를 지명하여 쿠릴타이의 확인을 받게 한 것은 그 단계에서 좋은 계승방법이었다. 쿠릴타이 기간 동안 제국의 대다수 구성원들이 만족할 만한 체제 정비가 이뤄질 수 있었다. 그러나 다음 세대로 넘어가서는 원만한 조정이 어렵게 되었다. 집권集權과 분권分權의 모순되는 요구가 모두 강해졌기 때문이다.

이 문제가 인식되고 대책이 강구되는 과정을 몽케·쿠빌라이·훌라구 세 형제가 택한 노선에 비추어 볼 수 있다. 몽케는 대칸 자리를 위해 주치계의 바투와 손잡았고 그 대가로 바투 세력의 독립성을 보장해주었다. 차가타이·오고타이계에 대해서도 통제력 완화를 감수했다. 그 대신 이슬람권과 중국의 정복과 경영에 제국의 진로를 설정하고 3형제가 나서서 전력을 기울였다.

몽케가 그린 몽골제국의 미래는 자기 형제들이 장악할 두 문명권의 역량을 발판으로 초원제국에 대한 통제력을 유지하는 것이 아니었을까. 그가 너무 일찍 (50세 나이에) 죽는 바람에 초원제국과 정복왕조의 분화를 서두르는 플랜 B로 넘어가게 된 것 아니었을까. 아리크부카 외에는 몽케의 아들들을 위시한 툴루이계 거의 모두가 쿠빌라이를 지지한 것을 보면 그의 즉위가 상당 범위의 합의를 기반으로 이뤄진 것 같다.

쿠빌라이 즉위를 계기로 몽골제국이 4칸국으로 분열되었다고 하지만 평면적 분열이 아니었다. 초원제국의 성격을 지킨 두 칸국(킵차크칸국과 차가타이칸국)과 달리 일칸국은 대칸(원나라 황제)의 책봉을 받는 입장을 오랫동안 내세웠다. 원나라와 일칸국은 나란히 농경제국의 성격으로 바꾸면서 긴밀한 관계를 유지했다. 그 관계는 군사적 동맹에 그치는 것이 아니라 다방면의 교류를 통해 두 문명권을 결합하는 방향의 노력이었다. 4칸국의 분열은 실제에 있어서 초원제국과 정복왕조의 분화였다.

마르코 폴로는 쿠빌라이의 친위대원?

1271~1295년 사이에 몽골제국을 여행한 마르코 폴로(1254~1324)가 남긴 『동방견문록』東方見聞錄은 오랫동안 유럽에서 베스트셀러의 지위를 누렸지만, 대부분 독자에게 판타지 작품으로 받아들여졌을 뿐이다. 그가 그린 몽골제국, 특히 중국의 웅대하고 화려한 모습이 당시 유럽인의 상상을 넘어서는 것이었고, 내용의 사실 여부를 확인할 길이 없었기 때문이다. 그가 중국을 가리킨 이름 '카타이'Cathay가 참으로 중국이었다는 사실이 확인된 것조차 그 책이 나오고 300년 후의 일이었다.

폴로의 기록을 진지하게 받아들인 사람들도 있었다(항해 때 그 책을 갖고 다녔다는 콜럼버스도 그중 하나였다). 황당해 보이는 내용이 많지만, 지어낸 것으로만 볼 수 없는 상당한 일관성이 있기 때문이었다. 16세기 말 예수회 선교사들의 중국 진입 이후 중국에 관한 유럽인의 지식이 늘어나면서 폴로의 기록 중 사실로 확인되는 것도 많아짐에 따라 역사·지리 자료로서 『동방견문록』의 가치도 커졌다.

『동방견문록』의 진실성(폴로의 직접 견문에 근거한 것이라는)을 믿는 연구자들도 곧이곧대로 받아들일 수 없는 내용이 많다는 사실은 인정한다. 여러 가지 이유가 제시된다. 제노바의 감옥에서 폴로의 회고를 작가 루스티첼로가 글로 정리하면서 기교를 부린 문제, 필사본의 확산과 번역 과정에서 오류가 생긴 문제, 폴로가 겪은 내용과 들은 내용이 혼동된 문제 등이 많이 지적된다. 폴로가 중국을 실제로 돌아다녔다는 사실을 의심하는 사람은 이제 별로 없고, 오히려 "그 시기에 그만큼 많은 분량의 정확한 정보를 일개 여행자가 모은다는 것이 어

마르크 폴로의 『동방견문록』.

떻게 가능한 일이었을까?" 하는 의문이 커지고 있다.

스티븐 호는 『동방견문록』의 진실성을 재확인하는 책 『Marco Polo's China: A Venetian in the Realm of Khubilai Khan(마르코 폴로의 중국, 2006)에서 흥미로운 추측을 내놓는다. 폴로가 쿠빌라이의 친위대에 들어간 것이 아닐까 하는 추측이다(165~168쪽). 몇 가지 중요한 의혹을 해소할 수 있는 추측이다. 예컨대 폴로가 쿠빌라이를 여러 번 만났다고 하는데, 그만큼 중요한 위치에 있었다면 왜 중국 측 자료에 전혀 나타나지 않는가 하는 의혹이 있다. 친위대 소속이라면 역사기록에 남을 만큼 중요한 위치가 아니라도 황제를 자주 만났으리라는 것을 상상할 수 있다.

『동방견문록』의 4부 중 쿠빌라이 조정에 도착하기까지의 과정을 담은 제1부의 내용에 다른 부분보다 온갖 오류가 훨씬 더 많다는 사실도 이 추측으로 해명이 가능하다. 폴로가 친위대에 들어갔다면 각지의 상황을 조사해서 황제에게 보고하는 임무도 맡았을 수 있다. 서방 출신의 색목인色目人을 행정에 많이 활용한 원나라 관습에 비춰볼 때 '이방인의 눈'을 상황 파악에 이용한다는 것은 그럴싸한 일이다. 그렇다면 어디를 다니더라도 그냥 구경하는 것이 아니라 보고를 위해 면밀하게 관찰하고 메모를 (머릿속에라도) 남기는 습관을 익히게 되었고, 따라서 초기의 기록보다 정확한 기록을 남기게 된 것으로 이해할 수 있다.

폴로는 상인 집안 출신이었다. 상인은 언제 어디서나 장사에 관계되는 일을 열심히 관찰하고 많이 기억한다. 그런데 『동방견문록』 제2부 이후의 기록 중에는 상인의 관점을 넘어서는 내용이 많다. 황제의 관심 범위가 폴로의 시선에 투영되어 있었기 때문에 폴로의 관찰과 기억이 그런 폭과 깊이를 가지게 된 것 아니었을까? 『동방견문록』의 진실성을 믿는 사람들에게는 "어떻게 저만큼 풍부한 내용을 당시 상황 속에서 모을 수 있었을까?" 하는 경이로움이 의문으로 남아 있다. "친위대원 마르코 폴로" 설은 이 의문도 풀어줄 수 있는 가설이다.

19세기 후반 근대적 '동양학'이 유럽에서 일어날 때 마르코 폴로의 실체 확인이 인기 있는 주제로 떠올랐다. 중국에 관한 지식이 늘어나고 『동방견문록』에 대한 신뢰도가 높아짐에 따라 그의 흔적을 중국에서도 찾을 수 있으리라는 기대감이 일어난 것이다.

이때 일부 학자들이 『원사』에서 '발라'孛羅라는 이름을 찾아내고 흥분했다. 웨이드-자일스 표기법에 따라 'po-lo'로 적히는 이 이름이 마르코 폴로의 것이라고 본 것이다. 폴로 일행이 일칸국을 방문한 1290년 무렵에 이 인물도 그곳에 있었기 때문에 더욱 그럴싸하게 여겨지기도 했다. 이 착각은 20세기 초까지 계속되었다.

볼라드Bolad, 孛羅(1238?~1313)는 원나라 초기 조정에서 매우 중요한 인물이었다. 중서성 승상에 오른(1280) 고관이었을 뿐 아니라 쿠빌라이의 심복 가문 출신으로 아리크부카 심문(1264)과 아흐마드Ahmad 사건 조사(1282) 등 민감한 과제를 맡을 만큼 절대적 신임을 받은 사람이다. 그런데 그는 1285년 일칸국에 사신으로 갔다가 돌아오지 않고 그곳에서 근 30년 여생을 지냈다. 차가타이칸국과의 군사적 충돌로 길이 막혀 귀국하지 못했다는 설명이 있는데, 석연치 않다. 해로도 있었고 육로도 그렇게 오랫동안 완전히 두절된 것은 아니었다. 사신으로 보낼 때 그의 장기 체류 방침이 이미 정해져 있었던 것이 아닐까 생각된다. 그의 신분과 명예는 원나라에서 부재중에도 그대로 지켜졌다.

토머스 올슨은 『Culture and Conquest in Mongol Eurasia』(몽골시대 유라시아의 문화와 정복)에서 볼라드의 역할에 초점을 맞췄다. 원나라와 일칸국의 관계를 넘어 중국문명과 페르시아문명 사이의 가교 노릇을 맡았다는 것이다. 폴로와 이름이 비슷할 뿐 아니라 문명 간 교섭에서 큰 역할을 수행한 점, 큰 수수께끼를 남긴 인물이라는 점에서도 폴로 못지않게 큰 흥미를 불러일으키는 이 인물을 통해 두 정복왕조 사이 '문명동맹'의 의미를 꽤 깊이 읽을 수 있을 것 같다.

14

중국문명과 페르시아문명의 통합 시도

볼라드는 『원사』에 열전이 따로 없다는 것이 어색하게 느껴질 만큼 원나라 초기에 중요한 역할을 맡은 인물이다. 1283년 일칸국으로 떠난 후 원나라 조정에 돌아오지 않았기 때문에 열전에서 빠진 것으로 보이는데, 『원사』의 여러 부분에 나오는 기록을 모아보면 열전 하나 만들기에 충분한 분량이다.

그리고 그에 관한 많은 기록이 라시드 알-딘Rashid al-Din의 『집사』集史(*Jāmiʿ al-Tawārīkh*)에도 들어 있다. 『집사』는 올슨(『*Culture and Conquest in Mongol Eurasia*』, 2001)과 김호동(『몽골제국과 세계사의 탄생』, 2010)이 모두 "최초의 세계사"로 지목한 책이다.

1248년 쿠빌라이가 자기 아들들과 함께 글을 배우게 한 귀족 자제 중에 볼라드가 있었다. 1260년 쿠빌라이 즉위 후 친위대 장교로 있다가 1264년 아리크부카 심문에 참여한 뒤 관직으로 나아가 어사중승, 대사농, 어사대부를 지냈고, 1280년 중서성 승상의 직에 이르렀다. 그리고 40대 중반 나이에 사신으로 일칸국에 갔다가 근 30년

여생을 그곳에서 지냈다.

올슨은 4개 부로 구성한 『Culture and Conquest in Mongol Eurasia』(몽골시대 유라시아의 문화와 정복) 한 부를 볼라드에게 바쳤다. 원나라와 일칸국 사이의 관계에서, 그리고 중국문명과 페르시아문명 사이의 교류에서 그 역할을 매우 중시한 것이다. 그 역할을 통해 이뤄진 가장 크게 보이는 성과는 『집사』다. 일칸국 고관인 라시드가 편찬한 이 책에 몽골과 중국의 최근 사정까지 소상하고도 정확하게 수록된 것은 볼라드의 공헌 덕분일 수밖에 없다고 올슨은 주장한다. 『집사』 편찬에 많은 자료를 제공했을 뿐 아니라 두 문명권과 초원지대를 포괄하는 거대한 세계관을 제시하는 데 볼라드의 경험과 식견이 뒷받침이 되었으리라는 것이다.

몽골과 중국에 관한 『집사』 내용 중 진짜 인사이더가 아니면 파악할 수 없는 미묘한 정보까지 많이 들어 있음을 보면 올슨의 주장에 수긍하지 않을 수 없다. 볼라드의 아버지는 칭기즈칸 친위대의 간부이자 그 아내 보르테의 요리사였다고 한다. 요리사는 유목사회 지도자에게 최고의 신임을 받는 측근이었다. 볼라드가 소년기에 쿠빌라이의 자제들과 함께 공부한 일을 앞에 적었는데, 공부만 함께 했겠는가? 볼라드는 대칸 일족의 그림자와 같은 측근 집단 속에서 자라났기 때문에 아리크부카 심문을 비롯한 민감한 사안에 관여하게 되었고, 관직에 나아가서도 일반 관리들과 달리 대칸의 분신과 같은 역할을 맡았던 것으로 보인다.

올슨은 또한 볼라드의 경력에 나타나는 통합·절충 능력을 중시한다. 그가 맡은 업무에서 예법禮法과 농정農政의 비중이 컸는데, 둘다 중국문명의 핵심 요소였다. 이런 업무에서 볼라드는 한인 관리들과 협력했다. 쿠빌라이에게 중용되어 "제2의 야율초재"로 일컬어지는 유병충劉秉忠(1216~1274)이 대표적 인물인데, 여러 번에 걸쳐 협력했던 것을 보면 협력의 효과가 좋았던 모양이다.

쿠빌라이에게 중용되어 '제2의 야율초재'로
일컬어진 유병충의 초상.

　올슨이 소개하는 유병충 등과 볼라드의 협력 사례를 훑어보면서,
어쩌면 볼라드의 통합·절충 능력이 당시 몽골 지도자의 대표적 덕목
이 아니었을까 하는 생각도 든다. 일의 목표를 구체화하고 추진하는
역할은 한인 관리가 맡고, 볼라드는 진행을 순조롭게 하는 역할을 맡
은 것으로 보이는 것이다. 문명 수준이 낮은 유목민이 고급 문명을
섭취하는 과정에서 좋은 결과만 기대하며 전력을 기울이기보다, 진행
이 늦더라도 안정된 자세를 지키면서 장기적인 성과를 바라보는 방식
이 바람직했을 것이라는 생각을 하게 된다.

　한인 관리들이 각 방면 전문가였다면 볼라드는 관리자 역할을 맡
은 셈인데, 관리자에게도 사업 내용에 대한 어느 수준의 이해는 필
요한 것이다. 유병충은 중국사상의 전문지식 위에서 대원大元이란 국
호를 제안한 것이고, 쿠빌라이는 그 제안에 대한 의견을 볼라드 같은
사람들에게 듣고 최종 결정을 내렸다. 볼라드가 관리자의 역할을 성
공적으로 수행하기 위해서는 중국을 다스릴 왕조의 청사진을 나름대

『집사』의 삽화로 들어 있는 훌라구 칸과 도쿠즈 카툰 왕비의 초상. 케레이트 출신의 왕비는 네스토리우스파 기독교인이었다.

로 뚜렷하게 그려놓고 있었을 것이다.

유목민 입장에서 정착문명을 지배할 정복왕조의 청사진을 그리는 일, 그것이 볼라드가 전문성을 가진 분야였다고 할 수 있겠다. 그렇다면 쿠빌라이가 그를 일칸국으로 보낸 뜻도 추측할 수 있다. 1260년 대칸에 즉위한 쿠빌라이가 1271년 대원 왕조를 선포하고 1283년까지 남송 정복을 끝낸 뒤 안정된 체제를 구축해놓고 있었던 반면, 일칸국에서는 1265년 훌라구가 죽은 후 진로가 불확실한 상태에 있었다. 1283년은 아바카Abaqa(재위 1265~1282)의 뒤를 이은 동생 아흐마드Ahmad(재위 1282~1284)와 아들 아르군Arghun(재위 1284~1291) 사이에 갈등이 격화되고 있던 시점이었다. 쿠빌라이는 자신의 최측근이면서 왕조 설계의 전문가 볼라드를 사신 명목으로 보내면서 왕조를 안정시키는 길을 돕게 한 것으로 추측된다.

쿠빌라이 최측근 볼라드의 특이한 사명

아흐마드와 아르군의 쟁패에서 쿠빌라이가 아르군을 지지했을 것으로 올슨은 추측한다(같은 책, 27~28쪽). 1284년 여름 아르군의 승리에서 1286년 초 책봉 사신의 도착까지 걸린 시간이 이례적으로 짧은 것을 볼 때 책봉 준비가 이미 되어 있었으리라고 보는 것이다. 볼라드의 도착은 아르군의 승리 후였지만 역시 아르군 체제의 안정에 도움이 되었을 것이다.

그러나 1289년 부카Buqa의 처형을 보면 새 체제가 쉽게 안정되지 못한 것 같다. 부카는 아르군의 승리에 큰 공헌을 한 인물인데, 쿠빌라이가 아르군의 책봉 사신을 통해 부카에게 승상 관직을 수여한 데서 은밀한 방식으로 부카의 향배에 영향을 끼쳤던 것이 아닌가 하는 추측이 가능하다. 쿠빌라이의 뒷받침으로 일칸에 버금가는 권위를 갖게 된 부카가 배제된 것을 보면 쿠빌라이가 애초에 권했던 권력구조가 그대로 받아들여지지 못했던 것으로 보인다.

볼라드는 1286년 초 부사副使 이사 켈레메치Isa Kelemech와 함께 일칸국을 떠났는데 이사만 원나라로 돌아왔다. 정거부程鉅夫는 이사의 전기에 이렇게 적었다.

돌아오는 길에 반란을 만나 정사와 부사가 서로 떨어지게 되었다. (부사인) 이사는 시석矢石을 뚫고 이 죽음의 땅을 지나 2년 후 대도大都에 도착해 아르군 칸이 보낸 소중한 옷과 허리띠를 바치고 사행을 통해 보고 겪은 일을 모두 보고하라는 명령을 받았다. 황제는 (듣고 난 후) 매우 기뻐하고 신하들을 향해 한숨과 함께 말했다. "볼라드는 이 땅에서 태어나 복록을 누린 사람인데도 그곳에 머물렀는데, 이사는 그곳에서 태어나 (원래의) 집이 거기 있는데도 나에게 충성을 지켰구나. 참으로 다르도다!" (올슨, 같은 책, 72쪽에서 재인용)

인물과 말들이 정교하게 그려져 있다. 유관도, 〈원세조출렵도〉元世祖出獵圖 일부.

　볼라드에 대한 서운함을 비치는 듯한 쿠빌라이의 말이 그의 진심이었을까? 인간적인 서운함이라기보다는 볼라드가 돌아오지 못하게 된 사정에 대한 안타까움을 토로한 말을 정거부가 이사를 돋보이게 하려고 약간 윤색한 것 같다. 오히려 쿠빌라이는 자기 측근 볼라드가 일칸국에서 역할을 맡고, 시리아 출신 점성술사이며 기독교도(네스토리우스파)인 이사가 자기 조정에 돌아온 데서 세상을 통합하는 '대몽골제국'의 의미에 만족감을 느꼈을 것 같다. 이사가 원나라로 돌아오기 전에 아르군 칸의 사신으로 로마 교황청을 방문한 사실도 대몽골제국의 통합성을 말해준다. 대칸의 사신이 제국 바깥으로는 일칸의

칭기즈칸 군대가 적들
을 추격하고 있다. 라
시드 알-딘이 편찬한
『집사』의 사본에 실린
삽화.

사신으로도 나간 것이다.

볼라드는 일칸국에서 어떤 역할을 맡았을까. 일칸 세계도世系圖만
봐도 왕조의 안정이 힘들었던 것 같다. 아르군의 뒤를 동생 게이하투
Geikhatu(재위 1291~1295)가 이어받았다가 죽은 다음 아르군의 아들
가잔Ghazan(재위 1295~1304)이 5촌 숙부 바이두Baidu와의 내전 끝에
일칸에 오른 후에야 계승 문제가 잠잠해졌다. 중국을 완전히 점령한
원나라에 비해 이슬람권의 일부만을 차지하고 여러 적대세력과 접하
고 있던(북쪽의 두 개 칸국과 서남쪽의 이슬람권, 서쪽의 기독교권) 일칸국은
계승 문제만이 아니라 여러 면에서 불안정한 문제들을 갖고 있었다.
이런 일칸국에 안정된 왕조가 자리 잡고 대칸을 받드는 조공관계가
이어지기 바라는 쿠빌라이의 뜻에 볼라드의 사명이 있었을 것이다.

이 사명을 무력 아닌 지혜로 수행하는 것이 볼라드의 역할이었다.
일칸국 쪽 자료에는 그의 이름이 "풀라드 칭상"Pulad Chinksank으로
나온다. '승상'의 직함이 이름의 일부처럼 쓰인 것은 그의 권위를 강
조하기 위해서였다. 일칸의 권위는 칭기즈칸의 자손, 툴루이의 가문

이라는 사실에서 출발한다. 대칸의 '승상'으로서 볼라드의 권위는 칭기즈칸-툴루이 가문의 내력을 일칸국의 누구보다 깊이, 그리고 정확하게 아는 사람이라는 데 있었다. 이것이 라시드의 『집사』에도 반영된 것으로 올슨은 추정한다(같은 책, 83~94쪽).

일칸국은 원나라의 조공국 중 가장 서열이 높은 나라였다. 그다음 가는 서열인 고려의 내정에 원나라가 정동행중서성征東行中書省(이하 정동행성)을 통해 '간섭'한 상황과 비교해보는 것이 볼라드의 역할을 이해하는 데 도움이 되겠다.

정동행성은 원나라 관내의 지방행정기관인 행중서성(행정기구인 중서성의 현지 사무소라는 뜻으로 지금의 '성'省의 기원이다)과 동격으로 일본 원정을 위해 설치한 임시 기관이었다. 1280년(충렬왕 6)에 처음 설치된 것을 상황에 따라 없애고 도로 만들기를 반복한 끝에 상설로 하되, 수장인 승상을 고려 왕이 겸하고 원나라와의 의례적 관계를 맡게 되었다.

형식적으로만 존재하던 정동행성이 부각된 것은 1299년(충렬왕 25) 한희유韓希愈 반란사건을 계기로 고려 지도부 내의 갈등이 불거지면서였다. 비워놓고 있던 고위직 평장정사平章政事에 활리길사濶里吉思를 보내 정동행성의 역할을 활성화하면서 두 가지 정책을 추진했다. 하나는 고위관리의 처벌을 원 조정에 보고하는 것이고, 또 하나는 노비제도를 원나라 기준에 맞춤으로써 지나친 확대를 막는 것이었다. 고려 귀족층은 이것이 고려의 습속을 침해하는 것이라며 격렬히 반대해서 결국 1년여 만에 활리길사가 소환되고 정동행성의 역할은 도로 축소되었다. 나는 『밖에서 본 한국사』(2008)에 이런 생각을 적었다.

이러한 저항을 자주성의 발현이라 하여 칭송할 것인가? 노비제 개혁을 거부한 사람들이 다른 사안에 대해서도 모두 한결같이 자주성을 보였을 것 같지는 않다. 아무튼 이런 자세 때문에 고려의 사회경제구조는 악화일로의 길을 걸었고, 원나라의 통제가 사라지자 구조적 문제로 인해 왕조가 무너지기에 이른다. (…)

원나라가 고려 국가의 소멸을 원하지 않은 것은 고려 내부에서 제기된 입성立省(국왕을 없애고 원나라 관내처럼 행중서성을 만들자는 주장) 청원을 기각한 사실에서 알아볼 수 있다. 그러나 원나라가 구축하는 천하체제에 고려를 적응시킬 필요가 있었기 때문에 고려의 법률과 제도를 보편적 기준에 맞추도록 계속해서 압력을 가했다. 이 압력에는 고려의 국가 정체성을 위협하는 측면도 있었지만, 또한 고려의 문명 수준을 높이는 효과도 있었다. (157~158쪽)

부마국 고려에 대해서도 보편적 기준을 권하되 강압적 수단을 가급적 피하는 것이 조공국을 대하는 원나라의 원칙이었다면 형제국인 일칸국에 대해서는 말할 나위도 없는 일이다. 일칸국에서 볼라드의 역할은 힘을 통해 원나라의 요구를 관철하는 것이 아니라 지혜를 나눠줌으로써 일칸국이 원나라와 잘 어울리는 방향의 진로를 찾도록 도와주는 데 있었다. 같은 몽골의 뿌리가 서로 다른 문명의 토양 위에서 번성할 길을 찾는 그 노력의 방향이 두 문명의 융화를 향한 방향이기도 했다.

최초의 '세계사'를 만들어낸 최초의 '세계제국'

역사의식은 정치조직의 가장 기본적인 소프트웨어다. 문자가 없던 시대에도 한 부족이 공유하는 과거의 기억은 주술사의 푸닥거리를 통해 부족 정체성의 발판이 되었다. 부족의 범위를 넘어서는 국가 형성 단계에서는 역사를 문자에 정착시키는 과정을 거쳤다.

1240년대에 나온 『몽골비사』元朝秘史는 푸닥거리의 문자 정착을 통한 국가 형성 단계를 보여준다. 우리 『삼국사기』보다는 『삼국유사』

에 가까운 형태로 신화·설화와 국가 형성사가 결합되어 있다. 이후 대몽골국이 다문명제국으로 나아감에 따라 '세계사' 형태의 역사서술이 필요하게 된 데 부응한 것이 라시드 알-딘의 『집사』였다.

세계제국을 지향하는 세계사가 왜 대칸의 조정인 원나라가 아니라 그 조공국인 일칸국에서 나오게 된 것일까? 두 가지 이유를 생각할 수 있다.

첫째, 원나라가 자리 잡은 중국에는 역사 편찬의 강력한 전통적 형태가 있었다. 원나라 역사가들은 초기부터 『요사』遼史, 『금사』金史, 『송사』宋史 등 정사正史 편찬에 착수하면서 중국의 전통적 역사 편찬을 따라가는 길로 들어섰다.

둘째, 일칸국은 동쪽 끝에 치우쳐 있던 원나라에 비해 대몽골국에 속하는 다른 칸국들과도 접촉이 많고 대몽골국 밖의 다른 지역에 관한 정보도 얻기 쉬운 조건이었다. 원나라에서도 다양한 출신의 색목인이 등용되고 있었지만 소수파에 그친 반면, 일칸국 관리들은 출신 성분이 훨씬 더 다양했다.

일칸국은 다른 조공국과 달리 종주국과 한집안으로, 종주국의 할 일을 대신할 수 있는 위치였다. 가잔 칸이 라시드에게 맡긴 『집사』 편찬은 일칸국 차원의 사업에 그치지 않고 대몽골국 차원의 사업으로도 의미를 갖는 것이었다. 최고 관직의 라시드에게 이 일을 맡긴 것은 일칸국이 동원할 수 있는 모든 자원을 활용하라는 뜻이었다.

일칸국에는 라시드 이전에도 역사 편찬이 있었다. 1260년까지의 『세계정복자의 역사』에 대몽골국 역사를 담은 주베이니Juvayni(1226~1283)는 호라즘 출신으로 훌라구 밑에서 대신을 지낸 사람이었다. 일칸국 자체만을 위한 역사라면 주베이니 수준으로 충분했을 것이다. 『집사』는 이와 다른 차원의 작업이었다.

가잔 칸의 10년(1295~1304)은 일칸국 왕권 재확립의 시기였다. 1291~1295년 게이하투와 바이두의 4년간 일칸국의 혼란상을 들여다보면 왕실 내의 반목으로 일어난 싸움이 아니라 귀족들의 쟁투에 왕족이 말려든 느낌이 든다. 혼란의 진행에 따라 영토와 군대에 대한 귀족의 장악이 계속 확대·강화되었다. 가잔은 20세 때 숙부 게이하투에게 왕위를 양보하고 어렸을 때부터 총독을 맡고 있던 호라즘의 통치에 전심했다. 호라즘에서 키운 실력이 귀족의 전횡을 극복하는 힘이 되었을 것이다.

가잔은 바이두 토벌에 나선 후에 이슬람에 입교했다. 대다수가 이슬람교도인 주민과 군대의 지지를 받기 위해 필요한 조치였다. 일칸 즉위 후 국가 정비도 이슬람국가 건설에 기본 방향을 두었지만 배타적인 원리로 삼지는 않았다. 내부적으로는 이슬람국가이면서 대외적으로는 대몽골국의 일원이라는 이중 정체성을 구축했다. 대몽골국의 일원이라는 측면을 지키는 데 볼라드가 큰 역할을 맡았고, 『집사』 편찬을 돕는 것이 그 역할을 수행하는 중요한 길이었다.

이슬람에 관한 경험과 지식이 적은 우리 사회에는 배타적이고 호전적인 이미지가 깔려 있다. 그러나 그 역사를 조금씩 알아가는 데 따라 이 이미지가 씻어진다. "한 손에 칼, 한 손에 코란"이 말 안 되는 얘기라는 버나드 루이스의 지적이 재미있다. 이슬람교도에게 왼손은 더러운 일을 맡는 손이므로 그 손에 코란을 들 수 없으니 모두 왼손에 칼을 들고 싸웠겠냐는 것이다(『The Jews of Islam』, 1984, 3쪽). 이슬람의 신축성과 포용성을 알게 되면서, "칼과 코란"의 얘기는 기독교인들이 "칼과 십자가"를 든 자기네 십자군의 모습을 뒤집어씌운 것 아닌가 하는 생각이 든다.

이슬람의 포용성에 관한 루이스의 설명을 보면서, 그런 포용성이 이슬람만이 아니라 당시의 여러 문명권에서 일반적인 현상이 아니었나 생각되기도 한다. 이슬람 율법에는 다른 종교를 가진 사람들의 기본권을 보호하는 '딤미'dhimmi 제도가 있었다. 이슬람세계의 이교도는 다소의 '차별'은 받더라도 신앙의 근본적 자유를 위협하는 '박해'

는 받지 않았던 것이다. 몽골제국에서도 그전의 중국에서도 특정 종교를 강요한 일이 거의 없었다.

유럽 기독교의 편협성이 그 시대의 예외적 현상으로 보인다. 기독교는 5세기에 두 차례 공의회(431년 에페소스, 451년 칼케돈)를 계기로 큰 분파를 겪었고, 갈라져 나온 네스토리우스파와 오리엔트정교회는 서아시아와 북아프리카 지역에 많이 퍼져 있었다. 이집트와 시리아 등 동로마제국 영역에서는 이 동방교회들이 심한 차별과 박해를 받았는데, "이슬람의 등장과 이 나라들의 이슬람화에 따라 상황이 크게 좋아지고 종래보다 더 큰 종교의 자유를 누리게 되었다"고 한다(같은 책, 18쪽). 루이스는 이슬람권의 중심부에서는 포용성의 원리가 확실한 반면 주변부에서는 그 원리로부터의 일탈이 더러 나타났다고 하는데(같은 책, 40~41쪽), 십자군시대 기독교의 편협성도 주변부 현상의 하나로 이해할 수 있을 것 같다.

가잔이 추구한 일칸국의 이중 정체성(내부적으로는 이슬람국가이면서 대외적으로는 대몽골국의 일원)은 라시드의 『집사』에도 비쳐져 나타난다. 김호동의 『몽골제국과 세계사의 탄생』(224~232쪽)에 『집사』의 내용과 구성이 설명되어 있는데 『위키피디아』 "*Jāmiʿ al-Tawārīkh*" 항목의 설명과 다소 차이가 있다. 두 설명에 공통되는 중요한 부분은 이런 것들이다.

① 몽골과 튀르크 제 부족의 기원, 역사와 설화
② 가잔 칸에 이르기까지 대몽골국의 역사
③ 울제이투 칸의 치세(1310년까지)
④ 창세기 이래 모든 문명과 국가의 지도자들

이 네 부분은 4중의 동심원처럼 보인다. 제일 안에 일칸국(③), 그 밖에 대몽골국(②), 그 밖에 초원 세계(①), 그리고 제일 밖에 전 세계

(④). 이것이 3부로 이뤄진 『집사』 제1~2부의 내용이고 '제역도지'와 '제국도로지'를 담은 제3부는 전해지지 않는다고 김호동은 설명하는데, 그가 말하는 '제국도로지' 대신 이스탄불 톱카피박물관에 소장된 'Shu'ab-i panjganah'를 『위키피디아』는 제시한다. 아랍·유대인·몽골·프랑크·중국의 5족 세계도를 담은 것이라 한다. 확인된 내용만 보더라도 『집사』가 "세계 속의 일칸국"의 역사를 그리는 작업이었음을 알 수 있다.

몽골제국의 문화적 용해도

문화 교류에서 매개자intermediary의 역할을 생각하며 용해dissolution라는 화학 현상에서 용매solvent의 역할을 떠올린다. 용해란 서로 다른 물질이 분자 차원에서 고르게 섞이는 상태다. 서로 용해되지 않는 용질solute들이 적절한 용매 안에서 용해가 가능하다. 커피와 설탕이 함께 물에 녹는 것처럼.

문명권의 중심부는 문화적 생산이 활발한 곳이지만 다른 문명권과의 교류에서는 보수적 태도가 일반적이다. 전통의 힘이 강해서 다른 요소들을 쉽게 용해시키지 못하는 것이다. 그에 비해 문명권 외곽의 주민들은 높은 용해도solubility를 보여주는 일이 많고, 그들의 영향력이 클 때는 중심부까지 녹여내는 용매 역할을 맡기도 한다. 불교가 전파될 때 중앙아시아 지역에 먼저 자리 잡은 다음 5호16국 시대에 중국을 휩쓸게 되는 것이 그런 예다.

용매로서 몽골인의 특성은 종교 측면에서 뚜렷하게 나타난다. 『몽골비사』를 비롯한 몽골 문헌에는 하늘신 텡그리Tengri 신앙이 두루 깔려 있다. 특이한 점은 하늘신과 소통하는 특정한 방법에 대한 집착이 없다는 것이다. 전통적 소통방법은 무당(shaman)을 통하는 것인데, 칭기즈칸이 우두머리 무당 테브 텡게리Teb Tenggeri의 탐욕을 응징하기 위해 허리를 부러뜨린(씨름을 빙자해서) 일이 『몽골비사』에 적혀 있는 것을 보면 무당의 권위가 절대적인 것은 아니었다(바필드, 『Perilous Frontier』, 194쪽).

1254년 몽케의 조정을 방문한 뤼브룩의 여행기에는 여러 종교 대표자들이 모여 교리를 토론하는 '종교회의'를 대칸이 주재하는 모습이 그려져 있다. 어느 종교든 같은 하늘신을 받드는 것으로 인정하면서 제일 잘 받드는 길을 찾자는 토론이었다. 몽골인은 다신교를 종교로 인정하지 않았고, 일신교로 인정받는 이슬람교, 기독교, 유대교, 불교, 조로아스터교 등 여러 종교가 이 토론에 참여했다. 몽골 지도부의 이런 노력은 포용성이 큰 보편종교를 지향하는, 여러 용질을 용해하는 용매와 같은 것이었다.

1274년의 제2차 리옹 공의회에 일칸국의 아바카 칸이 사절단을 보냈다. 맘루크 술탄국을 협공할 십자군을 일으키도록 청하는 목적이었다. 회의 진행 중 일칸국 수석대표가 공개적인 기독교 입교로 참가자들을 놀라게 했고, 그 덕분인지 십자군 방침이 결정되었다. 같은 종교 내에서도 교파끼리 용납하지 못하던 기독교세계에서는 상상할 수 없던 에큐메니즘이었다.

올슨은 『Culture and Conquest in Mongol Eurasia』(몽골시대 유라시아의 문화와 정복) 전체 내용의 절반을 차지하는 제4부에서 여러 부문 문화 교류의 상황을 개관했다. 역사서술, 지리학·지도, 농업, 음식, 의약, 천문학, 인쇄술로 장을 나눴는데, 어느 부문에서나 공통되는 인상은 종교에 대해서와 마찬가지로 특정한 전통에 대한 집착이 없어 보인다는 것이다.

올슨이 제시한 여러 부문 중 가장 많은 생각을 새로 일으키게 되는 것이 농업이다. 두 문명권의 기반산업이 농업이었다. 몽골제국을 통한 농업기술의 교류는 두 지역에 생산성의 향상을 가져왔다. 페르시아 역사에 관해서는 내가 아는 것이 적지만, 중국사에 관해 내가

야간 순찰용 동패銅牌. 뒷면에는 파스파 문자, 몽골 문자, 차가타이 문자, 티베트 문자, 한자 등 다섯 종류의 문자가 적혀 있다(좌). 몽골군이 행군할 때 쓰던 가죽 주머니(우).

오랫동안 품고 있던 한 가지 의문에 대한 실마리를 여기서 찾을 수 있을 것 같다.

명나라 이후 중국 인구의 꾸준한 증가다. 페어뱅크와 골드먼은 『China, a New History』(신중국사, 1992)에 이렇게 썼다.

신뢰할 수 없는 자료가 너무 많기 때문에 경제학자들은 1368년 이후 600년 동안 경작지와 곡물 생산량의 총합을 인구 기록에 비교하는 방법을 쓰게 되었다. 드와이트 퍼킨스는 1400년 중국 인구를 약 8000만 명으로 가정하고 1960년대의 7억 명까지 늘어난 것은 곡물 공급의 꾸준한 증가 덕분이라는 결론을 내렸다. 1400년에서 1800년 사이에 5~6배 늘어난 것이 분명하고 1800년에서 1965년 사이에 다시 50퍼센트가 늘어났다는 것이다. (168~169쪽)

중국 인구는 북송 시대에 1억 명을 돌파한 것으로 추정된다. 농업 사회로서는 역사상 유례가 없는 인구 밀도에 도달한 것이다. 1800년경까지 그로부터 다시 다섯 배로 인구가 늘어난 데는 경작지의 확장보다 농업의 집약화가 더 큰 역할을 맡았다. 이 시기의 후반부에는 옥수수, 감자 등 신대륙 작물의 도입이 큰 몫을 하지만 품종의 확장은 몽골제국에서 널리 시작되고 있었음을 『집사』의 한 대목에서 읽을 수 있다.

(가잔 칸은) 타브리즈에 존재하지 않고 그곳 사람들이 본 적이 없던 갖가지 과일과 향초와 곡물의 씨앗을 모든 나라에서 가져와 심고 가꾸도록 명령을 내렸다. 이 일에 사람들이 매달려 애쓴 결과 이제 모든 것을 타브리즈에서 보게 되었고 나날이 늘어나는 그 소출을 이루 다 형언할 수 없게 되었다. (…) 인도와 중국을 비롯한 모든 나라에 보내는 사신에게 (가잔 칸은) 그 나라의 특색 있는 작물의 씨앗을 모아 오게 하였다. (올슨, 앞의 책, 121쪽에서 재인용)

라시드는 일칸국의 조치를 기록한 것이지만 원나라 쪽에서도 상응한 조치가 없었을 리가 없다. 중국문명과 페르시아문명 사이에는 장건張騫 시대 이래 꾸준히 문물의 교류가 있어왔다. 그러나 상인과 사절을 통한 교류가 물 몇 바가지씩 떠서 옮기는 수준이었다면, 원나라와 일칸국이 교류를 위한 관서까지 만들고(의약, 농업, 천문역법 등) 기술자들을 집단으로 이주시키는 등 지속적 정책으로 추진한 것은 수도관을 설치한 것과 같은 수준이었다.

제국·국가 차원의 교류 활성화가 발휘한 힘은 이미 들어와 있던 전래품의 '재발견'에서 확인된다. 면화가 하나의 대표적 사례다. 원나라 때 도입된 것으로 흔히 알려져 있었는데, 사실은 남북조시대 이전에 들어온 것으로 확인되었다. 원나라 때 면포의 생산이 크게 확대되었기 때문에 잘못 알려진 것이었다. 문익점이 들여온 것은 당시 막 개발된 첨단상품이었다. 중국의 통제를 피해 몰래 들여왔다는 것은 재미를 위한 이야기일 뿐이다. 원나라 조정의 눈에 고려는 제국의 일부였고, 제국의 일부에게 무명옷의 편리함을 가로막는다는 것은 원나라가 취할 정책이 아니었다.

15

지중해문명과 유럽문명 사이의 거리

20세기 최악의 유행병은 1918~1920년의 스페인 독감이었다. 『위키피디아』 "Spanish flu" 항목에 따르면 2년 동안 5억 명이 감염되었고, 사망자 수는 1700만 명부터 5000만 명 사이에서 여러 견해가 엇갈린다고 한다.

그런데 '스페인 독감'이란 이름이 스페인 사람들에게는 억울하다. 감염이 폭발할 때는 제1차 세계대전이 아직 계속되고 있어서 취재와 보도에 제약이 많았는데, 중립국인 스페인에는 그런 제약이 없어서 그곳 사정이 집중적으로 보도되는 바람에 널리 각인된 것이라 한다. 국왕 알폰소 8세가 그 병에 걸린 것도 강한 인상을 주었을 것이다. 그 진짜 발원지에 관해서는 아직도 정설이 나오지 않고 있다. 연구가 계속됨에 따라 1918년 4월의 폭발보다 꽤 앞선 시점(길게는 3년까지)에 발생한 사실이 밝혀지고 있으니 확실한 결론이 나오기 어려운 문제 같다.

1918년 독감이 20세기 최악의 유행병이라면 인류의 전 역사를 통

14세기 유럽의 흑사병 대유행을 묘사한 그림.

해 최악의 유행병으로는 14세기 중엽의 흑사병이 꼽힐 것이다. 흑사병 사태의 실상에 관해서는 지금도 연구 결과가 엇갈리고 있어서 명확히 파악하기 어렵다. 『위키피디아』"Consequences of the Black Death" 항목에 정리된 내용을 보면, 당시 세계 인구가 4억 7500만 명에서 3억 5000만 내지 3억 7500만 명까지 줄어든 것으로 추정된다고 한다. 인명 피해를 전 인구의 20~25퍼센트 수준으로 많은 연구자들이 보고 있는 것이다.

유럽 지역의 흑사병 피해 연구가 다른 지역보다 많이 나와 있는데는 몇 가지 이유를 생각할 수 있다. ①유럽의 피해가 가장 혹심해서. ②피해 기록이 제일 잘 남아 있어서. ③근대적 연구가 유럽을 중심으로 진행됐기 때문에.

③은 당연한 사실이다. 근대적 학문의 발전이 진행되는 동안 유럽의 역사가 인류 역사의 주축이라는 유럽중심주의가 상식으로 통하고 있었기 때문에 역사 연구의 압도적 비중이 유럽 역사에 있었고 흑사병 사태도 예외가 아니었다. 다른 지역의 흑사병 피해에 관한 연구는 20세기 말에 와서야 활발해지기 시작했다.

②는 납득하기 어려운 이유다. 당시 유럽은 기록문화가 중국이나 이슬람권에 비해 뒤져 있어서 그 시대로부터 전해지는 기록 전체 분량이 아주 적다. 연구가 집중되었기 때문에 기록이 적음에도 불구하고 많이 활용된 것으로 보인다.

①은 가늠하기 어려운 문제다. 『위키피디아』의 위 항목에 따르면 1347~1351년의 5년간 유럽 인구의 3분의 1 내지 절반이 흑사병에 희생된 것으로 추정된다고 한다. 이어 중국에 관해서는 13세기의 1억 2500만 명 인구가 14세기 말까지 6500만 명으로 줄어든 사실만을 제시하고, 중동 지역에서는 1348년을 전후해서 인구의 25~38퍼센트가 희생되었다는 연구가 있다고 했다. 지금까지 나온 연구 결과로는 중국과 이슬람권의 피해가 유럽에 비해 덜했는지 어떤지 판단하기 어려운 것 같다.

흑사병이 드러낸 문명권의 경계선

14세기의 흑사병은 선腺페스트bubonic plague로 밝혀졌는데, 박테리아 감염병인 페스트 중 림프샘이 심하게 부어오르는 증상 때문에 붙은 이름이다. 증세가 참혹하고 치사율이 높아서 큰 공포의 대상이었다. 중국과 한국 기록에는 온역瘟疫이란 이름으로 나타났다('온역'이 다른 전염병을 가리킨 경우도 많이 있다. 영어의 'plague'도 마찬가지다).

모든 감염병은 어느 곳에선가 안정 상태의 풍토병endemic disease으로 자리 잡게 된다. 어느 범위의 숙주에게 심한 증세를 일으키지 않으면서 공생관계를 유지하는 것이다. 원래의 숙주 아닌 다른 동물(인간)이 감염될 때 격렬한 증세를 일으킬 수 있다. 풍토병 지역 사람들은 면역력을 키우거나 감염을 최소화하는 방법을 터득하게 되는데 다른 지역의 사람이 들어오면 걸리기 쉽고, 환경이나 여건의 큰 변화로 외부로 터져 나오면 무서운 유행병이 될 수 있다.

흑사병은 중앙아시아 고원지대의 들쥐를 숙주로 잠복해 있다가 몽골제국 건설에 따른 환경 변화를 계기로 터져 나온 것이다. 흑사병을 옮긴 것은 쥐와 쥐벼룩이었다. 집쥐는 들쥐와 달리 감염 후 곧 죽기 때문에 감염 기회가 적은데, 중앙아시아 지역의 교통량이 급격히 늘어나고 이동 속도가 빨라지면서 널리 퍼져 나갈 조건이 갖춰진 것이다.

환경과 여건의 변화에 따라 유행병의 폭발이 일어나는 것이라면, 문명 발생 자체가 유행병의 위험을 본질적으로 내포한 것이다. 경제 발달에 따라 이동이 늘어나고 도시의 인구 밀집지역이 생겨나기 때문이다. 몽골제국이 문명권의 통합으로 경제와 문화의 '세계화'를 바라보는 이면에서 질병의 '세계화' 계기도 만들어진 것이다.

문명과 유행병의 관계를 생각할 때, 14세기 이전의 유럽에 질병 대유행의 기록이 적다는 사실이 눈에 띈다. 기원전 430~426년 아테네의 역병 이래 몇 차례 있기는 하지만 같은 시기 중국의 재해 기록에 비하면 아주 드물다. 그나마 유럽의 질병 유행 기록이라는 것이 모두 지중해세계의 것이고, 서유럽과 북유럽에는 흑사병 이전에 질병 대유행의 기록이 전혀 없다. 교역 규모가 작고 도시가 형성되지 않은 상황을 보여주는 것 같다.

여기서 '유럽'의 역사적 의미를 생각해볼 필요가 있다. 고대 그리스에서 세계를 유럽, 아시아, 아프리카의 세 구역으로 나눠 본 데 그 기원이 있다. 그리스인이 자기네를 유럽에 속한다고 생각할 때, 지중해 건너편인 아프리카와 구분되는 것은 분명하다. 그러나 아시아와의 지리적 구분은 명확하지 않다. 페르시아제국을 의식하며 문화적 구분을 생각한 것 같다.

그리스인에게 유럽은 동쪽의 페르시아 영역, 남쪽의 이집트 영역과 대비되는 자기네 영역이었다. 로마인이 이 인식을 물려받으면서 아시아와의 경계는 돈강까지 확장되었다. 로마제국이 무너진 후 유럽의 정체성이 다시 인식된 것은 9세기 카롤링거 시대였는데, 이때의 유럽은 로마 교회 영역을 가리키는 것으로 이슬람권은 물론 동방정교회 영역과도 대비되는 것이었다. 15세기 후반 모스크바 대공국이 킵차크 칸국의 통제를 벗어나 서유럽과의 관계가 늘어나면서 비로소 지금과 비슷한 유럽의 영역이 떠오르기 시작했다. 그 후 대항해시대를 거쳐 유럽인의 해외정복이 시작되면서 정복의 주체인 유럽을 정복의 대상인 여타 세계와 구분하는 의식 속에서 유럽의 근대적 정체성이 세워졌다.

고대 그리스·로마인이 생각한 유럽과 근대인이 생각하는 유럽은 지리적으로는 꽤 겹친다. 그러나 흑사병이 덮칠 무렵까지 중세인의 '유럽' 인식은 그와 크게 다른 것이었다. 그 상황을 되돌아보는 것이 이후 세계사 속에서 유럽의 역할을 이해하는 데 필요한 일이다.

앙리 피렌이 본 '유럽'과 '지중해세계'

이번 작업을 통해 오랫동안 그려온 중국사의 모습을 새로 그려보게 되었다. 그러다 어려운 문제에 마주치게 된 것이, 유럽사의 그림도 자꾸 새로 그리고 싶어지는 것이다. 중국사에 관한 새로운 생각들과 맞춰볼 때 어려서부터 배웠던 유럽사와 잘 맞지 않는 구석이 계속 나타난다. 하지만 전공 분야도 아닌 유럽사를 내 멋대로 그릴 수는 없으니 답답한 일이다.

그런 참에 마주친 귀인貴人이 100년 전의 벨기에 역사학자 앙리 피렌(1862~1935)이었다. 그가 유고로 남긴 『*Mohammed and Charlemagne*』(마호메트와 샤를마뉴, 1937)를 정리해서 출간한 그의 아들 자크가 서문에 이렇게 썼다.

아버지는 모든 책을 두 차례 쓰는 것이 습관이었다. 초고에서는 형식에 관계없이 내용을 끌어모아 놓았다. 거친 형태의 초고라 할 수 있다. 이것을 정리한 완성고는 초고를 수정하는 데 그치는 것이 아니라 완전히 새로 쓰는 글로서, 객관적이고 공들여 간결하게 다듬은 형식을 갖추면서 자신의 개인적 취향을 그 형식 뒤에 숨겨놓는 것이었다. (10쪽)

피렌은 객관성과 엄밀성에 매우 충실한 역사학자였다. 그런데 이 책은 평소의 기준을 100퍼센트 지키지 않은 것이다. 일찍 원고를 완성하고도 죽을 때까지 발표하지 않고 있었던 것은 그 기준에서 벗어나기 때문이었을 것이다. 발표할 가치는 있는 글이라고 여겼기에 아들이 정리해낼 수 있는 형태로 남겨놓은 것일 텐데.

이번에 참고한 피렌의 또 다른 책 『Medieval Cities』(중세의 도시, 1927)는 평소의 기준을 지킨 작품으로, 건조할 정도로 엄정한 스타일을 보여준다. 『Mohammed and Charlemagne』(마호메트와 샤를마뉴)에는 그와 달리, 발랄한 생각들이 생생하게 표현되어 있다. 저자 본인이 만년의 작품에서는 '역사학자'의 기준을 벗어난 '사상가'의 역할을 추구한 것 같다. 다만 그 역할을 생전에는 자임하지 않고 사후의 업적으로만 남긴 것으로 이해한다.

오래전에 써놓은 채 발표하지 않고 있다가 아들에게 일거리로 남겨둔 더 큰 책이 있다. 『A History of Europe: from the Invasions to the 16th Century』(유럽 중세사). 1916년 3월 독일 점령군에 체포되어 1918년 11월 1차 세계대전이 끝날 때까지 32개월간 독일의 몇 개 수용소를 전전하는 동안 집필한 책이다. 수용소에 함께 있던 러시아 유학생들을 위해 사설 강단을 열어 경제사를 강의하다가 유럽의 역사를 정리할 마음이 들었다고 한다.

다른 학자들과 토론은 물론, 참고자료도 구해 볼 수 없는 환경에서 기억에 의지해 이 책을 쓰면서 평소와 같은 고증의 기준을 지킬 수 없는 것은 당연한 일이었다. 이 책에도 서문을 쓴 아들 자크는 원래 원고의 연도 표시가 대부분 빈 괄호로 붙어 있어 참고자료 없이 작성된 원고임을 알아볼 수 있었다고 한다. 전쟁이 언제 끝날지, 과연 예전과 같은 연구 생활로 돌아갈 수 있을지 기약할 수 없는 상황에서 한 학인學人의 역할에 최선을 다한 것이다.

유럽사를 새로 그려보는 데 피렌의 저술을 출발점으로 삼는다. 그에게 받아들인 생각 중 가장 기본이 된 것은 무엇보다 '유럽'과 '지중해세계'를 구분해서 보는 시각이다. 『*Mohammed and Charlemagne*』(마호메트와 샤를마뉴)의 첫 문단이 이런 내용이다.

인간이 빚어낸 경이로운 구조물인 로마제국의 모든 특성 가운데 가장 강렬하면서 또한 가장 본질적인 것이 '지중해성'이다. 동쪽의 그리스문화권과 서쪽의 라틴문화권으로 갈라지지만, 지중해에 속한다는 그 특성이 제국의 모든 주province들을 하나의 통일성으로 묶어주었다. 우리들의 바다, 마레 노스트룸Mare nostrum의 의미를 가득 품은 이 내해는 사상과 종교와 상품이 움직여 다니는 통로였다. 벨기에, 브리타니아, 게르마니아, 라이티아, 노리쿰, 파노니아 등 북쪽의 주들은 단지 오랑캐를 가로막는 울타리일 뿐이었다. 문명의 생명은 거대한 호수의 기슭에 응축되어 있었다. 지중해 없이는 아프리카의 밀이 로마에 공급될 수 없었다. 해적이 사라진 지 오래되어 항해의 안전이 확보된 이제 지중해의 혜택은 과거 어느 때보다 더 커졌다. 모든 주로부터 바다로 나오는 길을 통해 로마제국의 모든 교통이 지중해에서 합쳐졌다. 바다로부터 멀리 내륙으로 들어갈수록 문명의 농도는 점차 희박해졌다. (17쪽)

그리스·로마인에게는 지중해세계(특히 그 동쪽 일대)가 곧 문명세계였고, 그중에서 동쪽의 페르시아문명권, 남쪽의 이집트문명권과 대비해서 북쪽 기슭의 자기네 영역을 유럽이라 불렀다. 지금 기준으로 유럽의 동남부 지역에 해당하며, 후에 유럽을 이끌 서북부는 아직 문명세계의 바깥에 있어서 페르시아나 이집트보다도 더 먼 곳으로 여겨졌다. 서로마제국의 멸망 후에야 서서히 이뤄져가는 유럽의 진정한 탄생을 다룬 책이 『Mohammed and Charlemagne』(마호메트와 샤를마뉴)다.

8세기에 형성되기 시작한 '유럽문명'

메소포타미아, 이집트와 인도에서 발생한 농업문명의 다음 단계 확장·발전에서 지중해와 인도양이 주축이 된 것은 교통의 기술적 조건때문이었다. 고대세계에서 수상교통은 육상교통보다 훨씬 더 효율적이었다. 지중해 연안의 많은 지역이 하나의 문명으로 통합되어가면서 그리스권, 라틴권, 이집트권, 페르시아권 등 지역 간 차이는 문화적차이에 그치게 되었다.

지중해 동부 연안에서 출발한 지중해문명이 서쪽으로 확장해가는 과정에서 북쪽 연안의 로마와 남쪽 연안의 카르타고가 신흥 세력으로 자라났다. 기원전 2세기 중엽 로마제국이 카르타고를 제압하고 지중해 전체를 장악하면서 팍스로마나가 이뤄졌다. 비슷한 시기에 중국문명이 중화제국으로 조직된 것처럼 지중해문명은 로마제국으로 조직된 것이다.

팍스로마나는 375년경에 시작된 게르만 대이동에 의해 무너진 것으로 알려져 있는데, 이 무렵(395) 로마제국의 동-서 분열이 이뤄진 사실이 주목된다. '동-서 분열'이라고 배워왔지만, 이제 돌아보면 로마제국의 '동진'東進으로 보는 편이 더 적절해 보인다. 겨우 80여 년간 존재한 서로마제국의 역사적 의미는 이후 1000년 넘게 계속된 동로마제국과 비길 것이 아니다. 330년 콘스탄티노플을 제2의 수도로 정할 때 로마제국의 동진은 시작되었던 것이다. 서쪽 변방에서 출발한 로마제국이 문명 중심부인 동쪽으로 옮겨가는 과정과 북쪽의 오랑캐들이 남하해서 서쪽에 남겨진 로마제국의 껍데기를 넘겨받는 과정이 나란히 진행되었다.

미개한 게르만 부족들이 훈족 등 더 미개한 부족들의 서진에 밀려 로마제국으로 들어왔다가 제국을 탈취하기에 이른 것으로 배워왔다. 이것 또한 근년 인류학계의 유목세계 연구 성과를 참고하면서 다시 생각해보게 된다. 게르만 일부 부족이 로마에 복속한 것은 토머스 바필드가 『Perilous Frontier』(위태로운 변경)에서 말하는 '내경전략'과 같은 모양이다. 용병 역할로 제국에 포섭된 오랑캐가 상황 변화에 따라 왕조를 탈취하거나 정권을 세우는 것은 중국 역사에서 수없이 일어난 일인데, 이른바 '게르만 대이동'도 비슷한 현상으로 이해할 수 있을 것 같다.

피렌은 470년대 서로마제국의 멸망으로 유럽의 중세가 시작되었다는 종래의 통설과 달리 게르만 여러 종족이 휩쓴 서유럽에서 로마제국의 틀이 수백 년간 더 계속되었다는 관점을 제시했다. 8세기 중엽 메로빙거 왕조가 무너질 때까지 프랑크왕국을 비롯한 게르만 제 세력은 로마제국의 제도를 원용하고 라틴어를 비롯한 라틴문화를 고급문화로 수용했을 뿐 아니라 경제 면에서도 지중해 연안의 선진지역에 중심을 두었다. 카롤링거 왕조가 들어선 뒤에야 갈리아 내륙으로 중심이 옮겨가면서 지중해문명에 종속되지 않는 새로운 '유럽문명'이 형성되기 시작했다고 피렌은 보는 것이다.

유럽의 중세가 8세기에야 시작되었다고 보는 피렌의 관점을 둘러싼 논란은 아직도 계속되고 있다. 고대와 중세의 분기점에 나는 큰 관심이 없다. 고대-중세-근대의 시대구분에 지금까지의 통념처럼 막중한 의미가 있지 않다고 생각하기 때문이다. 그러나 피렌의 관점에서 지중해문명과 유럽문명의 구분은 대단히 중요한 것이라고 생각한다.

그리고 7~8세기 이슬람세력의 지중해 제해권 장악이 프랑크왕국으로 하여금 지중해문명을 벗어나 새로운 길로 나아가게 했다고 보는 점에도 함축하는 의미가 커 보인다. 내가 흉노제국을 '그림자 제국'으로 보는 것은 한나라가 주도하는 시대 변화에 이끌려 이뤄진 제국이라는 뜻인데, 8세기 이후의 프랑크왕국 역시 지중해문명권의 상황 변화에 떠밀려 새로운 길에 들어섰다는 의미에서 또 하나의 '그림자 제국'으로 볼 수 있을 것 같다.

피렌은 카롤링거 왕조를 유럽 중세의 출발점으로 보는데, 나는 이 것을 '유럽문명'의 출발점으로 이해한다. 르네상스 이후 유럽인들은 그리스·로마문명을 유럽문명의 기원으로 여겨왔지만, 그리스·로마문명은 지중해문명의 일부였다. 그리스·로마 사람들이 지중해 북쪽 연안의 자기네 영역을 '유럽'으로 인식한 것은 동쪽의 페르시아, 남쪽의 이집트와 대비되는 하나의 문화권으로서 지금 유럽의 동남쪽 귀퉁이만을 가리킨 것이었다.

이슬람세력이 지중해를 장악한 후 갈리아 등 배후 지역에서 독자적인 문화를 키워낸 프랑크인들이 수백 년 후 본격적인 문명 단계로 진입하기 위해 지중해문명의 유산을 적극적으로 수용하러 나선 것이 르네상스였고, 그 유산에 대한 상속권을 주장하기 위해 '유럽'이란 이름을 스스로 붙인 것이다. 8~9세기의 이른바 '카롤링거 르네상스' 때 사람들이 말하던 '유럽'은 로마 교회의 당시 영역을 가리킨 것으로, 동로마제국도 배제하는 이 영역은 아직 독자적인 문명을 이루지 못하고 지중해문명의 변방에 머물러 있었다.

베네치아는 '유럽'에 속해 있었나?

중세 말기의 유럽에서 경제와 문화가 가장 발달한 곳으로 이탈리아 도시들이 꼽힌다. 공화정과 자본주의를 비롯한 근대 유럽의 핵심 요소들의 기원을 이곳에서 찾는 연구가 많이 나와 있다. 그리고 '유럽다운 유럽'을 빚어낸 15~16세기 르네상스도 이 도시들을 무대로 펼쳐진 것이었다. '유럽문명의 기원'으로서 그리스·로마문명보다 '근대 유럽의 기원'으로서 이 도시들의 역할이 더 구체적으로 느껴진다.

그러나 이 도시들의 구성원들이 과연 '유럽인'의 정체성을 갖고 있었을까? 그랬을 것 같지 않은 이야기가 많이 전해진다. 그 대표로 베네치아의 역사를 한번 훑어본다.

421년 3월 25일 정오 산자코모 교회의 봉헌을 베네치아의 기원으로 이야기한다. 3세기 이후 게르만 침략을 피해 방어가 쉬운 석호潟湖의 섬에 피난민들이 모여든 것으로 추정된다. 5세기에 비지고트족과 훈족의 침략으로 더 많은 사람이 모였고, 서로마제국의 멸망 후 553년부터 동로마제국의 관할을 받았다.

697년에 베네치아 공화정의 핵심인 도제doge 제도가 시작되었다고 전해지기도 하지만, 도시국가로서의 독립성은 9세기 이후에 완성되었다. 8세기 중엽 인근의 라벤나 총독령Exarchate of Ravenna이 롬바르드왕국에 점령당하면서 동로마 영토로서 베네치아의 위치가 고립되었고, 베네치아를 넘보던 샤를마뉴가 814년에 동로마 황제와 협약을 맺었다. 베네치아는 동로마 영토로 인정받으면서 아드리아해의 교역권을 부여받았다.

그 후 동로마제국의 쇠퇴에 따라 베네치아의 독립성이 강화되었고, 교역로 일대의 영토를 점령해서 해상제국을 이루기도 했다. 16세기 이후 대서양 항해의 발전에 따라 베네치아의 위상이 움츠러들다가 19세기 초 나폴레옹의 침공을 계기로 오스트리아제국의 관할에 들어갔고, 1866년 통일된 이탈리아왕국에 합류했다.

베네치아의 번영은 교역활동으로 이뤄진 것이었다. 지중해세계에서는 그리스시대 이전부터 교역도시들이 발달해왔다. 교역도시 중에는 해로상의 요충지에 자리 잡고 항로와 항로를 연결하는 역할의 도시들이 있었고, 해로의 끝에 자리 잡아 육상의 배후지와 바다를 연결하는 역할의 도시들이 있었다. 베네치아는 후자의 경우로 출발했다가 동로마제국의 옹호 아래 지중해 동부 해역과 흑해까지 활동 영역을 넓히면서 해상제국을 이루었다. 동로마제국의 베네치아 옹호를 단적으로 보여주는 사례가 1082년 알렉시오스 1세 황제의 '황금칙령'chrysobull이다. 베네치아가 아드리아해에서 노르만 세력을 막아주는 대신 교역의 권리와 관세 면제 혜택을 보장해주는 내용이었다.

장사꾼의 성공을 위해서는 누구에게도 충성심을 갖지 않아야 한다는 냉소적인 말이 있다. 베네치아에서는 확실히 적용된 원칙이다. 베네치아의 번영에는 이슬람권과의 교역이 큰 몫을 했고, 이를 억제하려는 황제와 교황의 뜻을 거침없이 거슬렀다. 베네치아 지도부는 교황에게 수없이 파문의 경고를 받았고 실제로 두 차례 파문을 당하기도 했다. 11세기 말에 시작된 십자군운동에서도 베네치아는 병력과 물자 수송대금을 착실히 징수했을 뿐 아니라 정복 지역의 이권도 철저하게 챙겼다. '성전'聖戰의 명분을 위해 장삿속을 양보한 흔적은 전혀 찾아볼 수 없다.

베네치아의 장삿속을 단적으로 보여주는 사례가 제4차 십자군(1202~1204)의 혼란을 이용한 콘스탄티노플 약탈(1202)이었다. 애초에 십자군운동은 튀르크계 이슬람세력의 침략으로부터 기독교 세계를 함께 보호하자는 동로마제국의 호소로 시작된 것이다. 그런데 제4차 십자군은 오히려 동로마제국을 파괴함으로써 이슬람세력의 진출을 더 쉽게 만들어주는 역설적인 행동을 취했고, 그 와중에서 베네치아는 인근 해역의 제해권을 포함한 막대한 이득을 취한 것이다.

수백 년간 종주국으로 모시며 많은 혜택을 얻던 동로마제국의 파괴에 앞장선 베네치아의 모습 위로, 중국의 왕조에 복속하다가 왕조의 파괴에 앞장서던 오랑캐들의 모습이 겹쳐진다. 어쩌면 동로마제국에 대한 베네치아의 태도를 이해하는 데도 바필드가 말하는 '내경전

산마르코 대성당 입구를 장식한 마상馬像(지금은 복제품이다)은 콘스탄티노플에서 약탈해온 것으로, 당시 베네치아의 도덕적 감수성 수준을 증언한다.

략'을 적용할 수 있는 것일지 모른다. 서쪽 변방 유지를 위해 베네치아를 후원해주며 포섭하고 있던 동로마제국 체제가 허약해졌을 때 베네치아가 배후의 오랑캐들을 규합해서 제국을 뒤집어엎은 것이다. 이때 무너진 동로마제국은 60년 후 일단 회복되기는 하지만 1453년 멸망에 이를 때까지 과거의 성세를 끝내 되찾지 못한다.

유럽은 15세기까지 노예 수출 지역이었다

피렌은 『Medieval Cities』(중세의 도시)에서 베네치아의 흥기 과정을 이렇게 설명했다.

베네치아가 유럽의 서쪽과 그토록 다른 세계와의 관계로부터 어떤 혜택을 얻었는지는 쉽게 이해할 수 있다. 교역으로부터 번영을 얻었을 뿐 아니라 문명의 차원 높은 형태, 완성된 기술, 그리고 베네치아가 중세의 유럽과 차별된 위치에 서게 해준 정치와 행정의 조직방법을 동쪽에서 얻었다. 8세기까지 베네치아는 콘스탄티노플에 물자를 공급하는 사업에 전력을 기울여 갈수록 큰 성공을 거뒀다. 베네치아 배들은 인접 지역의 생산품을 콘스탄티노플로 실어 갔다. 이탈리아의 밀과 와인, 달마티아의 목재, 그리고 교황과 동로마 황제의 금지에도 불구하고 아드리아해 연안의 슬라브인으로부터 손쉽게 획득한 노예를 수송했다. 그리고 돌아오는 배에는 비잔틴에서 생산된 값진 직물과 아시아에서 조달된 향료를 싣고 왔다. 10세기까지는 해상활동의 비중이 엄청나게 커졌고, 교역의 확장에 따라 이득에 대한 사랑을 걷잡을 수 없게 되었다. 베네치아 사람들은 절제심이라는 것을 아주 잊어버리게 되었다. 그들의 종교는 장사꾼의 종교였다. 장사에 도움이 되기만 한다면 이슬람이 기독교의 적이라는 사실은 생각할 필요도 없는 일이었다. (54쪽)

이 대목에서 유럽의 대표적 수출품으로 '노예'가 언급된다. 윌리엄 번스틴도 『A Splendid Exchange: How Trade Shaped the World』(교역의 세계사, 2008)에서 13세기의 교역 상황을 검토하다가 "유럽인들이 그토록 갈구하는 향료를 알렉산드리아와 카이로에서 구입하는 대가로 공급할 만한 다른 상품이 있었는가?"(111쪽) 자문한 다음 노예가 그 상품이었다고 자답한다. 10세기에는 아드리아해 연안에서, 13세기에는 흑해 연안에서 노예를 확보했는데 어느 쪽이나 슬라브인이 그 대상이었다. "slave" 등 노예를 뜻하는 유럽 어휘들이 "Slav"에서 나온 것이다.

피렌은 『Mohammed and Charlemagne』(마호메트와 샤를마뉴)에서 게르만인이 로마제국의 노예제도를 배웠고 라인강 서쪽의 야만인으로부터 노예를 포획했을 것으로 추정했지만(96쪽), 나폴리와 베네벤

토 사이의 836년 조약 중에 "롬바르드 노예"를 살 수는 있지만 되팔 수는 없게 한다는 조항으로 보아 게르만인 중에도 노예가 있었던 것으로 보인다고 했다(181~182쪽). 대상 종족에 제한이 지켜지지 않을 정도로 노예시장이 성행했던 것이다.

15세기까지 노예는 유럽의 중요한 수출 품목이었다. 베네치아 등 이탈리아 교역도시들은 동방에서 향료와 직물 등 고급 상품을 수입하는 대신 목재, 곡물 등 원자재와 함께 노예를 수출했다. 문명 중심부에서는 다양한 인력의 수요가 있었고, 노예 구입은 인력 확보의 한 방법이었다. 노예의 수급관계를 놓고 본다면 이탈리아 도시들은 지중해문명권의 외곽부, 유럽 내륙 지역은 배후지 역할을 맡았던 것이다.

8세기 중엽 중국의 제지술이 이슬람권에 전해진 후 수백 년이 지나서야 유럽에 전파된 사실을 놓고 그때까지 유럽에는 종이의 수요가 적었던 것이 아닌가 하는 생각을 했다. 유럽에서 양피지가 널리 쓰인 것은 7세기 말부터로 피렌은 추정했다(『Mohammed and Charlemagne』, 167~170쪽). 그전까지 로마시대 이래 쓰이던 파피루스가 양피지로 대체된 것은 이슬람세력이 지중해를 장악하면서 교역권에서 배제된 갈리아 지역에 파피루스 공급이 끊겼기 때문이라고 그는 해석했다.

14세기 중엽 흑사병의 대유행에서 유럽 지역의 충격이 중국이나 이슬람권보다 더 강렬했을 이유를 두 가지 생각할 수 있다. 두 가지 모두 낮은 문명 수준과 관련된 이유다. 하나는 유럽인의 유전자 풀이 문명 선진지역보다 빈약해서 질병에 대한 면역력과 저항력이 낮지 않았을까 하는 것이다. 16세기에 아메리카인이 유라시아 질병에 취약했던 것과 비슷한 피해자의 입장에 14세기의 유럽인도 처해 있었던 것 아닐까? (지나친 상상 같기도 하지만, 마르코 폴로가 말한 "Cathay"가 중국이라는 사실을 수백 년간 모르고 있었던 사실을 생각하면 유럽의 고립성이 정말 심했던 것 같다. 14세기 말의 조선에서는 아프리카, 유럽과 대서양이 들어간 지도가 그려지고 있었는데!)

또 하나의 이유는 개체가 아닌 사회체제의 저항력 문제다. 문명 선진지역에서는 전염병 유행을 여러 차례 겪어왔기 때문에 웬만한 비상사태에도 체제의 전면적 붕괴를 억제하는 제도적 장치가 나름대로 갖춰져 있었던 반면, 안정된 문명 단계에 미처 진입하지 못하고 있던 유럽에서는 문명의 어귀에서 반反문명의 정글로 일거에 빠져들게 된 것 아닐까 하는 생각이다.

두 이유 모두 확실한 근거 없는 추측일 뿐이다. 그러나 14세기 유럽의 문명 수준이 일반 통념에 비해 매우 낮았다는 사실을 감안하면 그 시대의 여러 현상을 이 사실에 입각해서 다시 검토할 필요는 분명히 있다.

16

이슬람세계, 서양인가 동양인가?

이번 작업을 진행하면서 역사의 교육만이 아니라 연구 자체가 유럽사에 편중되어온 사실을 새삼 절감한다. 이유는 빤하다. 첫째, 유럽인이 근대문명의 전개를 주도하면서 유럽사의 흐름이 인류 역사의 본류라는 생각이 서양인만이 아니라 전 세계인의 머릿속을 오랫동안 지배했다. 둘째, 근대역사학이 서양에서 발전하면서 그 기준에 부합하는 연구의 압도적인 분량이 서양인 연구자들에게서 나왔다.

두 가지 이유 모두 근년에 와서 완화되어가고 있다. 한편으로는 근대문명의 지속가능성에 의문이 떠오르면서 유럽사 중심의 진보사관 분위기가 억제되기 시작했고, 다른 한편으로는 서양 아닌 지역의 학술활동 발전에 따라 연구자의 분포가 보다 고르게 된 결과다. 두 가지 조건의 변화가 가시화된 1970년대부터 역사학계에서 유럽중심주의를 벗어나려는 노력이 분명하게 나타나기 시작했다.

새로운 방향의 연구 성과가 갈수록 늘어나고 있다. 그러나 여기저기 좋은 실마리는 나타나고 있지만 아직 '실마리'를 넘어서지 못하고 있다. 그 실마리들을 타고 들어가 '세계사'의 실체를 새로운 구조로 보여주는 단계는 아직 가까이 느껴지지 않는다. 이번 작업은 중국사를 보는 시각을 넓히는 데 목적을 두고 시작한 것인데, 그 목적을 위해 어느 범위의 세계사를 새로 바라보는 나름대로의 시각을 모색하지 않을 수 없다.

역사학계가 유럽중심주의를 벗어나기 힘든 데는 연구방법 자체가 유럽중심주의의 틀에 묶여 있다는 문제가 있다. "무엇을 보느냐"에 앞서 "어떻게 보느냐" 하는 데서부터 특정한 방향으로 쏠리는 관성이 작용하는 것이다. 유럽의 경험에서 두드러지게 나타난 가치관을 모든 역사의 원리에 적용시키려는 몰시대적 태도가 전문 연구자들 사이에도 널리 퍼져 있다. "역사의 종말" 같은 해괴한 주장이 나오는 토양이다.

19세기 후반부터 유럽중심주의가 세상을 휩쓰는 동안 많은 역사학자들은 유럽의 성공과 다른 지역의 실패를 합리화하는 데 힘을 쏟았다. 50년 전 내가 역사 공부를 시작할 때까지 동양적 전제주의, 정체성론 등이 힘을 쓰고 있었다. 조지프 니덤과 그 동료들이 『Science and Civilisation in China』(중국의 과학과 문명)에서 명나라 때까지 중국의 과학기술이 유럽보다 앞서 있었다는 사실을 밝히는 것이 신기한 이야기로 들리던 시절이었다.

중국사와 관련해서는 유럽중심주의가 많이 불식되어왔다. 유럽문명이 가장 자랑스러워하는 과학기술 분야에서 중국문명의 실적을 밝혀낸 니덤 등 선구적 연구자들의 공로가 큰 몫을 했거니와, 일본과 중국의 국력 성장이 배경조건으로 작용한 사실도 간과할 수 없다. 강대국의 위상이 분명해진 두 나라가 포함된 동아시아의 역사를 더 이상 서양 중심의 역사에 억지로 종속시키는 것이 어색하게 되었고, 두 나라 학계도 성장해서 자국 역사의 자랑스러운 면을 부각시키려는 노력이 늘어났다.

동아시아 역사의 복권復權에 비해 이슬람권의 역사는 100년 전의 수렁에서 아직 벗어나지 못하고 있는 것 같다. 근대 이전의 세계에서 오랫동안 중국문명과 쌍벽을 이루던 이슬람문명의 전통은 지금도 세계에서 가장 많은 인구집단에 전승되어 있다. 그런데 그 전통이 세계사의 흐름 속에서 맡은 역할은 아직까지 많이 밝혀지지도, 알려지지도 못하고 있다.

한 가지 먼저 떠오르는 생각은 근·현대 역사 연구가 국가사 중심으로 발전해온 상황에서 이슬람권의 역사를 자기 역사로 내세울 주체가 분명하지 않다는 점이다. 수백 년간 이슬람권을 대표하던 오스만제국이 분해되고 그 중심에 있던 튀르키예가 유럽화의 길로 나아간 후 이슬람문명을 확실하게 대표하는 나라가 아직 나타나지 않고 있다.

이제 뒤따라 떠오르는 생각은 유럽의 흥기 과정에 이슬람이 긴밀하게 얽히면서 '타자'他者 노릇을 맡아온 사정이다. 유럽이 정의롭고 유능했다는 사실을 주장하기 위해 이슬람의 불의와 무능을 강변할 필요가 대목마다 있었던 것이다. 이슬람은 유럽중심주의의 가장 큰 직접 피해자였고, 이슬람과 유럽의 관계를 제대로 밝히는 것이 세계사의 새로운 정리를 위해 가장 중요하고 시급한 과제라는 생각을 하게 된다.

유럽의 '타자'他者였던 이슬람세계

역사를 바라보는 폭을 넓히려고 나름 애써왔지만 이제 돌아보니 이슬람 역사에 관한 책을 읽은 것은 한쪽 손가락으로 셀 정도다. 그나마 대개 과학기술사에 한정된 것이고 일반 역사에 가까운 것은 버나드 루이스의 『The Jews of Islam』(이슬람세계의 유대인)이 기억날 뿐이다.

몽골제국 이전 서방의 상황을 이해하기 위해서는 이슬람권의 역사를 넓고 깊게 살펴볼 필요가 있다. 그뿐 아니라 몽골제국 이후 세계사의 전개에서 주도적 역할을 맡게 되는 유럽의 행로를 이해하는 데도 이슬람문명과의 관계가 중요한 열쇠로 보인다. 그래서 책 몇 권을 서둘러 입수한 중에 타밈 안사리의 『Destiny Disrupted』(무너진 섭리, 2009)에서 흥미로운 관점을 많이 찾아볼 수 있었다.

안사리는 역사학자가 아닌 작가다. 1964년 16세 때 아프가니스탄에서 미국으로 이주한 후 이슬람을 별로 의식하지 않고 살다가 30대 들어 새로 관심을 키우게 되었지만 지적인 관심일 뿐, 신앙심을 키우지는 않았다고 한다. 그러나 고국의 기나긴 내전과 혼란이 탈레반 사태로 이어지는 것을 보며 역사를 많이 생각하게 되었다고 한다. 2001년 9·11사태 이튿날 가까운 사람들에게 보낸 한 통의 메일이 그의 명성을 키워줬다고 한다. 테러에 대한 보복으로 아프가니스탄을 폭격하자는 주장에 반박하는 이메일이 며칠 사이에 수백만 명에게 전파되었다는 것이다. 어느 리뷰에 그 메일의 앞머리가 인용된 것이 보인다.

아프가니스탄을 폭격해서 석기시대로 되돌려놓자는 주장은 필요도 없는 일을 하자는 쓸데없는 주장 같다. 23년간의 전쟁을 통해 이미 이뤄져 있는 일 아닌가. 뉴욕의 끔찍한 범죄를 저지른 자들은 아프간 사람들이 아니다. 폐허에 기어드는 쥐 떼처럼 쑥대밭이 된 아프가니스탄에 꼬여든 국적 없는 망나니들이다.

이슬람 역사에 대한 안사리의 설명이 쉽게 받아들여지는 것은 두 가지 의미에서 그가 중간적 위치에 서 있기 때문이다. 첫째, 이슬람 신자이면서도 지적 활동에서는 교리에 구속받지 않는다. 소년기까지 매우 모범적인 이슬람 사회 안에서 자라난 후 청년기부터 미국 사회에서 활동하게 되는 과정에서 자연스럽게 자리 잡은 자세일 것이다.

둘째, 역사를 탐구하지만 역사학계에 제도적으로 묶인 입장이 아니라는 점. 역사학계는 유럽중심주의에, 또는 그에 대한 반작용에 휩쓸리기 쉽다는 문제가 있다. 역사학자가 아닌 자신의 입장을 이렇게 밝힌다.

> 나는 연구자가 아니지만 사료를 걸러내 결론을 도출하는 연구자들, 그리고 학술연구의 업적을 걸러내 큰 결론을 빚어내는 학자들의 업적을 활용한다. (…) 연구자들이 이런(이슬람에 전승되는) 이야기를 회의적으로 받아들이고 객관성이 떨어진다고 여기는 이슬람 자료보다 이슬람 외부의 자료에 더 의지하는 것은 어떤 일이 '실제로 일어났는지' 밝히는 데 중점을 두기 때문이다. 내 목적은 어떤 일이 일어났다고 무슬림들이 '생각하는지' 밝히는 데 있다. 그 생각이 역사를 통해 무슬림들을 움직여온 실체이고, 그 생각을 밝혀야 역사 속에서 그들의 역할을 이해할 수 있다. (xxi쪽)

타밈 안사리가 생각하는 '중앙세계'

안사리는 『*Destiny Disrupted*』(무너진 섭리)에 "이슬람의 눈으로 본 세계의 역사"라는 부제를 붙인 것처럼 '이슬람 관점'을 표방하면서도 외부인의 눈에도 거슬리지 않는 균형 잡힌 시각을 보여준다. 더러 이슬람의 입장을 다소 앞세울 때라도 어느 정도 절제를 보여준다.

이슬람권에 "중앙세계"Middle World란 이름을 붙인 것이 그런 예의 하나다. 한마디로, 기독교세계에 "유럽"이라는 번듯한 이름이 있는 것처럼 이슬람세계에도 멋진 이름을 붙이고 싶은 것이다. 중국에서 유럽까지 펼쳐져 있는 여러 문명권 중 이슬람권이 중앙에 자리 잡고 있다는 이유를 내놓는 것이 조금 억지스럽게 느껴지기는 한다. 고대부터 중세에 이르기까지 중국문명은 다른 문명권과의 접촉이 아주 적었기 때문이다.

그러나 접촉이 꽤 있던 문명권들(인도양과 지중해에 접한) 사이에서는 '중앙'이란 표현이 썩 합당하다. 이슬람의 발상지인 아라비아반도는 고대문명의 두 중심지 메소포타미아와 이집트의 사이에 있는 곳이고 또 하나의 중심지 인도와도 교섭이 많았던 곳이다. 무엇보다 고대·중세 문명 전개의 큰 무대였던 인도양과 지중해의 중간에 있는 곳이었다. '중앙'으로서의 이 조건이 이슬람문명의 성격에도 투영되었을 개연성을 염두에 둠직하다.

중앙과 변방의 차이가 종교적 분위기에도 작용하지 않았을까 하는 생각이 얼른 든다. 유럽의 기독교가 타 종교에 대해서만 아니라 기독교 내 교파들 사이에서도 극심한 불관용의 태도를 보인 것과 달리 초기의 이슬람은 포용적이었다. 다른 종교를 가진 사람들에게 개종이 아니라 순종을 요구했다(피렌, 『*Mohammed and Charlemagne*』, 151쪽). 이교도에게만 주민세jizya를 거두기도 했지만 무슬림에게만 부과되는 여러 의무와 비교할 때 불공평한 것도 아니었다.

관용에 관해 자오팅양의 『천하체계』(노승현 옮김, 2010) 한 대목이 생각난다.

관용은 서양의 논조이다. 오로지 자신의 가치관에 근거하여 어떤 일에 매우 반감을 가지면서도 어떤 신념에서 출발하여 그런 일을 참고 용서하려고 결심할 때가 비로소 이른바 관용이거나, 자크 데리다의 논조에 근거하여 관용할 수 없는 것을 관용하는 것이야말로 '관용'이라고 분명하게 말할 수 있다. 중국에는 결코 관용의 이러한 태도가 존재하지 않는다. 말하자면 관용은 중국의 사유 방식도 아니고 중국의 방법론도 아니다. 중국에 관용의 마음이 있을 수 있겠지만 관용의 사유는 없다. 중국의 사유 방식은 '작은 일에 구애받지 않는 것'[大度]이지 '너그럽게 받아들이는 것'[寬容]이 아니다. 작은 일에 구애받지 않는다는 것은 타자를 혐오하는 것이 아니고 너그럽게 받아들인다는 것은 타자를 혐오하지만 참는 것이다. (…) 중국의 기본 정신은 '변화'〔化〕에 있을 뿐만 아니라 내가 타자를 변화시키고 타자를 나로 변화시키는 데까지 이르는 것이 핵심이다. 이것은 당연히 다양화를 받아들여야 한다는 것을 의미하지만 이 '다양화'는 오히려 '통일'에 의해서 받아들여진 것이다. 다양성은 반드시 어떤 전체적인 틀이 규제하는 가운데에서의 다양성이다. 그렇지 않다면 규제를 잃어버린 다양성은 단지 혼란에 지나지 않을 뿐이다. (25쪽)

"관용의 마음"이라 함은 다름을 있는 그대로 받아들이는 것이고 "관용의 사유"는 다름을 싫어하면서 억지로 참는 것이라는 주장이다. 자오팅양이 서양과 대비시키는 중국의 '대도'大度는 이슬람도 공유한 것으로 보인다. 이교도 역시 무슬림과 마찬가지로 알라의 뜻에 따르는 존재이지만, 예언자(마호메트)의 가르침을 얻지 못해 자신의 운명을 이해하지 못하는 불쌍한 사람들이다. 운명의 깨우침은 오직 알라만이 주시는 것이니 이웃으로서 무슬림은 자비와 연민으로 그들을 대하며 그들의 깨우침을 기다린다는 것이다.

이런 포용성이 '중앙'의 위치에서 나오는 것 아닐까? 문명의 '중앙' 지역에서는 다양한 사상과 종교가 나타나고 유행했다. 그런 지역에서 이슬람이 아니라 어떤 움직임이라도 상당 수준의 포용성 없이는 큰 범위로 세력을 넓히는 것이 불가능했을 것이다. 중국 주변 세력들의 중국화에도, 이슬람 주변 세력들의 이슬람화에도, 이 포용성은 하나의 필요조건이었다고 볼 수 있다. 반면 프랑크왕국의 서유럽에서는 동방에서 들여온 종교 하나를 로마제국으로부터 물려받은 후 교리를 조금씩 달리하는 같은 종교의 다른 교파들까지 이단으로 배척하며 유아독존의 길로 나아갔다. 사상적 경쟁이 빈약한 '변방'의 분위기였다.

'서양사'는 '유럽사'가 아니다

이슬람의 역사는 서양사에 속할까, 동양사에 속할까? 아시아 지역의 이슬람사는 동양사, 유럽·아프리카 지역의 이슬람사는 서양사로 취급하던 시절도 있었다. 그러나 이슬람의 역사를 소속 대륙에 따라 분할할 수 없다는 사실이 이제는 분명해졌다.

역사학계가 자국사·동양사·서양사의 3부 구조로 돌아가는 것은 한국과 일본의 특색이다. 이 구조를 '일제의 잔재'로 여겨 못마땅해하는 사람들도 있지만 내 생각에는 두 나라 입장에서 타당성 있는 구조다. 두 나라 모두 동아시아문명권 소속이 분명한 만큼 자국사·자문명권사·타문명권사의 3중 동심원 구조가 역사인식의 틀로 합당하다.

문제는 동양사·서양사의 관계를 동심원이 중첩하는 입체적 구조가 아니라 아시아·유럽의 평면적 분할로 보는 데 있다. 유럽중심주의에 휩쓸린 관점이다. 유라시아대륙을 유럽과 아시아로 양분한 것이 원래 유럽중심주의였다. 자기네 동네를 '유럽'으로 이름 붙이면서 나머지 전부를 '아시아'에 쓸어 담은 것이다. 유럽인의 일반적 역사인식이 자국사·유럽사·세계사의 3중 구조로 이뤄지는 것은 우리와 대칭되는 같은 틀인데, 그들이 유럽사와 세계사의 관계를 입체적 구조로 보는 것과 달리 우리가 동양사·서양사를 평면적 분할로 보기 쉬운 것은 유럽사에 너무 큰 비중을 두기 때문이다.

동양사·서양사의 구분을 그대로 둔다는 전제에서는 이슬람사, 특히 근대 이전의 이슬람사를 서양사 영역으로 보는 편이 옳다고 생각한다. 더 동쪽에 있으면서 불교를 통해 우리에게 적지 않은 영향을 끼친 힌두문명권도 마찬가지다. 이슬람권과 힌두권, 기독교권 사이의 상호 접촉에 비해 동아시아문명권은 오랫동안 고립된 위치에 있었다.

서방의 문명권들끼리 서로 주고받은 영향에 비하면 그들과 동아시아 사이의 상호 영향은 미미했다.

유럽세력이 전 세계로 뻗어 나가던 근대의 역사를 바라보는 데는 세상을 유럽과 비非유럽으로 갈라서 보는 유럽인의 관점이 꽤 유효하다. 그러나 근대 이전의 '서양사'를 유럽 중심으로만 보는 관점은 유럽인들에게나 맡겨놓고 시야를 더 넓혀야 제대로 된 '세계사'에 접근할 수 있을 것이다.

"어떤 일이 실제로 일어났는지"보다 "어떤 일이 일어났다고 무슬림들이 생각하는지" 밝히는 데 목적을 둔다는 안사리의 입장을 그대로 따를 생각은 없다. 무슬림들의 생각보다 실제로 일어난 일에 더 관심이 있기 때문이다. 그러나 안사리의 설명이 내게 큰 도움이 되는 것은 유럽인의 통념을 벗어나는 데 적절한 출발점을 제공해주기 때문이다.

유럽다운 유럽의 출발점으로 앙리 피렌이 보는 카롤링거 시대 이래 유럽의 역사는 이슬람권과의 관계에 큰 영향을 받으며 펼쳐졌다. 한국의 역사가 중국과의 관계에 영향을 받으며 펼쳐진 것과 크게 다르지 않다. 그런데 그 관계에 대한 연구와 서술은 유럽인의 손으로 이뤄진 것이 압도적이고, 그중에는 유럽중심주의를 벗어난 것이 극히 적다. 근대 이전의 세계사에 접근하기 위해서는 이슬람-유럽 관계를 제대로 밝히는 것이 급선무로 보인다.

동양인의 관점에서 '서양사'의 틀을 짜려는 시도는 참고할 만한 것이 눈에 띄지 않는다. 이 책 작업을 위해 나 나름대로 짜보려 한다. 수많은 학자들이 힘들여 연구해온 영역을 고작 수십 권 책을 통해 얻은 식견을 갖고 가위질을 한다는 것이 스스로 생각해도 주제넘는 짓이다. 하지만 해묵은 유럽중심주의에서 벗어나기 위해 너무나 절실한 일이므로 당장의 작업을 위해 필요한 한도 내에서 시도하는 것이다.

육상·해양세력의 각축으로 보는 서양사

유럽과 이슬람권, 그리고 인도까지를 '서양사'의 무대로 설정해보려한다. 이 지역의 문명 전파 통로로서 지중해와 인도양의 큰 역할에 따라 지중해권과 인도양권의 두 권역을 설정할 수 있다. 고대에서 중세에 걸쳐 수상교통이 육상교통보다 원활했던 사실은 앞에서 설명한 바 있다(재레드 다이아몬드는 『*Guns, Germs, and Steel*』(총, 균, 쇠, 1997, 2017), 437쪽에서 육상교통의 비용이 수상교통의 약 7배였다고 하는데 그 근거는 밝히지 않았지만 대체로 합당한 추정으로 보인다). 이집트와 메소포타미아의 초기 문명은 두 권역의 경계지역에서 발생해 양쪽으로 퍼져 나갔다.

안사리는 『*Destiny Disrupted*』(무너진 섭리) 허두에서 이슬람의 본거지 '중앙세계'를 육로 네트워크의 중심지로서 해로 네트워크에 기반을 둔 지중해의 '서방문명'과 대비한다. 수긍이 가는 관점이다. 지중해와 인도양 사이에는 특성의 차이가 있다. 풍랑이 적고 짧은 항로가 많은 지중해에서는 작은 배들이 연중 거의 아무 때나 다닐 수 있는 반면 인도양에서는 꽤 큰 범선들이 계절풍에 맞춰야 (인접 지역 사이가 아닌 대부분의 항로에서) 항해할 수 있었다. 교통망으로서 인도양과 지중해의 성격 차이는 철도망과 자동차 도로망의 차이에 비교할 수 있을 것이다.

기원전 330년대 알렉산드로스의 정복이 '서양의 동양 정복'으로 통상 인식되지만, 그의 정복이 육군에 의해 육로를 통해 이뤄진 것이라는 사실을 놓고 보면 동방식 '육상 제국'의 틀 안에 있었던 것으로 볼 수 있다. 실제로 알렉산드로스는 페르시아 정복 후 아케메네스 왕조의 계승자를 자처했으며, 그의 반대자들은 그가 마케도니아 전통을 버리고 페르시아 문화에 물들었다고 비난하기도 했다(올슨은 『*Commodity and exchange in the Mongol empire*』, 82쪽에서 기원전 327년의 '시동의 음모'를 소개한다. 알렉산드로스의 시동 몇이 암살 음모를 꾸미다가 발각되

지중해에서는 16세기까지 돛보다 노젓기로 추진력을 얻는 갤리선이 해운의 주종이었다.

었는데, 주모자 헤르몰라우스가 이렇게 진술했다고 한다. "당신이 걸치기 좋아하는 것은 페르시아 저고리와 가운이고 당신 고향의 풍속을 싫어하게 되었지요. 그러니 우리가 죽이려 한 것은 마케도니아인의 왕이 아니라 페르시아인의 왕이며 우리는 전쟁 규범에 따라 탈영병인 당신을 처단하려는 것이요.").

플루타르코스의 기록에는 알렉산드로스 이전의 마케도니아 조정에 페르시아 망명자들이 여러 명 들어와 있던 것이 보인다. 마케도니아가 그리스 가까이에 있었지만 육로를 통해 페르시아와도 긴밀하게 연결되어 있던 사실을 생각하면 알렉산드로스에게 정복의 진정한 대상은 페르시아의 풍요로움이 아니었나 하는 의문이 든다. 마케도니아가 기원전 5세기 초 다리우스 1세의 그리스 정벌 당시 그에 복속했었고 알렉산드로스 때도 인접한 트라키아가 페르시아제국에 속해 있었다는 사실을 생각하면 마케도니아를 그리스권의 일부로만 생각할 일이 아닌 것 같다.

그렇게 본다면 마케도니아의 그리스 평정은 육상세력의 해양세력

제압으로 볼 수 있다. 크세르크세스가 실패한 일을 알렉산드로스가 해낸 것이다. 다음 단계의 지중해 신흥 세력은 육상세력의 영향권에서 멀리 벗어난 서쪽 변방에서 일어났다. 로마와 카르타고는 서쪽에 있던 그리스 식민도시들의 문화·기술 자원을 물려받고 변방의 인적·물적 자원을 활용해 큰 세력을 일으켰다. 기원전 2세기에 카르타고의 경쟁을 물리친 로마가 동쪽으로 나아가 지중해에 접한 모든 지역을 알렉산드로스의 후계자들로부터 빼앗음으로써 '지중해 제국'을 세운 것은 육상세력에 대한 해양세력의 반격이었다.

로마제국의 지중해 패권이 이뤄진 후 동쪽의 육상세력과 서쪽의 해양세력 사이에는 700년 가까운 교착상태가 이어졌다. 기원전 54년에 시작되어 로마(및 동로마)제국과 파르티아 및 사산 왕조의 페르시아 사이에 간헐적으로 이어진 이 장기간의 적대관계를 '로마-페르시아 전쟁'이라고 한다. 4세기에 로마가 동쪽으로 옮겨간 데는 페르시아의 위협에 효과적으로 대응하기 위한 목적도 있었을 것이다.

두 제국이 수백 년에 걸쳐 일진일퇴를 거듭하면서도 그 경계선이 크게 바뀌지 않은 것은 피차 '정복'의 강한 의지가 없었기 때문이다. 해상제국과 육상제국의 성격을 가진 두 제국이 각자의 영역에 만족하고 있었기 때문에 피차의 명운을 건 전면적 충돌에 이르지 않고 경계지역의 소소한 이득만을 다투는 국지전의 양상이 계속된 것이다.

7세기 중엽에 이르러 두 제국의 교착상태가 그 틈새에서 일어난 제3세력에 의해 무너져버렸다. 이슬람의 흥기였다. 불과 100년 사이에 동쪽의 육상제국은 무너져 새로 일어난 이슬람제국에 흡수되었고 서쪽의 해양제국은 바다 건너의 거의 모든 영토를 빼앗기고 포위당한 모습이 되었다.

서양의 '천하통일'에 접근한 이슬람제국

이슬람 신앙의 창시자 마호메트(570?~632)는 유대교, 기독교와 같은 유일신을 제창하면서 '최후의 예언자'를 자처했다. 더 이상의 예언자가 나올 가능성을 차단한 것은 교리와 교단의 통일성을 지키는 길이었다. 그의 뒤를 이어 그가 세운 신정神政국가를 29년간 이끈 네 명의 칼리프를 "올바로 인도받은 칼리프"라 부르고, 661년 이후 칼리프를 세습화하여 일반적 제국의 성격으로 옮겨간 것이 옴미아드조朝였다. 750년 옴미아드조가 아바스조로 넘어갈 무렵에는 동쪽으로 페르시아제국, 서쪽으로 이집트에서 북아프리카를 거쳐 이베리아반도와 모로코까지 이슬람세계에 들어와 있었다.

앙리 피렌은 이슬람세계 팽창의 신속함보다도 그 결과의 지속성에 경탄한다. 신속한 정복으로는 알렉산드로스 제국, 아틸라의 훈족, 몽골제국 등 다른 사례들도 있지만, 광대한 지역에 이슬람처럼 포괄적이고 지속적인 변화를 일으킨 사례는 따로 없다는 것이다. 특히 게르만족이 로마제국에 동화되어간 것과 달리 소수의 아랍족이 거대한 변화의 주체가 될 수 있었던 원인을 그 종교의 포용성에서 찾는다 (『*Mohammed and Charlemagne*』, 149~153쪽).

포용성은 상대적인 기준이다. 초창기의 이슬람은 분명히 같은 시기 다른 종교들에 비해 큰 포용성을 보여주었다. 당시의 기독교가 이교도를 통상 적대시한 것과 달리 이슬람은 이교도를 연민의 대상으로 여겼다. 이교도들이 무슬림을 무서워하기보다 부러워하도록 이끌었다. 동로마제국과 사산제국 치하에서 '박해'받던 소수집단에게는 이슬람의 '차별'이 반가운 것이었기 때문에 이슬람의 정복사업에 호응하는 경향이 있었다.

'차별'도 그리 심한 것이 아니었다. 직업 선택에도 제한이 많지 않았다. 버나드 루이스는 이슬람세계에서 유대인의 직업으로 상인과 의

사가 많았던 사실을 놓고 유리한 조건 때문에 자발적으로 선택한 경향으로 해석했다. 한편 식량, 가축, 무기 등 전략적 의미를 가질 수 있는 범위의 사업에 유대인의 활동이 거의 없었던 사실은 지배집단의 의심을 사기 쉬운 영역을 기피한 것으로 해석했다(『The Jews of Islam』, 90~92쪽).

이슬람세계의 팽창은 분열로 이어졌다. 칼리프의 세습화에 따라 신앙공동체 '움마'에서 '제국'으로 조직의 성격이 바뀌면서 권력의 분화가 시작되었다. 750년 아바스조로 넘어갈 무렵부터 국가 형태의 지방정권이 나타나고, 10세기 이후에는 독립적인 술탄국Sultanate이 일반적 현상이 되었다. 멀리 떨어진 이베리아반도에서는 옴미아드조의 후예가 칼리프조의 부활을 선포(929)해서 칼리프의 분립에까지 이르렀다.

분열-분화의 단층선 형성에는 종족의 차이가 하나의 요인으로 작용하게 된다. 코란의 권위를 통해 아랍어와 아랍문화가 공유되면서 종족 간 간격을 줄이는 경향이 있었지만, 긴 시간을 지나는 동안 여러 갈래 교파가 일어나 지역과 종족에 따른 차이와 어우러지면서 분화를 촉진하게 된 것이다.

북아프리카에서 이베리아반도에 이르는 서방 이슬람권의 사정은 접어두고 서아시아 지역을 살펴본다면, 아랍인, 페르시아인, 튀르크인이 중요한 종족으로 부각된다. 이슬람의 평등 원리 아래서도 아랍인은 종교와 사회의 지도적 권위를 차지하고 있었다. 사산제국에서 넘어온 페르시아인은 생산력과 문화의 우위에 자부심을 갖고 있었다. 우위를 선점하고 있던 두 종족에게 군사력을 앞세운 튀르크인이 도전하는 양상이 펼쳐졌다.

튀르크인은 중국의 남북조시대 말기에 인근의 초원지대에서 강성한 세력을 키워 돌궐 제1제국(552~630)과 제2제국(687~745)을 경영하다가 제2제국 멸망 후 서남방으로 대거 진출, 이슬람세계의 중요한 구성 요소가 되었다(중국사의 맥락에서는 '돌궐족'突厥族으로 지칭했지만 더 넓은 맥락에서는 '튀르크인'으로 부른다). 가즈나 술탄국Ghaznavid Dynasty(977~1186)과 셀주크제국Seljuk Empire(1037~1194)을 세우고 중앙아시아로부터 페르시아를 넘어 아나톨리아(지금의 튀르키예)의 상당 부분을 동로마제국으로부터 탈취하기도 했다. 1071년 만지케르트 전투에서 동로마 황제 로마노스 4세를 생포해서 십자군운동이 일어나는 배경이 되기도 했다.

13세기 초·중반 몽골제국이 서방으로 진격할 때 그 첫 번째 공격 대상은 이슬람세계의 튀르크 세력이었다. 문명에 먼저 포섭된 유목세력을 배후에서 새로 일어난 세력이 공격하는 것은 초원세계에서 반복된 현상이다. 한편 이슬람세계의 관점에서 보자면 튀르크인의 침래와 몽골제국의 침공은 같은 방면에서 밀려온 거듭된 물결이었다. 가잔 칸의 이슬람 개종(1295) 후 일칸국은 이슬람세계의 일부가 되었다. 동쪽에서 원나라가 중화세계의 일부가 된 것과 나란히 진행된 일이었다.

17

십자군의 진짜 표적은?

메소포타미아와 이집트를 중심으로 이른바 중동Middle East 지역에서 자라난 초기 문명이 동쪽으로는 육로를 통해 페르시아문명으로, 서쪽으로는 해로를 통해 지중해문명으로 확장해 나갔다. 페르시아문명은 기원전 6세기부터 아케메네스 왕조의 통치 아래 통합성을 키운 반면 지중해문명은 기원 전후가 갈릴 무렵에야 하나의 제국으로 묶이게 되었다.

하나의 문명권이 안정된 상태에 이르렀을 때 문명권을 포괄하는 정치조직이 '제국'의 형태로 나타난다. 마이클 하트와 안토니오 네그리는 『Empire』(제국, 2000)에서 제국을 하나의 관념으로 제시했다. 한계가 없는 영역이라는 것이다. 첫째, 공간적 한계 없이 모든 영역이 포괄된다. 둘째, 시간적 한계 없이 항구성을 가진 체제로 인식된다. 셋째, 종족과 계급 등 사회적 한계가 없는 보편적 통치의 주체다(xiv~xv쪽). 이런 관념이 성립하고 실행되는 것은 하나의 안정된 문명권 안에서 가능한 일이다.

비슷한 시기에 제국을 세운 한나라에 비해 로마제국의 지중해문명은 아직 안정된 상태에 이르지 못했던 것으로 보인다. 지중해 연안이 모두 제국의 판도에 들어오기는 했지만 앙리 피렌의 표현대로 "바다로부터 멀리 내륙으로 들어갈수록 문명의 농도는 점차 희박"해지는 상황이었다(『*Mohammed and Charlemagne*』, 17쪽).

제국에 완전히 통합된 것은 바다에 가까운 좁은 띠에 불과했고 그 바깥에는 제국의 통제가 느슨한 경계지대, 그리고 더 바깥에는 광대한 비문명 배후지역이 펼쳐져 있었다. 기술 수준의 향상에 따라 경계지대와 배후지역의 생산성이 높아지고 인구가 늘어나면서 각 지역이 제국의 구심력을 벗어나 자기 지역의 조건에 따른 변화를 일으키게 되었다.

로마제국의 발원지 이탈리아와 인접한 갈리아 지역에서 가장 큰 변화가 일어났다. 로마를 옹위하기 위해 이 지역에 건설된 군사·행정 조직을 게르만족이 장악하고 거꾸로 로마를 압박하기 시작한 것이다. 4세기 초 콘스탄티노플을 '제2의 로마'로 세운 것은 제국 중심부가 문명 중심지로 옮겨간 것이다. 중국에서 북위 효문제가 494년에 발상지인 평성平城에서 낙양洛陽으로 옮길 때 보수 세력의 반대를 피하기 위해 남방을 정벌하고자 낙양에 당분간 주둔한다고 했다가 얼마 후에 수도를 옮겨버린 것과 비슷한 일이다.

로마의 태평성대 '팍스로마나'는 기원전 27년 제국으로의 전환 이후 마르쿠스 아우렐리우스(재위 161~180)까지 약 200년을 가리킨다. 3세기 중반에 '제국의 위기'가 일어났다. 235년 황제가 암살당한 후 50년간 26명의 장군과 귀족이 황제를 칭했고, 한때는 제국이 세 조각으로 쪼개지기까지 했다. 콘스탄티누스(재위 306~337)는 이 혼란을 정리하고 제국을 재건했다. 그는 기독교를 공인함으로써 기독교가 로마의 국교가 되는 길을 열었고 '제2의 로마' 콘스탄티노플을 건설했다. 둘 다 동방으로 향하는 길이었다.

이탈리아반도가 게르만족에게 유린당한 후 로마제국의 역사는 동쪽에서 이어졌다. 이것을 '비잔틴제국'이라고 이름 붙여 로마제국과 구분하려 드는 것은 유럽중심주의의 또 하나 역사왜곡이다. 로마제국의 유산 중 작은 한 부분만을 물려받은 '유럽'의 입장에서 유산 대부분을 가져간 콘스탄티노플의 정통성을 부인하려 드는 것이다. '동로마제국'에 '동'東을 군이 붙이는 것도 마땅치 않지만 그것까지는 관행을 따른다.

동로마제국의 관점에서 이탈리아반도는 제국의 발상지로서 상징적 의미를 가진 곳이었다. 그러나 확장된 '지중해 제국'에 대한 실제적 의미는 여러 '변방' 중 하나일 뿐이었다. 동로마제국이 라틴문화에서 그리스문화로 옮겨갔다고 하는데, 그리스문화만이 아니었다. 시리아와 이집트 등 여러 갈래 '동방'문화가 모두 동로마제국 안에 융화되면서 '지중해문명'의 숙성에 공헌했다.

교황의 권위가 세워지기까지

'황제'는 '제국'의 중심 기관이다. 황제위의 변천을 통해 로마제국의 성격을 살펴본다.

로마는 기원전 27년에 공화국에서 제국으로 바뀌었지만, 공화국의 성격이 상당 부분 계속되었다. 황제가 세습으로 계승되지 않은 때가 많았고(수십 년간 한 가문의 여러 황제가 세습되는 경우 '율리우스-클라우디우스 왕조', '플라비우스 왕조' 등 '왕조'의 이름이 붙는다), 계승에는 원로원의 승인이 공식적으로 필요했고 군사 지도자들의 지지가 비공식적으로 필요했다. 원로원의 승인이 필요했다는 것은 중심부 토착 귀족세력의 영향력이 계속되었다는 뜻이다. 중국의 경우 기원전 11세기에 상나라에서 주나라로 넘어온 후 자리 잡은 왕위의 장자 상속 제도가 계승을 둘러싼 혼란을 없앤 것과 대비된다.

"4황제의 해"라는 별명이 붙은 해도 있었다. 68년에 네로(재위 54~68)가 죽은 후 1년 사이에 네 명의 황제가 내전을 통해 꼬리를 물고 즉위한 것이다. 팍스로마나의 한복판에서도 황제위의 불안정성이 제국의 약점으로 남아 있었음을 보여준다.

3세기 중반 '제국의 위기'를 계기로 황제위의 성격에 변화가 일어난다. 공화정의 정신이 남아 있던 원수元首체제Principate에서 군주제의 성격이 분명한 군림체제Dominate로 바뀐 것이다. 위기를 끝낸 디오클레티아누스 황제(재위 284~305)가 종래 황제들과 달리 한미한 변방 출신이었기 때문에 제도 강화를 통해 전통의 압력에서 벗어날 필요가 있었던 것이다.

디오클레티아누스가 293년에 도입한 4황제 체제Tetrarchy를 제국 분할의 기점으로 보기도 한다. 자신 외에 또 하나의 황제Augustus를 옹립해서 동방과 서방에 각각 군림하고 황태자 격인 부제Caesar를 하나씩 붙이는 것이었다. 각지의 군사력이 거대해진 상황에서 대다수 군사 지도자들의 지지를 모으기 위해 4황제의 힘을 합치고 제위 계승도 부제에게 넘김으로써 순조롭게 하기 위한 제도였다. 동방 출신인 디오클레티아누스 자신은 후에 콘스탄티노플이 세워질 위치에 가까운 니코메디아에 조정을 두었다.

4황제 체제는 디오클레티아누스 재위 중에는 잘 작동했지만 그가 건강 악화로 퇴위한 뒤에는 제위 쟁탈전의 발판이 되었다. 부제 한 사람의 아들이던 콘스탄티누스는 306년 갈리아-브리타니아 군벌의 지지로 제위 쟁탈전에 뛰어든 후 312년에 로마를 평정하고 324년까지 동방의 경쟁자들을 격파해서 유일한 황제가 되었다.

콘스탄티누스는 무엇보다 '로마의 기독교화'에 앞장선 황제로 이름을 남겼다. 전통적 귀족세력의 연합체로서 초기의 제국 성격을 벗어나 지중해문명권의 보편적 제국으로 발전하기 위해 보편성을 가진 일신교를 제국의 이념적 장치로 채용한 것이다. 이로써 로마제국은

동로마제국을 세운 콘스탄티누스 황제의
조각상.

천상에 있는 '하느님의 나라'가 투영되는 '지상의 제국'이 되었다. 하
트와 네그리가 말하는 제국의 관념적 보편성을 획득하는 길이었다.

서로마제국 멸망 전까지 교회는 황제의 후원을 받는 입장이었다.
로마 교황도 애초에는 여러 총대주교Patriarch의 하나였으며, 중요한
성직의 서임권도 황제에게 있었다. 그러다가 서로마제국의 소멸에 따
라 로마 총대주교가 특별한 위치에 서게 되었다.

서로마제국 쇠퇴기에 게르만 제 세력의 지도자들은 서로마 황제
로부터 총독, 장군 등의 직함을 받아 자기 세력권에 군림했다. 그러
다 그중 욕심이 너무 많은 자들이 서로마제국 자체를 무너뜨린 것은
황금알 낳는 거위를 잡아먹어버린 격이었다. 황제가 없어진 이제 그
들은 권위를 부여할 주체로 교회를 바라보게 되었고, 그에 따라 로마
교회가 세속권력과 뒤얽히면서 종래의 총대주교와 다른 '교황'의 특
별한 위상이 형성되기 시작했다.

교황과 황제의 관계

서로마제국 멸망 후 로마 교회는 동로마 황제와의 사이에 황제–교회 관계를 그대로 지켜 나갔다. 그러나 로마 교회의 지속을 위해서는 현지 게르만 세력과의 관계도 별도로 꾸려 나갈 필요가 있었다. 황제도 그 특수한 사정을 감안해서 성직자 서임권 등 로마 교회에 대한 통제권을 유보했기 때문에 로마 교회의 독립성이 갈수록 늘어났다.

동로마 황제와 로마 교회의 관계가 8세기 들어 소원해진 직접 원인은 동로마제국의 성상부정iconoclasm 정책에 있었지만 배경 원인은 7세기 중엽에 시작된 이슬람 팽창으로 제국의 통제력이 약화된 데 있었다. 이베리아 방면 이슬람세력의 압박을 막는 데 동로마제국보다 프랑크왕국의 역할이 더 커진 것이다. 결국 800년 레오 3세 교황이 샤를마뉴를 로마 황제("신성로마 황제"란 호칭은 수백 년 후에 만들어진 것이다)로 추대하기에 이르렀다.

레오 3세가 샤를마뉴를 추대한 직접적인 계기는 797년 로마제국의 유일한 여제女帝 이레네의 즉위였다. 이레네Irene of Athens(752~803)는 레오 4세 황제의 황후였다가 780년 황제가 죽은 후 어린 아들 콘스탄티누스 6세의 섭정이 되었고, 792년에는 아들과 공동황제가 되었다. 그리고 797년 아들을 쫓아내고 단독 황제의 자리에 올랐다가 802년에 축출되었다. 권력을 장악한 경위는 중국의 유일한 여제 측천무후와 비슷하지만 정치의 실적은 관료제를 크게 발전시킨 측천무후와 차이가 큰 것 같다.

로마 교황은 이레네를 황제로 인정할 수 없다 하여 샤를마뉴를 로마 황제로 추대했는데, 이레네 축출 뒤에도 샤를마뉴의 후계자들을 계속 황제로 추대한 것을 보면 동로마제국의 이탈리아반도에 대한 통치력이 약화된 결과로 이해된다. 9세기 말 카롤링거 왕조가 쇠퇴한 후 서방 로마 황제의 존재가 희미해졌다가 962년 독일 군주 오토 1세

800년 샤를마뉴 로마 황제의 대
관식 장면.

가 추대된 것을 신성로마제국의 출범으로 보는 연구자들이 많다(샤를
마뉴를 출발점으로 보는 연구자들도 있다).

원래 제국과 교회의 관계는 제국이 주主이고 교회가 객客이었다.
현실권력을 가진 황제가 제국체제의 한 부분으로 교회의 권위를 끌
어들인 것이었다. 그런데 신성로마 황제의 경우 권위가 확립되어 있는
교회가 확고한 현실권력을 갖지 않은 군주를 추대한 것이었으니 주객
관계가 뒤집힌 것이다. 이에 따라 로마 교황은 정신적 권위만이 아니
라 세속적 권력까지 겸비하게 되었고, 황제와 교황이 같은 평면 위에
서 부딪치면서 교황이 황제를 파문하는 일, 황제가 교황을 쫓아내는
일이 수시로 일어나게 되었다.

11세기 말 십자군운동이 일어나는 데도 교황과 황제의 대립이 중
요한 배경이 되었다. 피터 프랭코판은 이 배경을 설명한 『The First
Crusade』(제1차 십자군, 2012)의 제1장(13~25쪽)에 "위기에 빠진 유럽"이
란 제목을 붙였다. 그 '위기'의 핵심이 신성로마 황제의 핍박으로 로마
에서 쫓겨나 있던 교황의 위기였다.

그레고리우스 7세 교황(재위 1073~1085)에게 파문을 당한 신성로마 제위 계승자 하인리히 4세가 교황이 머물고 있던 카노사의 성문 앞에서 눈보라 속에 사흘 밤낮을 맨발로 서서 용서를 빌었다는 '카노사의 굴욕'Walk to Canossa(1077)은 널리 알려진 일화다. 황제권에 대한 교황권의 우위를 보여준다고 하는 이 일화의 해석에 이견을 가진 연구자들이 있다. 교황이 사면을 베풀지 않을 수 없게 압박함으로써 하인리히가 우위를 찾아갔다는 것이다.

실제로 몇 해 지나지 않아 역전된 형세가 드러났다. 하인리히는 1080년에 다시 파문을 당했으나 그사이에 다져놓은 권력기반 위에서 대대적인 반격에 나섰다. 자기 영향권의 성직자들을 모아 브릭센 공의회에서 그레고리우스 교황의 퇴위와 클레멘스 3세의 선출을 이끌었다(가톨릭교회사에서 '위僞교황'anti-pope으로 기록된다). 그리고 그레고리우스 교황을 지지하는 제후들을 격파한 다음 로마로 진군해서 1084년 교황을 축출하고 클레멘스 3세의 집전으로 신성로마 황제에 즉위했다. 교황은 이듬해 남부의 노르만 군주 로베르 기스카르를 불러들여 로마를 탈환시켰지만 노르만 군대의 난폭한 파괴 때문에 로마에 자리 잡지 못하고 남쪽의 노르만 지역으로 옮겨가지 않을 수 없었다.

그레고리우스 교황과 하인리히 황제 사이에 고위 성직자의 서임권을 둘러싸고 시작된 서임권 분쟁Investiture Conflict은 보름스협약 Concordat of Worms(1122) 때까지 계속된다. 황제권과 교황권의 교착상태였다. 그레고리우스 7세의 다다음 교황 우르바누스 2세(재위 1088~1099)가 즉위할 때는 클레멘스 3세가 로마에 버티고 있을 때였다. 교황권의 정통성을 놓고 계속 대치하는 상황에서 도착한 동로마 황제 알렉시오스 1세의 지원 요청은 우르바누스 교황이 신성로마 황제의 영향권 밖에서 기독교세계의 지도력을 세우는 계기를 만들어주었다. 그것이 프랑코판이 설명하는 십자군운동의 직접적인 배경이었다.

동로마제국과 이슬람제국

로마제국의 본질을 '유럽의 제국' 아닌 '지중해의 제국'으로 본다면 그 본체를 이어받은 것은 두말할 나위 없이 동로마제국이었다. 로마와 콘스탄티노플의 인구 변화만 살펴봐도 분명한 일이다.

피렌은 『*Medieval Cities*』(중세의 도시)에서 로마가 통치력에 근거를 두었을 뿐, 산업과 교역의 기능이 빈약한 도시였다고 지적했다(84~85쪽). 통치력의 약화와 소멸에 따라 인구가 급감하고 회복되지 못했다. 3세기 말까지 로마는 인구 100만 명을 넘는 대도시였다. 게르만족의 위협에 따라 줄어들기 시작해 450년경 50만 명 수준에 이르렀다가 서로마제국이 사라진 후에는 10만 명 안쪽으로 떨어졌다. 반면 4세기 초 10만 명 수준이던 콘스탄티노플 인구는 서로마제국 멸망 후인 6세기 전반에 50만 명까지 늘어났다. 11세기 콘스탄티노플의 모습을 피렌은 『*Medieval Cities*』에서 이렇게 그렸다.

> 콘스탄티노플은 11세기까지도 하나의 대도시에 그치지 않고 지중해 연안을 통틀어 가장 위대한 도시였다. 100만 명에 육박하는 주민들은 대단한 역동성을 보여주었다. 공화정 시대나 제정 시대의 로마처럼 생산 없이 소비만 하는 도시가 아니었다. 주민들은 교역만이 아니라 산업에도 열정을 쏟았고, 제국의 재정정책은 그 열정을 통제는 했지만 봉쇄는 하지 않았다. 이 도시는 정치적 수도일 뿐 아니라 중요한 항구였고 1급 생산기지였다. 온갖 생활방식과 온갖 사회적 활동이 이 도시에서 펼쳐졌다. 도시문명에 따르는 복잡성과 문제들, 그리고 세련된 문화를 갖춘 근대적 대도시의 면모를 보여준 도시는 기독교세계에서 이 하나뿐이었다. (53~54쪽)

서로마제국 멸망 후의 이탈리아반도는 동로마제국에게 변방의 하나가 되었다. 경제적으로나 문화적으로나 더 중요한 변방으로 시리아와 이집트가 있었다. 로마 교회도 시리아의 안티오크, 이집트의 알렉산드리아, 레반트의 예루살렘, 그리고 콘스탄티노플과 함께 5개 총대주교좌의 하나일 뿐이었다. 그런데 로마 교회는 프랑크왕국이라는 현지세력과의 관계가 긴밀해지면서 동로마 황제와의 관계가 소원해지다가 결국 800년의 관계 단절에 이르렀다.

피렌이 위 글에서 "11세기까지도"라고 한 것은 동로마제국의 쇠퇴기였기 때문이다. 7~8세기 이슬람 팽창으로 동로마의 '지중해 제국'은 '에게해 제국'으로 움츠러들었다. 동방의 3개 총대주교좌를 이슬람세력에게 빼앗기고 제국의 판도가 절반 이하로 줄어들었다. 그러나 그런 대로 이슬람의 진격 기세가 잦아들고 안정된 소강상태에 접어들면서 동로마제국의 번영은 다소 위축된 수준에서라도 계속되었다.

11세기 들어 동로마제국의 상황이 급속히 악화된 큰 원인은 이슬람세계의 혼란에 있었다. 로마제국과 사산 왕조의 페르시아제국이 수백 년간 안정된 대치상태를 유지한 것처럼 이질적인 두 세력 사이에는 적대적 공생관계가 가능하다. 8세기 중엽에 사산 왕조를 정복한 이슬람제국과 동로마제국 사이에도 그런 평형상태가 얼마 동안 지속되었다. 그러다가 아바스 칼리프조의 통제력이 약화되면서 군웅할거의 양상이 전개되고 동로마제국과의 관계도 종래의 안정된 틀이 깨어지게 되었다.

아바스조의 통제력을 결정적으로 무너트린 것은 페르시아인의 부예Buyid 왕조였다. 945년 바그다드 점령 후 칼리프의 실권을 빼앗은 부예 왕조는 1062년 멸망에 이를 때까지 페르시아제국의 부활에 집착하며 '이슬람세계'를 방기했다. 한편 이베리아 방면의 옴미아드조와 이집트 방면의 파티마조가 정통성을 주장하고 나섬으로써 형해화된 아바스조와 함께 세 개의 칼리프조가 병립하는 상황이 벌어졌다.

세 칼리프조 사이에 긴장은 있어도 정면충돌은 없었다. 각자의 영역에 대체로 만족하고 있었던 셈이다. 그런데 각 칼리프조 안에서 권력구조의 변화가 일어났다. 가장 큰 변화가 일어난 곳이 아바스조였다. 부예 왕조가 장악하고 있던 실권을 변방의 군벌들이 잠식해 들어오기 시작했고 군벌의 주축은 튀르크인이었다.

튀르크인은 6세기 중엽부터 200년간 중국 외곽의 초원지대에서 제국을 경영하며 활발한 군사활동과 교역활동의 경험을 쌓았다. 8세기 중엽 제2제국 멸망 후 위구르제국에 밀려 서방으로 이동하면서 이슬람세계에 대거 진입했다. 이들의 진입에 따라 중·근동의 이슬람세계는 종교와 사상의 지도층을 맡은 아랍인, 기술과 학술과 문화의 주축이 된 페르시아인, 군사와 행정에서 주도권을 넘겨받는 튀르크인, 세 인구집단을 축으로 삼게 되었다.

무력이 횡행하게 된 이슬람세계

"튀르크인의 나라"라는 이름을 가진 지금의 튀르키예에 튀르크인이 들어가기 시작한 것은 11세기의 일이었다. 카스피해 연안에서 중앙아시아 지역까지 이슬람세계 외곽에 진출해 있던 튀르크인의 이슬람화는 10세기부터 활발해졌다. 그전까지는 이슬람세력(주로 페르시아계)의 확장에 따라 개인이나 작은 세력이 수동적으로 편입되었는데, 이제 튀르크인 세력들이 자기 지역에 이슬람을 능동적으로 받아들이기 시작한 것이다.

10세기 말부터 페르시아 동부 일대를 통치한 가즈나 왕조는 지배집단이 튀르크인이었으나 페르시아 왕조의 하나로 인식된다. 페르시아 통치체제에 '침투'한 튀르크인이 정권을 장악했지만 체제 자체를 바꾼 것은 아니었기 때문이다. 11세기 중반에 일어난 셀주크제국은 이와 달랐다. 초원제국의 확장 원리를 이슬람세계 안으로 끌어들여 중·근동 지역을 휩쓴 것이다.

1030년대에 세력을 일으킨 셀주크계의 약진은 눈부셨다. 1040년 가즈나 왕조 영토의 절반을 빼앗은 데 이어 1048년 그루지야(조지아) 지역에서 동로마제국의 5만 대군을 상대로 대승을 거뒀다. 1055년에는 바그다드에 입성해서 부예 왕조를 몰아내고 칼리프에게 술탄으로 임명받았다.

셀주크 세력은 1054년부터 동로마제국의 아나톨리아에 침입하기 시작했고, 1063년 술탄에 즉위한 알프 아르슬란Alp Arslan(1029~1073)이 1068년에 대대적 침공을 시작했다. 1071년 만지케르트 전투에서 동로마 황제 로마노스 4세를 포로로 잡는 대승을 거둔 후에는 큰 저항 없이 아나톨리아를 석권했다. 아르슬란은 로마노스 황제를 풀어주었는데, 석방 전에 이런 이야기를 나눴다고 전해진다.

술탄: 내가 당신 앞에 포로로 잡혀왔다면 어떻게 처분하실 거요?
황제: 아마 죽이겠지요. 아니면 콘스탄티노플 시내에서 조리를 돌리거나.
술탄: 나는 더 가혹한 처분을 내릴 거요. 당신을 석방해서 돌려보낼 겁니다.

이 승리로 아르슬란은 이슬람세계의 전설적 존재가 되었다. 그가 2년 후 죽고 나서 그의 일족 하나가 술탄을 자칭하며 아나톨리아 지역을 차지했는데, 그것을 룸Rum(로마) 왕조라 부른다. 1090년대에 시작된 십자군과 제일 먼저 정면으로 맞선 것은 이 룸 왕조였다.

이슬람세계는 무력이 횡행하는 세상이 되었다. 그 시대상을 단적으로 보여주는 것이 '암살자'란 말을 후세에 남긴 밀교密敎 조직 아사신Assassin이다. 파티마 칼리프조와 같은 시아파Shi'ite에서 갈라져 나온 이 교파는 1090년에 페르시아 동부의 한 난공불락의 성채를 점거하고 비밀조직을 이용한 첩보전과 함께 요인 암살을 통한 심리전으로

중세 이슬람의 암살자 조직 '아사신'의 본거지인 알라무트 성채의 유적.

세력을 키워 나갔다. 1275년 훌라구의 몽골군이 이 성채를 파괴할 때까지 200년 가까운 기간 동안 세 명의 칼리프와 수많은 정치·종교 지도자들이 이 조직에 의해 목숨을 잃었다.

'암살'이라 하지만, 몰래 죽이고 사라지는 것이 아니라 모스크의 금요예배처럼 사람이 많은 자리에서 행하는 '공개처형'이었다. 암살 자들이 습격 후 도망칠 길이 없는 자리였다. 목숨을 내놓고 달려드는 암살자들이기 때문에 더 큰 공포심을 불러일으켰다. 비밀이 워낙 철저해서 의심할 여지가 전혀 없던 피살자의 최측근이 종종 암살자로 드러나곤 했다.

1187년에 예루살렘을 십자군으로부터 탈환해서 이슬람의 영웅이 된 살라딘Al-Nasir Salah al-Din(1137~1193)도 아사신의 위협에 시달린 사람의 하나였다. 토머스 애스브리지는 『The Crusades』(십자군, 2010)에서 1175~1176년 사이에 살라딘이 몇 차례 아사신의 공격을 받은 후 아사신과 어떤 협정을 맺지 않았을까 하는 추측을 제시했다(295~ 296쪽). 아사신 지도자의 사절이 살라딘과의 밀담密談을 요구했을 때 소지품을 철저히 검사한 다음 살라딘이 가장 신임하는 호위병 두 명만 남겨두고 접견한 장면에 대해 이런 이야기가 전승된다고 한다.

사절이 두 호위병을 돌아보며 말했다. "내가 우리들 주인의 이름으로 너희에게 술탄을 죽이라고 명한다면 너희들은 따르겠는가?" 호위병들이 칼을 뽑고 말했다. "명령만 내리십시오." 어안이 벙벙해진 살라딘 앞에서 사절은 두 호위병을 데리고 유유히 사라졌다. 그후로 살라딘은 (아사신을) 적대하지 않으려 하게 되었다.

여우 피하려다 호랑이 만난 동로마 황제

'십자군'이라면 기독교세계와 이슬람세계의 충돌로 인식되어왔다. 그런 인식 속에서 유럽과 동로마제국은 같은 편이다. 그런데 십자군운동의 진행 중에 이들 양자 간의 충돌이 적지 않았다. 그 충돌을 단편적이고 지엽적인 현상으로만 볼 수 있을까?

애스브리지의 『The Crusades』(십자군)은 기존 연구만이 아니라 이슬람 쪽 자료까지 널리 활용해서 균형 잡힌 시각을 제공한다는 점에서 "성지聖地전쟁의 권위 있는 역사"라는 부제에 손색이 없다. 그런데 그 2년 후에 나온 프랭코판의 『The First Crusade』(제1차 십자군)은 여기에 동로마제국 자료를 보탬으로써 시야를 더 넓혀준다.

프랭코판의 책을 읽으며 십자군운동을 양자 간의 대결보다 3자 간의 각축으로 보는 편이 더 적절하겠다는 생각이 든다. 물론 유럽과 동로마제국은 같은 기독교권이었고 동맹 내지 협력관계로 맺어져 있을 때가 많았다. 그러나 협력관계가 표면상 유지될 때도 양자 간의 엇갈리는 이해관계로 인한 긴장은 십자군운동에서 중요한 한 축이었다.

1204년 제4차 십자군의 콘스탄티노플 약탈과 그에 이은 제국 탈취는 이 긴장이 폭발한 결과였다.

동로마제국은 7세기 중엽 이후 이슬람 팽창에 부딪혀 크게 위축되었다. 7세기 말에는 콘스탄티노플이 두 차례 이슬람세력의 공격을 받기까지 했다(674~678, 687~688). 9세기 후반부터 11세기 초까지 '마케도니아 왕조'라 불리는 일련의 황제들 아래 상당 수준의 안정과 번영을 되찾았으나 11세기 들어 다시 어려운 사정에 빠지기 시작했다.

11세기 동로마제국의 곤경은 주변부와의 기술 격차 축소에 근본 원인이 있었던 것이다. 물이 낮은 곳으로 흐르는 것처럼 기술은 시간이 지남에 따라 수준이 낮은 쪽으로 전파되기 마련이다. 뛰어난 기술 수준을 가진 지역에서 거대한 제국이 일어났다가, 시간이 지나면 주변부와 격차가 줄어들면서 주변부의 힘이 커짐에 따라 그 압력에 무너지게 된다. 11세기 동로마제국이 서방의 노르만인과 북방의 페체네그Pecheneg인에게 계속 시달리게 되는 것이 그 까닭인데, 그 위에 동방에 튀르크인이 나타나면서 압력이 급증했다.

이 위기에 동로마제국은 경제력으로 버텼다. 중국의 송나라가 거란과 여진에게 막대한 세폐歲幣를 보낸 것처럼 돈으로 평화를 사는 정책을 취하기도 하고 용병을 대거 끌어들이기도 했다. 주민을 한시적으로 징집하던 군대가 용병의 비중이 큰 직업군인으로 대치되면서 군벌이 자라났고, 강력한 군벌이 황제 자리를 차지하게 되었다.

알렉시오스 1세(재위 1081~1118)는 동로마제국의 곤경을 해소하지는 못했어도 버텨내는 데는 훌륭한 성과를 거둔 황제라 할 수 있다. 프랭코판은 알렉시오스가 권력구조 유지와 외부의 위협 대처를 위해 재물을 물 쓰듯이 하는 모습을 보여준다. 그중에는 성지 순례를 위해 지나가는 서방 기독교세계의 실력자들을 용병으로 포섭하고자 공들이는 모습도 있다.

알렉시오스 황제가 1095년 우르바누스 2세 교황에게 도움을 청한 것도 용병 획득 노력의 일환으로 이해할 수 있다. 그런데 이 요청이 예상 밖의 큰 반향을 일으켜 십자군운동이 일어나게 된 것이다.

큰 반향이 일어난 직접 원인은 우르바누스 교황의 열성에 있었다. 신성로마 황제 하인리히 4세에게 따돌림 받고 있던 교황은 '성지 탈환'의 깃발 아래 영주들의 지지를 모을 기회를 잡은 것이다.

그러나 보다 근본적인 원인은 유럽 기독교사회의 사회경제적 발전에 있었다. 아직도 유럽 사회는 낮은 문명 단계에 있었다. 이탈리아반도 외에는 인구 5만 명을 넘는 도시가 없었다. 군대는 영주 일족의 기사들이 농민들을 이끌고 나서는 것일 뿐 상비군이라 할 수 있는 것은 소수의 호위병에 불과했다. 그런데 11세기 말에 이르러 수만 명의 병력이 몇 해씩 걸리는 장기 원정에 나설 수 있게 된 것이다.

너무나 큰 반향에 누구보다 알렉시오스 황제가 당황했을 것이다. 작은 규모의 병력이 찾아오면 어르고 달래가며 용병으로 활용해서 되찾는 영토는 제국으로 편입시키고 재물이나 조금씩 쥐어주어 돌려보낼 텐데, 제국의 군사력에 필적하는 대규모 병력이 밀려들었다. 여우를 피하려다 호랑이 만난 격이다. 노련한 황제는 서방 군대와 직접 충돌하지 않고 동쪽으로 보냈는데, 시리아와 레반트를 점령한 서방 군대는 그곳을 황제에게 돌려줄 생각이 없었다. 십자군 지도자들은 동방에 눌러앉아 예루살렘왕국을 비롯한 자기네 영지를 만들었다.

그로부터 100여 년 후 제4차 십자군이 동로마제국을 탈취하기에 이른 것은 알렉시오스 황제의 후손들이 그만큼 노련하지 못했던 탓도 있지만, 서방 기독교세계의 실력이 그사이에 더욱 성장한 결과였다. 십자군이 근 200년간 레반트 지역에서 이슬람세력과 일진일퇴를 거듭하는 동안 동로마제국은 쇠락을 계속했다. 동로마제국의 서쪽 변방에 불과하던 로마 교회 지역 세력이 동로마제국의 명운을 쥐어 흔들 힘을 키운 것이다.

십자군운동은 로마 교회 지역, 즉 유럽의 경제적·문화적 실력이 급성장하는 계기가 되기도 했다. 조너선 라이언스는 『The House of Wisdom: How the Arabs Transformed Western Civilization』(지혜의 집: 아랍인이 바꿔놓은 서양문명, 2009)에서 이렇게 말한다.

스페인에서 기독교세력의 꾸준한 승리, 그리고 기독교 군사력의 지중해 재진출, 특히 노르만의 시칠리아 점령을 통해 기독교세계는 이슬람세계와 긴밀하게 접촉하고 직접 경쟁하는 위치로 이미 나아가 있었다. 그러나 제1차 십자군은 동서 간에 제3의 길을 열었고, 이 길을 통해 애초의 무작정 대결 대신 맞수이면서도 서로 떼어낼 수 없는 두 세계 사이의 상업적·문화적·지성적 그물망이 맺어지기 시작했다. 바스의 애덜라드가 1114년 안티오크에 도착할 무렵에는 이슬람 군사력보다도 아랍 문화력이 이른바 동방 라틴세계의 생활을 지배하고 있었다. (27쪽)

18

빛은 동방에서

유럽사의 중세를 '암흑시대'Dark Age라 한다. 그리스문명과 로마제국의 고대는 빛나는 시대였는데 그 빛을 잃은 시대가 중세였고, 잃어버렸던 빛을 르네상스를 통해 되찾아 근대를 열게 되었다는 뜻이다. 『위키피디아』의 'Middle Ages' 항목에는 이렇게 적혀 있다.

인구의 감소, 도시의 해체, 중앙집권체제의 붕괴, 침략, 종족들의 집단이동 등 고대 말기에 시작된 현상들이 중세 초기까지 계속되었다.

이런 얘기를 들으면 의아한 생각이 든다. "인간의 문명이란 시간의 흐름에 따라 발전하게 되어 있는 것 아닌가? 일시적·부분적 퇴행은 가능하겠지만, 어떻게 하나의 문명권이 수백 년 동안 통째로 퇴행할 수 있단 말인가?"

중국사의 흐름을 주변 세력들과의 관계에 비추어 정리해보는 이 책 작업 중 '양이'洋夷의 등장을 앞두고 서양 사정을 간략하게 소개하기 위해 살펴보다가 뜻밖에 깊이 빠져들었다. 유럽사는 근대역사학 연구가 가장 집중된 영역이므로 널리 통용되는 내용은 모두 탄탄하게 다져진 것이리라 생각했는데, 막상 들어와 보니 발이 푹푹 빠진다.

무엇보다 터무니없는 것이 이슬람문명의 역사적 역할에 대한 인식이다. 르네상스 시대 고전의 재발견이 이슬람세계를 통해 이루어진 사실을 인정하면서도 그 과정에서 이슬람세계의 역할은 창고업자에 불과한 것으로 본다. 그렇게 보니까 '암흑시대'라는 말을 하는 것이다. 문명의 발전은 중세기에도 꾸준히 계속되었다. 그 발전은 동로마제국과 페르시아제국을 중심으로 진행되다가 이슬람문명으로 이어졌고, 우리가 생각하는 유럽, 르네상스를 통해 모습을 바꾸게 될 유럽이 오랫동안 그 진행에 끼어들지 못하고 있었을 뿐이다.

얼마 전부터 '서양사'의 범위를 새로 그려보는 편이 좋겠다는 생각을 하고 있다. 유럽의 역사를 서양사로, 아시아의 역사를 동양사로 보는 종래의 기준으로는 이슬람의 역사를 어디에 넣을 것인가? 유럽중심주의에 입각한 유럽-아시아의 구획을 접어놓고 유라시아 전체를 다시 바라볼 필요가 있다(북아프리카의 지중해 연안지역까지 넣어서 본다. 대양으로 떨어져 있던 남북아메리카와 오스트레일리아, 그리고 사막과 열대지역으로 떨어져 있던 아프리카 중남부는 근세에 이르러서야 인류 역사의 큰 흐름에 합쳐진다).

재레드 다이아몬드는 『Guns, Germs, and Steel』(총, 균, 쇠)에서 농업문명의 전파가 남북 방향보다 동서 방향으로 쉽고 원활하게 이뤄진 사실을 설명했다. 위도가 비슷한 지역으로 나아가야 전파의 발원지와 기후조건이 비슷한 지역으로 연결된다는 것이다. 유라시아대륙이 문명 발전의 주 무대가 된 것은 워낙 면적이 넓기도 하지만 동서로 펼쳐진 거리가 다른 대륙들보다 몇 배 길기 때문이었다.

근세 이전 유라시아 대륙의 문명 발전은 크고 작은 두 개 영역으로 나뉘어 진행된 것으로 볼 수 있다. 동아시아가 작은 영역이었고, 중앙아시아와 남아시아에서 유럽과 북아프리카까지 나머지 모두가 큰 영역이었다. 동토지대−사막−산악−아열대지대로 이어지는 거대한 장벽이 두 영역 사이를 남북으로 가로지르고 있어서, 각각의 영역 내 교섭에 비해 두 영역 간 교섭이 어려웠다. 우랄산맥−흑해−에게해로 이어지는 유럽·아시아 간 경계보다 더 장벽다운 장벽이었다.

한국사·동양사·서양사의 틀로 짜여온 우리 사회의 역사교육에서 동양사·서양사의 경계선을 옮기는 것이 좋겠다는 생각을 한다. 동양사에서는 동아시아의 역사만을 다루고 인도와 중앙아시아로부터 서쪽은 모두 서양사로 묶어서 보는 것이다. 서양사의 무대가 몇 배로 넓어지겠지만 현실적인 문제는 그리 크지 않을 것이다. 새로 서양사에 편입될 이슬람권·힌두권 영역은 어차피 지금까지 역사교육에서 비중이 아주 작았으니까. 문제는 서양사의 시야를 유럽으로부터 이 새로운 영역으로 넓히는 데 있다. 유럽중심주의를 벗어나는 것이다(이와 가장 비슷한 지역 구분의 사례로 도널드 라크의 『Asia in the Making of Europe』 (유럽 속의 아시아) 1권 1책(1965) 서론에서 "인더스강으로부터 동쪽의 지역과 문명들을 아시아로, 슬라브세계 서쪽의 국가와 민족들을 유럽으로" 설정한 것을 보았다. 동유럽과 러시아, 그리고 이슬람세계는 그 중간지대로 본다고 했다).

이슬람 선진문명의 유럽 전파 현장

7세기 중엽 우리가 '근동'이라 부르는 지역에서 시작된 이 흥미로운 상황의 전개가 유럽의 역사와 문명이 나아갈 진로에 큰 영향을 끼치는 과정을 이 책에서 설명하려 한다.

마리아 로사 메노칼의 『The Ornament of the World』(문명의 보석, 2002) 도입부에서 이 대목을 읽고 깜짝 놀랐다. 이슬람의 역사에 관한 책들을 요즘 찾아 읽으면서, 7세기에서 15세기에 이르는 기간 동안 이슬람의 역사가 유럽 역사에 끼친 영향이 그 반대 방향의 영향보다 압도적으로 컸다는 생각을 하게 되었다. 물질적으로나 정신적으로나 유럽보다 훨씬 더 풍요했던 이슬람세계에서 일어나는 파장이 유럽 쪽으로 전해지는 데 따라 유럽사의 중요한 굴곡들이 빚어진 것이 많다는 생각이다.

그런 생각을 해왔으면서도 메노칼의 말에 놀란 것은 그의 책에서 다룬 지역이 이슬람문명의 가장 변방이었을 것이라고 어렴풋이 생각해온 이베리아반도이기 때문이다(이 책의 부제는 "무슬림과 유대인과 기독교인들이 중세 스페인에서 함께 만들어낸 관용의 문화"다). 메소포타미아, 이집트 같은 '근동'의 중심부가 아닌 서쪽 끝에서 이슬람문명의 진수眞髓가 나타나 유럽에 큰 영향을 끼쳤다고 하는 것이 뜻밖이었다.

더 큰 놀라움은 무슬림과 기독교인의 관계에서 협력과 관용의 측면을 부각시킨 데 있다. 중세 후기 기독교 유럽과 이슬람의 관계는 십자군의 대결로 상징되어왔다. 평화를 제창하는 종교를 피차 가지고 있으면서도 상대방과의 전쟁만은 '정의로운 전쟁'으로 옹호할 만큼 서로를 용납하지 못했던 관계를 떠올리는 상징이다.

이베리아반도에서 이 시기에 진행된 기독교세력 지배의 확대, 레콩키스타Reconquista도 십자군의 일환으로 흔히 인식되어왔다. 그러나 이 지역 주민들에게 종교의 차이를 근거로 다른 집단을 배척하는 경향이 별로 없었음을 메노칼은 보여준다. 경제적·문화적 이해관계에 따라 상대방을 대하고, 대결보다는 관용과 협력을 통해 함께 큰 이득을 취함으로써 경제적 번영과 찬란한 문화를 이룩하는 모습이 그려져 있다.

스페인에서 기독교와 이슬람 사이에 격렬한 충돌이 있었던 것은 사실이다. 중세 야만성의 대명사라 할 '종교재판'이 어느 곳보다 맹위를 떨친 곳이다. 무슬림만이 아니라 유대인까지 탄압을 받고 대거 추방된 사실이 잘 알려져 있다. 그러나 메노칼의 설명에 따르면 이 극한대립의 풍조는 이베리아반도의 외부로부터 들어온 것이었다. 무슬림이건 기독교인이건 지역의 토착세력들은 공생共生에 익숙한 모습을 보인 반면 중세 후기에 외부에서 들어온 세력들이 원리주의 성향을 보였다는 설명이다.

유라시아대륙의 서쪽 끄트머리 이베리아반도에서 문명의 발전 과정이 특별히 활발한 진행을 보였다는 것은 매우 흥미로운 일이다. 아바스 칼리프조가 들어설 때 몰살당한 옴미아드 칼리프조의 후예 하나가 망명해와서 총독Emir 자리를 차지하고 실질적인 독립국을 운영한 것을 봐도 (170여 년 후 옴미아드 칼리프조의 부활을 선포하기에 이른다) 이슬람세계의 중심부에서 얼마나 먼 곳이었는지 분명하다. 이런 변방에서 바그다드와 쌍벽을 이루는 찬란한 문화의 발전을 이룬 것은 문명의 발전에서 통합의 역할이 얼마나 중요한 것인지 보여준다. 이베리아반도는 로마제국에서도 이슬람세계에서도 외진 변방이었지만 양쪽 전통이 원만하게 통합될 조건을 갖춤으로써 특이한 발전의 현장이 된 것이다.

'십자군'이라는 선명한 대립의 그림은 어쩌면 그 시대의 내용물을 제대로 보여주지 못하는 한낱 포장지에 불과한 것일지도 모른다. 지중해 동방 해안지대 레반트에서 11세기 말에서 13세기 말까지 일련의 전투가 단속적으로 벌어지는 동안 이베리아반도에서는 이슬람문명의 풍요로운 성과가 '유럽' 지역으로 넘쳐 들어가고 있었다. 시칠리아에서도 마찬가지였다. 심지어 전투의 현장인 레반트 지역에서도 두세계 사이의 경제적·문화적 교류는 계속되었다. 그것이 르네상스를 위한 기반조건이 되었고, 중세기를 '암흑시대'로밖에 겪지 못했던 유럽이 인류문명의 발전 과정에 비로소 동참하는 계기가 되었다.

십자군은 '문명 간 대결'이 아니었다

십자군운동은 이슬람세계와 기독교세계의 단순한 흑백대결이 아니었다. 기독교세계 안에서도 동로마제국과 로마 교회 세력 사이에 물밑으로 치열한 항쟁이 있었다는 사실은 프랭코판의 『The First Crusade』(제1차 십자군)에 여실히 그려져 있다. 아민 말루프의 『The Crusades Through Arab Eyes』(아랍인의 눈으로 본 십자군 전쟁, 1984)에서는 이슬람 쪽 사정도 그 못지않게 복잡한 것이었음을 읽을 수 있다.

말루프는 프롤로그에서 1099년 8월 바그다드 조정에서 다마스쿠스 판관 알-하라위가 피난민들을 이끌고 칼리프에게 호소하는 장면을 보여준다. 예루살렘 함락 한 달 후의 일이다. 이슬람이 모욕받고 무슬림이 학대당하는 상황을 바로잡아달라고 알-하라위는 열변을 토했다. 그러나 이에 대한 칼리프와 조정의 반응은 미미했다.

> 이슬람과 서방 사이에 기나긴 적대관계의 출발점이 될 예루살렘 약탈은 아무런 즉각적 반응도 불러일으키지 못했다. 아랍인의 동방이 침략자에 맞서 일어나고 칼리프의 조정에서 지하드를 요구한 다마스쿠스 판관의 호소가 엄숙한 저항의 첫 행위로 기억되기에 이른 것은 그로부터 근 50년이 지난 후의 일이었다. 침략이 시작될 당시 아랍인 중에 서방으로부터의 위협을 알-하라위처럼 심중하게 인식한 사람은 많지 않았다. 새로운 상황에 재빨리 적응한 사람들도 있었다. 대부분의 사람들은 고통스럽지만 체념하고 살아남는 데 힘썼다. 어느 정도 명철한 시각을 지키며 종래 겪어보지 못한 기이한 상황을 이해하려고 애쓴 사람들도 있었다. (xvi쪽)

1099년 당시 칼리프의 입장을 생각해본다. 945년 부예 왕조의 바그다드 점령 이후 칼리프는 실권 없는 명목상의 지도자가 되어 있었다. 1055년 셀주크제국이 부예 왕조를 몰아낸 뒤에도 칼리프의 위상은 그대로였다. 막부 시대 일본의 천황과 비슷한 모습이었다.

그 입장에서 볼 때 프랑크인의 침략이 얼마 전 셀주크인의 침략과 무엇이 달랐겠는가? 프랑크인은 무슬림이 아니라는 점이 다르기는 하지만, 기독교인도 '율법의 백성'people of the book이라면 이슬람을 받아들인 지 얼마 되지 않은, 그리고 제대로 받아들인 것 같지도 않은 셀주크인과 얼마나 차이가 있었겠는가? 셀주크인의 정복 과정에서 일어난 가혹행위도 십자군에 못지않았고 프랑크인의 침략 지역은 셀주크인이 차지하고 있던 곳이었다. 야만인들끼리의 싸움에 힘도 없는 칼리프가 뭐하러 끼어들겠는가?

현지의 셀주크인 권력자들도 '문명의 충돌'을 생각한 기색이 없다. 십자군이 예루살렘까지 진군해오는 3년 동안 그들은 "새로운 상황에 재빨리 적응"하기 위한 경쟁을 벌였다. 프랑크인의 공격이 자기보다 이웃으로 향하도록 유도하기 위해 침략군에게 협력하는 행태가 많았고, 어쩌다 '공동의 적'에 대응하기 위해 이웃의 숙적 간에 일시적 동맹을 맺은 때도 이웃이 자기보다 더 큰 타격을 받게 하려고 잔꾀를 부리다 상황을 그르친 일이 적지 않았다.

"합친 지 오래면 갈라지고, 갈린 지 오래면 합쳐진다"(合久則分 分久則合)라는 중국 속담처럼 거대 질서는 시간의 흐름에 따라 성쇠를 반복하는 경향이 있는 모양이다. 십자군운동이 시작된 11세기 말은 이슬람세계의 분권이 극에 달한 시점이었다. 수십 년이 지나 통일의 기운이 일어나면서 비로소 프랑크인을 겨냥한 '지하드'가 시작된다. 공동의 적에 대한 적개심이 이슬람의 통일을 위한 동력으로 작동하기 시작한 것이다.

11세기 후반 셀주크 세력은 중·근동 일대의 광대한 지역을 석권했지만 안정된 '제국'체제를 이루지는 못했다. 실질적인 군웅할거 상태에서 제1차 십자군(1095~1099)에게 틈새를 만들어주었고, 십자군이 만든 레반트의 영지들은 오랫동안 큰 위협을 받지 않았다. 1140년 대에 세력을 일으킨 누르 앗-딘(1118~1174)이 비로소 본격적인 지하드를 시작하면서 제2차 십자군(1147~1150)을 불러왔고, 그 뒤를 이은 살라딘이 파티마 칼리프조의 이집트를 통합(1171)한 뒤 예루살렘 탈환(1187)으로 지하드의 정점을 찍었다.

'이슬람 황금시대'는 서양문명의 범람원

유럽인이 암흑시대 너머에서 찾은 '고대의 빛'은 그리스문명이다. 우리 모두 그리스문명의 찬란한 성과를 많이 알고 있다. 그런데 그 '그리스문명'이 그리스만의 문명이었을까? 조너선 라이언스의 『The House of Wisdom』(지혜의 집, 2009)에 인용된 이븐 할둔(1332~1406)의 말을 읽으며 다시 생각해보게 된다.

> 페르시아 사회에서 지적 학술이 크고 중요한 역할을 맡은 것은 강력한 왕조들이 단절 없이 지배를 계속했기 때문이다. 지적 학문들이 페르시아인에게서 그리스인에게 넘어간 것은 알렉산더가 다리우스를 죽이고 아케메네스 제국을 손에 넣은 때의 일이라고 한다. 그때 알렉산더가 페르시아의 서적과 학문들을 차지한 것이다. (62쪽)

이 말을 듣고 생각하니 르네상스 이후 유럽의 근대화를 밝혀준 '고대의 빛' 중에는 그리스 고전시대보다 알렉산드로스(알렉산더) 정복 이후 헬레니즘 시대의 유산이 더 많았다. 알렉산드리아에서 활동한 유클리드(기원전 4~3세기)와 프톨레마이오스(2세기), 시칠리아의 시라쿠사에서 활동한 아르키메데스(기원전 3세기), 튀르키예의 페르가몬에서 활동한 갈레노스(2세기)가 대표적인 예다. 헬레니즘은 고대문명의 여러 갈래 흐름이 합쳐지는 하나의 범람원이었다. 알렉산드로스 제국

프톨레마이오스(좌)와 갈레노스(우)는 중세 후기의 유럽에 가장 큰 영향을 끼친 고대 사상가들이다.

의 공용어인 그리스어로 학술활동이 집중되었지만, 그 내용은 그리스의 전통만이 아니었다.

어쩌면 아리스토텔레스(기원전 384~322)의 자연철학 창시에도 동방문명의 영향이 있지 않았을까 하는 생각까지 든다. 알렉산드로스의 마케도니아가 해양세력 그리스보다 대륙세력 페르시아에 가까운편이 아니었을까 하는 추측을 앞서 내놓은 일이 있는데, 아리스토텔레스가 기원전 343년 이후 여러 해 동안 마케도니아에 머물 때 동방의 학술을 접했을 것이다.

750년 아바스조 성립 이후 약 200년이 '이슬람 황금시대'였다. 경제적 번영 속에 학문과 예술의 발전이 눈부시게 이뤄진 이 시대에 그리스 (및 헬레니즘) 고전의 연구도 바그다드를 중심으로 활발하게 펼쳐졌다. 라이언스는 『The House of Wisdom』(지혜의 집)에서 9세기 전반기 상황을 이렇게 설명한다.

아바스조의 새 관점에서 볼 때 동방정교회의 비잔틴은 이교도일 뿐 아니라 기독교를 받아들인 후 고대 그리스의 학술을 거부한 잘못이 있었다. 종교로서 이슬람의 우월성은 고대 그리스인의 업적을 알아보는 지혜로 더욱 뒷받침되었다. 비잔틴을 반대하는 것은 그리스 학술을 지지하는 것이었고, 그 역도 마찬가지였다. 초기 비잔틴제국의 핍박으로 네스토리우스 교회, 시리아 교회 등 동방 기독교회 학자들이 이슬람세계로 망명해 있던 상황이 이 주장을 입증해주었다. (76쪽)

8세기 초반까지 서아시아와 북아프리카 일대를 포괄한 이슬람세계는 또 한 차례 문명의 범람원이 되었다. 8~10세기 이슬람 황금시대는 이 범람원에 넘쳐나는 다양하고 풍성한 문명자원을 통합한 시기였고, 번역이 그 중요한 방법이었다. 문명 초창기부터 이 지역에 쌓여온 문명자원은 여러 언어로 전해져 있었고, 페르시아어와 그리스어가 그중 중요한 언어였다. 이것을 아랍어로 옮기는 작업이 이 시대 학술활동의 주축이 되었다.

이 시기 동아시아에서도 5호16국과 남북조의 혼란기에 펼쳐진 다양한 문화현상이 당·송 황금시대를 통해 통합되고 있었다. 또 하나의 범람원이었다. 그러나 통합되는 전통의 범위가 이슬람세계 쪽이 더 컸다는 사실은 동원된 언어의 범위에서 일단 알아볼 수 있다. 이슬람 황금시대의 학자들이 헤아리기 어려울 정도로 많은 언어로 된 자료를 다룬 반면, 당·송 학자들이 다룬 자료는 한어와 한문의 범위를 별로 넘어서지 않았다.

이 차이에서 서세동점 현상의 유래를 찾을 수 있지 않을까? 중세기의 유라시아대륙을 동쪽의 작은 문명권과 서쪽의 큰 문명권으로 갈라서 볼 때, 동쪽 문명권, 즉 동양은 확실한 통합성을 일찍 이룩한 반면 서쪽 문명권, 즉 서양은 통합이 늦고 통합 수준도 낮았다. 그러나 일단 통합이 어느 수준을 넘어서면 포용하는 다양성의 큰 범위가 발전의 동력으로 전환되는 것이다. 19세기에 나타난 서세동점 현상이 겉보기로는 유럽의 물질문명에 기인한 것 같지만, 사실에 있어서는 이슬람세계에서 통합되었던 광대한 문명자원이 바닥에 깔려 있던 것이 아닌가 하는 생각이 든다.

이베리아반도의 특이한 번역문화

10세기까지 황금시대를 통해 이슬람세계는 경제적·문화적으로 다른 지역과 격차가 큰 선진지역이 되었다. 가장 격차가 작았던 동로마제국도 이슬람 팽창에 눌려 과거의 성세를 잃어버린 채 위축된 틀을 지키기에 급급했다. 그에 비해 그 배후의 미개한 변방이던 유럽(로마 교회 지역)이 차츰 자라나 이슬람에 휩쓸리지 않은 중요한 세력으로 부각되기에 이르렀다.

이슬람세계에서 프랑크인Franj이라 부르던 지금의 프랑스·독일·영국·이탈리아 지역 사람들이 이슬람세계의 풍요로운 경제와 문화를 차츰 알아가면서 두 가지 태도가 나타났다. 하나는 싸움을 걸어 빼앗는 것이고, 다른 하나는 보고 배워서 따라가는 것이다. 12~13세기는 십자군의 시대이면서 또 한편으로는 번역의 시대였다.

메노칼은 이베리아반도에서 펼쳐진 특이한 번역문화를 보여준다. 반도에 이주한 아랍인(동방에서)과 베르베르인(북아프리카에서)은 소수였고, 이슬람 지배 아래 현지인의 개종이 늘어나기는 했지만 기독교인과 유대인 등 다른 종교집단도 큰 위협을 받지 않고 지속되었다. 그러나 고급문화는 아랍어로 통일되었다. 아랍어와 히브리어, 라틴어, 현지(카스티야) 방언 사이의 통·번역은 주민들의 일상생활 그 자체였다. 히브리어와 카스티야 방언은 이런 환경 속에서 표현과 기록 방법에 큰 발전을 이루기까지 했다.

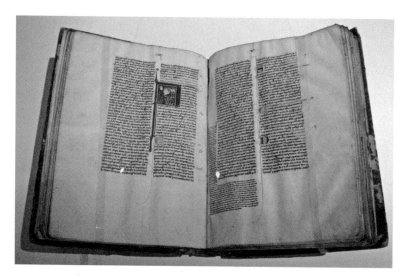

크레모나의 게라르두스가 번역한 의학 서적. 톨레도의 번역가들은 라틴어보다 카스티야 방언으로 번역하는 일이 많았고, 이것이 근대 스페인어 탄생의 계기가 되었다.

10세기까지 코르도바가 바그다드와 어깨를 견주는 경제·문화 중심지로 성장하면서 그 문화자산도 엄청나게 늘어났다. 수십 개 도서관이 만들어지고 수십만 권의 도서를 갖춘 중앙도서관의 장서 목록이 44책에 달했다고 한다. 11세기 들어 옴미아드 칼리프조가 무너진 후 문화활동은 독립성이 늘어난 여러 도시(타이파Taifa)에 경쟁적으로 확산되었다. 주요 도시 중 일찍 기독교 지배로 넘어간(1085) 톨레도는 기독교세계의 고전 연구자들이 모여드는 '책 도시'가 되었다. 세르반테스가 『돈키호테』(1605) 도입부에서 아랍어로 적힌 주인공의 행적을 톨레도 길거리의 폐지 더미에서 찾도록 설정한 데서도 이 도시의 오래된 명성을 알아볼 수 있다.

12~13세기에 톨레도에서 번역되어 유럽에 전파된 고전이 많았고, 여기 참여한 사람들을 '톨레도 번역학파'Toledo School of Translators라 부른다. 그중에 프톨레마이오스의 『알마게스트』를 번역한 크레모나의 게라르두스Gerardus Cremonensis(c. 1114~1187)가 있었는데, 라

이언스는 게라르두스의 제자 한 사람의 말을 통해 당시 상황을 설명
했다.

그는 어렸을 때부터 철학 연구의 여러 중심지에서 공부하며 라틴
세계에 알려진 모든 지식을 습득했다. 그러나 라틴세계에서 찾을
수 없던 『알마게스트』를 읽고 싶어서 톨레도로 갔다. 그곳에서 온
갖 주제에 관한 아랍어 서적을 보고 그 책들이 라틴세계에 없는 것
을 안타까워한 그는 그 책들을 번역하기 위해 아랍어를 배웠다.
(『*The House of Wisdom*』, 154쪽)

뒤이어 인용된 잉글랜드 철학자 몰리의 대니얼Daniel of Morley(c.
1140~1210)의 말은 두 세계 사이의 격차를 적나라하게 보여준다.

오래전 내가 학문을 위해 잉글랜드를 떠나 파리에서 얼마 동안 지
낼 때 보니 (우매한) 짐승들이 교수 자리에 앉아 권위를 잡고 있었
다. (…) 그 교수들은 아는 것이 너무 없어서 석상처럼 가만히 앉아
있으면서 침묵이 지혜를 보여주는 시늉을 하고 있었다. (…) 그러다
아랍의 학술이 (…) 톨레도에서 그 무렵 융성하다는 소식을 듣자 나
는 세상에서 가장 현명한 철학자들의 가르침을 얻기 위해 서둘러
그곳으로 향했다. (같은 책, 156쪽)

12~13세기 번역의 시대를 통해 유럽인은 이슬람세계의 학술과
문화를 폭넓게 받아들였다. 십자군운동과 나란히 일어난 변화였다.
두 움직임 모두 유럽의 사회경제적 변화를 배경으로 벌어진 일이다.
그렇게 많은 군인과 학자들이 긴 기간 동안 먼 곳에 가서 조직적 활
동을 벌인다는 것은 11세기 이전 유럽의 사회경제적 조건으로는 불
가능한 일이었다. 이런 사회경제적 변화를 발판으로 이슬람세계로부

터 획득한 문화자원을 활용해서 르네상스가 펼쳐졌고, 그를 통해 하나의 문명권으로서 유럽이 만들어졌다.

'바다오랑캐'를 기다리며

동양사에 관한 생각을 정리하는 작업 중에 서양으로 잠시 다니러 갔다가 뜻밖에 오래 지내게 되었다. 몽골제국 이전의 동양사에 수시로 긴장을 불러일으킨 오랑캐는 초원의 오랑캐였는데, 이제 '바다오랑캐'〔洋夷〕가 큰 역할을 맡으러 나서는 장면을 앞두고 그 배경을 살펴보러 갔던 것이다. 막상 가보니 과연 '서양'이 어떤 곳이었는지 이해하기 위해 과거의 통념을 넘어설 필요가 많이 느껴지는 바람에 오랫동안 둘러보게 되었다.

이제 아쉬운 대로 중국으로 돌아오려 한다. '서양'과 '서양사'를 이렇게 보는 것이 좋겠다는 의견을 그동안 몇 가지 적었는데, 그 방면의 연구자가 아닌 사람으로서 분수를 넘어선 내용이 많았다는 사실을 인정한다. 그러나 중요한 최신 연구를 참조하며 통념이 앞으로 바뀌어야 할 방향에 대한 생각을 다듬은 것으로 독자들은 받아들여주기 바란다.

한 가지 확실하게 말할 수 있는 것은 유럽중심주의를 벗어날 필요성이다. 오랫동안 생각해온 문제인데, 모처럼 서양사를 좀 넓게 살펴보려니 지금까지 그 폐해가 생각보다도 더 심각하다. 가장 큰 문제가 이슬람의 역사적 의미에 관한 것이다. 이 방향의 연구가 근년에 빠르게 발전하고 있는데, 그 내용을 우리 역사교육에도 하루빨리 활용할 길을 찾아야 하겠다.

몽골제국 아래 원나라와 일칸국의 관계를 통해 중국은 종래보다 서양과의 접촉면을 크게 늘렸다. 그러나 원나라가 일칸국의 종주국이었기 때문에 이 접촉으로부터 중국이 받은 영향은 일부 기술적 측면에 제한되고 제도적 측면에는 별로 미치지 않았다. 14세기 들어 원나라와 일칸국이 모두 혼란에 빠지면서 동·서 관계도 움츠러들었다가 명나라의 흥기로 새로운 국면에 접어든다. 정화鄭和의 대항해를 둘러싼 수수께끼도 이 국면에서 나타나는 것이다.

III

천하는 어떤 소용돌이에
빠져들었는가?

19

세계제국과 천하제국 사이에서

원나라는 중국의 역대 왕조 중 가장 강한 기세를 보여준 왕조였다. 중화세계의 통일에 (또는 그 일부분의 통치에) 만족하던 다른 왕조들과 달리 몽골제국의 '대칸'으로서 서방에 대한 통제력을 지키려 했고, 일본과 자바 원정처럼 '더 큰 천하'를 만들려는 의지도 보였다. 경제와 학술, 문화에서도 서방, 특히 일칸국과의 밀접한 교류를 통해 중국문명의 폭을 크게 넓히는 성과가 있었다.

그런데 수명은 길지 못했다. 천하통일을 이룬 왕조라면 최소한 150년 이상 지속되는 것이 보통인데 원나라는 1279년 남송 정복 후 90년 만에 중원에서 쫓겨났다.

강성한 왕조가 오래가지 못한 까닭이 무엇일까? 황위 쟁탈전 등 권력투쟁을 이야기하기도 하고 이상기후로 인한 자연재해를 들먹이기도 하는데, 그런 현상들은 왕조 쇠퇴의 원인이라기보다 그 결과로 나는 본다. 권력투쟁과 자연재해는 어느 인간 사회도 피할 수 없는 것인데 그 폐단과 피해를 최소화하는 것이 원래 국가의 역할 아닌가.

역사를 공부하는 사람은 인과관계를 추구한다. 역사 공부의 큰 목적이 '교훈'을 얻는 데 있는 이상, 어떠어떠한 조건에서 이러저러한 결과가 나온다는 관련성을 확인할 필요가 있다. 그런데 이 필요의 강박 때문에 조건과 결과가 어떤 것인지 충분히 파악하기도 전에 서둘러 인과관계를 재단하려는 추세가 흔히 나타난다. "그것이 진실로 어떠했는가"라는 랑케의 말은 이런 추세를 경계한 것으로 엄밀성을 추구하는 근대역사학의 기반이 되었다.

왕조의 흥망 같은 거대한 사건은 성급한 해석의 대상이 되기 쉽다. 중국의 경우 지나간 왕조의 흥망을 돌아보는 역사가들도 또 하나의 왕조 아래 활동하고 있었으므로 지금의 왕조와 지나간 왕조를 같은 평면 위에서 비교하는 프레임에 갇히기 쉬웠다. 왕조시대 아닌 지금의 역사학도에게는 전통시대의 틀에 박힌 해석과 평가를 벗어날 필요가 있다.

중국의 왕조 하나하나는 서로 다른 여건 아래 서로 다른 특성을 갖고 있었다. 때문에 비슷해 보이는 하나의 조건, 예를 들어 상업의 발달이나 군벌의 강화가 왕조에 따라, 그리고 그 왕조가 처해 있던 상황에 따라 흥륭의 조건도 되고 쇠망의 조건도 되는 것이다.

원나라는 매우 특이한 여건과 특성을 가진 왕조였다. 일단 '정복 왕조'의 개방성을 가진 왕조였는데, 개방성의 정도가 그에 앞선 요·금 왕조와도 현격하게 달랐다. 요·금 체제에서는 지배종족과 한족 외에 제3세력의 역할이 아주 작았다. 예컨대 여진족의 금나라에서 거란족을 비롯한 여러 종족이 제3의 위치에 있었다고 할 수 있지만 부수적인 역할에 그쳤다. 반면 원나라에서는 서방 출신의 여러 종족집단을 총칭하는 색목인色目人이 4대 계급 중 제2계급으로 당당한 역할을 맡았다.

학생 시절 '색목'이란 말을 처음 듣고 페르시아인의 벽안을 떠올렸는데, 알고 보니 '여러 부류'라는 뜻의 '각색명목'各色名目을 줄인 말이

산서성 서안 무덤에서 출토된 원나라 색목인 인형(俑). 깊
은 눈과 높은 콧날, 구레나룻이 있는 서역인의 모습이다.

었다. 그 범위를 놓고 여러 학설이 엇갈리지만, 대체로 서방에서 원나
라로 유입된 거의 모든 인구집단을 포괄하는 것으로 보인다.

이 색목인의 존재와 역할이 원나라가 중국의 다른 왕조들과 구별
되는 가장 중요한 특성을 보여주는 것으로 생각된다. 북위나 요나라
의 경우 지배종족과 한족이 제국의 기본 구성 요소였다. 그 외의 다
른 종족들은 외부의 오랑캐로 취급되거나 지배종족에게 기능적 도
움을 주는 부차적 역할에 그쳤다. 금나라의 경우 거란족 귀족집단의
역할이 상당히 컸지만 여진족 귀족체계의 일부로 편입되었을 뿐이다.
그 차이를 바필드는 『*Perilous Frontier*』(위태로운 변경)에서 이렇게 설
명했다.

원나라의 중국 통치는 그에 앞선 여진인과 아주 달랐다. (…) 여진

인은 행정기술을 가진 중국인 관리들을 처음부터 서둘러 채용하고 그에 의존했다. 몽골인은 반대로 애초에 중국인을 한꺼번에 받아들이지 않고 서아시아와 중앙아시아에서 온 이방인들을 관리로 채용했다. 자기네 방식과 언어와 문자를 각자 가진 사람들을 통해 중국 지식인 관료와 그 문화적 자산의 필요성을 인정하지 않는 다른 길을 만들었다. (219쪽)

색목인의 역할은 원나라 체제의 성격을 말해주는 중요한 지표다. 중국을 통치하는 왕조이지만 유라시아대륙을 휩쓴 몽골제국의 대칸으로서는 중국을 통치 영역의 한 부분으로 보기도 하는 것이 원나라였다. 원나라 흥망성쇠의 모든 원인이 이 특성만으로 명쾌하게 설명되는 것은 아니지만, 설명에 접근하기 위한 하나의 발판은 될 것이다.

원나라 색목인의 역할

1290년의 원나라 호구조사에는 대략 몽골인 100만 명, 색목인 100만 명, 한인漢人(북중국 주민) 1000만 명, 남인南人(남중국 주민) 6000만 명으로 나타난다(바필드, 같은 책, 220쪽). 몽골인과 색목인은 각각 전체 인구의 약 1.4퍼센트인데 모든 관직의 30퍼센트를 점하고, 특히 고위직의 점유율은 훨씬 더 높았다. 색목인도 중국인과 마찬가지로 피정복 집단인데 이렇게까지 우대받은 이유가 무엇이었을까?

몽골제국은 종족을 혈통이나 종교의 기준으로 차별하는 이념적 원리를 보이지 않았다. 먼저 항복하고 쉽게 복속한 세력을 상대적으로 우대하는 실용적 기준만 있었다. 금나라 백성이던 한인을 남송 지역의 남인보다 우대한 것도 이 기준에 따른 것이다.

원나라에서 색목인이 우대받은 첫 번째 이유는 그들이 이방인이라는 사실에 있었다. 중국에 들어와 방대한 인구를 통치하는 소수집단의 입장에서 중국인들에게 너무 큰 역할을 맡길 경우 체제 자체의 중국화를 피할 수 없는 것이 모든 정복왕조의 경험이다. 세계제국을 지향하는 몽골제국은 다른 정복왕조에 비해 중국화에 대한 저항력이 강했다. 그래서 또 다른 소수집단인 색목인에게 가급적 큰 역할을 맡기게 되었다.

원나라의 색목인이 인구 규모에 비해 큰 활동력을 가진 집단이었으리라는 사실도 생각할 수 있다. 색목인 중에는 상인, 기술자와 학자, 군인이 많았다. 행정인력으로 동원하기에 적합한 직업군이다. 또한 지역사회의 평판에 얽매이는 현지 중국인들에 비해 색목인은 좌고우면 없이 정책 집행에 전념할 수 있는 집단이었다.

원나라만이 아니라 일칸국을 비롯한 다른 칸국에서도 외래인을 중용하는 경향이 있었다. 세계제국의 성격을 보여주는 경향이다. 서로 다른 지역의 물자, 기술, 학술, 사상을 옮겨가며 활용하는 세계제국 안에서는 인적 자원의 교류도 제국의 새로운 통합성을 지향하는 중요한 길이었다.

그런데 몽골제국의 '세계성'은 원나라의 출범과 함께 4칸국의 분열로 벽에 부딪혔다. 원나라는 두 개 칸국과 적대관계가 되었고, 유일하게 원 황제를 '대칸'으로 계속 받든 일칸국과의 교통도 어려웠다. 쿠빌라이의 최측근이던 볼라드가 1285년 일칸국에 사신으로 갔다가 결국 그곳에 눌러앉아 근 30년 여생을 지낸 데는 그럴 만한 정치적 이유도 있었겠지만 돌아오는 길이 막힌 것이 직접적인 원인이었다.

볼라드가 일칸국에 있는 동안 원나라에 간 두 명의 일칸국 사신에 관한 흥미로운 이야기가 올슨의 책에 보인다(『Culture and Conquest in Mongol Eurasia』, 34, 49~50쪽). 1298년 해로로 일칸국을 떠났다가 3년 후 중국 해안에서 표류 중인 사신들을 원나라 관리가 구조해서 대도大都로 보냈다. 사신들은 황제에게 공물을 바치고 3년 동안 원나라에서 지낸 후 황제의 하사품과 함께 원나라 안에 있는 일칸 영지에서 거둔 비단을 가지고 1304년 귀로에 올랐다가 한 사람(Malik Fakr al-Din Ahmad)은 이듬해 인도 어느 곳에서 죽고, 한 사람(Noghai Elchi)이 1307년에 돌아왔다는 것이다.

양측 자료가 남아 있어서 약간의 내용이나마 분명히 확인할 수 있는 사행인데 흥미로운 점이 몇 가지 있다. 첫째, 오가는 길이 각각 3년씩이나 걸렸다는 사실이다. 마르코 폴로가 1292년 일칸국 왕비로 가는 공주를 모시고 가는 사행에 편승했을 때 항해에 2년 가까운 시간이 걸렸다고 하는 데서 왕래가 쉽지 않았다는 사실을 알 수 있다(육로가 원활할 때는 4~5개월 걸렸다). 그럼에도 해로를 택해야 했다면 육로 사정이 얼마나 험악했는지도 비추어 알 수 있다.

둘째, 사행단이 폭넓은 교역활동을 벌인 사실이다. 일칸 자신이 교역 자금으로 금화 10만 냥을 맡겼고, 그 밖에 사신의 주변 사람들도 투자금을 많이 맡겼다고 한다. 두 나라 사이 교역활동의 가치가 잘 인식되어 있는 반면 왕래가 어려웠던 사정 때문에 사행이 교역의 기회로 적극 활용된 사실을 알아볼 수 있다.

셋째, 일칸의 영지가 원나라 안에 있었다는 사실을 알 수 있다. 1250년대에 훌라구에게 영지가 주어질 당시에는 몽골 귀족이 아무 곳에나 영지를 받는 것이 관례였다. 그런데 그사이에 일칸국은 실질적인 독립국이 되어 있는데도 원나라 황제가 일칸의 영유권을 존중한 것은 '대칸'으로서의 책임감에 따른 것으로 이해할 수 있다.

1250년대에 몽케·쿠빌라이·훌라구 3형제가 중국과 페르시아문명권 공략을 전담하면서 몽골제국의 어느 정도 분화는 본인들도 예견했을 것이다. 그로부터 두 세대가 지난 1300년대에는 분화가 깊이 진행되어 있었다. 1303년 4칸국이 평화협정을 맺으면서 중앙아시아의 군사적 긴장이 가라앉았지만 그 협정은 제국의 복원을 바라보는 것이 아니라 독립국들 사이의 평화협정이었다. 싸움을 계속할 이유도 약해질 만큼 서로 거리가 멀어져 있었다.

이재파理財派와 한법파漢法派의 충돌

원나라가 쇠퇴한 원인을 엄밀히 따지는 것은 내 능력 밖의 일이지만, 문명사의 관점에서 하나의 측면을 짚어본다. 제국을 '열린 시스템'open system으로 보는가, '닫힌 시스템'closed system으로 보는가 하는 문제다.

중국사의 통일왕조들은 천하를 하나의 닫힌 시스템으로 보았다. 천하는 모든 것을 포괄하는 것이고 제국은 현실적으로는 완전하지 못하더라도 이념적으로는 천하를 품는 것이었다. 농업을 '천하의 큰 뿌리'〔天下之大本〕로 보는 관점도 여기에서 나온다. 가치를 창출하는 것은 1차 산업이다. 그 가치의 형태를 바꾸는 제조업이나 위치를 옮기는 상업은 가치의 근본적 창출이 되지 못한다. 실제 인민의 생활을 위해서는 제조업과 상업도 필요하지만 '체'體인 농업에 비해 '용'用으로서 부수적인 역할이다. '체'는 두터울수록 좋지만 '용'이 지나치면 '체'를 손상할 위험이 있다. 중국의 모든 왕조가 농업에 중점을 둔 까닭이 여기에 있다.

프랑수아 케네(1694~1774) 등 18세기 유럽의 중농주의자들도 이 생각을 많이 받아들였다. 중상주의mercantilism가 국가 간의 경쟁관계 속에서 경제정책을 고려한 것과 달리 중농주의physiocracy는 인간 사회 전체를 단위로 경제의 득실을 논한 것이다. 당시 많은 유럽 지식인이 '중국풍'chinoiserie을 흠모하던 분위기를 대표하는 사례의 하나다.

열린 시스템과 닫힌 시스템의 선택은 지금도 중요한 문제다. 생태계의 성격을 어느 쪽으로 보느냐에 환경정책의 방향이 달려 있다. 캐나다 환경학자 바츨라프 스밀은 주간 『노에마』Noema 인터뷰에서 (「Want not, Waste not」, 2021년 2월 27일) 이렇게 말했다.

일론 머스크(스페이스-엑스 우주개발 사업의 추동자)가 아무리 열을 올려봤자 화성 식민지는 불가능한 일입니다. (…) 이것이 우리가 가진 유일한 생태계이고 바로 지금 여기서 우리가 잘 관리해야 할 대상입니다. 우리의 생태계는 연약하면서도 다행히 저항력을 가지고 있습니다. 생태계에 회복 능력이 있다는 이 사실을 이해하지 못하는 사람들이 많습니다. 그러나 회복 능력이 사라지는 어떤 한계가 있다는 것도 또한 사실입니다. 우리가 어느 정도 파괴해도 생태계는 원래 모습을 찾으려 들지만 한도가 있는 일입니다.

몽골제국 대칸과 원나라 황제. 한 사람이 겸하고 있지만 차이가 있는 입장이었다. '끝없는' 듯한 팽창의 길을 수십 년간 걸어온 몽골제국 입장에서는 4칸국의 분열도 더 큰 팽창을 통해 극복해야 할, 일시적이고 지엽적인 문제로 보일 수 있었다. 반면 중화제국 입장에서는 격동의 시대를 정리하고 안정된 상태로 돌아가려는 추세가 있었다. 몽골제국은 확장을 통해 모든 문제를 해결하려 드는 '열린 시스템'이고 중화제국의 '천하'는 그 안에서 모든 문제를 해결해야 하는 '닫힌 시스템'이었다.

원나라의 색목인 중용은 몽골제국의 원리에 따른 것이었다. 이방인에게 관리를 맡김으로써 현지의 관성을 극복하는 것이 동서 융합을 적극적으로 추진하는 길이었다. 1234년 금나라 정복 후 중국을 중국식으로 통치하는 정책이 채택되었지만 부분적인 정책일 뿐, 기본 정책은 열린 시스템의 원리에 따르는 것이었다. 그래서 왕조의 쇠퇴가 확연해진 1315년에야 과거제가 시행되었던 것이다.

대표적인 색목인 관리 아흐마드 파나카티Ahmad Fanākatī, 阿合馬의 경우가 흥미롭다. 1282년 암살당할 때까지 20년간 쿠빌라이의 절대적 신임을 받은 재정 담당 관리였다. 암살자들은 바로 처형당했지만 몇 달 후 그의 부정부패 행각을 확인한 쿠빌라이는 아흐마드에게 부관참시剖棺斬屍를 비롯한 가혹한 처분을 내렸다.

마르코 폴로의 기록에도 ("Bailo Acmat"라는 이름으로) 25명의 아들과 거대한 재산의 소유자로 등장하는 이 인물이 백설처럼 청렴한 관리였을 것 같지는 않다. 하지만 떡고물은 묻히더라도 떡을 워낙 잘 주물렀기에 오랫동안 신임을 받지 않았겠는가.

『원사』 등 중국 자료에는 아흐마드를 '역대급 간신'으로 모는 악평이 가득하다. 그런데 라시드 알-딘의 『집사』에는 아흐마드가 "재상 자리를 근 25년간 명예롭게 지켰다"라고 적혀 있다(모리스 로사비의 『Khubilai Khan』(쿠빌라이 칸), 182쪽에서 재인용). 『집사』의 원나라 관계 정보는 볼라드에 많이 의거한 것으로 보이는데, 볼라드는 아흐마드 사건의 조사 담당자였다. 아흐마드가 흉악한 간신이라고 볼라드가 단정했다면 이런 서술이 나올 수 없다.

아흐마드가 죽은 후 몇 달 사이에 그에 대한 쿠빌라이의 인식이 과연 그렇게 거꾸로 뒤집힌 것인지 의문스럽다. 보통 넘게 영명한 황제인 쿠빌라이가 20년간 중용한 인물에 대한 평가가 부패와 독직의 증거가 얼마간 나왔다고 해서 그렇게 빨리 바뀔 수 있었을까?

아흐마드와 함께 "쿠빌라이 조정의 3대 간신"으로 꼽히는 상가桑哥, Sangha와 노세영盧世榮이 있었는데, 이 3인을 '이재파'理財派라 하여 '한법파'漢法派와의 충돌로 보는 시각이 있다. 두 사람은 아흐마드가 죽은 후 재정 부문에 중용되어 몇 해씩 열심히 일하다가 결국 탄핵과 사형을 당했다. 한편 한법파의 중심에 있던 황태자 진금眞金의 1286년 죽음에 석연치 않은 면이 있다. 선양禪讓을 주청한 관리가 있어서 (71세 나이의) 쿠빌라이가 진노한 상황에서 난처한 입장에 빠진 진금이 (43세 나이에) 병을 얻어 죽었다고 전해진다(아흐마드의 암살자들이 쿠빌라이와 태자가 상도上都에 가 있을 때 태자 일행을 가장하고 대도大都에 들어가 아흐마드를 격살했기 때문에 태자의 개입이 의심되는 정황이었다. 쿠빌라이가 사후에 '아흐마드 일당'을 단죄한 데는 태자에 대한 배려도 있었을 것 같다.)

남송 정복(1279) 후 원나라 조정에서 재정 확장을 주도하는 이재파와 이에 반대하는 한법파 사이의 치열한 갈등을 읽을 수 있다. 적극적인 조세·전매 정책과 교역의 확대로 국내외의 재부財富를 최대한 국고에 수용하려는 이재파는 몽골제국의 경영을 바라보는 입장이었고, 중화제국의 조속한 안정을 바라는 한법파가 이에 반대한 것이다. 쿠빌라이는 어느 쪽에도 확신을 가질 수 없었기 때문에 이들 사이에서 여러 해 동안 오락가락했던 것으로 보인다.

재정 정책의 혼선이 말해주는 것

왜 쿠빌라이는 재정 정책을 놓고 그렇게 오락가락했을까? '열린 제국'의 길에는 재정 확장이 필요했다. 군사비가 많이 드는데 정복 지역의 약탈에는 한계가 있었다. 정복 지역을 제국에 편입시키려면 그곳 경제를 무너뜨리지 않아야 했기 때문이다. 남송을 정복할 때 남송 지폐 회자會子를 원나라 지폐로 바꿔주기로 결정한 것이 단적인 예다. 독일의 마르크화 통합과 같이 경제통합을 위해 재정을 희생시킨 정책이었다. 대운하의 회복과 확장에도 많은 비용이 들었다.

약탈을 억제하고 정복 지역의 안정을 지키는 것이 장기적으로는 유리한 정책이더라도 당장은 재정의 병목 현상을 일으킬 수 있다. 남송 병합 직후 일본과 참파, 자바 등지의 정벌 시도는 키워놓은 군사력을 활용해서 좀 수지맞는 사업, 약탈을 비교적 마음껏 할 수 있는 정복을 꾀한 것 같다. 원나라 사절을 죽인 것이 번번이 정벌의 명분이었지만, 여러 곳에서 사절이 죽임을 당한 것은 원나라의 요구가 지나치게 고압적이었기 때문이니 원나라의 도발로 봐야 할 것이다(쿠빌라이의 대칸 즉위 직전인 1258년에 투항한 고려는 원 조정의 특별한 우대와 보호를 받았지만 일본 정벌 기간에는 예외적으로 가혹한 착취를 당했다).

정복사업은 칭기즈칸 이래 몽골제국 확장의 동력이었다. 그런데 쿠빌라이에 이르러서는 서방 칸국들과의 적대관계로 인해 서북방 내류의 확장이 막혔으니 동남방 해양 방면의 확장을 시도하게 된 것이다. 아리크부카와의 쟁패에서 중국의 경제력으로 우위를 확보한 경험이 있는 쿠빌라이는 동남방에서 기반을 확장하여 서북방을 압도하려는 전략을 택한 셈이다.

그런데 동남방의 확장이 여의치 않았다. 그렇다면 중화제국의 '닫힌 시스템'의 완성으로 방향을 돌려야 할 텐데, '열린 시스템'의 관성을 쉽게 되돌릴 수도 없었다. 쿠빌라이는 열린 시스템을 지향하는 몽골 대칸과 닫힌 시스템을 지향하는 원나라 황제 입장 사이에서 오락가락하지 않을 수 없었던 것이다.

대칸과 황제 사이의 방황이 재정을 담당한 '3대 간신'의 운명에도 투영되었던 것이다. 3인 가운데 특히 상가의 경우에 쿠빌라이의 곤경이 여실히 비쳐 보인다.

상가는 파스파八思巴, Drogön Chogyal Phagpa의 측근이었다가 파스파가 티베트로 돌아간 후 쿠빌라이가 중용한 인물이다. 쿠빌라이가 제사帝師로 공경하여 모시던 라마 고승 파스파는 몽골어의 공식 표기법으로 (다른 몇 개 중앙아시아 언어에도 적용되는) '파스파 문자'를 만든 것으로 보아 종교 지도자만이 아니라 문화 지도자로서도 큰 역할을 했던 인물이다(이 문자는 한글 창제에도 중요한 참고가 된 것으로 알려졌다). 쿠빌라이는 그를 자신과 대등한 지도자로 대접해서 문화와 종교에 관한 이야기를 나눌 때는 그를 상석에 모셨다고 한다.

티베트가 원나라에서 독특한 위상을 갖게 된 것도 파스파 때문이었다고 한다. 쿠빌라이는 총제원總制院이라는 독립기관을 만들어 종교와 티베트 관련 업무를 전담하게 했고, 상가는 이 총제원의 관리로서 쿠빌라이의 신하 노릇을 하기 시작했다. 1282년 아흐마드가 죽은 뒤 재정 담당자로 노세영을 그가 천거한 사실이 반대파가 그를 비난하는 큰 구실이 되었다. 상가 자신은 일반 정사에 관여하지 않고 총제원 업무에만 전념했는데도 쿠빌라이가 그의 천거를 받아들일 만큼

티베트 라마교 고승 파스파. 쿠빌라이는 파스파를 현실세계의 지도자인 자신과 대등한 정신세계의 지도자로 여겼다.

깊이 신뢰했던 것으로 보인다.

1285년 노세영마저 실각한 뒤 쿠빌라이는 상가가 직접 나서서 정사를 맡아주기를 간절히 바랐던 모양이다. 1287년 상서성尙書省을 새로 만들어 종래 정무를 총괄하던 중서성中書省과 대등한 권한을 부여하면서 상가를 상서우승상에 앉혔다.

『원사』 기록에는 상가가 4년간 무소불위의 권력을 휘두른 모습이 그려져 있다. 실각하고 처형당한 후 그 반대파(한법파)가 남긴 기록이므로 그에게 불리한 내용일 텐데도 그리 흥한 모습은 아니다. "지독한" 사람이었다는 인상은 분명하다. 재정 확보를 위해서는 '살아 있는 권력'이라도 가리지 않고 두들겨 패고 짜냈다. 지주층은 물론이고 귀족, 황족과 심지어 황제의 친위대keshig까지도 그의 '비리 척결'에 시달려야 했다. 모든 사람의 미움을 사면서 4년씩이나 버틴 것이 신기한 일이고, 쿠빌라이의 절대적 신임을 알아볼 수 있다.

'3대 간신' 중 노세영은 관직에 있던 기간이 짧지만, 아흐마드와 상가는 쿠빌라이의 더할 수 없는 신뢰를(상가의 경우는 존경까지도) 받던 사람들이다. 로사비는 이들의 실각을 서술하면서 쿠빌라이가 제정신 이었는지까지 의심한다(『Khubilai Khan』, 199쪽, "Was Khubilai, in fact, in charge?"). 그리고 실각 후 가택수색에서 그들의 부패를 입증하는 증거물이 나온 것도 조작된 것이 아닌지 의심한다(같은 책, 193쪽).

1279년 남송 병합에는 몽골제국 확장의 의미와 중화제국 복원의 의미가 겹쳐져 있었다. 쿠빌라이는 두 가지 의미를 합쳐서 살려 나가고 싶었고, 1280년대 일본과 동남아시아 정벌 시도는 그런 목적에서 이뤄진 것이었다. 그 시도가 실패하면서 원나라 재정은 대책 없는 곤경에 빠졌고, 어떻게든 돌파해 나가려는 의지를 아흐마드와 상가를 통해 나타냈지만 결국 장벽을 뚫지 못한 것으로 이해된다. 그 과정에서 황태자 진금까지 희생되었다.

교역의 세계화에 그친 몽골제국

12세기까지 유라시아대륙의 중세문명은 동경 90도 언저리를 경계로 두 개 영역으로 나뉘어 전개되었다고 나는 보고, 이것을 '동양'과 '서양'의 구획으로 삼는 것이 합당하다고 생각한다. 동양에서는 중화문명이 오랫동안 확고한 주축으로 자리 잡은 반면, 서양에서는 서아시아 대륙세력과 지중해 해양세력의 각축이 이어지다가 8세기에야 이슬람문명이 중심축으로 떠올랐고, 그나마 11세기 이후 이슬람제국의 쇠퇴에 따라 서양 전체가 '전국'戰國시대에 빠져들었다. 이 시점까지 넓고 큰 서양에 비해 좁고 작은 동양이 경제적·문화적으로 앞서가고 있었던 것은 장기간의 정치적 안정 덕분이었다.

13세기 중엽 몽골제국의 흥기는 동·서양 통합의 길을 처음으로 보여준 사건이었다. 이 시점에서 이런 사건이 일어난 것은 문명 통합에서 얻을 수 있는 이득이 커졌기 때문이었다. 중앙아시아 유목민은 동·서양 문명에서 쓸 만한 것을 배워왔고, 그 학습 수준이 점점 높아졌다. 6세기 이후 돌궐제국과 위구르제국 경영을 통해 중국으로부터의 학습이 활발했고, 8세기 이후 이슬람문명권에 편입되면서 서방으로부터의 학습도 늘어났다.

13세기의 중앙아시아는 기원전 2세기에 사마천이 그리던 "수초水草를 따라 헤매는" 유목민의 세상과는 다른 모습이 되어 있었다. 13세기 중앙아시아 주민들은 동·서양 문명의 이점을 섭취하는 데 익숙했고, 특히 교역의 이점에 밝았다. 몽골제국 초창기부터 이들이 참여했기 때문에 제국의 정복사업이 수지맞는 사업이 될 수 있었고, 원나라의 제국 경영에도 색목인으로 대거 참여하게 된 것이다. 정복의 명목상 주체는 몽골인이었지만, 방대한 정복사업의 동력을 확보하는 데는 색목인의 역할이 컸던 것으로 보인다.

몽골제국 팽창의 동력은 약탈의 이득에서 교역의 발전으로 이어졌으나 기반산업의 발전에는 이르지 못했다. 물론 농작물 품종과 제조업 기술의 교환 및 전파를 통한 기반산업의 발전도 있었지만, 전체적인 비중은 크지 않았다. 교역의 확장은 사회 상층부의 재부를 늘려주었을 뿐, 생산력의 발전은 그만큼 빠르고 크지 못했다. 16세기 이후 유럽의 팽창이 약탈로 시작해서 교역으로 이어졌다가 생산력의 급격한 발전에까지 이른 과정과 대비된다.

몽골제국의 '세계화'가 교역의 세계화에 그치고 기반산업의 세계화에까지 이르지 못한 까닭이 무엇일까? 그 주체가 동·서 문명의 중심부가 아니라 경계지역 주민들이었다는 사실이 우선 눈에 띈다. 나아가 그 사실의 배경을 생각해보면, 기반산업의 세계화를 통해 바라볼 만한 이득이 양쪽 문명의 중심부를 움직일 만큼 아직 커지지 못한 단계였기 때문이었을 것 같다. 과연 기반산업의 전면적 변화를 가져올 만한 조건이 어떤 것이었는지는 18세기 이후 산업혁명을 통한 유럽의 세계화와 비교해서 가늠할 수 있을 것이다.

몽골제국의 기세가 4칸국의 분화를 계기로 꺾인 것은 겉으로 나타난 현상이다. 그 현상의 밑바닥에는 세계화 동력의 한계가 있었다. 동력이 충분했다면 4칸국 사이에서 누가 패권을 차지하더라도 더 넓고 깊은 세계화를 추진했을 것이다. 4칸국 사이에 반세기 동안 패권 경쟁이 진행되기는 했지만, 더 크게 바라볼 이득이 없었기 때문에 결국 그 정도 분화된 상태로 각자 만족하고 제국의 재통합을 포기한 것으로 이해해야겠다.

'대칸'의 타이틀과 함께 가장 큰 경제력을 확보한 원나라는 제국의 재통합을 위한 제1후보였다. 쿠빌라이는 말년까지 그를 향한 의지를 지킨 것으로 보인다. 그러나 1280년대 해양 방면의 연이은 군사적 실패, 그리고 그로 인한 재정적 난관 앞에서 좌절되고 말았다. 열린 시스템을 지향하는 '몽골제국 회복'의 꿈 때문에 닫힌 시스템을 지켜내는 '중화제국 경영'의 과제에 집중하지 못한 것을 원나라가 단명했던 큰 이유로 생각한다.

명나라는 원나라 천하를 넘겨받으면서 열린 시스템의 꿈과 닫힌 시스템의 과제도 함께 이어받았다. 영락제永樂帝(재위 1402~1424) 치하의 '대항해시대'가 거창하게 펼쳐졌다가 갑자기 닫혀버리는 상황, 그 뒤에 왕조를 관통하게 될 해금海禁정책의 의미도 원나라에서 넘겨받은 이 유산과의 관련 속에서 이해해야 할 것이다.

20

쿠빌라이의 꿈을 실현한 영락제의 함대

창업創業과 수성守成은 서로 다른 성격의 과업이다. 혼란한 상태에서 국가를 건설하는 창업자에게는 구조와 형태를 마음대로 결정할 수 있는 여지가 많다. 빈 공간에 새 건물을 세우는 건축가처럼 창의력을 발휘할 수 있다. 물론 공학적 원리는 지켜야 하지만, 그 한도 내에서 많은 것을 선택할 여지가 있다. 비바람에 노출되어 있던 종전의 상태에 비해서는 어떤 건물이라도 대다수 신민臣民을 만족시킬 수 있기 때문이다.

세워진 국가를 물려받은 수성의 군주는 건축가가 아닌 관리자의 입장이다. 관리자는 건물을 크게 바꾸기 어렵다. 어떤 변화에도 수혜자와 피해자가 함께 따르는데, 수혜자가 압도적으로 많은 상황이 아니면 피해자의 반대를 넘어서기 어렵다. 그리고 재정을 비롯한 모든 자원도 용도가 대개 정해져 있어서 임의로 활용할 여지가 적다.

규모 있는 왕조는 창업이 한 세대에 끝나지 않는다. 첫 세대가 기초를 닦고 다음 세대가 건물을 올리는 셈이다. 한나라는 고조(재위

명나라 3대 황제 영락제의 초상.

기원전 206~195)의 증손인 무제(재위 기원전 141~87)가 창업을 완수했고, 당나라는 고조(재위 618~626)를 이은 태종(재위 626~649)이 창업을 끝냈다. 조선의 창업을 마무리한 것도 태조(재위 1392~1398)의 손자 세종(재위 1418~1450)이었다. 명나라는 홍무제洪武帝(재위 1368~1398)가 30년간 재위했지만 창업을 완성한 것은 아들 영락제永樂帝(재위 1402~1424)였다(중국 제왕의 호칭은 묘호廟號로 적는 것이 관례이지만 홍무제와 영락제는 '태조', '성조' 대신 연호年號로 적는 일이 많다).

당 태종, 조선 태종과 영락제가 모두 초대 창업자인 아버지의 뜻을 거스르고 후계자 자리를 쟁취한 것은 창업의 구상을 따로 가졌기 때문이었다. 초대 창업자는 뼈대를 세우기에 바빴던 반면 그 후계자들은 보다 적극적인 디자인을 제시했고, 그들의 권력투쟁 승리에도 그 디자인의 타당성이 한몫했을 것이다.

명나라가 원나라로부터 물려받은 제국에는 '열린' 몽골제국과 '닫힌' 중화제국의 양면성이 있었다. 홍무제가 넘겨받고자 한 것은 중화제국이었다. 장강 지역의 반란세력으로 출발해 남방 진신縉紳 세력의 지지로 원나라를 타도한 홍무제에게는 중국에 대한 지배력의 탈취가 목표였을 뿐, 몽골제국의 서방 관계는 관심 밖이었다.

홍무제는 30년간의 통치를 통해 황제전제皇帝專制의 체제를 구축하고 그 체제가 자손에게 그대로 전해지기를 바라는 뜻에서 장손 윤문允炆에게 제위를 넘겼다. 영락제가 조카에게서 제위를 빼앗은 데는 개인의 권력욕도 있었을지 모르지만 제국의 발전 방향에 대해 홍무제와 다른 구상을 가졌던 사실도 그가 추진한 여러 가지 정책에서 확인할 수 있다.

영락제가 새로 찾은 길의 첫 번째 지표는 남경에서 북경으로의 천도였다. 남경은 홍무제가 초년(1358)부터 응천부應天府라는 이름으로 근거지로 삼은 곳이었고 삼국시대 오나라 이래 여러 남방 왕조가 수도로 삼은 곳이었다. 북경은 예전 한족 왕조들이 수도를 두던 황하 유역보다 훨씬 북쪽으로, 정복왕조인 금나라와 원나라가 수도를 둔 곳이었다.

영락제가 1370년 연왕燕王에 책봉되어 20세 때인 1380년부터 그곳에 자리 잡고 활동했기 때문에 천도의 이유를 권력 장악을 위한 영락제의 이기적 선택으로 보는 해석이 많다. 토머스 바필드는 『Perilous Frontier』(위태로운 변경)에서 이렇게 말했다.

한족 왕조로서 북방 변경 가까이에 수도를 둔다는 것은 몽골 문제를 불필요하게 키우는 길이었다. 남경에 수도를 두었다면 유목민의 침입이 귀찮기는 해도 먼 곳의 문제이기 때문에 유연하게 대처할 수 있었을 것이다. 조정이 북경에 있기 때문에 유목민의 공격 하나하나가 심각한 위협이 되었다. 영락제의 북경 선택은 이 장기

적 득실을 고려하지 않은 것이었다. (234쪽)

수도 위치가 제국의 구조에서 차지하는 비중을 생각하면 너무 좁은 해석으로 보인다. 서북방 유목민과의 관계는 중화제국의 안정성을 좌우하는 중대한 요소였다. 동남방에 수도를 두는 것은 북중국을 완충지대로 내놓는 소극적 정책이었다. 북경에 조정을 둠으로써 유목민의 공격 하나하나를 "심각한 위협"으로 받아들이지 않았다면 황하 이북의 북중국이 과연 1644년까지 명나라 강토로 남아 있었을지 확언하기 어렵다.

영락제가 일찍부터 원나라의 옛 중심부에 자리 잡고 북방으로 옮겨간 원나라 잔여 세력과 다년간 대결하면서 두 가지 배운 것이 있었을 것이다. 하나는 북방세력이 중화제국에 얼마나 큰 잠재적 위협인가 하는 것이고, 또 하나는 원나라가 추구한 세계제국의 의미다. 몽골제국을 통해 동양과 서양 사이의 거리가 크게 좁혀져 있던 사실을 그가 인식하지 않았다면 또 하나의 중대한 사업, 정화鄭和 함대를 만들지 않았을 것이다.

원나라의 '세계제국'을 선망한 영락제

'세계의 지붕'은 곧 '유라시아의 지붕'이었다. 파미르고원을 경계로 '동양'과 '서양'의 역사가 중세기까지 따로 전개되었다는 생각은 들여다볼수록 굳어진다. 고원 북쪽으로는 인구가 희박한 사막과 초원, 동토지대가 펼쳐져 있어서 동서 간의 교통이 어려웠다. '실크로드'의 의미는 그 장벽을 뚫고 약간의 교통이라도 이뤄졌다는 사실에 있다. 실크로드의 실제 교통량은 어느 시대에도 서방 문명권들 사이의 교통량보다 비교할 수 없이 적었다.

몽골제국의 활동이 동서 간의 거리를 좁혔다고 하지만 이전 시기와 비교해서 좁아진 것일 뿐, '문명의 통합'과는 거리가 멀었다. 13~14세기에도 동·서양 사이를 오간 사람들은 경계지역 출신이 압도적 다수였다. 동·서 문명권의 중심부는 그리 크게 움직이지 않고 있었던 것이다. 그렇기 때문에 몽골제국의 내부 균열에 따라 바로 길이 막히게 되었다.

파미르고원 남쪽으로는 동남아시아 아열대 지대를 뚫고 해로가 펼쳐져 있었는데, 이 해로에도 상당한 제약이 있었다. 동남아시아 지역은 큰 규모의 제국으로 조직되지 않고 작은 세력들로 갈라져 있었다. 이 해로의 장거리 항해를 위해서는 여러 경유지에 있는 현지 세력의 양해와 협조가 필요했다. 원나라와 일칸국 사절단의 편도 여행에 2~3년씩 걸렸는데, 당시의 항해기술에 비추어 매우 긴 시간이다. 통과할 때마다 현지 세력과 교섭할 필요가 있었던 것으로 추측된다.

아부-루고드의 『Before European Hegemony』(유럽 패권 이전), 306~307쪽에는 851년경으로 추정되는 한 페르시아 상인 술라이만 Sulaiman al-Tajir의 중국 여행 기록 일부가 인용되어 있다. 페르시아만 입구에서 인도 남단까지 1개월, 말레이반도 북부 해안까지 다시 1개월, 말라카해협을 지나 티유마섬까지 10일, 그곳에서 중국의 광동까지 2개월 걸렸다고 한다(윌리엄 번스틴은 『A Splendid Exchange: How Trade Shaped the World』(교역의 세계사), 81~82쪽에 술라이만의 일정을 소개하면서 항해 기간은 4개월 남짓에 불과하지만 항구에 체류한 시간을 포함하면 1년 넘게 걸렸을 것이라는 추측을 붙였다. 그러나 아래서 살펴볼 15세기 초 정화 함대는 온갖 볼일을 다 보면서도 이 항로를 왕복하는 데 2년이 걸리지 않았다. 제6차 항해는 아프리카 동해안까지 다녀오는 데 16개월이 걸렸을 뿐이다).

술라이만은 9세기 중엽에 페르시아의 무스카트에서 중국의 광동까지 여행한 기록을 남겼다. 그런데 11세기 이후 여행 기록이 늘어났을 때는 페르시아와 중국 사이의 직항로가 이용되지 않고 있었다. 스튜어트 고든은 『When Asia was the World』(아시아가 곧 세계였던 시절,

2008)에서 흥미로운 여행의 주인공인 근대 이전의 인물 몇 명의 행적을 소개했는데, 그중 하나가 인도와 이집트 사이에서 활동한 유대인 상인 아브라함 빈 이주Abraham Ben Yiju였다. 빈 이주가 인도 서해안에서 12세기 전반기의 수십 년 동안 활동하면서 남긴 상당량의 기록 중에 중국 선박이 전혀 보이지 않는다는 사실을 고든은 주목한다(118쪽).

이것은 차우두리에게도 하나의 수수께끼였다. "이 시기(9세기)에 중동지역에서 중국까지 곧바로 가는 항해 노선이 있었다는 사실은 후세의 교역이 말라바르 해안과 말라카해협을 매듭으로 한 짧은 항로들을 묶어서 운영되던 관행에 대비되는 인도양 상업구조의 한 역사적 수수께끼다." (『Trade and Civilisation in the Indian Ocean』(인도양의 교역과 문명), 49쪽)

차우두리는 앞 시기 직항로의 존재를 수수께끼로 보지만 내게는 뒤 시기 직항로의 실종이 진짜 수수께끼다. 9세기에서 11세기 사이에 중국과 페르시아 양쪽 모두 경제도 성장하고 조선술과 항해술도 발전했다. 그런데 9세기에 이용되던 직항로가 11세기에는 이용되지 않게 된 까닭이 무엇일까?

몇 권의 책을 들춰 봐도 이 수수께끼는 잘 풀리지 않는다. 떠오르는 짐작 하나는 이 시기에 동남아시아 지역의 산업·경제와 정치조직이 큰 발전을 보았으리라는 것이다. 9세기까지는 이 지역의 자체 시장이 빈약하고 선박의 통행을 규제할 무력도 형성되어 있지 않았으나 11세기경까지는 동서 양 방면으로 수출할 자체 상품이 늘어나고 이에 따라 양 방면의 상품을 수입하는 시장도 생겨남으로써 '중계무역'의 기능이 자라난 것이 아닌가 생각된다.

더 넓어진 천하를 향한 관문은 바다에!

쿠빌라이는 남송 평정(1276) 직후부터 동남아시아 여러 방면으로 군대를 보냈다. 지금의 미얀마에 있던 파간Pagan왕국에 1277년, 1283년, 1287년에 출병했고, 베트남에 있던 참파Champa, 占城와 다이비엣Dai Viet, 大越을 상대로 1282년, 1285년, 1287년에 출병했다. 이 여러 차례 전쟁에서 승리보다는 손실이 많았고, 지역 세력에게 명목상의 종주권을 인정받았을 뿐, 실제 통제력은 확보하지 못했다. 예를 들어 다이비엣의 경우 1258년의 정벌로 조공관계를 맺고도 고분고분하지 않은 자세를 바꾸지 않고 있다가 참파 정벌의 협조 요구를 거부하면서 1284년부터 다시 정벌 대상이 되었다.

동남아시아는 중국 왕조들이 명목상의 종주권에 만족하고 별로 신경을 쓰지 않던 지역이다. 그런데 쿠빌라이가 이 지역 정벌에 큰 힘을 쏟은 데는 남중국해 해로의 확보에 뜻이 있었을 것으로 많은 학자들이 추측한다. 쿠빌라이의 대칸 즉위 이후 4칸국의 분열에 따라 서방의 육로 교통이 어려워졌다. 육로가 막힌 원나라에게 해로를 원활하게 만드는 것이 중요한 과제가 되었고, 이를 위해 해로의 기항지에 대한 통제력이 필요하게 되었다는 추측이다.

해로 확보의 노력은 1293년 자바 정벌의 참혹한 실패로 좌절되고 말았다. 이 정벌의 실패 후 원나라와 일칸국 사이의 해상교통은 불편한 상태가 계속되었다.

1368년 명나라가 원나라로부터 천하를 넘겨받을 때, 그 천하는 송나라 이전의 천하가 아니었다. 서방에 관한 많은 지식과 정보가 중국 사회에 널리 퍼져 종래의 '천하'가 더 큰 세계의 일부임이 알려져 있었다. 문명 초기부터 온 세계를 뜻하는 것으로 생각해온 '천하'를 이제 '중국'中國으로 생각하게 되었다. '중국'은 중국문명의 중심부만을 가리키던 원래의 뜻이 아니라 다른 문명권과 대비되는 중국문명권을 가리키는 말이 된 것이다.

원나라 황제는 몽골제국의 대칸으로서 더 큰 천하의 통치자를 지향했다. 원나라로부터 '천하'를 넘겨받는 명나라 입장에서 원나라 이

2005년 중국이 정화 함대의 원정 600주년을 기념해 건조한 선적 모형.

전의 천하, 즉 중국만을 넘겨받는 데 그치지 않고 더 넓어진 천하를 넘겨받으려는 뜻을 가질 수 있었다. 열린 시스템과 닫힌 시스템 사이의 선택이라는 쿠빌라이의 과제를 명나라 창업자들도 물려받은 것이다. 홍무제는 30년 재위기간을 통해 더 넓은 천하를 향하는 기색을 보이지 않았다. 반면 영락제는 즉위 직후부터 서방으로 함대를 보내는 거대한 사업을 추진했다.

영락제의 정화 함대는 해로 확보라는 100여 년 전 쿠빌라이의 꿈을 이어받은 것이었다. 쿠빌라이의 자바 원정에는 2만~3만 명의 병력이 동원되었지만 함대는 빈약했다. 큰 배가 약 30미터 길이였고 수십 명씩 태운 것으로 추정된다. 정화 함대의 주력인 보선寶船은 120미터가 넘는 길이로 한 척 한 척이 하나의 병영이었다. 쿠빌라이의 함대가 수송 기능에 그친 반면, 정화 함대는 장기간의 원정을 위한 온갖 기능을 갖춘 하나의 군사기지였다. 무기와 생활용품의 생산과 관리를 위한 각종 공방工房이 갖춰져 있었고, 200명에 가까운 의원醫員이 탑

승했으며, 심지어 채소를 경작하는 채마밭까지 갖추고 있었다(괴혈병에 대비한 것이었을까?).

정화 함대보다 100여 년 후 세계일주에 성공한 마젤란의 항해(1519~1522)는 배 5척에 270명 인원으로 출발했다가 그중 18명이 배한 척으로 돌아왔다. 콜럼버스와 마젤란 등의 항해를 큰 위업으로 여겨온 통념에 비겨 본다면 그 100배 규모의 정화 함대는 불가사의한 사업이었다. 그래서 정화 함대의 업적을 엄청나게 부풀려 상상하는 풍조도 일어난다(120미터 길이의 항해 가능한 목선이 공학적으로 가능한 것이었을까 하는 의문이 근년에야 용강龍江조선소의 발굴로 해소되고 있다. 서양에서 제작된 가장 큰 목선으로 트라팔가르 해전의 넬슨 제독 기함 빅토리호가 보존되어 있는데, 길이가 70미터에 못 미쳤다).

정화 함대가 원나라 '세계제국'의 꿈을 이어받은 사실은 그 사령관이 색목인의 후예인 환관이었다는 데서도 나타난다. 정화 외에도 함대의 중요한 역할을 맡은 인물 중에 색목인 출신과 환관이 여러 명 눈에 띈다. 큰 국력을 기울인 이 사업을 정규 관료가 아닌 환관들, 그리고 서방 종교와 언어에 능통한 색목인 출신들에게 영락제가 맡긴 사실에서도 그가 '열린 제국'을 지향했음을 알아볼 수 있다.

정화鄭和 함대의 일곱 차례 출동

명나라 함대는 일곱 차례 남양(남중국해)을 거쳐 서양(인도양)으로 출동했다.

제1차: 1405년 7월에서 1407년 10월까지. 참파, 자바, 수마트라, 말라카, 실론을 거쳐 인도 서해안의 칼리쿠트Calicut, 古里에 제일 길게 체류하고 돌아왔다. 정화 함대가 무력 사용을 극력 절제한 점이 이 항해에서부터 눈에 띈다. 자바의 마자파힛Majapahit, 麻喏八歇에서 내전에 휘말려 대원 100여 명이 살해된 일이 있는데, 가해 세력에서 오해였다며 사죄하자 이를 받아들이고 더 문제 삼지 않았다. 그리고 해적 진조의陳祖義 일당이 장악하고 있던 팔렘방을 나가는 길에는 피해서 갔다가 돌아오는 길에 들러서 소탕한 일을 보면 무력 사용에 앞서 상황 파악에 매우 신중했음을 알 수 있다.

제2차: 1407년 말에서 1409년 초까지. 제1차 항해에서 데려온 조공 사절들을 돌려보내는 이 항해에 정화 자신은 출동하지 않았다. 1년 남짓 걸린 이 항해는 충분히 확보된 정보를 바탕으로 최소한의 기간에 다녀올 수 있도록 기획되고 실행된 것으로 보인다.

제3차: 1409년 10월에서 1411년 7월까지. 1·2차 항해와 같은 해역에서 활동했지만 기항지가 크게 늘어났다. 윤곽만 파악해놓았던 이 지역에 적극적인 개입을 시작한 것으로 이해할 수 있다. 대표적인 사례가 말라카滿剌加를 샴暹羅의 영향권에서 독립시킨 것이다. 이 항해 중에는 적극적인 군사행동도 있었다. 실론錫蘭에서 현지의 5만 병력과 맞서다가 왕도를 급습해서 왕과 실력자를 포로로 잡은 일이다.

제4차: 1413년 말에서 1415년 8월까지. 이 항해는 종래의 해역을 넘어 페르시아만 입구의 호르무즈에 이르렀다. 인도 서해안에서 호르무즈까지 인도양을 가로지르는 데 25일밖에 걸리지 않은 것으로 보아 항로에 대한 사전 정보가 충분했던 것 같다. 항해 준비 중 정화가 중국 최대의 모스크이던 서안西安 청진사淸眞寺를 찾아가 항해에 동행할 몇 사람을 얻었다고 하는 것을 보더라도 이 항해의 중요한 목적이 이슬람세계와의 접촉에 있었음을 알 수 있다.

제5차: 1417년 가을에서 1419년 7월까지. 호르무즈를 거쳐 홍해 입구의 아덴을 방문하고 동아프리카 해안을 적도 부근까지 남하했다. 인도양 각지의 사정과 해류, 풍향을 완전히 파악하고 있었기 때문에 이런 빠른 일정이 가능했을 것으로 생각된다. 제2차 항해와 마찬가지로 큰 군사행동이 없었다.

제6차: 1421년 3월에서 1422년 7월까지. 비교적 짧은 항해기간이지만 동아프리카 해안까지 다녀온 것으로 보아 원활한 항해를 위한 조건이 모두 갖춰졌던 것으로 보인다.

제6차 항해까지는 항해 사이의 간격이 길어야 2년가량이었는데, 1422년 이후 항해가 여러 해 중단되었다가 근 10년 후에야 제7차 항해에 나서게 된다. 1424년 7월 영락제의 죽음이 물론 이 지연의 직접적인 원인이었지만, 영락제가 살아 있는 동안에도 함대의 출동이 더는 어렵게 되어가고 있었다.

정화 함대와 함께 영락제가 큰 힘을 쏟은 사업이 북경 천도였다. 명나라 건국의 주축인 남방 진신 세력은 당연히 천도에 반대했다. 혜종惠宗(재위 1398~1402)을 옹위하던 이 세력이 영락제의 등극으로 다소 풀이 꺾였지만 여전히 명나라 지배집단의 주축이었다.

홍무제가 1358년에 '응천'應天의 뜻을 내걸고 근거지로 삼은 남경은 중국 경제의 핵심이 된 남중국의 중심지였다. 반면 북경은 정복왕조인 금나라와 원나라가 수도로 삼았던 곳으로, 한족 입장에서는 까마득한 변방이었다. 그런데도 영락제가 '순천'順天의 이름을 내걸고 북경을 제2의 황도로 삼은 데는 두 가지 뜻이 있었던 것으로 이해된다. 하나는 통설과 같이 자신이 연왕燕王으로 기반을 닦은 곳에서 권력 관리를 손쉽게 하려는 것이었고, 또 하나는 명나라가 종래의 한족 왕조와 달리 원나라 체제를 이어받으려는 측면이 있었던 것으로 생각한다. 후자의 취지는 기존 논설에서 잘 해명되어 있는 것을 아직 보지 못했으므로 하나의 가설로 남겨두고 넘어간다.

영락제는 즉위 후 '순천부'에 행재行在(임시 황도)의 명목으로 머물면서 거대한 황궁을 지은 다음 1421년 초에 정식 천도를 거행했다. 그런데 얼마 안 있어 큰 불로 중요한 건물들이 타버리고 3년 후 영락제가 죽을 때까지 복구하지 못하게 되었다. 그 결과 영락제의 노선에 의문이 크게 일어났을 뿐 아니라 재정에도 타격이 커서 남방의 항해 활동을 재개하기 어려운 사정이 되었다.

'대항해시대'를 필요로 하지 않은 명나라

정화 함대의 탑승자들이 남긴 몇 가지 기록 중 마환馬歡의 『영애승람』瀛涯勝覽이 가장 널리 참조된다. 4차, 6차, 7차 항해에 통역으로 참가한 마환은 항해 당시부터 기록을 시작한 것으로 볼 때 기록 작성의 공식 책임을 맡았던 것 같다.

고든은 『When Asia was the World』(아시아가 곧 세계였던 시절)의 제7장(117~135쪽)에서 마환의 기록을 토대로 정화 함대의 활동을 살펴보는데, 교역을 진행하는 절차가 재미있다.

> 왕의 대표자와 함대의 교역 주무관이 먼저 비단 등 중국 상품을 검사하고 가격을 정할 날짜를 잡는다. 그날이 되면 모두 손을 맞잡고 '가격이 높든 낮든 누구도 그 가격을 거부하거나 바꾸지 않을' 것을 약속한다. 다음에는 도시의 상인들이 진주와 산호 등 귀중한 상품을 가져온다. 그 가격은 '그날로 정해지지 않는다. 빨리 하면 한 달, 천천히 하면 두 달이나 세 달 걸린다.' 그 이후 함대의 교역은 그렇게 정해진 가격에 따라 행해진다. 함대의 위력에도 불구하고 가격 협상에 몇 달씩 걸린 것을 보면 중국인들이 가격과 조건을 일방적으로 정하지 않았음을 알 수 있다.

이런 협상이 진행되는 동안 함대 전체가 대기하고 있지는 않았을 것이다. 함대가 나가는 길에 들러서 협상을 시작한 다음 소규모 교역단을 상품과 함께 남겨두고 다음 목적지로 갔다가 돌아오는 길에 볼일을 끝낸 교역단을 싣고 귀국했을 것이다. 몇 해 후 다시 함대가 올

때는 꼭 변경이 필요한 사항 외에는 지난번의 협상 내용을 준용했을 것이다.

이 협상 방법은 필립 커틴이 『Cross-Cultural Trade in World History』(세계사 속의 문명 간 교역, 1984), 132~133쪽에서 소개하는 '집단협상'과 흡사하다. 15세기를 전후해 인도와 동남아시아 여러 항구에서 시행된 관례로 커틴이 보는 이 방법은 입항한 배의 선장이 화물을 선적한 상인들을 대표해서 항구의 상인 대표들과 일괄해서 가격을 협상하는 것이다.

커틴은 이 협상방법을 그로부터 100년 후 인도양에 나타난 포르투갈인의 태도와 대비하여 '자유무역' 원리로 해석한다. 교역 중심지의 현지 세력이 방문하는 모든 교역자들의 자유롭고 공평한 활동을 보장함으로써 장기적 이득을 추구한 것이다. 정화 함대는 무력 사용을 절제하면서 현지 관행에 적응하는 방침을 취한 것으로 보인다.

정화 함대의 활동이 명나라에 어떤 이득을 가져왔을까? 서방세계와의 교통로 확보가 장기적으로는 큰 가능성을 가진 사업이었을지 몰라도, 함대가 당장 가져온 것은 기린·사자 등 신기한 동물과 진주·보석 등 진귀한 사치품이었다. 후세에 중국의 대외개방을 반대하는 사람들은 중국의 '지대물박'地大物博을 내세워 교역의 필요성을 부정했거니와, 실제와 부합하는 주장이다. 근대 이전의 중국은 외부로부터 필수품의 수입을 거의 필요로 하지 않는 자족성이 강한 하나의 세계였다.

정화 함대를 통해 기린이 조공품으로 들어왔을 때 이 기이한 모습의 동물이 전설 속의 상서로운 짐승이라 하여 천명의 강림으로 대대적인 축하를 하자는 주장이 있었으나 황제가 이를 물리치고 간소한 축하에 그쳤다고 전해진다. 새 황도의 건설과 함께 민생에 도움이 되지 않는 사업이라는 정화 함대에 대한 비판을 황제도 의식했을 것으로 생각된다.

벵골에서 바친 기린 그림. 심도沈度의
작품이다.

　1424년 영락제가 죽은 후 46세 나이로 즉위한 인종仁宗은 즉위
조서에서 해상원정의 중단을 선포하고 뒤이어 남경으로 수도를 되돌
리겠다는 방침을 발표했다. 순조로운 황위 계승이었음에도 중요한 정
책들을 뒤집은 것을 보면 그 정책들에 대한 반대가 얼마나 강력했는
지 짐작할 수 있다. 이듬해 인종이 죽고 26세 나이로 즉위한 선종宣宗
(재위 1425~1435)이 북경을 수도로 확정하고 정화 함대를 다시 내보냈
지만, 인종의 정책을 다시 뒤집은 것으로 볼 수는 없다. 선종은 내실
을 중시하는 인종의 노선을 충실하게 따랐다고 하여 두 황제의 통치
를 묶어 '인선지치'仁宣之治라 부르기도 한다.
　선종은 1430년 6월 함대 출동의 조서를 내리고 이에 따라 정화
함대는 이듬해 초 남경에서 출항했지만 정작 중국 해역을 떠난 것은
그로부터 1년 후였다. 함대는 1433년 7월에 제7차 항해에서 돌아왔

는데 정화는 도중에 칼리쿠트에서 죽었다고 한다. 많은 수수께끼가 남는다. 제7차 항해는 설거지를 위한 '마지막 항해'로 기획된 것이었을까? 선종 황제가 일찍 죽지 않았다면 대함대의 파견이 다시 재개되었을까? 확실한 대답을 직접 찾을 수 없지만, 그 후 명나라의 대외정책, 특히 해금정책의 추이를 통해 짐작할 수 있을 것이다.

21

16세기의 왜구 아닌 왜구

근세 동아시아 3국의 대외정책을 '쇄국'鎖國과 '개항'開港으로 구분하는 담론이 오랫동안 펼쳐졌다. 이 담론은 19세기 중·후반 서방세력의 개방 압력이 닥쳤을 때 개방을 지지하는 일본인들이 꺼낸 것이다. 개방 반대 입장에 부정적 느낌을 주는 '쇄국'이란 이름을 씌운 것인데, 이 말은 19세기 초에 일본에서 나타난 것이다. 일본에서도 중국에서도 그전의 개방 억제 정책은 '해금'海禁이란 말로 표현되었다.

'쇄국'이란 말은 대외관계의 맹목적 봉쇄를 떠올리게 하는데, 실제 해금정책은 그런 것이 아니었다. 필요에 따라 대외관계를 유지하기도 하고 발전시키기도 하되 '국가의 통제' 안에서 시행한다는 것이었다. 자유무역 원리에 길든 현대인에게는 '국가의 통제' 자체가 안 좋은 것으로 보일 수 있지만, 국가라는 것이 원래 통제를 위해 존재하는 것 아닌가? 질서에 대한 위협 요소라면 국내의 것이든 국외의 것이든 억제하기 위해 노력하는 것이 국가의 당연한 책무다.

명나라는 중국의 왕조 중 해금정책을 가장 강력하게 시행한 왕조였다. 개국 초에 홍무제가 해금정책을 확고하게 세웠고, 왕조 끝까지 유지되었다. 목종穆宗(재위 1566~1572) 때에 이르러 해금이 완화된 것을 '융경개관'隆慶開關이라 하여 개방정책으로의 선회로 보기도 하지만, 국가의 통제력이 약화된 결과일 뿐 능동적인 전환은 아니었다.

영락제의 정화 함대 출동도 해금정책을 뒤집은 것이 아니었다. 함대 건설 착수와 동시에 민간의 해선海船 건조를 금지하며 기존의 해선도 원양항해가 불가능한 형태로 개조할 것을 명령했다. 정화 함대는 대외교섭을 국가가 독점한다는 의미에서 해금정책의 가장 적극적인 실행이라고 할 수 있다.

당나라 이후 해로를 통한 중국의 무역은 꾸준히 늘어났다. 당나라는 661년 이후 광주廣州를 비롯한 몇 개 항구에 해운을 관장하는 관서를 설치했고, 송나라는 1107년에 이 관서들을 시박사市舶司라는 이름으로 정비해서 운영했다. 1220년대에 천주泉州 시박사 제거提擧를 지낸 조여괄趙汝适이 남긴 『제번지』諸蕃誌에 실려 있는 광범한 지리정보에서 시박사의 폭넓은 활동 범위를 알아볼 수 있다. 두 권으로 된 『제번지』의 상권에는 남중국해와 인도양은 물론 지중해 연안까지 여러 지역의 지리와 풍속이 적혀 있고, 하권에는 그 지역의 물산과 자원이 기록되어 있다.

1370~1374년 시박사 철폐는 명나라 출범 후 첫 정책의 하나였고 해금정책의 출발점이었다. 종래의 시박사는 다른 행정기구와 어울리지 않는 하나의 특수기관으로 운영되어왔다. 철폐에 따라 그 기능을 예부(조공 관계), 호부(재정 관계)와 지방행정관서(질서 유지)로 넘긴 것은 행정조직의 이념적 원리를 분명히 하기 위한 정비였다. 당·송 시대에 크게 늘어나는 해외무역을 처리하기 위해 서둘러 만든 시박사는『주례』周禮에 명기된 유가 원리가 반영되지 않은 것이었고, 얽힌 이권 때문에 물의가 잦았다. 홍무제는 유가 이념을 표방한 왕조를 세우면서 이념적 근거를 갖지 못한 시박사를 없앤 것이다. 이 조치에는 해외무

역의 이득이 아무리 크더라도 농본農本국가의 틀을 지키겠다는 의지
가 있었다.

해외무역만이 아니라 모든 면에서 명나라는 농본의 원리를 굳게
지켰다. 그러나 경제 발전에 따른 산업의 고도화는 국가정책으로 틀
어막을 수 없는 현상이었다. 『주례』가 작성된 시대에 비해 제조업과
상업의 비중이 크게 자라나면서 농본국가의 틀을 지키기 어렵게 만
드는 압력을 가하고 있었다. 그중에서 해외무역이 특히 두드러진 문
제를 일으킨 것은 국가의 통제 밖에 있는 해외 상황의 변화에 따르는
것이기 때문이었다.

중국인의 해외 활동 증가는 해외 화교華僑사회의 생성에 비쳐져
나타난다. 중국 밖의 여러 지역 여러 국가에서 일어난 현상이기 때문
에 중국 측 기록이 소략하고 각국의 집계를 모으기 어렵지만 근년의
연구로 윤곽이 밝혀지고 있다. 『바이두백과』의 "华侨"(화교) 항목에는
해외 화교의 인구가 송나라 때 10만 명 선, 19세기 초 청나라 중기까
지는 100만 명 선에 이르고 아편전쟁 후 중국인의 해외 이주가 급증
해서 20세기 초까지 1000만 명을 넘어선 것으로 추정되어 있다. 거
대한 화교사회는 20세기 초에는 민국혁명民國革命의 큰 지원세력이
되었고 20세기 말에는 중국의 개혁·개방에 발판을 마련해주기에 이
른다.

왜 '해금'海禁을 '쇄국'鎖國이라고 부르나?

정화 함대는 제1차 항해(1405~1407)의 귀로에 진조의가 이끄는 팔렘
방의 해적을 토벌했다. 진조의는 명나라가 들어선 후 온 가족이 남양
으로 나가 해적질을 했다고 한다. 1만 명 무리를 끌고 100척의 함대
로 남중국해와 인도양을 주름잡으며 1만 척의 배를 약탈하고 50여
개 항구를 공략했다고 하는 마환 등의 기록은 과장된 것으로 보이지

만, 상당히 큰 세력을 이루고 있었던 것은 분명하다.

홍미로운 것은 진조의 토벌에 협조한 다른 중국인 집단의 존재다. 수마트라섬의 팔렘방은 일찍부터 스리위자야왕국의 중심지였는데 11세기 이후 세력이 꺾여 자바섬의 마자파힛왕국의 정복 대상이 되었다. 1397년 스리위자야왕국 소멸 후 1000여 명의 현지 중국인들이 양도명梁道明을 왕으로 추대했다고 한다. 양도명은 1405년 영락제의 칙서를 받고 입조했다고 하니, 정화 함대가 (나가는 길에) 칙서를 전한 모양이다. 정화 함대의 귀로에 양도명의 수하였던 시진경施進卿이 진조의가 꾸미고 있던 음모를 알려주었기 때문에 토벌할 수 있었다고 하며, 시진경은 그 공으로 선위사宣慰使의 직함을 받아 양도명 대신 현지의 왕 노릇을 했다고 한다.

진조의, 양도명, 시진경, 모두 남양 일대의 중국인 집단 지도자였다. 양도명·시진경 집단이 정화 함대의 신임을 얻어 경쟁관계에 있던 진조의를 해적으로 몰아세운 것으로 보인다. 진조의를 희대의 '해적왕'으로 그린 것은 양도명·시진경이 제공한 정보였을 것이다. 진조의 집단이 가진 선박이 10여 척에 불과했다고 하는 자료도 있다.

남양으로 진출한 중국인 집단에게 해적이 인기 있는 직종이었을까? 동남아시아로 나간 중국인은 대개 상업 아니면 농업에 종사했다. 중국 내에도 아열대 작물 재배 지역이 많아졌기 때문에 새로운 품종과 재배기술을 갖고 나간 사람들이 많았다. 후일 유럽인들의 사탕수수 플랜테이션에 기술이 좋은 중국인 노동자를 선호했다는 이야기도 있다(포메란츠와 토픽, 『*The World that Trade Created*』(교역이 빚어낸 세계), 15쪽).

상업에 종사한 중국인들은 현지인에 비해 우월한 자본과 조직력, 그리고 중국 시장으로의 통로도 가졌기 때문에 유리한 조건에서 활동할 수 있었다. 스리위자야 체제가 무너지는 상황에서 자위를 위해서도 무장은 필요했고, 활동 범위를 놓고 집단들 사이의 경쟁도 있었을 것이다. 양도명·시진경 집단과 진조의 집단 사이에도 그런 경쟁이 있었던 것이고, 그런 과정에서 '해적'의 이름도 붙게 된 것으로 보인다.

특이한 것은 시진경의 출신이다. 양도명과 진조의는 광동廣東 출신이었는데, 시진경은 항주杭州 출신의 무슬림이었다. 진조의는 압송되어 처형되고, 양도명은 조공을 바치러 남경으로 갔다가 고향으로 돌아갔으며 팔렘방에 남은 시진경이 선위사로 임명되어 그 아들딸까지 그 지역의 '왕' 노릇을 했다. 중국 출신으로 기술력과 조직력을 갖춘 데다 종교를 통해 현지인과의 유대관계를 겸비한 것이 그의 역할을 뒷받침한 것으로 보인다.

명나라의 해금정책 아래 해외무역의 대부분은 민간의 불법 사업이 되었고 해적의 창궐을 불러왔다. '불법' 사업이라고는 하지만 원래는 관습적으로 용인되는 '법외'法外 사업이었다. 부분적, 일시적으로 나타나는 해적의 행태가 이목을 너무 많이 끌기 때문에 그 배경의 비교적 점잖은 무역 기능이 제대로 드러나 보이지 못하는 것으로 생각된다.

무역 기능의 지속적 존재는 생활양식의 변화에서도 확인된다. 후추[胡椒]가 하나의 예다. 명나라 이전에는 후추가 대단한 사치품이었는데 명나라 말에 이르면 그 값이 10분의 1 이하로 떨어져 서민의 부엌에서도 쓰이게 되었다. 정화 함대가 다량의 후추를 실어 오면서 값이 떨어지기 시작했고, 민간 상인들에 의해 후추의 대량 수입이 계속된 결과였다고 한다(핀들레이와 오루어크, 『Power and Plenty』(권력과 풍요), 134쪽).

제국의 통제 범위를 넘어선 교역 확장

명나라의 해금정책은 모든 대외무역을 조공무역의 형태로 모으는 데 목적이 있었다. 자유무역 원리에 익숙한 현대인에게는 조공무역이 미개한 관행으로 보이기 쉽다. 그러나 조공무역과 같은 통제무역이 적합한 상황도 있었다. 포메란츠와 토픽은 『The World that Trade Created』(교역이 빚어낸 세계), 8~9쪽에서 아스텍제국의 장거리 교역과 지역 내 교역이 서로 다른 사람들에 의해 서로 다른 장소에서 진행된 사실을 지적한다. 지역 내 교역은 상인과 주민들이 저잣거리에서 행하는 것이었지만 장거리 교역은 귀족과 관리들이 궁정과 저택에서 행하는 것으로 조공무역과 비슷한 형태였다. 사치품을 주고받는 장거리 교역은 일상적 시장 활동과 별개로 행해진 것이다.

산업 발전과 사회 분화는 교역량 증가를 가져온다. 지역 간 분업의 진행에 따라 지배계층의 사치품만이 아니라 직물과 공산품 등 서민의 생필품까지 먼 거리를 이동할 필요가 늘어나고 교통수단의 발달에 따라 운송비용이 낮아지기 때문이다. 중국에서는 당·송 시대에 국내 교역과 해외무역이 모두 크게 늘어났다. 송·원 시대에는 민간의 해외무역에 대한 통제가 엄격하지 않았고, 명나라가 들어설 때는 해외무역이 국가가 통제할 수 있는 수준을 넘어서 있었다.

정화 함대의 원정은 국가의 무역 통제 범위를 넓히려는 시도였다. 통제할 대상이 얼마나 거대한 것이었는지 함대의 어마어마한 규모가 보여준다. 왕조 초기에는 재정이 넉넉하다. 종래의 기득권이 척결되고 새로운 기득권은 아직 자리 잡지 않았기 때문이다. 한 무제와 당 태종의 적극적인 대외정책도 초창기의 재정 여유 위에서 펼쳐진 것이었다. 그러나 시간이 지남에 따라 이 여유가 사라진다. 20여 년 함대를 운영해본 뒤 거대한 함대를 유지하는 적극적 해금정책에서 물러나서 항구를 지키는 소극적 해금정책으로 돌아온 것이다. 홍무제가 철폐했던 시박사도 영락제 때 '역'驛의 이름으로 다시 조직되어 조공단의 응접과 사무역의 통제 등 해금정책 집행기관의 역할을 계속했다.

국가의 기능도 시대의 흐름에 따라 확장되었지만 그 확장이 산술적인 확장이라면, 같은 기간 해외무역을 포함한 교역의 확장은 기하

급수적인 것이었다. 한나라와 당나라는 해외무역의 대부분을 조공무역의 틀에 담을 수 있었지만 송나라 이후에는 어렵게 되었다. 영락제가 왕조 초기의 기세를 타고 조공무역의 틀을 키우려고 시도했으나 20여 년 만에 한계에 부딪혔다. 그 후의 해금정책은 '국가 통제'의 원칙을 겉으로 표방하면서 실제로는 현실의 변화를 완만하게 받아들이는 길이었다.

　표방하는 원칙과 수용하는 현실 사이의 괴리가 계속해서 문제를 일으켰고, 문제가 겉으로 드러날 때 '해적'海賊의 형태로 나타났다. 정화 함대는 진조의의 해적을 소탕하고 이에 협조한 시진경을 선위사로 임명해 현지 세력으로 인정했다. 진조의 집단과 시진경 집단 사이에 성격 차이가 컸을 것 같지 않다. 둘 다 유랑해온 중국인들이 같은 상황 속에서 조직을 만든 것이고 (영락제를 대신한) 정화 입장에서는 그 경쟁 상태를 방치하기보다 어느 한쪽으로 몰아주는 것이 관리하기에 편리할 것으로 판단했을 것 같다.

　유럽에서 이 무렵부터 19세기까지 성행했던 '프라이버티어링' privateering을 떠올린다. 대항해시대부터 제국주의 팽창기까지 유럽인의 해상활동에서 화려한 역할을 맡은 사업이었다. 영국만 하더라도 월터 롤리, 프랜시스 드레이크 등 쟁쟁한 인물들이 이 사업으로 이름을 날렸다. 적국의 선박을 나포할 권한을 국가가 민간 사업자에게 부여하는 제도였는데, 실제 운용이 어지러웠다. 해적질piracy의 합법화 내지 국가 차원의 해적질로 볼 수 있는 사업이었다.

　국가의 통제력은 해상에서 효과를 일으키기 어렵다. 통제할 대상이 쉽게 움직이기 때문이다. 프라이버티어링은 어차피 통제하기 힘든 해상세력의 활동을 억지로 통제하려 드는 대신 국가가 오히려 도와주면서 국익에 보탬이 되는 방향으로 활용한 제도였다. 시진경이 받은 명나라의 선위사 직함을 유럽의 프라이버티어들이 받은 나포인허증letter of marque과 같은 성격의 것으로 이해할 수 있겠다.

후기 왜구는 해적보다 무역업자

약탈만 하는 단순한 해적은 그 세력 규모에 한계가 있다. 모든 육상세력과 적대관계여서 세력이 커질수록 집중적 공격을 받기 때문이다. 큰 세력을 가진 해적은 육상세력과 복잡한 이해관계를 맺었다. 유럽의 프라이버티어링은 그 관계에 국가까지 끼어든 경우다.

명나라의 해금정책 아래 조공무역의 틀에 담길 수 없는 해외무역은 민간의 '법외' 사업이 되었다. 이 사업의 종사자들은 약탈이 아닌 무역에서 이득을 찾는 '무역업자'였지만 국가의 법망 밖에서 활동하며 무력을 많이 활용한다는 점에서 '해적'으로 규정되었다. 이들을 단순한 해적과 구별해서 '해적업자'라 부르고 싶다.

해적업자들은 연해지역의 토착세력과 긴밀한 협력관계 아래 활동했다. 이 업자들이 수입한 물품은 생필품이 아닌 사치품이었기 때문에 그 유통을 위해 육상세력의 역할이 필요했다. 무역활동의 수익성이 높았기 때문에 국가권력을 자극하는 약탈 행위는 스스로 삼갔고 따라서 중앙정부도 그 퇴치에 큰 힘을 기울이지 않았다.

이 시대 해적의 대명사가 된 '왜구'倭寇의 성격 변화가 해적업의 발전상을 보여준다. 14세기에 나타난 초기 왜구는 약탈만 하는 단순 해적이었다. 당시 일본의 권력투쟁에서 밀려난 일부 지방세력이 해적으로 나서면서 왜구가 번성하게 되었다.

초기 왜구의 주된 침공 지역은 일차적으로 한반도, 다음으로 산둥성 등 북중국 해안지대였다. 그런데 15세기 들어 잦아들었던 왜구가 16세기에 급증하는데, 그 주 무대는 중국의 동남해안이었다. 이 후기 왜구의 구성에는 중국인이 다수를 점했다.

후기 왜구의 활동이 남쪽으로 옮겨가고 중국인의 역할이 커진 것은 그 활동 내용이 무역관계였기 때문이다. 『위키피디아』 "Wokou" 항목 중 첸마오헝의 『명대왜구고략』明代倭寇考略(1957)에서 인용된 중

왜구와의 해전을 그린 18세기 중국 그림.

국 측 왜구 관련 기사의 빈도표가 흥미롭다. 명나라 7대 경제景帝에
서 11대 무종武宗까지 72년간(1450~1521) 6개 기사가 나타날 뿐인데
12대 세종世宗 때는 45년간(1522~1566) 601개 기사가 나타난다는 것
이다. 그다음 13대 목종穆宗과 14대 신종神宗의 53년간(1567~1619) 나
타나는 기사는 34개다.

　한 황제의 재위기간에 왜구 기사의 대부분이 집중된 까닭이 무엇
일까? 바로 떠오르는 추측은 세종, 즉 가정제嘉靖帝 재위기간의 왜구
관련 정책에 특이성이 있지 않았나 하는 것이다. 실제로 다음 황제
목종이 즉위 직후 '융경개관'을 행하자 왜구 기사가 드물어진다.

　레이 황의 『1587: A Year of No Significance』(만력 15년, 아무것도 일
어나지 않은 해)에 신종 만력제萬曆帝(재위 1572~1620)가 정무를 사보타
주하는 모습이 인상적으로 그려져 있는데, 신종의 할아버지 가정제

명나라 가정제 시기, 왜구 무역활동의 중심지 쌍서雙嶼항이 있던 주산舟山열도의 육횡도六橫島.

가 황제 사보타주의 원조였다. 가정제는 후사를 정하지 못한 채 갑자기 죽은 사촌형 무종의 제위를 15세 때 물려받은 후 백부인 효종孝宗에게 입양 절차를 밟을 것을 거부하고 자기 생부의 추존追尊을 고집하면서 주류 관료집단을 등지기 시작했다. 몇몇 총신과 환관만을 신임하고, 1539년부터 25년간 조회朝會도 열지 않았다고 한다. 엄숭嚴崇 같은 희대의 간신의 발호는 물론이고, 1542년에는 학대를 못 이긴 비빈妃嬪들이 황제의 교살絞殺을 시도한 임인궁변壬寅宮變까지 일어났다.

　　명나라에 시원찮은 황제가 한둘이 아니었지만 가정제는 그중에서도 심한 편이었고 게다가 재위기간이 무척 길었다. 가정제의 정치 실패를 대표적으로 보여주는 것이 '왜구' 문제였다.

수수께끼로 남아 있는 16세기 왜구

가정제 시기 왜구에 관한 기록은 분량이 많지만 갈피를 잡기 어렵다. 정치적 입장에 따라 편향된 내용이 많기 때문일 것 같다. 몇 가지 인상적인 장면을 소개함으로써 분위기 파악에 만족하려 한다.

1555년 여름에 일어난 "가정왜란"嘉靖倭亂의 기록은 무협지의 장면처럼 느껴진다. 53인의 왜구가 80여 일 동안 절강浙江, 안휘安徽, 강소江蘇 3성을 휩쓸고 다니면서 4000여 명의 관병을 살상했다고 한다. 그 섬멸전에 참모로 참여한 정약증鄭若曾은 이런 말을 남겼다. "8개 군郡에 걸쳐 3000리를 돌아다니며 싸우는데 (…) 사람(비무장 민간인)을 죽이지 않고 재물을 약탈하지 않고 부녀자를 범하지 않았다. 이렇게 깊이 쳐들어온 뜻이 어디에 있는 것인지 헤아릴 길이 없다."

이 53인의 '특수부대'는 날아오는 화살을 맨손으로 잡아채는 무예의 고수들이어서 통상적인 병력과 전술로는 도저히 막아낼 길이 없었다고 한다. 이들이 제2의 황도 남경南京에 들이닥치자 1000여 명의 수비대가 이틀 동안 성문을 걸어 잠그고 쩔쩔맸다고 한다. 결국 수천 명을 동원한 치밀한 작전으로 겨우 섬멸했다고 한다(『바이두백과』 "嘉靖倭乱").

이 왜구의 정체가 무엇인지, 침공의 목적이 무엇인지 아직도 수수께끼로 남아 있다. 일본 사쓰마薩摩의 낭인浪人 출신 해적집단으로 보는 시각이 유력하지만 석연치 않다. 정약증 등 당시 사람들은 대거 침공을 위한 정찰대로 보기도 했지만 그 역시 석연치 않다. 어쩌면 이런 중대한 문제를 석연하게 파악하지 못하고 수수께끼로 남겨둔 것이 가정제 시기 대對왜구 정책의 특성일지도 모르겠다.

명말청초의 문학작품에 많이 등장한 해적으로 서해徐海와 그 아내 왕취교王翠翹가 있다. 일본 규슈九州에 근거를 두고 중국 동남해안에 큰 세력을 이룬 서해는 절강·남직예南直隸(즉 안휘) 총독 호종헌胡宗憲(1512~1565)의 초무招撫에 응해 1556년 투항했으나 호종헌은 서해를 용납하는 척하면서 섬멸할 준비를 계속해서 그를 끝내 제거했다.

왕취교는 강남의 명기名妓였던 여인으로 서해 일당의 약탈 때 잡혀가 서해의 아내가 되었다. 호종헌이 서해를 초무하기 위해 연락할 때 서해의 수준 높은 서신을 보고 크게 놀랐는데 알고 보니 왕취교

일본 이와미 은광 유적. 1526년 개발되어 1923년까지 생산을 계속했다. 1545년 볼리비아의 포토시 은광이 개발되기 전까지 잠시 동안 세계 최대의 은광이 었다.

가 써준 것이었다는 이야기와 함께 여인의 존재를 알게 된 호종헌이 왕취교에게 따로 예물을 보내며 서해의 설득에 도움이 되기를 바랐다는 이야기도 전해진다. 서해가 죽은 후 그 시신을 예를 갖춰 매장하게 해주고 자신이 여승이 되게 해달라는 요청을 호종헌이 모두 거부하고 부하 장수의 첩으로 주려고 하자 물에 뛰어들어 자살했다고 하는 것이 수많은 희곡과 소설에 나타나는 왕취교의 모습이다.

당대 최강의 해적왕으로 명성을 떨친 왕직汪直 역시 호종헌의 초무에 응하다가 1559년에 처형당했다. 왕직은 1553년 관군의 토벌을 피해 일본에 가 있었는데 이듬해 총독으로 부임한 호종헌이 그 가족을 옥에서 풀어주고 우대하면서 왕직에게 사람을 보내 초무했다. 왕직은 이를 믿고 무역의 허가를 청하러 절강으로 왔다가 순안사巡按使 왕본고王本固(1515~1585)에게 체포되어 얼마 후 처형되었다.

호종헌이 왕직을 꼭 죽이기 위해 속여서 불러온 것 같지는 않다. 호종헌은 당대의 세도가 엄숭의 실각(1562) 후 그 일당으로 몰려 자살에 이른 인물이다. 왕직의 무역업을 '양성화'해주고 그로부터 이득을 얻고자 한 것 같은데, 고지식하기로 역사에 이름을 남긴 왕본고가 나서는 바람에 왕직의 처형을 막지 못한 것으로 보인다.

15세기 후반에 잠잠하던 왜구가 16세기 초·중엽 가정제 시기에 폭증한 이유가 무엇일까? 정치가 부실해서 암묵적으로 진행되어온 해외무역의 틀이 흔들린 데 문제가 있었으리라고 우선 생각할 수 있지만, 배경조건의 큰 변화 또한 생각할 수 있다. 은銀이 중국으로 쏟아져 들어오기 시작한 것이다.

19세기 초에 아편이 부각되기 전까지 중국은 대외교역에서 "은 먹는 하마"였다. 해외의 중국 상품 수요에 비해 중국의 해외상품 수요가 훨씬 작았기 때문에 막대한 양의 은이 수백 년간 계속해서 중국으로 흘러들었다. 은의 중국 대량 유입이 시작된 것이 16세기였다. 1526년에 개발된 이와미石見 은광이 일본의 구매력을 크게 늘려줌에 따라 동남아시아 방면에서 주로 펼쳐지고 있던 중국인의 해외 활동이 일본 방면으로 옮겨오게 된 것으로 보인다.

22

포르투갈이 인도양을 휩쓴 이유

인도양에 유럽인의 선단이 처음 나타난 것은 1497년, 바스쿠 다가마의 포르투갈 함대였다. 1497년 7월 8일 리스본을 떠난 4척의 배는 12월 16일 남아프리카의 동남해안, 10년 전 바르톨로메우 디아스가 도달한 지점을 지나 인도양에 들어섰다. 동아프리카 해안을 북상해 4월 14일 말린디Malindi(케냐의 항구도시)에 도착한 다가마는 아랍인 항해사를 고용해서 인도의 칼리쿠트(지금의 코지코드)를 향해 인도양을 가로질렀다. 4월 24일 말린디를 떠나 5월 20일 칼리쿠트에 도착했으니 매우 순조로운 항해였다.

거기까지는 순조로웠다. 그러나 가져온 상품도 예물도 현지인들의 마음에 들지 않아 푸대접을 받다가 분쟁을 일으키고 8월 29일에 서둘러 칼리쿠트를 떠났다. 바람이 맞지 않을 때 억지로 떠났기 때문에 20여 일 만에 건너간 항로를 100여 일 걸려 아프리카 해안까지 돌아오는 동안 선원의 절반 이상이 목숨을 잃었고 생존한 사람들 중에도 괴혈병 환자가 많았다. 그래서 1척의 배를 버리고 2척만으로 귀로에

인도 항로를 개척한 바스쿠 다가마.

나서서 1499년 7~8월에 포르투갈로 돌아왔다.

다가마 자신은 이 항해를 실패로 생각한 것 같다. 그의 항해일지는 서아프리카에 도착한 후 1499년 4월 25일에 중단되는데, 그 직후 다가마는 배 1척을 먼저 귀국시켰다. 그리고 자신은 산티아고섬에서 병이 위중해진 동생을 돌보겠다며 마지막 배까지 부관에게 맡겨 귀국시켰다. 선장으로서나 함대 사령관으로서나 어울리지 않는 이 행동은 실패의 책임에 대비하기 위해서가 아니었을까 생각되는데, 막상 그가 몇 주일 후 다른 배에 편승해 리스본에 들어왔을 때는 열렬한 환영이 기다리고 있었다. 정식으로 교역을 벌이지도 못하고 여기저기서 주워 오다시피 한 약간의 화물(후추 등)이 대단히 값진 것이었기 때문이다.

170명 가운데 55명이 살아 돌아온 이 항해를 '성공'으로 여겼기에 인도에 원정대 파견하는 것이 포르투갈의 연례 사업이 되었을 것이다. 1500년 출항한 카브랄의 제2차 원정대는 칼리쿠트에 가서 협정을 맺고 상관商館, factory을 열었지만 곧 토착 상인들과 분쟁이 일어나 수십 명이 살해당했다. 카브랄은 이 사태를 현지 군주의 책임으로 돌리며 항구의 배들을 약탈하고 수백 명을 살육하는 등 유럽 기독교인의 위엄을 떨치고 돌아왔다.

다가마와 카브랄 이래 인도양에서 포르투갈인의 폭력성은 현지인들의 상상을 초월하는 수준이었다. 번스틴은 『A Splendid Exchange: How Trade Shaped the World』(교역의 세계사)에서 이 상황을 이렇게 그렸다.

유럽인 도착 이전에 아시아의 교역 세계가 '평화의 낙원'이었다고 할 수는 없다. 하지만 상인들이 관세를 지불하고, 현지 군주에게 예물을 바치고, 해적의 활동을 어느 정도 억제하기만 한다면 인도양은 '자유의 바다'라고 할 수 있었다. 어느 나라가 해상운송을 통째로 장악하려 든다는 것은 상인들에게나 군주들에게나 터무니없는 생각이었다. 1498년 어느 날 전투태세를 완비한 바스쿠 다가마가 칼리쿠트 항구에 들어서면서 이 상황이 바뀌어버렸다.

인도양에 유럽인이 나타났을 때 그 해상 전투력이 현지인을 압도했다는 인상을 받는 것은 짧은 시간 내에 제해권을 장악했기 때문이다. 그러나 실제 상황은 꼭 그렇지도 않았다.

1509년 2월 3일의 디우 해전Battle of Diu이 포르투갈의 인도양 제해권을 열어준 결정적 계기였다. 인도 서북부 구자라트의 디우 포구에서 벌어진 이 해전은 현지 세력과 포르투갈인 사이의 전면전이었다. 오스만제국과 이집트의 맘루크 술탄이 함대를 보내 구자라트 술탄과 연합함대를 만들었고, 베네치아도 많은 지원을 보냈다고 한다. 베네치아는 중동 지역을 거치는 기존 교역로를 지키기 위해 포르투갈의 해로 개척을 저지하는 입장이었다.

소형 범선인 카라벨 복제 모형(좌). 대항해시대 초기 주력 범선인 카라크 복제 모형(우).

양측 모두 카라크Carrack가 주력선이었다. 카라벨Caravel에 이어 개발된 카라크는 장거리 항해에 적합하고 대포를 적재하기 좋은 구조여서 카라벨과 함께 대항해시대 초기의 주역이었는데, 스페인과 포르투갈의 독점물이 아니었다. 지중해에서 계속되는 접촉과 충돌을 통해 대포도 카라크도 이슬람세계에 잘 보급되어 있었다. 디우 해전에 동원된 카라크는 현지 세력이 10척, 포르투갈이 9척이었다.

그런데 이 전투가 포르투갈 측의 완승으로 끝난 까닭은 어디에 있었던 것일까? 함선과 대포의 우열보다 임전 자세의 차이에서 찾아야 할 것 같다. 전투의 준비와 진행 과정을 보면 포르투갈인들이 "죽기 아니면 살기"로 달려든 점이 제일 눈에 띈다.

양측의 임전 태세가 왜 이렇게 달랐을까? 포르투갈 측이 말 그대로 "죽기 아니면 살기"의 상황에 처해 있던 사실부터 생각해야겠다. 다가마의 제1차 원정대가 170명 중 55명이 살아 돌아온 사실을 앞서 말했다. 카브랄의 제2차 원정대 역시 13척의 배 중 6척만이 돌아왔다. 이 시기 장거리 항해에 나선 유럽인 중 싸움에서 목숨을 잃는 숫자보다 폭풍이나 괴혈병의 희생자가 훨씬 더 많았다. 몸 사린다 해서 살아 돌아갈 희망이 크지 않고, 돌아가기만 하면 팔자를 고칠 소득을 바라보는 사람들이었다.

"죽기 아니면 살기"로 달려든 포르투갈인들

우리는 아프리카를 하나의 대륙으로 알고 있지만 유럽인에게는 북아프리카와 '사하라 이남'이 별개의 영역으로 인식되어왔다. 모로코에서 이집트까지 지중해에 면한 지역과 홍해에 면한 에티오피아와 소말리아까지는 유럽인에게 어느 정도 알려진 곳이었다. 이슬람이 일찍부터 자리 잡은 곳이기도 하다. 그러나 그보다 남쪽으로 사막 너머에는 산업이 미개하고 정치조직이 느슨한 광대한 초원과 열대우림 지역이 펼쳐져 있었다(아프리카대륙의 중·남부에 농업문명 전파가 늦었던 까닭은 다이아몬드가 『*Guns, Germs, and Steel*』, 179~180쪽에서 설명했다).

북아프리카의 이슬람권은 포르투갈에게 적대적인 지역이었지만 사정을 어느 정도 아는 곳이었고 이용할 수 있는 인프라가 갖춰진 곳이었다. 반면 사하라 이남 지역은 발붙이기 어려운 곳이었다. 15세기 중엽에 포르투갈인은 서아프리카 지역에 진출했다. 서아프리카는 '상아해안, 황금해안, 노예해안' 등의 이름이 붙은 것처럼 큰 경제적 가치를 가진 곳이었다. 오랫동안 사하라사막의 대상隊商을 통해 다량의 황금과 노예를 이슬람권에 공급해온 이곳에 포르투갈이 해로를 뚫으면서 해상활동의 동력을 얻을 수 있었다. 그곳까지는 이슬람권의 인프라가 갖춰져 있었던 셈이다. 그러나 서아프리카 초원지대(사헬sahel)를 넘어 열대우림부터는 이슬람도 아직 침투하지 못하고 있던 지역이었다. 링컨 페인은 『*The Sea and Civilization*』(바다와 문명)에서 아프리카 남부 지역 진출의 어려움을 설명했다.

이슬람의 영향과 아랍어 사용자가 있는 지역을 넘어서면 항해의 어려움만이 아니라 소통의 어려움 때문에 정보 수집에 지장이 생겼다. 1498년에 포르투갈인들이 대륙 남단을 돌아 동아프리카의 아랍어 사용 지역에 도달할 때까지 이 문제가 계속되었다. 언어 소통이 안 되고 참고할 만한 현지인의 연안 항해 경험도 없는 지역에서 14세기 후반 내내 포르투갈인의 활동이 확장되기 어렵다가 인도양에 들어서자 확장이 빨라진 사정을 이해할 수 있다. (387쪽)

동아프리카 해안에는 이슬람 항구도시들이 적도 이남까지 자리 잡고 있었다. 남아프리카를 돌아 해안을 따라 북상하던 다가마 함대는 모잠비크에서 이슬람권에 들어섰고, 그곳에서 무슬림을 가장하고 현지 군주에게 접근하다가 실패했다. 그러나 일단 이슬람권에 들어와서는 이용할 만한 틈새를 찾을 수 있었다. 케냐의 몸바사에서는 쫓겨났지만 몸바사와 적대관계에 있던 인근의 말린디에서 인도양 횡단의 준비를 갖출 수 있었다.

1487년 디아스의 항해 이래 포르투갈 원정대는 서아프리카에서 남아프리카 사이를 해안선을 따라 남하하는 대신 서남쪽으로 남대서양 깊이 들어갔다가 편서풍을 타고 동쪽으로 돌아오는 항로를 이용하기 시작했다. 1500년 카브랄의 함대는 이 항로를 예정보다 서쪽으로 벗어나는 바람에 뜻밖에 브라질에 상륙하게 되었고, 후에 스페인이 독점하는 아메리카에서 브라질만을 포르투갈이 식민지로 차지하는 단초가 되었다.

남대서양을 크게 우회하는 이 항로는 해안선을 따라가는 항로보다 거리는 멀지만 당시의 범선 항해에 적합한 조건이어서 유럽인의 인도양 진출에 큰 열쇠가 되었다. 그러나 위험이 큰 항로였다. 다가마 함대는 서아프리카의 시에라리온을 떠난 후 90여 일 만에 남아프리카 해안에 도착했는데, 이 기간이 괴혈병의 한계선이었다.

괴혈병은 30일 이상 비타민C 공급이 끊기면 증세가 나타날 수 있

남아프리카공화국 희망봉에 있는
바스쿠 다가마 기념 조형물.

고 90일 이상이면 대다수 사람들에게 치명적이다. 그렇게 긴 기간 신
선한 과일과 채소를 공급받지 못하는 상황은 대항해시대의 선원들에
게 새로운 경험이었다. 감귤류 섭취가 도움이 된다는 사실은 일찍부
터 알려졌지만 널리 확인되어 영국 해군에서 제도화된 것은 1795년
의 일이었다. 그때까지 300년간 약 200만 명의 선원이 괴혈병에 희생
된 것으로 추정된다.

남대서양 항로는 풍랑도 예측하기 어려운 곳이었다. 난파의 위험
이 컸고, 일정이 조금만 길어지면 괴혈병의 위협이 크게 늘어났다. 인
도양에 들어서기만 하면 그런 위험이 줄어들었다. 그 위험을 뚫고 인
도양에 들어선 포르투갈 선원들이 어떤 상황에서나 "죽기 아니면 살
기"의 자세로 임한 것은 이해할 만한 일이다. 그리고 인도양 사정에
익숙해진 후 포르투갈인들이 본국과의 무역보다 현지의 중계무역에
더 힘을 쓰게 되는 것도 이해할 만한 일이다.

인도양에 처음 나타난 악질 해적

인도양 진입 초기 포르투갈인의 폭력성을 대표한 인물이 바로 다가마였다. 1502년 제4차 포르투갈 원정대를 이끌고 갔을 때 특히 엽기적인 소행이 많이 전해진다. 거슬리는 사람이 있으면 손발을 자르고 귀와 코를 도려내는 짓이 예사였다. 가장 두드러진 사례는 칼리쿠트 군주가 사절로 보낸 승려를 첩자라 하여 혀와 귀를 자르고 개의 귀를 꿰매 붙여 돌려보낸 일이다. 400여 명의 순례자를 태운 배를 바다 한가운데서 나포해 약탈한 다음 사람들이 탄 채로 불태워버린 일도 있었다.

테러리즘은 전쟁에 늘 이용되어온 전술·전략이다. 문제는, 인도양의 현지인들은 전쟁을 생각하지 않고 있는데 포르투갈인들이 일방적으로 전쟁을 벌이러 들어온 것이다. 디우 해전의 경위를 봐도 현지 세력의 상황 인식이 허술했다. 이집트와 오스만이 함대를 보낸 것은 홍해와 페르시아만을 통한 기존 교역로가 위협을 받았기 때문이었다. 그러나 디우 항구의 장관은 두 길 보기를 했다. 이집트·오스만 함대에 협조하는 시늉만 하다가 포르투갈의 우세가 보이자 얼른 발을 빼고 잡아둔 포로를 바로 반환했다. 디우 입장에서는 포르투갈 배든 무슬림 배든 교역이 이어지기만 하면 되는 것이기 때문이었다.

십자군의 레반트 지역 침공 때도 대다수 현지 세력은 이슬람·기독교의 대립의식 없이 미시적 득실에 따라 움직임으로써 십자군에게 틈새를 만들어주었다. 당시의 무슬림에게는 '이교도'에 대한 무조건적인 적대감이 없었기 때문이다. 십자군이 넓은 지역을 점령하면서 사회경제적 조건에 큰 압력을 일으키고 수십 년이 지나자 비로소 전면적 항전이 시작되었다. 16세기 초 인도양의 현지인들도 마찬가지였다.

포르투갈 세력이 짧은 시간 내에 항로의 주요 거점들을 모두 점령할 수 있었던 데는 어느 항구에도 성곽 등 견고한 방어시설이 갖추어

있지 않았고 일반 선박의 무장 수준이 낮은 이유도 있었다. 유럽인의
교역활동에는 무력이 자주 동원되었기 때문에 선박도 항구도 전투력
을 갖추고 있었던 반면, 인도양은 평화로운 세상이었다. 약간의 해적
이 있었지만 선박을 납치해도 적정선의 몸값을 요구하는 정도로, 맹
수보다는 기생충과 비슷한 존재였다.

　　인도양의 교역은 많은 이득을 창출하는 사업이었고, 상인과 무역
업자들도, 항구를 관리하는 공권력도, 간간이 끼어드는 해적들도, 이
교역의 생태계를 근본적으로 교란시키는 일 없이 자기 몫을 누리며
지내고 있었다(차우두리는 『Trade and Civilisation in the Indian Ocean』(인
도양의 교역과 문명) 제5장에서 인도양 일대에 안정된 형태로 널리 자리 잡은 이
교역 패턴을 '거점 교역'emporium trade으로 설명했다). 15세기 초에 명나라
함대가 큰 규모의 무력을 싣고 나타났지만 이 생태계를 교란하기보다
는 참여해서 한몫을 맡는 데 그쳤다. 그런데 그 100년 후에 나타난
포르투갈 함대는 가장 큰 것이 정화 함대의 10분의 1이 안 되는 규모
(인원 기준)였음에도, 그 힘으로 모든 경쟁세력을 파괴하고 교역을 독
점하겠다고 나선 것이다. 인도양의 역사에 유례가 없는 악질 해적의
출현이었다.

　　그러나 인도양의 교역로를 독점적으로 지배하려는 포르투갈의 의
지는 관철되지 못했다. 핀들레이와 오루어크는 『Power and Plenty』(권
력과 풍요)에서 여러 연구자의 분석을 종합, 16세기에 말라바르(인도 서
해안) 지역산 후추 중 30퍼센트만이 유럽으로 수출되었고 그중에서도
절반은 포르투갈 함대에 의해서가 아니라 레반트 지역을 통해 수송
되었다고 밝혔다(157쪽). 인도양 향료 교역 무대에서 포르투갈의 몫은
20퍼센트에 미치지 못했다는 뜻이다.

　　수가타 보세도 『A Hundred Horizons』(100개의 수평선)에서 포르투
갈(과 그 뒤를 이은 유럽세력)이 인도양 교역체계를 바꾸기보다 그에 적응
하여 편입된 것으로 보았다.

16~17세기 유럽인의 인도양 초기 진출이 그 지역의 경제적·사회적 통합성의 원리를 근본적으로 바꾸거나 무너트렸는가? 포르투갈인이 무장교역의 새로운 형태와 해상주권이라는 낯선 주장을 인도양 해역에 들여온 것은 사실이다. 그러나 이 두 세기는 유럽인과 아시아인 사이의 '파트너십의 시대' 또는 인도와 인도양에서의 '억제된 분쟁의 시대'로 해석된다. 이 시기 동남아시아 역사의 연구를 통해 경제적·사회적 쇠퇴라는 단순한 관점은 부정되었다. (19쪽)

포르투갈인은 향료의 유럽 시장 공급만을 생각하며 인도양에 들어왔고, 처음에는 그 목적을 위해 무력에만 의존했다. 그러나 현지 사정에 익숙해지면서 그보다 위험이 적으면서 수익성이 높은 사업 영역에 눈뜨게 되었다. 폭풍과 괴혈병의 위협에 시달리며 왕복에 2년씩 걸리는 본국과의 교역보다 아시아 각 지역 사이의 중계무역이 더 수지맞는 사업이 된 것이다. 1540년대 이후 중국과 일본으로까지 활동 영역을 넓히게 된 것은 그 결과였고, 현지 여러 세력과 거래관계를 맺으면서 무력에만 전적으로 의존하던 태도도 얼마간 바뀌게 되었다.

애초 향료를 찾아온 것이었지만…

차우두리는 『Trade and Civilisation in the Indian Ocean』(인도양의 교역과 문명)에서 16세기 인도양의 포르투갈 활동을 하나의 '해상제국'으로 규정하면서 그 역사를 세 단계로 구분했다(65~67쪽). 1515년까지의 '개척기'에는 그 지역의 잠재적 경쟁자들이 허를 찔린 상태에서 중요한 항구 여러 곳을 삽시간에 점령할 수 있었다.

말라바르 해안의 고아에 인도총독부Estado da India가 자리 잡은 후 1560년까지 '전성기'는 항로의 독점이라는 애초의 목표에 상당히 접근한 시기였다. 요새화된 일련의 요충지를 거점으로 삼아 정기적으로 항로를 시찰하는 포르투갈 함대에 정면으로 맞설 다른 해상세력이 없는 상태에서 인도양을 항해하는 대부분의 상선이 포르투갈인의 통제를 받았다. 인도총독부의 제1과제는 유럽 시장을 향한 경쟁 노선인 중동 방면 교역의 봉쇄였다. 이 과제에서 상당한 성과를 거두었기 때문에 유럽 시장에서 향료 가격이 높은 수준을 유지할 수 있었다.

1560년 이후 '쇠퇴기'의 두 가지 중요한 변화를 차우두리는 지적한다. 하나는 현지인의 도전에 의해 항로의 독점이 약화된 것이다. 말라카해협을 장악한 포르투갈 세력을 피해 순다해협(자바와 수마트라 사이)을 무슬림 상선이 많이 이용하게 되었고 그 거점이 된 수마트라 북단의 아체 술탄국이 강력한 함대를 갖추게 되었다. 무슬림 상선이 중동 지역을 통해 지중해로 보내는 향료 때문에 유럽의 향료 가격이 떨어지고 포르투갈의 이익도 줄어들었다.

차우두리가 지적하는 또 하나 포르투갈 세력 쇠퇴기의 변화는 포르투갈 선단의 현지 교역 참여 비율이 커진 것이다. 중심 상품인 향료만 하더라도 유럽의 소비는 세계 시장의 5분의 1에 불과했다. 그리고 인도양의 해상교역에서 향료는 많은 상품 중 하나일 뿐이었다. 동아프리카, 이집트, 페르시아, 인도, 동남아시아, 나아가 중국과 일본까지 주변 여러 지역 사이의 교역이, 항로의 장악력을 확보한 포르투갈에게 갈수록 중요한 사업이 되었다. 사업의 입체화라는 점에서 발전의 의미도 있는 변화였지만 참여자의 다변화라는 점에서 경쟁의 격화를 불러옴으로써 네덜란드와 영국 등 후발 주자들의 추격을 쉽게 해주는 조건이 되었다.

포르투갈인은 1513년부터 중국 연해에서 활동하기 시작했지만 40년 동안 교역 상대로 인정받지 못하고 해적으로 취급되었다. 그러다가 1554년에 교역 허가를 받고, 3년 후에는 마카오 기지의 임대가 시작되었다. 이 시점에 포르투갈인의 중국 교역이 공식화된 데는 일본과의 교역이 계기가 된 것으로 보인다. 포르투갈인은 1543년에 일

포르투갈의 '구로후네'를 그린 17세기 일본 그림(좌). 갈레온 복제 모형. 카라크의 뒤를 이어 19세기까지 주력 범선이었다(우).

본과의 교역을 시작했고, 1550년부터는 매년 한 차례 고아와 나가사키長崎 사이를 운항하면서 마카오에 기항하게 되었다.

고아와 나가사키 사이를 운항한 배는 카라크였는데, 처음에는 500톤급 배가 다니다가 점점 커져서 1000톤급이 다니게 되었다. 당시 일본인은 처음 보는 이 큰 배를 '구로후네'黑船라고 불렀는데, 포르투갈인은 '은銀의 배'nau da prata라 불렀다. 일본에서 가져오는 가장 중요한 상품이 무엇이었는지 보여주는 별명이다. 1526년에 개발된 이와미 은광은 아메리카의 거대 은광이 가동되기 전까지 얼마 동안 세계 최대의 은광이었고, 이 시기 일본의 은 생산은 전 세계 생산의 3분의 1에 이르렀던 것으로 추정된다.

당시 중국에서 금과 은의 교환 비율은 5 대 1이었는데 유럽에서는 12 대 1이었다고 한다(핀들레이와 오루어크, 『*Power and Plenty*』, 214~216쪽). 중국 시장에서 필요로 하는 외국 상품은 많지 않았는데, 은 하나만은 거의 무한정의 수요가 있었던 것이다. 가정제 시기(1522~1566)에

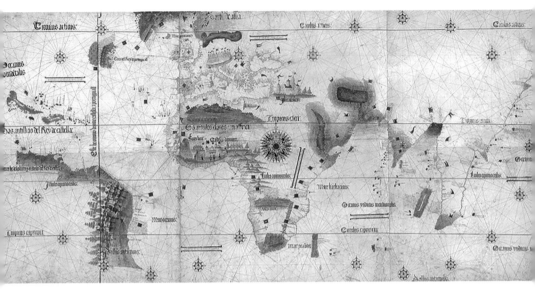

1502년에 포르투갈에서 그려진 해도(Cantino planisphere). 토르데시야스 조약에 규정된 경계선이 표시되어 있다.

왜구 활동이 늘어난 것도 일본의 은 생산 급증에 따른 것인데, 이제 포르투갈인이 중국에 대한 은 공급을 왜구와 나눠 맡게 된 것이다(이 시기 은의 세계적 이동 상황은 핀들레이와 오루어크의 위 책, 212~226쪽에 개관되어 있다).

중국에서 은에 대한 거대한 수요가 수백 년 동안 지속된 원인을 경제의 팽창에 따라 화폐 유동성의 수요가 일어난 것이라고 하는 설명이 나와 있다. 경제의 팽창에 따라 동전을 사용하기 힘든 고액 결제의 필요가 늘어나 송나라 때부터 지폐가 사용되었는데, 지폐의 공신력에 문제가 자주 일어났기 때문에 명나라 때부터 은이 결제수단으로 많이 쓰이게 되었다는 것이다. 어느 정도 납득이 가는 설명이기는 하지만 그렇게 많은 분량이 그렇게 오랫동안 수입된 상황을 설명하기에는 조금 아쉽기도 하다. 은이 축재蓄財의 수단이 된 측면을 더 살펴봐야겠다.

중국의 은 수요가 이끌어낸 또 하나의 현상이 아메리카와 동아시아를 연결한 '마닐라 갈레온'Manila Galleon이다. 초기 대항해시대의 주역이던 포르투갈과 스페인은 1494년 교황의 중재로 토르데시야스 조약Treaty of Tordesillas을 맺어 대서양 상의 어느 자오선을 기준으로 동쪽은 포르투갈, 서쪽은 스페인의 영역으로 했다. 이에 따라 아메리카(브라질 제외)는 스페인, 아프리카와 아시아는 포르투갈의 몫이 되었는데, 스페인은 동쪽 끝의 향료제도에 대한 미련을 버리기 어려웠다. 그래서 마젤란의 항해(1519~1522) 이래 아메리카에서 아시아로 진입하는 길을 찾아 태평양 항해를 시작했고 결국 필리핀을 차지하게 되었다. 1560년대에 태평양 항로가 안정되면서 멕시코와 필리핀 사이에 상선의 왕래가 잦아졌고, 아메리카의 은과 중국의 비단이 그 주된 교역품이었다.

해상제국도 일종의 '그림자 제국'

흉노제국이 진·한 통일과 동시에 나타난 이유를 생각하다가 "그림자 제국"의 개념을 떠올리고 무척 흡족했다. 자체 동력에 의해서 제국을 일으킨 것이 아니라 중원의 통일에 따른 상황 변화에 적응하는 노력의 결과로 흉노제국이 나타나게 되었다는 것인데 흥기에서 쇠퇴까지 흉노제국사의 굴곡이 잘 설명되는 해석이다. 내 공부가 깊지 않은 영역에서는 '독창적'인 생각을 내놓기가 조심스럽지만, 이 개념은 설명력이 좋아서 자신 있게 내놓을 수 있었다.

그런데 사실은 그리 독창적인 개념이 아니었다. 「The Shadow Empires: imperial state formation along the Chinese-Nomad frontier」(그림자 제국: 중국-유목세계 접경에서 제국체제의 형성)란 제목의 토머스 바필드의 논문이 있다는 사실을 한 독자가 알려주었다(수전 앨콕 등 엮음, 『Empires』(제국, 2001) 소수所收). 그의 1989년 책 『Perilous

Frontier』(위태로운 변경)에서는 보이지 않았던 개념인데 그사이에 다듬 어낸 모양이다.

독창적인 생각이 아니라는 사실이 다행이다. 내가 직접 연구하는 영역에서는 독창적 관점을 세울 필요가 있지만 다른 연구자들의 성과를 독자들에게 설명해드리는 작업에서 새로운 생각을 떠올린다면 헛것을 본 것이기 쉽다. 그래도 이번 작업에서는 학계에서 융화되어 있지 않은 여러 영역에 걸친 주제를 다루려니 아슬아슬한 이야기를 해야 할 때가 꽤 있다.

논문을 읽어보니 발표 후 20년이 되도록 널리 파급되지 않은 (그리고 본인의 후속 연구도 보이지 않는) 까닭을 알 듯하다. '그림자 제국'의 특성을 너무 넓게 일반화하려 한 것 같다. 바필드는 '그림자 제국'의 범주에 '반사형 제국'mirror empires, '해상-교역 제국'maritime trade empires, '포식형 제국'vulture empires, '추억의 제국'empires of nostalgia 의 4개 유형을 포괄하려 했는데, 이 유형들 사이의 차이가 너무 커 보인다.

'포식형 제국'과 '추억의 제국'은 지속성이 약하다. 제국의 해소 과정에서 일시적으로 나타나는 현상으로 봐야 할 것 같다. '포식형 제국'의 사례로 요·금·청 등 만주세력이 세운 왕조들을 예시하는데, 그 왕조들은 이른 단계에서 '본격 제국'primary empires의 틀을 갖추었으므로 '그림자 제국'의 범주에 머무른 것은 짧은 과도기에 불과한 것으로 봐야 할 것이다.

흉노, 돌궐 등이 포함되는 '반사형 제국'이 '그림자 제국' 개념의 표준이라 할 수 있다. 여기에 비추어 '해상-교역 제국'에 관해 생각할 점이 많이 있다. 서양 고대의 페니키아와 아테네, 근세의 포르투갈 해상제국과 대영제국 등 '해상제국'의 이름이 그럴싸한 현상이 많이 있었다. 중세 동남아시아의 스리위자야도 이 범주에 들어갈 것 같다.

'본격 제국'과 '그림자 제국'의 차이는 일차적으로 생산력의 자족성

autarchy 여부에 있다(바필드는 본격 제국의 조건으로 ①다양성의 포용, ②교통수단, ③통신수단, ④폭력의 독점, ⑤통합의 이념을 꼽았지만, 생산력의 자족성이 더 근본적인 조건으로 생각된다). 상업세력의 해상제국은 유목민의 초원제국과 마찬가지로 제국 조직의 유지에 필요한 기초자원을 생산력을 가진 주변의 정착사회로부터 취득함으로써 성립하는 것이다. 그러나 해상제국은 몇 가지 초원제국과 다른 조건을 가진 것으로 생각된다.

첫째, 자원 취득의 기본 수단이 초원제국에게는 무력인데 해상제국에게는 교역이다. 해상세력에게는 항구의 범위를 넘어 육지를 공략하고 점거하는 데 적합한 무력이 없으므로 교역의 이득을 제공해야 필요한 자원을 취득할 수 있다. 해상세력의 무력은 해상의 경쟁세력을 상대로만 사용되는 것이다.

둘째, 초원제국이 한두 개 본격 제국에만 의지해 성립·유지되는 반면 교통로가 여러 방향으로 열려 있는 해상제국은 여러 개 육상세력과의 거래관계를 나란히 유지해야 한다. 이것이 육상세력에게 교역의 이득을 제공할 수 있는 조건이기도 하지만, 경쟁의 문턱이 낮아서 해상제국이 오래 지속되기 어려운 조건도 된다.

16세기 인도양의 포르투갈 해상제국이 상당 기간 유지된 것은 본국의 국력이 압도적이어서가 아니라 현지의 교역 조건에 잘 적응한 성과였다. 무장 함대에 의한 공격적 항로 개척은 현지의 잠재적 교역 수요를 불러일으킴으로써 교역의 이득을 크게 늘렸다. 그리고 1540년대부터는 일본과 아메리카에서 생산이 늘어난 은을 중국과 인도 등 생산력이 높은 지역에 유입시키는 사업에 앞장섬으로써 교역의 주도권을 지킬 수 있었다. 17세기 들어 인도양의 현지 세력이 아닌 네덜란드와 영국 등 다른 유럽 세력이 이 해상세력의 경쟁자로 부각된 데는 아메리카 은의 유럽 공급이 크게 늘어난 이유도 있었을 것 같다.

새로운 모습으로 나타난 유럽과 일본

문명권에 속한 사람들은 주변의 타자他者와의 대비를 통해 문명인으로서 자긍심을 누렸다. 중국에서 이 타자들을 부른 이름에는 융戎, 적狄, 만蠻, 이夷 등 여러 글자가 있었지만 이 글자들의 훈訓이 모두 "오랑캐"라는 사실은 '타자=오랑캐'의 관념이 일반적 현상이었음을 말해준다.

춘추시대까지는 중원中原 지역에도 모자이크처럼 오랑캐가 여기저기 섞여 있었다. 거자오광은 『歷史中國的內與外』(역사 속 중국의 안과 밖, 2017)에서 춘추전국시대에 여러 오랑캐가 뒤섞여 있던 상황을 보여주는 여러 사료를 인용하면서 "그 시대의 '중국'이란 함곡관函谷關 동쪽으로 황하 중하류 유역일 뿐이며, 서북의 '융적'도 남방의 '만이'도 포괄하지 않는" 것이었다고 설명했다(5~10쪽).

'중화문명'이라고 불릴 농경문명이 전국시대에 중원을 채운 뒤로 오랑캐는 외부의 존재가 되었다. 진秦·한漢제국 이래 중국인의 의식을 가장 많이 사로잡은 오랑캐는 서방과 북방의 유목민이었다. 중국 동해안 일대의 동이가 제국에 흡수된 뒤 바다 건너 한반도의 동이는 농경을 비롯한 중국문명을 전수받아 중화제국에 종속하는 길로 들어섰고, 백월百越 등 남방의 오랑캐는 여러 단계에 걸쳐 꾸준히 정복·흡수되었다.

다른 방면의 오랑캐와 달리 서북방 유목민이 오래도록 중화제국의 문젯거리가 된 까닭이 무엇이었을까? 몇 가지 조건을 생각할 수 있다.

①동쪽과 남쪽으로는 중국의 농경문명이 확장되어 나갔기 때문에 중화제국에 편입되거나(남쪽) 안정된 조공관계를 맺었다(동쪽). 농경문명의 확장이 불가능한 서쪽과 북쪽의 건조지대는 중화제국에 편입되기 어려웠고, 억지로 편입시켜도 불편이 많았고, 안정된 조공관계를 길게 끌고 갈 만한 농업국가가 들어서지도 못했다.

②유목은 꽤 생산성이 높은 (농업보다는 못해도 수렵·채집보다는 우월한) 산업이었고 특이한 생활방식을 통해 강한 전투력과 상당한 조직력을 가진 사회를 키워냈다.

③서방의 힌두-페르시아문명권과 중국 사이의 교역이 자라남에 따라 그사이의 공간에 대한 지배력이 유목민의 입장을 강화해주었다.

①과 ②는 역사상 유목세력의 연구에서 많이 밝혀져 온 사실인데, ③의 조건은 아직도 명확히 밝혀져 있지 않다. 그러나 개연성은 분명하다. 페르시아와 중국 사이의 실크로드는 많은 각광을 받아왔는데, 페르시아인과 중국인 간의 장거리 교역보다는 중간 지역 주민들의 중계무역이 실크로드의 실체였다. 당나라 장안長安에 '파사인'波斯人이 많이 살았다고 하지만 기록으로 전해지는 그들의 풍속을 보면 페르시아 중심부에서 온 사람들이 아니라 페르시아 주변의 유목민으로 보인다.

유목민을 포함한 중간 지역 주민들이 중계무역에 종사한 것은 그로부터 얻는 이득이 충분히 크기 때문이었다. 교역의 이득만이 아니라 양쪽 문명의 기술적 장점을 함께 섭취할 수 있다는 조건도 유목세력의 강화를 뒷받침해주었다.

거대한 초원제국이 세워져 있을 때 동서 간의 교섭이 활발했던 것은 중간세력 수취의 일원화에 따라 통과비용을 최소화할 수 있었기 때문이다. 초기 몽골제국에서 그런 상황이 나타났으나 교역 규모가 커지는 만큼 그 이득을 향한 경쟁도 격화되었다. 4칸국 분열도 경쟁 격화의 결과였고, 그에 따라 교통로의 효율성이 손상되면서 이를 대체하기 위해 해로의 이용이 늘어나게 되었다.

명나라 영락제永樂帝가 대함대를 건설한 것은 교역로의 비중이 육로에서 해로로 옮겨지는 추세에 맞춘 것이었다. 경제적 이득보다 제국의 안보가 더 중요한 고려사항이었다. 교역의 이득이 큰 곳에 강한 중간세력이 일어난다는 것은 초원에서 거듭거듭 확인된 일이었다. 그러나 15세기 초 영락제 당시에는 중국이 위협으로 느낄 만한 조짐이 해양 방면에서 나타나지 않았다. 그래서 대함대 운영을 중단하고 소극적인 조공무역으로 돌아갔다.

영락제의 함대가 규모에 걸맞은 일거리를 찾지 못하고 사라진 70여 년 후 그 함대가 정말 필요했음직한 상황이 포르투갈인의 인도양 진입으로 펼쳐졌다. 인도양에서 유럽인의 활동이 그 후 꾸준히 늘어나 중국의 해외교역에서 차지하는 비중이 커졌을 때, 중국인들은 그들을 새로운 유형의 오랑캐, '양이'洋夷(바다오랑캐)로 인식하게 되었다.

진·한제국 이래 1000여 년 동안 중국의 가장 큰 관심을 끈 것은 초원의 유목민이었다. 그러나 바다오랑캐의 역할이 점점 커졌다. 명나라가 만주족의 청나라로 교체될 때까지 군사적 긴장은 북쪽에 쏠려 있었지만 중화제국의 경제적 기반을 바꾸는 변화는 남쪽 바다에서 꾸준히 일어났다. 바다오랑캐의 역할이 계속 커져서 수백 년 후에는 그 힘 앞에 중화제국이 무너지는 사태에까지 이르는 것이다.

육로에서 해로로 옮겨진 동·서 교역

이탈리아意大里亞는 대서양 가운데 있으며 예부터 중국과 통교가 없었다. 만력萬曆간에 그 나라 사람 이마두利瑪竇가 경사京師에 이르러 『만국전도』萬國全圖를 지어 이르기를 '천하에 대륙이 다섯 있으니, 첫 번째가 아세아주로 그 속에 무릇 100여 나라가 있고 거기서 첫째가는 것이 중국이요, 두 번째가 구라파주로 그 속에 무릇 70여 나라가 있고 그 첫째가는 것이 이탈리아요' (…) 모든 구라파 제국은 다 같이 천주 야소耶蘇의 교敎를 받든다. 야소는 유대如德亞에서 태어났으니 그 나라는 아세아주 안에 있는데, 서쪽으로 구라파에 교를 행한 것이다. (…) 그 나라 사람으로 동쪽에 온 이들은 모두 총명하고 특출한 성취가 있는 선비들이며, 오로지 교를 행하는 데 뜻을 둘 뿐, 녹리祿利를 구하지 않았다. 그들이 지은 책에는 중화 사람들이 말하지 않은 것이 많은 까닭으로 한때 별난 것을 좋아하는 이들이 모두 이를 우러렀으며, 사대부로 서광계, 이지조 같은 무리들이 앞장서 그 설說을 좋아하고 또 그 글을 윤색해주었으므로 그 교가 힘차게 일어날 때 중국 땅에 그 이름이 크게 드러난 것이다.

『명사』明史 권326 「이탈리아열전」意大里亞列傳의 이 내용에 담긴 정보는 마테오 리치(1552~1610) 등 예수회 선교사들에게서 나온 것이다. 몽골제국 시대에 유럽과의 접촉이 늘어나면서 유럽이 표시된 세계지도도 만들어지게 되었지만 중국과 직접 조공관계를 맺을 가능성이 없는, 일칸국 바깥의 야만 지역으로만 인식되었다. 16세기 중엽까지 포르투갈인의 활동이 늘어남에 따라 마카오 기지를 허용하면서도

마테오 리치 초상은 유사儒士 복
장으로 흔히 그려지곤 한다. 성모
자상과 함께 천문의기와 하프시코
드가 곁들여져 있어 그의 매력 포
인트를 보여준다.

그들이 가져오는 은銀의 가치를 인정했을 뿐, 그들의 문명은 인정하
지 않았다. 그러다 1583년 마테오 리치를 필두로 가톨릭 선교사들의
중국 내 활동이 시작되면서 유럽의 모습이 중국인들의 눈앞에 새로
나타나기 시작했다.

　리치 등 선교사들은 중국 진입 초기부터 선교 사업의 성공을 위
해 유럽의 문명 수준을 중국인에게 인정받을 필요가 있다는 인식 아
래 유럽의 자랑할 만한 면모를 소개하는 데 주력했다. 그들의 중국어
저술을 1629년 이지조李之藻(1565~1630)가 모아 편찬한 『천학초함』天
學初函에서 그 노력 방향을 알아볼 수 있다. 이편理編과 기편器編으로
구성되었는데, 이편은 기독교 교리를 소개한 것이고 기편은 종교 이
외의 유럽 문화와 학술을 소개한 것이다.

　이지조 같은 명나라의 최고급 지식인·관료 중에 유럽으로부터 배
울 것이 있다는 인식을 갖고 선교사들의 저술과 출판을 적극 지원한

마테오 리치가 1602년에 제작한 〈곤여만국전도〉坤輿萬國全圖.

사람들이 있어서 '서학'西學의 흐름을 일으켰다. 그중에 최고위 관직
에서 활동한 서광계徐光啓(1562~1633)는 선교사들을 동원한 역법曆法
개정 사업을 벌여 『숭정역서』崇禎曆書를 편찬했고(1629~1634), 이것이
청나라에서 채용한 시헌력時憲曆의 토대가 되었다.

　역법은 황제의 통제력이 공간만이 아니라 시간에까지 미친다는
이념을 구현한다는 점에서 중화제국의 핵심적 제도의 하나다. 그런
중요한 제도에 유럽 수학과 천문학이 활용되었다는 것은 유럽문명의
수준을 획기적으로 보장해주는 일이었다. 중화제국의 역사를 통해
외부 문명의 도움으로 역법의 발전을 본 일은 그전에 두 차례 있었
다. 남북조시대에 인도문명의 도움을 받은 일과 원나라 때 이슬람문
명의 도움을 받은 일이다. 이제 인도문명과 이슬람문명의 뒤를 이어
유럽문명이 중국에서 존중받는 위치에 서게 된 것이다.

　몽골세력이 유라시아대륙을 휩쓸던 13세기에 유럽은 중국문명권

과 이슬람문명권에 비해 산업, 학술, 예술 모든 면에서 형편없이 미개한 단계에 있었다. 그런데 16세기 말에는 여러 면에서 격차가 크게 줄어들고, 어떤 부문에서는 앞선 모습까지 보이고 있었다. 르네상스와 종교개혁이 진행되고 과학혁명이 시작된 그사이의 기간에 '유럽문명'이 태어난 것이다.

유럽문명의 탄생 과정을 해명한다는 것은 내게 벅찬 과제다. 17세기에 접어들 무렵에는 상당히 높은 수준의 문명이 유럽에서 일어나고 있었다는 사실을 있는 그대로 받아들이면서, 다른 문명권에 비해 짧은 기간에 형성되는 과정을 통해 이 문명이 어떤 특성을 보이게 되었는지 살펴보는 정도에 그쳐야 하겠다.

17세기 이후 유럽문명은 다른 문명권에 갈수록 큰 영향을 끼치면서 '근대문명'의 주체가 되었다. 이 근대문명 속에서 태어난 '근대역사학'은 유럽의 주도적 역할을 인류문명의 역사 전체에 투영하려는 경향을 보였다. '유럽중심주의'Euro-centrism 사관이다.

유럽중심주의는 가치관에서 시작한다

학생 시절에 읽은 윌리엄 맥닐의 『*The Rise of the West*』(서양의 흥기, 1963)를 다시 읽으면서 예전보다 읽기가 쉬워졌다는 느낌이 든다. 50년 전에는 재미있으면서도 마음에 걸리는 대목이 너무 많아서 순순히 읽히지가 않았다. 그때는 유럽중심주의를 올려다보고 있었는데 지금은 내려다보게 되었기 때문에 읽기가 쉬워진 것 같다.

유럽중심주의 사관의 대표작이라 할 만한 책이다. 1963년, 서양의 동양에 대한 우위를 의심하는 사람이 거의 없던 시절, 역사의 추동력이 모두 유럽에서 나온 것이라는 믿음이 세상을 휩쓸던 시절에 나온 책이다.

이 책의 1991년 개정판 앞머리에 "25년 후에 되돌아보는 '서양의 흥기'"라는 저자의 글이 붙어 있다. 이 글에서 맥닐은 책 쓸 당시의 세계정세에 자신의 관점이 좌우된 면이 적지 않았음을 인정하면서 몇 가지 중요한 오류를 스스로 지적했다. 그중 하나가 11~15세기 중국문명의 우월성을 제대로 평가하지 못한 것이라고 했다.

> 『The Rise of the West』를 구성한 기준에 비추어 볼 때 1000년에서 1500년 사이 중국의 우월성을 이해하지 못한 것이 특히 후회된다. 그렇게 했으면 책의 구조가 우아한 단순성을 갖게 되었을 것이다. (…) 단순한 구조로 과거를 구성하는 방식을 이어 나가 1000~1500년은 중국의 동아시아가, 그리고 1500~2000년은 유럽의 서양이 문명을 꽃피워 전면적 주도권을 가졌던 시대로 설정했다면 사실과도 부합하는 깔끔하고 정확한 그림을 그릴 수 있었을 것이다. 그렇게 하지 못한 것은 내 식견의 부족 (그리고 유럽중심주의의 찌꺼기) 때문이었다. (xix쪽)

원래의 책에는 보이지 않던 "유럽중심주의"라는 말이 괄호 안에라도 나오게 된 것은 그동안 그런 비판을 많이 받았기 때문일 것이다. 그러나 1990년 시점에서도 맥닐이 유럽중심주의를 정말 깊이 반성한 것 같지는 않다(이 글에 대한 소감은 제13장에서도 밝힌 바 있다).

'공정성'의 의미가 지금 사회에서도 문제가 되고 있는데, 채점만 엄정하게 하면 공정성이 담보된다고 하는 주장에는 한계가 있다. 더 앞서는 문제가 출제 내용에 있다. 직원이나 학생을 뽑으면서 직원 노릇, 학생 노릇을 위한 본질적인 조건이 아닌, 특정 범위의 지원자에게 유리한 조건만 따진다면 공정한 선발이 될 수 없다.

역사의 평가에도 근본적인 문제는 가치관에 있다. 과거의 어느 사회나 국가가 걸었던 길의 의미를 이해하려면 우선 그 시대 그 사회의 가치관을 찾아내야 한다. 그런 뒤에 그 가치관이 오늘날 우리에게 어떤 의미가 있는 것인지 음미할 수 있다. 오늘날의 특정한 가치관을 통해서만 역사를 바라본다면 동어반복의 굴레를 벗어날 수 없다.

제목에서부터 맥닐은 인류의 역사 전체를 '서양의 흥기' 과정으로 보았다. 18세기 이후 유럽의 주도권이 잠간 지나가는 '경유지'가 아니라 아득한 옛날부터 인류 역사의 '목적지'였다고 보는 것이다. 이런 관점은 근대세계의 가치관이 언제 어디서나 유효했다는 가정 위에 세워지는 것이다. 1991년 글 중에 이런 대목이 있다.

(1500년 이후) 유럽에서 도시국가들의 주권을 빼앗은 몇몇 왕국과 새로 나타난 민족국가들은 상인과 은행가들에게 시장활동의 확장을 위한 길을 제한 없이 풀어주었다. 반면 중국과 대부분의 이슬람세계에는 민간의 자본 축적을 싫어하는 정치체제가 자리 잡았다. 아시아의 통치자들은 한편으로 선한 정치의 이름 아래 몰수 성격의 세금을 통해, 다른 한편으로 소비자 보호의 이름 아래 자의적 가격통제를 통해 대규모 기업활동의 발생을 가로막았다. (xxviii쪽)

민간의 기업활동 확장과 자본 축적 확대가 인간 사회에 무조건 좋은 것이라는 믿음은 1991년까지도 변하지 않았던 것이다. 1000～1500년 기간의 중국을 이런 기준에서 과소평가한 것이 잘못되었다는, 채점의 오류만을 인정한 것이다. 자본 축적의 지나친 확대가 체제를 불안하게 만드는 문제나 기업활동의 지나친 확장이 사회구조와 자연환경에 일으키는 위험에 대한 인식은 보이지 않는다. 자유주의·자본주의 가치관에 머물러 있는 것이다.

가치관은 세계관에서 나오는 것이다. 환경론자 바츨라프 스밀은 인간에게 주어진 생활공간이 지구 하나뿐이라며 우주 개발에 나서자는 일론 머스크를 야유한다. 인간의 '세계'를 지구에 한정된 것으로 보느냐 여부에 따라 두 사람의 가치관이 갈라지는 것이다. 16세기 유럽인은 머스크처럼 '무한한' 확장 공간을 바라본 반면, 같은 시기 중국인은 스밀처럼 '닫힌 천하'를 잘 관리하는 데 정치의 목적을 두었다. 유럽인이 잘하고 중국인이 잘못했다는 맥닐의 재단에 1963년에는 이의를 제기하는 사람이 거의 없었고 1991년까지도 많지 않았다. 그러나 2022년 지금 시점에서는 사정이 달라졌다. 세계관이 달라졌기 때문이다.

맥닐의 1963년 관점을 지금 유행하는 관점을 기준으로 무조건 부정할 것은 아니다. 세상을 닫힌 것으로 보는 세계관도, 열린 것으로 보는 세계관도 각자 나름의 타당성이 있다. 다만 1963년에는 사람들의 관점이 열린 쪽으로 너무 치우쳐 있다가 그사이에 균형이 꽤 되돌아온 것이다. 맥닐의 책은 한 시대 사람들의 일반적 관점을 충실히 담은 것으로서 참고 가치가 있다. 유통기한이 지나 일반 독자들의 이용에 맞지 않게 된 재고식품과 같은 것이다. 그에 비해 21세기 들어서까지 신자유주의 노선을 정당화하기 위해 같은 논점을 계속 우려내는 논설들은 아예 불량식품이다.

16세기 일본의 급속한 발전

명나라에서 외부세력의 위협을 '북로남왜'北虜南倭라는 말로 나타내기 시작한 것은 가정제(재위 1521~1566) 때의 일이다. 북쪽 오랑캐는 흉노 이전부터 중화에 대한 중대한 위협으로 인식되어온 존재다. 반면 남쪽 오랑캐는 기껏해야 성가신 존재일 뿐이었다. 역사시대를 통해 남쪽 오랑캐는 중화의 정복 대상이었고 어쩌다 일으키는 저항도 변경의 소요에 불과했다.

그런데 명나라 중엽에 이르러 북쪽 오랑캐와 나란히 지목될 만큼 부각된 남쪽 오랑캐는 바다 너머에 있는 존재였다. 일본〔倭〕이 대표선수로 나섰지만 그 배후에는 해상활동의 전반적 변화가 있었다. 명나라의 해외무역은 꾸준히 늘어나고 있었는데 그것을 조공무역의 틀에 묶으려는 시도는 정화의 항해로 끝났다. 강남지역의 지방세력이 참여하는 사私무역이 번성하면서 중국 내외의 세력구조에 변화가 일어나는데, 그 변화가 가장 첨예하게 나타난 곳이 일본이었다.

한국인으로서 중국사를 공부한 내게는 일본의 위상을 낮춰 보는 습성이 있다. 한국에 비해 중국문명 도입에 불리한 입장에 있던 일본이 임진왜란(1592~1598) 같은 큰 사건을 일으킨 것은 유목세력이 종종 중국을 침공한 것과 같이 문명의 안정성이 떨어지기 때문이라는 정도로 가볍게 생각했다.

공부가 넓어지는 데 따라 상황이 그렇게 단순한 것이 아니라 16세기 일본이 넓고 깊은 변화를 겪은 끝에 참으로 큰 힘을 키우게 된 것이라는 사실을 차츰 이해하게 되었다. 일본의 발전을 가로막아온 최대의 약점, 다른 지역과의 교섭이 어렵다는 고립성의 문제가 13세기 이후 조선술과 항해술의 발달에 따라 완화되어온 사실을 생각하게 된 것이다.

중세 일본의 발전상에 대한 관심이 늘어나면서도 깊이 살펴볼 겨를이 없던 차에 재미있는 책 하나가 눈에 띄었다. 노엘 페린의 『Giving Up the Gun』(총 버리기, 1979). 총을 버린다는 것은 군인이든 무장강도든 항복한다는 뜻이다. 하나의 사회, 하나의 국가가 총질에 한 번 맛을 들인 뒤에, 더 센 무기로 대치되는 것도 아닌데 총의 사용을 없앤다는 것이 가능한 일인가? 17~19세기 도쿠가와德川 시대 일본에서 실제로 일어난 일이다. 어떻게 그런 일이 일어난 것인지, 본문이 60쪽밖에 안 되는 얇은 책에서 페린은 흥미로운 이야기를 많이 들려준다.

임진왜란에서 큰 위력을 발휘한 '조총'鳥銃이 어쩌다 서양에서 얻어온 것 정도로 생각했던 데서부터 문제가 있었다. 1543년 규슈의 다네가시마種子島에 들어온 포르투갈인에게 처음 얻은 화승총火繩銃,

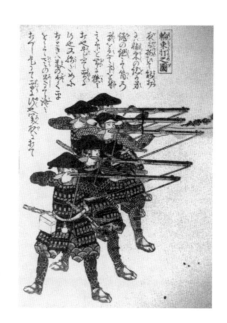

철포대鐵砲隊의 모습. 야간사격 시 총신의 높이를 맞추기 위해 허리띠와 총신 사이에 끈을 매어놓았다.

arquebus이 '다네가시마'란 이름으로 불린 것은 사실이다. 그러나 기술적·전술적으로 독자적인 발전을 이뤄 50년 후에는 유럽인보다 더 유용하게 총기를 구사하고 있었다는 사실을 페린은 설득력 있게 설명한다(1575년 오다 노부나가와 다케다 가쓰요리 사이의 나가시노長篠 전투를 페린은 예시한다. 3만 8000명 오다 군 중 1만 명이 총을 갖고 있었고, 그중 정예 3000명을 다키강 한쪽에 3열로 배치해 강을 건너오는 적군 기마대를 저격한 것이 결정적 승인이었다고 설명한다).

도입한 지 50년 만에 유럽인보다 더 총기를 잘 쓰게 된 까닭이 무엇일까? 제련 기술과 장인匠人 정신 두 가지가 지목된다. 이 두 가지가 당시 일본의 도검刀劍 제조에 가장 두드러지게 나타나는데, 역사상 최고의 도검 명장名匠 중 하나로 꼽히는 한케이가 원래 총포 장인 출신이었다는 사실을 소개한 것이 흥미롭다(62~63쪽). 철판을 두드려 펴서 접기를 수십 차례 거듭해 강인하고 예리한 칼날을 만드는 제련 기술이 총포 제작에도 활용되었다면 유럽보다 튼튼한 총신銃身을 만

1575년 6월 28일 일본 미카와국三河國 나가시노 전투 장면이 묘사된 병풍 그림. 가운데 강가 주위로 철포대의 배치가 보인다. 18세기 에도 시대 그림, 나고야 도쿠가와미술관.

들 수 있었을 것이다.

제련 기술이나 장인 정신의 발전을 위해서는 사회경제적 배경조건이 필요하다. 다수의 장인들이 품질 향상에 전념할 수 있는 경제적 여유와 안정된 사회관계가 필요한 것이다. 13세기 후반 몽골 침공을 계기로 이들 조건에서 급속한 발전이 이루어졌다. 15세기 후반 센고쿠戰國 시대에 접어든 것도 이런 경제 성장의 결과였다.

중국의 전국시대와 일본의 센고쿠 시대 사이에는 천수백 년의 시차가 있지만 공통된 특징이 많았다. 양쪽 다 경제 성장에 따라 군대와 전쟁의 대형화가 가능하게 된 결과였고, 정치사상과 제반 기술의 급속한 발전이 이루어졌다. 전국시대를 통해 중화제국이 빚어져 나온 것처럼 센고쿠 시대는 도쿠가와 막부幕府 체제로 귀결되었다.

16세기 센고쿠 시대의 일본은 또한 17세기 이후 유럽에서 나타날 여러 현상의 특징을 앞서서 보여주기도 했다. 중국 입장에서 보면 '바다오랑캐'의 면모를 유럽세력보다 먼저 맛볼 수 있던 대상이었다. 16세기 "북로남왜"의 '남왜'는 해상세력을 대표한 것으로 볼 수 있다.

서양인들을 경탄시킨 동아시아의 '질서'

독일인 의사이자 박물학자 엥겔베르트 켐퍼Engelbert Kaempfer(1651~1716)는 네덜란드 동인도회사 파견으로 1690년부터 2년간 나가사키에 체류했고, 그의 사후에 출간된 『일본사』는 일본의 개항 때까지 유럽에서 일본에 관한 가장 중요한 참고서였다. 노엘 페린의 책에 『일본사』의 마지막 문단이 인용되어 있다.

통일되어 있고 평화로운 이 나라, 신들을 공경하고 법치에 순종하고 윗사람들을 받들고 이웃을 사랑하고 아끼도록 길들여진 사람들이다. 공손하고 친절하며 덕성을 지니고 누구보다 뛰어난 기술과 생산력을 가진 사람들의 이 훌륭한 나라는 서로 간의 통상과 교역을 통해 풍요를 누린다. 이 용감한 사람들은 모든 필수품이 풍성하게 주어진 속에서 평화와 안정의 모든 혜택을 누린다. 이러한 번영 속에서 그들은 종래의 방종한 생활태도를 돌아보든 아득한 과거를 살펴보든 그 나라가 어느 때보다 좋은 상황에 처해 있음을 믿지 않을 수 없을 것이다. (77쪽)

한국인이 보통 생각하는 일본과는 전혀 다른 나라 같다. 어찌 생각하면 한국의 일본 인식이 임진왜란과 식민지 경험 때문에 호전적이고 침략적인 쪽으로 쏠린 것일 수도 있겠다. 또 켐퍼에게는 자기 고향과 비교해서 일본의 평화로움이 두드러지게 느껴진 것일 수도 있겠다. 켐퍼보다 약 100년 전 마테오 리치가 중국에서 받은 인상과 비교해본다.

병사든 군관이든, 문관이든 무관이든, 어느 누구도 시내에 무기를 가지고 다니지 못하게 되어 있다. 전쟁에 출동하는 길이나 훈련에 나가는 경우만 예외다. 그리고 적은 수의 고급관원들은 무장한 호위병을 거느릴 수 있다. 그들(중국인들)은 워낙 무기를 싫어하기 때문에 아무도 집에 무기를 두지 못한다. 여행 시 강도에 대항하기 위한 칼 정도밖에는 허용되지 않는다. 사람들 사이의 싸움이나 폭력이라면 고작 머리카락을 잡아당기거나 손톱으로 할퀴는 정도를 넘어서는 일이 없기 때문에 사람이 죽거나 다친다는 말은 들어볼 수 없다. 오히려 싸움을 피하고 물러서는 사람이 점잖고 용기 있는 사람으로 칭송을 받는다. (M. Ricci, L. Gallagher (tr.), 『*China in the Sixteenth Century: The Journals of Matthew Ricci, 1583~1610*』, 1953, 58~59쪽)

16세기 말의 중국이나 17세기 말의 일본을 면밀히 관찰한 유럽인에게 가장 놀라운 현상이 '질서'였던 모양이다. 질서 수준의 차이는 세계를 열린 것으로 보느냐 닫힌 것으로 보느냐에서 나온 것이 아닐까 생각된다. 중국에서는 기원전 3세기에 전국시대를 마감하면서 닫힌 '천하'가 표준적 세계관이 되었다. 천하의 중심부를 '중화제국'으로 운영하면서 주변의 오랑캐들이 '천하질서'를 교란하지 않도록 통제하는 것이 정치사상의 뼈대가 되었다.

일본 역시 센고쿠 시대를 마감할 때 그동안 섭취한 유가사상에 입각한 '소小천하'를 막부체제로 안정시킨 것이다. 도쿠가와 막부가 초기부터 총기 제작을 엄격히 통제해 결국 사라지도록 만든 것은 이 소천하 내의 질서를 위해서였다. 인간 사회에 갈등은 없을 수 없는 것이니 칼질까지는 완전히 막지 못하더라도, 충동적으로 또는 보이지 않게 타인을 상해하는 수단은 억제한 것이다.

가까이 있는 중국과 조선이 모두 닫힌 세계관을 갖고 이웃을 넘보지 않는 경향이었기 때문에 이 소천하의 격절성은 꽤 오랫동안 지켜질 수 있었다. 200여 년이 지난 후 일본의 소천하는 중국의 대천하와 나란히 지구 반대편에서 찾아온 서양세력에 의해 깨어졌다.

24

명나라의 심복지환은 북로北虜 아닌 남왜南倭

『명 실록』明實錄에도, 『명사』明史에도 '오랑캐' 이야기는 동남방의 바다오랑캐보다 서북방의 유목민 이야기가 압도적으로 많다. 명나라 당시에도, 청나라가 들어선 뒤에도 중화제국의 대외관계에서 서북방을 중시한 결과다.

만리장성부터 그렇다. 진 시황이 쌓은 것이라고 흔히 말하고, 그전의 전국시대 장성長城에서 출발한 것이라고도 하며, 그 후 여러 시대에 쌓은 부분들이 알려져 있다. 그러나 만리장성의 대부분은 명나라 때 쌓은 것이다. 그전에 쌓은 구간의 길이가 상당하기는 하지만 명나라 때 쌓은 부분은 훨씬 더 웅대하고 정교하다. 널리 알려진 장성의 이미지는 명나라 장성의 모습이다. 장성 전체 토목공사량 중 명나라 때 투입된 것이 90퍼센트가 넘는다.

명나라의 위기는 바다보다 초원에서 온 것이 많았던 것처럼 보인다. 북경 일대에 유목민이 쳐들어온 일이 여러 번 있었고 원정에 나선 황제가 포로로 잡힌 일까지 있었다. 그리고 결국 왕조도 북쪽 오랑캐의 한 갈래인 만주족에게 넘어갔다. 반면 바다로부터의 위협은 성가신 해적 수준이었고 가장 큰 위협이었던 임진왜란도 명나라 본토에 미치지 않았다. 유목민이 심복지환心腹之患이라면 바다오랑캐는 피부병 정도로 여겨졌다.

서북방의 대외관계에 치중한 중화제국의 관점은 역사 경험의 관성이 크게 작용한 것이다. 중화제국의 성립 시점부터 가장 중대한 위협이던 유목세력은 몽골제국의 원나라에 이르기까지 중화제국의 역사에 거듭거듭 큰 작용을 해왔다. 원나라를 초원으로 몰아낸 명나라가 몽골세력의 반격을 가장 큰 위협으로 여긴 것은 자연스러운 일이었다.

훗날 역사가의 눈에는 당시 사람들이 크고 중요하게 여긴 것보다 더 크고 중요하게 보이는 것이 나타날 수 있다. 인식하는 시간의 층위가 다르기 때문이다. 페르낭 브로델은 『La Méditerranée et le monde méditerranéen à l'epoque de Philippe II』(펠리페 2세 시대의 지중해세계, 1949)에서 시간의 흐름을 세 층위로 구분했다. 바닥의 흐름은 자연의 시간. 인간이 거의 느낄 수 없이 유장하게 흘러간다. 다음 층위가 문명의 시간. 사회·경제·문화의 구조적 변화가 전개되는 시간이다. 사람들이 살아가면서 느끼는 것은 표면에 있는 사건의 시간이다. 사람들의 시선을 사건의 시간을 넘어 문명의 시간으로 끌어들이는 것을 브로델은 역사가의 임무로 보고 '장기지속'la longue durée 현상을 말한 것이다.

명나라 사람들이 유목세력의 동정에 주의를 집중한 것은 사건의 시간 속에서였다. 더 깊은 층위에서 문명의 시간은 다른 방향에서 진행되고 있었던 것은 아닌지 살펴보고 싶다.

명나라는 북방 오랑캐만 걱정했지만…

명나라에 대한 유목세력의 위협이 가장 극적으로 드러난 일이 '토목지변'土木之變(1449)이다. 영종英宗(재위 1435~1449, 1457~1464)이 오이라트瓦刺를 정벌하겠다고 친정親征에 나섰다가 토목보土木堡 요새에서 참혹한 패전 끝에 포로로 잡힌 사건이다.

중국 황제가 유목세력에게 포로로 잡혔다! 한 고조가 흉노에게 포위당해 곤경을 겪은 '평성지곤'平城之困보다도 더 극적인 사태다. 그러나 토목지변은 황제를 비롯한 몇몇 사람의 어리석음에서 비롯된 하나의 해프닝일 뿐이었다. 중화제국과 유목세력 사이 관계의 구조적 변화를 보여준 일이 아니었다.

오이라트 지도자 에센也先, Esen은 명나라 원정군을 격파한 후 승세를 타고 침공하는 대신 포로로 잡은 황제의 몸값을 요구했다. 황제가 어리석었을 뿐이지, 명나라의 방어력이 만만치 않다는 것을 알고 있었던 것이다. 명나라 조정에서 포로로 잡힌 황제를 바로 포기하고 그 동생을 황제로 세워(대종代宗, 재위 1449~1457) 임전 태세를 갖추자 에센은 물러갔다가 1년 후 영종을 큰 보상 없이 돌려보냈다.

에센이 명나라를 망가트릴 목적을 갖고 있었다면 영종을 돌려보낸 것은 탁월한 전략이었다. 귀환 후 실권 없는 상황上皇이 된 영종은 1457년 정변으로 황제위를 되찾고 8년 전 자신을 포기하고 북경을 지킨 우겸于謙(1398~1457) 등 유능한 신하들을 불충의 이유로 처형했다. 그런데 아이러니컬하게도 에센 자신이 더 먼저 몰락해버렸다. 휘하 세력을 만족시킬 당장의 이득을 가져오지 못한 그의 지도력이 흔들리고 1455년에 반란으로 살해당한 것이다.

토머스 바필드는 『*Perilous Frontier*』(위태로운 변경)에서 토목보 사태의 어리석음을 명쾌하게 설명한다. 오이라트는 '외경전략'을 통해 외교와 교역 등의 방법으로 안정된 수입원을 명나라에서 찾은 것인데 강경일변도의 대응으로 양쪽 체제를 함께 위기에 빠트렸다는 것이다. 그 결과 오이라트 세력은 붕괴했지만 명나라는 그 후 100여 년간 유목세력을 통제할 효과적인 방법을 찾지 못했고, 어마어마한 장성 수축공사도 이 기간에 이뤄진 것이다.

당시 몽골의 양대 세력은 오이라트의 서부西部와 타타르韃靼의 동부東部였다. 명나라 초기에는 오이라트가 우세했으나 에센의 몰락 후 타타르가 득세해서 다얀 칸達延汗, Dayan Khan(1462~1517)과 알탄 칸俺答汗, Altan Khan(1507~1582)의 영도하에 장기간 명나라를 압박했다.

자그치드와 사이먼스는 『Peace, War, and Trade along the Great Wall』(장성을 둘러싼 평화와 전쟁과 교역, 1989) 제3장 "변경 호시互市"(Frontier Markets)에서 에센, 다얀 칸, 알탄 칸의 시기 명나라와 몽골 사이의 관계를 집중 조명했다. 이 시기 몽골의 주도 세력들은 명나라에 대해 전쟁보다 교역을 원하는 경향을 꾸준히 갖고 있었는데, 명나라가 이에 유연하게 대응하지 못함으로써 피차 큰 피해를 겪게 되었다는 것이 저자들의 관점이다.

알탄 칸 시기의 흐름이 저자들의 관점을 특히 명확하게 뒷받침해준다. 알탄 칸은 큰 세력을 막 이룬 1541년에 사절을 명나라 변경의 대동大同에 보내 조공관계를 청원했다. 명 조정은 이를 거부했고, 이듬해 다시 대동에 온 사절을 보고도 없이 바로 처형한 관리들은 조정에서 상을 받았다. 이것이 선례가 되어 1546~1547년 알탄 칸이 다시 사절을 보냈을 때 변경 장수들은 경쟁적으로 사절을 잡아 죽였다. 명신名臣으로 이름을 남긴 옹만달翁萬達(1498~1552)은 무단히 사절을 죽인 장수들을 엄벌에 처하고 알탄 칸의 청원을 받아들일 것을 역설했지만 그 자신이 견책을 받았다.

방어 능력을 갖추지도 않은 채 적대적인 정책만 취하던 명 조정은 1550년 알탄 칸의 대거 침공 앞에 아무 대책이 없었다. 대동 방면을 맡고 있던 대장군 구란仇鸞은 알탄 칸에게 뇌물을 주며 다른 방면으로 진공하게 한 죄로 나중에 처형되었고, 병부상서 정여기丁汝夔는 적군이 북경 일대에 이르렀을 때 성문을 닫고 북경성만 방어하는 소극적 전략으로 피해를 키웠다는 죄로 처형당했다.

정여기는 희생양으로 몰린 감이 있다. 처형에 임해 "엄숭 때문에 망했다!"〔嚴嵩誤我〕 외쳤다는 말이 전해진다. 정여기의 소극적 전략은 당시의 권신 엄숭이 주도한 것이었는데 꼬리를 잘랐다는 것이다. 사실 당시의 대책 없는 상황은 여러 해에 걸친 무책임한 정책이 누적된 결과였지 몇몇 당사자의 책임으로 볼 수 없다.

'경술지변'庚戌之變이라 불리는 1550년의 위기는 101년 전의 토목지변과 마찬가지로 제국의 구조적 위기가 아니라 황제의 무능을 둘러싼 조정의 혼란에서 비롯된 것이었다. 1449년의 위기는 황제가 잡혀가는 덕분에 조정의 정비를 위한 한 차례 기회를 가져다주었지만 1550년에는 그렇지 못했다. 중국 역사상 암군暗君의 하나로 꼽히는 가정제(재위 1521~1566)는 황제 자리를 지켰고, 손꼽히는 간신의 하나인 엄숭도 10여 년간 더 권세를 누렸다.

원나라 후예들은 중원 탈환을 노리지 않았다

명나라 조정에서는 북방 유목세력을 늘 큰 위협으로 여겼다. 그러나 후세 연구자들은 원나라가 물러간 후 몽골세력에게는 중국 '정복'의 의지가 거의 없었던 것으로 여긴다. 아나톨리 카자노프가 『*Nomads and the Outside World*』(유목민과 외부세계, 1983, Eng. tr. by J. Crookenden), 202~212쪽에서 유목사회의 특성에 입각해 이 점을 밝혔고, 자그치드와 사이먼스도 『*Peace, War, and Trade along the Great Wall*』(장성을 둘러싼 평화와 전쟁과 교역)에서 이 관점을 따랐다.

유목사회는 농경사회와 상호보완의 관계로 형성된 것이지만 그사이에 자족성autarchy의 비대칭성이 있다. 농경사회는 거의 모든 필수품을 내부에서 생산하는데 유목사회는 그렇지 못한 것이다. 그래서 교역의 필요가 유목사회 쪽에 더 절실하고, 농경사회에 통제력이 강한 체제가 세워질 때는 이 차이를 이용해서 '갑질'을 하려 든다. 유목세력의 불리한 조건이 어느 한도를 넘을 때 폭력을 쓰게 되지만 교역 등 물자 수요를 충족시키는 평화적 방법이 주어지면 폭력을 쉽게 포기한다는 것이다.

유목세력이 중국의 농경사회를 전면적으로 지배하려 든 일이 거의 없었다는 사실이 이 관점을 뒷받침해준다. 원나라가 유일한 예외였다. 이 예외가 성립한 원인을 설명하기 위해 더 많은 연구가 필요하지만 얼마간의 실마리는 나타나 있다. 쿠빌라이를 중심으로 한 원나라 건국세력이 수십 년 정복 과정을 통해 유목세력의 특성을 벗어나 정착문명의 틀에 접근해온 것으로 볼 수 있다. 중국만이 아니라 이슬람 등 다른 문명과의 접촉이 늘어나 '융합문명'의 길이 열린 것도 이 변화에 작용했을 것 같다.

1368년 명나라의 진격 앞에 아직도 상당한 방어력을 갖고 있던 원나라가 쉽게 대도를 내놓고 초원으로 물러난 것은 다른 왕조들에 비해 '제국'의 정체성에 아직 가변성이 있기 때문이었다. 재정이 엉망이 된 제국에 집착하기보다 100여 년 전의 출발점으로 돌아가는 것을 하나의 선택지로 여겼을 것이다. 그러나 일단 중원을 포기한 뒤에는 반격의 길을 찾을 수 없었고, 중국에 대한 원 왕조의 지배력은 그 후 20년 동안에 완전히 소멸되었다. 북원北元의 권위가 사라진 후 오이라트와 타타르의 성쇠는 전형적 유목세력의 양상으로 돌아갔다.

오이라트의 에센도, 타타르의 다얀 칸과 알탄 칸도, 중국의 영토에 대한 야욕을 보이지 않았다. 경제적 이득을 원했을 뿐이다. 알탄 칸이 1540년대에 여러 차례 보낸 사신을 명나라에서 죽인 후 1550년 북경 일대에 진공해 명 조정을 공포로 몰아넣었지만 호시互市 개설의 약속 등 약간의 양보를 얻자 쉽게 물러갔다. 그 결과 1551~1552년에 대동과 선부宣府에서 호시가 열렸지만 명나라 측의 성의 부족으로 곧 중단되고 적대관계로 돌아갔다.

수십 년에 걸쳐 명나라를 괴롭히던 알탄 칸이 1570년 명나라와 화친을 맺는 과정이 『Peace, War, and Trade along the Great Wall』(장성을 둘러싼 평화와 전쟁과 교역), 96~105쪽에 소상히 그려져 있다. 알탄 칸의 부인이 무척 사랑하는 손자가 개인적인 문제로 (약혼자를 다른 데로 시집보내는 데 불만을 품고) 명나라로 달아났을 때 명나라의 현명한 지방관이 그를 보호하며 조정에 주청하여 화친이 이뤄지게 했다는 것이다. 이 과정에는 사실상 별 의미가 없다고 나는 본다. 화친을 원하는 알탄 칸의 태도는 수십 년 동안 일관된 것이었고, 명나라의 어리석은 황제가 사라진 덕분에 그 뜻이 이뤄졌을 뿐이라고 보는 것이다. 가정제를 이은 목종(재위 1566~1572)은 이미 '융경개관'隆慶開關으로 남쪽에서도 합리적인 대외정책을 취하고 있었다.

명나라에게 북로北虜는 '심복지환'이 아니었다. 잘못 다루면 찰과상을 입을 수 있고 심해야 골절 정도에 그치는 외과적 문제였다. 정말 '심복지환'에 가까운 것은 경제체제의 혈액이라 할 수 있는 화폐 문제였고, 북로보다 남왜南倭가 이 문제에 깊숙이 연루되어 있었다.

동전에서 지폐를 거쳐 '은銀 체제'로

중국에서는 일찍부터 동전 중심의 화폐체제가 자리 잡았다. 한 무제가 기원전 118년에 발행한 오수전五銖錢은 7세기 초 수나라 때까지 통용되었고, 당 고조가 621년에 발행한 개원통보開元通寶는 더 오래 사용되었다. 한국, 일본, 동남아시아 등 자체 화폐가 아직 없는 주변 지역에서 가져가 화폐로 쓰기도 했다.

중세 이전 다른 문명권에서 귀금속(금·은) 주화가 주로 만들어진 것과 달리 중국에서 동전이 널리 쓰인 것은 상인집단의 활동만이 아

한나라의 오수전(좌).
당나라의 개원통보(우).

니라 서민의 일상생활까지 화폐경제로 조직된 사실을 보여준다. 화폐
에는 세 가지 기능이 있다고 한다. ①교환의 수단. ②가치 측정의 기
준. ③가치 보존의 수단. 가장 본원적 기능인 ①에서 동전은 금·은화
보다 뛰어난 효용을 가진 것이었다. 다른 문명권에서 서민의 경제활
동이 물물교환에 그치거나 곡식, 직물 등 대용 화폐를 이용하는 동안
중국 농민은 자급자족을 벗어나 환금작물 재배로 나아가고 있었다.

11세기까지 경제 팽창과 시장의 고도화에 따라 '동전 체제'의 효
용성이 한계에 이르면서 재화를 대신하는 문서의 사용이 민간에 유
행하자 송나라에서는 같은 성격의 문서를 교자交子라는 이름으로 국
가가 발행하기 시작했다. 요·금·원·명 여러 왕조에서 이를 따라 교
초交鈔, 회자會子 등의 이름으로 시행했다. 세계 최초의 지폐였다. 처
음에는 경화硬貨로 바꿀 수 있는 교환권의 성격으로 시작했다가 차
츰 법정화폐fiat(내재적 가치를 갖지 않고 교환가치를 법적으로만 보장받는 화
폐)의 성격을 띠게 되었다.

리처드 폰 글란의 『*Fountain of Fortune: Money and Monetary*
Policy in China, 1000~1700』(중국의 화수분, 1996)에는 근세 초기 중국
화폐제도의 굴곡이 그려져 있다. 동전 체제의 대안으로 지폐 체제가
시도되었으나 오래가지 못하고 결국 '은銀 체제'로 낙착되는 과정이다.

폰 글란의 책에서 내가 얻은 부수입 하나는 경제사 방면을 이해
하기 어려운 데 대한 오래된 콤플렉스에서 벗어나게 된 것이다. 기존

연구에 대한 저자의 해설을 읽다 보니, 경제사 분야의 중요한 연구 중에는 특정한 경제 발전 이론을 의식한 것이 많다는 사실을 새삼 깨닫게 되었다. 경제사는 20세기 이데올로기 투쟁의 최전선이었다. 과도한 이론화 경향은 유럽중심주의와 함께 근대역사학의 한 약점이다. 물론 역사학에도 어느 학문 분야나 마찬가지로 이론화가 필요하다. 그러나 이론과 실험, 관찰이 나란히 진행되는 다른 분야와 달리 역사학에서는 현상의 파악이 어느 정도 확실해질 때까지 성급한 이론화를 조심할 필요가 있다.

화폐론에서 통상 거론되는 세 가지 기능 외에 전통시대 중국의 중요한 화폐 기능 또 한 가지를 덧붙이는 데서 근대적 이론에 얽매이지 않고 "있는 그대로"를 보려는 폰 글란의 자세를 읽을 수 있다. ④조세와 녹봉 등 국가의 출납 기능. 시장의 힘이 국가를 능가하게 되는 것은 근대적 현상이다. 근대 이전의 국가는 시장의 관리자일 뿐 아니라 참여자로서도 비중이 큰 역할을 가지고 있었다. 이 책에서 그리는 중국 화폐 체제의 변화 과정은 시장 참여자로서 국가의 역할이 위축되어가는 모습을 보여준다. "권력이 시장으로 넘어가는" 모습이다.

화폐의 기능 중 "교환의 수단"과 "가치 보존의 수단"에는 상치되는 측면이 있다. 민간에서 재산 축적을 위해 화폐를 쌓아놓기만 하면 교환 수단으로서의 기능이 약화된다. 사유재산의 과도한 축적은 유교 정치이념에서 꺼리는 것이다. 농경사회에서 가장 중요한 재산인 토지를 '왕토'王土 사상에 묶어놓은 것도 그 까닭이다. 재력財力은 인간 사회에서 무력武力 못지않게 강한 힘을 가진 것이므로 그 통제에 질서의 중요한 원리가 있었다.

은銀은 민간의 사유재산권을 강화하는 데 효과적인 매체였다. 중국의 부호들이 재산을 보유하는 전통적 형태는 토지와 전호佃戶였지만 그 과도한 보유는 여러 가지 방법으로 국가권력의 통제를 받았다. 서화, 골동품, 보패 등의 고가품은 가치 보존의 수단은 되지만 보유자의 '권력'을 만들어주지는 않았다. 화폐의 기능을 갖춘 귀금속이 소유자의 권리와 권력을 제일 효과적으로 보장해주는 사유재산의 형태였다.

전 세계의 은 생산량은 1500년까지 연간 50톤 수준이었다가 16세기 동안 600톤으로 늘어났다고 한다. 폰 글란은 위 책에서 1550~1645년 기간 동안 중국에 유입된 은의 총량을 7000여 톤으로 추정했다(133~141쪽). 핀들레이와 오루어크도 『Power and Plenty』(권력과 풍요)에서 이 추정을 받아들였다(212~216쪽). 공급량이 엄청나게 크던 수백 년간 '수요·공급의 법칙'에도 불구하고 은의 높은 가격이 중국에서 유지된 것은 참으로 특이한 현상이다.

타이완의 정성공鄭成功 세력이 끝까지 버틴 힘

16~18세기 수백 년 동안 중국을 "은 먹는 하마"로 만든 엄청난 수요는 어떻게 생겨난 것일까. 중국에서 은의 용도가 확장된 것을 생각해야겠다. 은은 문명 초기부터 귀금속으로 용도를 가졌고, 화폐로서의 용도가 뒤이어 자라났다. 그런데 근세 초기의 중국에서 은은 역사상 드물게 큰 힘을 가진 "슈퍼화폐"가 되었다. 2차 세계대전 후 미국의 달러와도 차원이 다른 엄청난 그 힘은 아직까지 결합되어 있지 않던 여러 문명권을 휩쓸면서 국가권력에게 침해받지 않는 사유재산권의 강화를 뒷받침해주었다.

16세기 말 명나라에 온 마테오 리치에게는 사람들이 무기를 갖지 않고 다니는 것이 신기해 보였다. 민간의 무기 소지 금지는 중화제국의 오랜 전통이 되어 있었던 것이다. 그러나 경제적 무기는 국가의 통제 밖에 있었다. 국가가 동전을 발행하며 녹봉과 납품대금을 은 한 냥에 700닢〔文〕으로 지불해도 시중에서는 1500닢, 2000닢으로 거래되었다. 국가에서 돈을 받는 사람들만 손해였다. 그래서 관리들은 녹봉 외의 부수입을 얻기 위해 부정을 저질러야 했고 납품업자들은 뇌물을 써가며 올려치기를 해야 했다.

명나라 후기의 동전은 모두 시중에서 액면가의 절반 이하로 통용되었다. 어쩌다 마음먹고 품질 좋은 동전을 만들어도 동전을 천시하는 풍조에 휩쓸려 가치를 발휘하지 못하다가 구리의 재활용을 위해 가마에 들어가기 일쑤였다. 가치 보존의 기능으로서는 은이 절대적이었고, 교환 수단의 기능도 점차 은이 중심이 되었다. 중국의 은 수요가 거의 무제한으로 확장될 수 있었던 것은 '부의 축적' 수단이 되었기 때문이었고, 축적된 은은 시장에 대한 지배력을 통해 국가권력의 통제를 벗어난 민간권력이 되었다.

중국의 왕조가 멸망할 때 왕조를 배반하고 침략자에게 협력하는 한간漢奸(매국노)에게 책임을 씌우는 경향이 있다. 명나라의 멸망을 놓고도 오삼계를 비롯한 한간들에게 많은 비난이 쏟아졌다. 그러나 오삼계가 청군을 이끌고 북경을 점령한 것은 명나라가 민란으로 멸망한 뒤의 일이었다. 명나라를 멸망으로 이끈 진정한 한간은 외부 침략자에게 충성을 옮긴 몇몇 사람이 아니라 국가보다 재물에 충성을 바친 수많은 재력가들이었다고 말할 수도 있을 것이다. 은의 축적을 통한 경제력의 집중을 국가가 통제하지 못했기 때문에 민생이 도탄에 빠진 결과가 걷잡을 수 없는 민란이었다.

페어뱅크와 골드먼의 『China, a New History』(신중국사, 1992/2006)는 최신 연구 성과를 적극 수용하기보다 기존 학설을 잘 정리한 '보수적' 성격의 통사다. 명나라 쇠퇴의 원인을 논하는 데도 (신)유교의 이념적 경직성 때문에 발전의 길을 스스로 등졌다고 하는 해묵은 관점의 소개에 치중하지만, 다른 관점의 가능성을 말미에 붙이기도 한다.

이런 비판적인 시각은 20세기 말의 맥락으로부터 나오는 것이다. 기술 발전과 경제 성장이 전 세계 인류의 생활 모든 측면에 헤아릴

명나라 말기에 청나라에 투항한 공으로 번왕에 봉해졌던 오삼계吳三桂(1612~1678). 오삼계를 비롯한 중국인에게 북방 오랑캐는 자신의 입지를 위한 대안적 가능성으로 인식됐다.

수 없는 혼란을 불러일으키고 문명의 전면적 파괴를 늦출 만한 새로운 질서의 원리들이 아직 눈에 들어오지 않는 상황이다. 시간이 지나면 명나라 시대의 중국이 폐쇄적 성장을 통해 얻은 어느 정도의 평화와 복지를 역사가들이 높이 평가하게 될지도 모른다. 지금 우리에게 실패로 보이는 것이 그들에게는 그 나름의 성공으로 보일 수 있는 것이다. (139~140쪽)

명·청 교체는 1644년 청군의 북경 점령으로 끝난 것이 아니었다. 1681년 삼번三藩의 난이 진압되고 1683년 타이완臺灣의 정씨鄭氏 세력이 평정됨으로써 청 왕조의 중국 통치가 궤도에 올랐다고 할 수 있다.

1644년 직후 청군에 앞장서서 중국 남부를 평정하고 그곳을 분봉分封받았던 오삼계 등 삼번이 청제국의 통합성에 걸림돌로 남아 있던 것은 눈에 보이는 사실이다. 이에 비해 정씨 세력의 중요성은 간과되기 쉬운데, 경제 측면에 대단히 의미가 큰 존재였다. 바다를 통한 대

정지룡 초상(좌). 일본에 거점을 두고 포르투갈인, 네덜란드인과 연계하며 '해적' 사업을 벌였다. 그의 명성이 후세에 아들 정성공만큼 떨치지 못한 것은 '명나라 충신'이라는 포장을 취하지 않았기 때문이다. 그가 청나라에 '투항'한 진의는 확인할 길이 없다.

타이난臺南의 정성공 동상(우). 서양에 "Koxinga"(코싱가)란 이름으로 알려진 사실이 재미있다. 정씨 세력이 옹립한 융무제隆武帝에게 황실의 성을 하사받았다 하여 "국성야"國姓爺를 자칭했는데 그것을 복건 지방 발음으로 적은 것이다. 청나라로부터 독립된 세력임을 주장하고 반청세력의 호응을 얻기 위해 명 왕조와의 관계를 과장해서 선전한 것으로 생각된다.

외관계를 장악하고 있었기 때문이다.

폰 글란은 1660~1690년의 30년간 청나라의 디플레이션 현상에 주목한다. 물가의 극심한 하락으로 경제가 크게 위축된 상황이었다. 그 결정적 원인으로 폰 글란은 중국의 은 수입 감소를 지적한다. 1640년대 이후 종전의 절반 이하로 떨어졌다는 것이다(『*Fountain of Fortune: Money and Monetary Policy in China, 1000~1700*』, 232쪽 표23). 삼번의 난과 정씨 해양세력을 평정한 뒤 경제 혼란을 수습함으로써 청나라의 안정된 중국 통치가 시작되었다고 볼 수 있다.

정씨 세력의 창업자 정지룡鄭芝龍(1604?~1661)은 복건성 천주泉州

출신으로 마카오를 거쳐 일본 히라도平戶에서 활동기반을 쌓았다. 처음에는 네덜란드인의 하청을 받아 일하다가 1627년까지 큰 세력을 키워 명나라 수군과 네덜란드 세력을 모두 물리치고 남중국해의 제해권을 장악했다. 그는 기근 때 해안 주민들에게 구휼사업을 벌이고 빈민의 타이완 이주를 도와주는 등 좋은 평판을 누리며 명나라에서 유격장군遊擊將軍의 직함을 받기도 했다. 명나라 후기의 '해적' 사업을 최고 수준으로 발전시킨 인물이다.

정지룡은 쇠약해진 명나라와 '공생'관계를 맺었다. 청나라가 들어설 때 명 황실 후손 하나를 옹립했다가 청군이 닥치자 큰 저항 없이 항복한 것은 공생관계의 상대를 바꾼 것이었다. 그의 장남 정성공鄭成功(1624~1662)은 함께 투항하지 않고 핵심세력을 지키고 있었기 때문에 청나라는 정지룡을 후대하면서도 감시하에 두었다가 1660년대 들어 정성공이 삼번과 결탁하며 적대적인 태도를 굳히자 그를 처형했다(1661).

본토 안에서 큰 군대를 일으킨 삼번에 비해 주변부에 있던 정씨 세력은 사소한 문제로 치부되었지만, 중화제국 체제에 대한 위협은 더 심각한 것이었다. 삼번의 난이 '사건의 시간' 속에서 일어난 것이었다면, 정씨 세력의 성쇠는 '문명의 시간'의 흐름을 보여주는 것이었다. 삼번 평정에 따른 영토 통합보다 정씨 세력의 격파로 해양주권을 확보하고 화폐시장을 통합하여 30년간의 디플레이션을 극복한 것을 '대청제국' 완성의 더 중요한 계기로 볼 수도 있을 것이다.

"열린 시스템"과 "닫힌 시스템"에 관한 생각을 하다가 칼 포퍼의
『*The Open Society and Its Enemies*』(열린 사회와 그 적들, 1945)이 생각
났다. 40여 년 전에 읽었는데 기억이 가물가물해서 다시 읽을까 생각
하며 우선 『위키피디아』에 실린 요약을 보니 읽을 생각이 없어진다.
요약의 일부를 옮겨놓는다.

당대의 주요 플라톤 연구자들과 달리 포퍼는 플라톤의 사상을 소
크라테스로부터 떼어냈다. 후년의 플라톤은 스승의 인도주의적·
민주주의적 성향을 반영하지 않았다는 주장이다. 특히 『국가론』에
서 소크라테스가 전체주의를 옹호한 것처럼 플라톤이 그렸다고 포
퍼는 비판했다. 포퍼는 사회의 변화와 불만에 대한 플라톤의 분석
을 격찬하면서 그를 위대한 사회학자로 추켜세우면서도 그가 제안
한 해법을 배척했다. 포퍼는 아테네 민주주의가 일으키고 있던 인
도주의적 이념들을 그가 사랑하는 '열린 사회'의 출산의 고통으로

보았다. 플라톤이 '거짓말, 정치적 기적, 미신적 금기禁忌, 진실의 억압, 그리고 야만적 폭력까지도 정당화한' 것은 그가 민주주의를 싫어했기 때문이라고 포퍼는 주장했다. 플라톤의 역사주의 경향은 자유민주주의가 가져올 변화를 두려워한 결과라고 포퍼는 느꼈다. 또한 귀족의 일원이며 한때 아테네의 참주였던 크리티아스의 친척으로서 플라톤은 당대의 권력자들에게 공감하면서 평민을 경멸했다고 포퍼는 보았다.

이 책이 나온 것은 온 세계가 전체주의의 충격에 휩싸여 있을 때였다. 30년 후 내가 이 책을 처음 읽을 때도 자유민주주의의 '열린 사회'가 한국 사회의 열망이었다. 그러나 45년이 더 지난 지금 나는 포퍼보다 플라톤에게 배울 것이 더 많겠다는 생각이다. 그동안의 역사 공부 때문에 '역사주의'에 기울어진 결과일 수도 있지만, 한편으로는 '열린 사회'의 한계와 문제점이 많이 드러난 결과일 수도 있다.

나 자신 닫힌 것보다 열린 것을 좋아하는 끌림이 있다. 어쩌면 이 끌림은 타고난 성정보다 내가 살아온 시대와 사회의 분위기에 휩쓸린 결과일지도 모른다는 생각이 든다. 날씨에 따라 닫힌 것을 좋아할 때도 있고 열린 것을 좋아할 때도 있는 것이 사람의 성정이다. 생태계 위기를 어떻게 의식하느냐에 따라 '열린 시스템'과 '닫힌 시스템'의 선택도 갈릴 것이다.

페어뱅크와 골드먼의 『China, a New History』(신중국사, 1992)에서 "시간이 지나면 명나라 시대의 중국이 폐쇄적 성장을 통해 얻은 어느 정도의 평화와 복지를 역사가들이 높이 평가하게 될지도 모른다"라는 대목을 인용한 일이 있다. 명나라 때 고도로 발달했던 중국의 물질문명이 발전의 길로 나아가지 못하고 유럽에 추월당한 사실을 하나의 '실패'로만 규정해온 것과 다른 관점이 나타날 가능성을 시사한 것이다. 성장의 길에 개방적 성장만이 아니라 "폐쇄적 성장"self-contained growth의 길도 인정하는 관점이 가능하다는 것이다.

기술과 경제의 성장은 자연nature과 인성human nature에 변화를 가져온다. 궁극적으로는 성장도 피할 수 없는 것이고 그에 따른 변화도 피할 수 없는 것이다. 다만 완급을 조절해서 균형을 취하는 것은 어느 정도 인간의 노력으로 가능한 일이다. 조절의 필요를 부정하고 빠른 성장만을 바라보는 '개방적 성장'과 적극적 조절에 노력하는 '폐쇄적 성장' 사이에 선택의 여지가 있는 것이다.

근세 이전 유라시아대륙 여러 문명권의 발전 양상을 보면 중국문명의 고립성이 확연하다. 파미르고원과 중앙아시아 초원 서쪽의 여러 문명권이 서로 뒤얽힌 상황에 비해 동쪽에서는 기원전 3세기 이후 하나의 문명권이 하나의 제국으로 조직된 안정된 상태가 오래 계속되었다. 이 안정된 상태 속에서 '닫힌 세계관'이라 할 수 있는 '천하'天下 사상이 자리 잡았다. 세계 전체의 질서에 제국이 책임진다는 사상이었다. 이 사상의 영향 아래 발전·확장보다 질서·균형을 중시하는 것이 대부분 기간 중화제국의 운영 기조가 되었다.

한동안 많은 동아시아 연구자들이 '자본주의 맹아'를 찾는 데 몰두한 것은 발전과 확장을 숭상하는 근대세계에서 자존감을 세우기 위해서였다. 그러나 발전과 확장이 무조건 좋은 것이라는 믿음이 무너지고 있는 21세기에 와서, 문명의 역사 속에는 그와 반대되는 경향도 있었다는 사실을 있는 그대로 확인할 필요가 있다. 그 경향이 당시 사람들의 행복을 늘리고 고통을 줄이는 데 공헌한 측면을 찾는다면 지금 세상에도 참고할 가치가 있을 것이다.

질서와 균형을 중시한 중화제국 운영 기조

유라시아대륙은 약 5500만 평방킬로미터의 면적으로 전 육지의 36.2퍼센트가량이다. 지금은 세계 인구의 약 70퍼센트가 이 대륙 위에서 살고 있는데, 근세 이전에는 그 비율이 더 높았을 것이다. 이 대륙(북아프리카의 지중해·홍해 연안을 포함해서)이 인류문명 발전의 주요 무대였다.

동서로 길게 펼쳐진 유라시아대륙의 가운데쯤, 동경 90도 언저리에 하나의 장벽이 있었다. 아열대 습지에서 산악지대와 사막을 지나 초원과 동토지대로 이어지는 이 장벽은 오랫동안 동서 간 교통을 어렵게 만들어 문명권의 경계선이 되었다. 이 경계선 서쪽에서는 여러 문명권이 복잡하게 어울린 반면, 동쪽에서는 기원전 3세기 이래 중화문명의 압도적 주도권이 2000년간 이어졌다.

재레드 다이아몬드는 『*Guns, Germs, and Steel*』(총, 균, 쇠)에서 중국문명의 고립성과 통합성을 설명했다(419~420쪽). 황하 유역과 장강 유역의 생산성 높은 지역이 하나의 정치조직으로 통합된 후로는 그 방대한 경제적·문화적 역량이 주변 지역, 나아가 동아시아 일대를 압도하게 되었다는 것이다. 그처럼 압도적 규모의 생산력을 가진 지역이 따로 없이 여러 문명권이 병립하던 장벽 서쪽의 상황과 대비된다.

중화문명권의 고립성이 물샐 틈 없이 완벽한 것은 아니었다. 인도문명, 페르시아문명과의 교섭이 제국 초기부터 있었고, 이 교섭의 크기는 (서방문명권들 사이의 상호 교섭보다) 작았지만 오래 축적되어 어느 수준에 이르면 중화문명권의 구조에 큰 변화를 일으키곤 했다. 중국사의 흐름을 치란治亂의 반복으로 흔히 보는데, 그 '난'의 상태란 장기간 축적된 서방문명의 영향을 소화하기 위한 구조조정의 단계로 이해할 수 있다. '난'의 상태가 어느 기간 지난 후 '치'의 상태로 번번이 돌아간 것은 궤도 이탈 사태에 이를 만큼 원심력이 구심력보다 커지지 않았기 때문이다.

8세기 이후 장벽 서쪽에 이슬람문명이 확장되면서 중국과 서방의 관계에 큰 변화가 일어났다. 중·서 관계에서 매체 역할을 맡아온 중앙아시아 유목세력에 대한 중국 측의 통제력이 751년 탈라스 전투 이후 대폭 약화된 것이다. 당나라 후기부터 중화제국에 대한 유목세력의 군사적 우세가 오래 계속되다가 13세기 몽골제국의 중국 정복으로 귀착되었다.

몽골제국의 정복은 중화문명권이 고립성을 벗어날 큰 계기였다. 몽골제국이 그 정복 영역을 하나의 제국으로 통합했다면 중국은 그 한 부분이 되어 다른 부분들과 거리가 가까워졌을 것이다. 그러나 몽골제국은 4칸국汗國으로 분열되고, 중국은 원 왕조로 중화제국의 모습을 회복했다. 4칸국의 분열 원인은 몽골 지도부의 불화보다 아직까지 '세계제국'의 형성을 위한 조건이 부족했던 데서 찾아야 할 것 같다.

원나라 초기 쿠빌라이 시대에는 아직도 세계제국의 꿈이 남아 있었다. 아흐마드와 상가 등 재정 확장에 주력한 이재파理財派가 그 꿈을 대표한 것으로 보인다. 그러나 중국 통치의 안정을 앞세운 한법파漢法派의 승리로 '몽골세계제국'의 꿈은 끝나고 말았다.

원나라가 초원으로 물러간 후 명나라는 '닫힌 제국'으로 돌아갔다. 영락제永樂帝가 정화鄭和 함대의 파견 등 적극적인 대외정책을 펼치기도 했지만, 모든 대외관계를 국가의 통제 안에 두려는 기본 목적은 어디까지나 '닫힌 제국'을 지향한 것이었다. 발레리 한센은 자신의 중국통사에 'The Open Empire'(열린 제국)이란 제목을 붙였는데, 적절한 제목이 아니라고 나는 생각한다. 제목의 취지를 한센은 이렇게 설명했다.

이 새로운 접근법에 따라 1800년 이전의 중국을 독자들이 기대하는 것과 다른 모습으로 그려낼 수 있다. 자료들이 보여주는 제국은 그 형성 과정에서 서로 다른 지역의 서로 다른 사람들을 끌어들였고, 그 후에도 긴 역사를 통해 외부의 영향에 열린 상태를 유지했다. 외부의 영향이 차단된 '센트럴 킹덤'이 아니었다. (5쪽)

중국의 전통적 역사서술과 비교하면 '열린 모습'이 맞는다. 하지만

20세기 들어 근대역사학이 도입된 후로는 그런 '밀봉 제국'의 모습을 기대하는 독자가 없어졌다. 인도에서 지중해까지 서방에 존재했던 여러 제국들과 비교해서 볼 때 중국은 어디까지나 '닫힌 제국'이었다.

무력武力만이 아니라 재력財力도 질서에 대한 위협

중화제국은 황하 유역 북중국과 장강 유역 남중국의 통합으로 세워졌다. 한나라 때는 북중국의 비중이 컸지만 남북조시대를 거치는 동안 남중국의 생산력과 경제력이 자라나 더 큰 비중을 차지하게 되었다. 게다가 송나라 때 복건, 광동 등 영남嶺南 지역의 개발이 진척되면서 이를 포괄하는 남중국의 경제력이 북중국을 압도하게 되었다.

영남 지역의 경제력은 자체 생산력만이 아니라 해외교역에도 근거를 둔 것이었다. 해외교역은 농업생산에 비해 국가의 통제를 벗어나기 쉽다. 중국의 동남해안 지역에는 교역의 이득을 발판으로 한 민간세력이 크게 발달했다. 홍무제가 공신들을 대거 살육한 옥사獄事가 두 차례 있었는데, 그중 호유용胡惟庸의 옥사(1380)가 일어난 계기는 참파占城의 조공사절이 온 사실을 황제에게 감춘 일이었다. "조공"이라는 것이 실제로는 교역이었고, 교역의 이득을 중간에서 가로챈 문제였던 것이다. 명나라 공신집단이 대부분 남중국 출신이어서 교역의 이득에 밝은 사람이 많았기 때문에 일어난 사건으로 보인다.

영락제가 북경으로 수도를 옮긴 것도, 정화 함대를 일으킨 것도, 남중국의 민간세력을 견제하려는 뜻으로 이해할 측면이 있다. 건국 공신집단으로 조정을 장악한 남중국 세력의 확대를 막기 위해 북경으로 옮겨가고 남중국의 교역경제를 통제하기 위해 대함대를 건조한 것으로 이해할 수 있는 것이다.

정화 함대의 활동기간에도 계속되었던 해금海禁정책은 국가의 교역 통제를 꾀한 것인데, 남중국의 민간세력 억제에도 목적이 있었던 것이다. 그러나 영락제 이후로는 정책의 실행력이 약화되어 밀무역이 늘어나고, 명목만 남은 해금정책은 밀무역 세력들의 경쟁 배제를 위한 도구로 전락하고 말았다. 가정제(재위 1521~1566) 시기의 왜구 문제를 보면 밀무역의 이권이 조정을 뒤흔드는 듯한 모습이 종종 보인다. 가정제가 죽은 직후의 융경개관(1567)은 밀무역을 둘러싸고 누적된 비리를 해소하기 위한 조치였다.

밀무역의 가장 중요한 내용은 은銀의 수입이었다. 폰 글란은 『Fountain of Fortune: Money and Monetary Policy in China, 1000~1700』(중국의 화수분)에서 1550~1645년 동안 중국에 유입된 은의 총량을 7000여 톤으로 추정했는데(133~141쪽), 그 대부분이 밀수품이었다. 금과 대비한 은의 가치가 다른 지역보다 50퍼센트 가까이 높았던 명나라에서 은 수입은 밀무역업자와 그 배후세력에게 엄청난 이득을 가져다주었다. 차, 비단, 도자기 등 중국 백성의 노고가 들어간 수출품의 대가는 대부분 은의 형태로 들어와 부호와 세력가의 수중에 쌓이면서 국가의 통제를 벗어난 힘을 키웠다.

『Fountain of Fortune: Money and Monetary Policy in China, 1000~1700』, xiii쪽의 지도1에 명나라 때 동전경제가 비교적 안정되어 있던 지역이 표시되어 있다. 북직예北直隷(북경 일대)와 남직예南直隷(남경 일대), 그리고 그사이의 산동山東성과 하남河南성 일부가 포함되는 정도다. 동전이 널리 사용되었다는 것은 소민小民의 경제활동이 활발했다는 뜻인데 그 범위가 매우 좁다. 명 말기의 민중봉기가 섬서陝西성과 산서山西성을 휩쓴 다음 장강 유역으로 번져간 흐름도 동전경제가 취약한 곳일수록 민생이 불안하던 상황을 보여주는 것 같다.

명 말기 정치가들도 은의 과도한 지배력을 걱정했다. 『Fountain of Fortune: Money and Monetary Policy in China, 1000~1700』에 서광계(1562~1633)의 『농정전서』農政全書 한 대목이 인용되어 있다.

부富를 논하려면 먼저 그 뜻을 밝혀야 한다. 당나라와 송나라 때 '부'는 동전을 가리키는 것이었다. 지금은 그와 달리 오로지 은만이 부의 척도가 되어 있다. 그러나 동전도 은도 그 자체가 부가 아니다. 부의 표시일 뿐이다. 옛날 성왕들이 말씀한 부는 백성을 먹일 곡식과 입힐 옷감이었다. 그래서 '부를 늘리는 큰 길은 부를 생산하는 백성을 늘리는 것'이라고 하셨다. 이제 은과 동전이 부를 대신한다면, 은과 동전을 늘림으로써 민생이 윤택해질 것인가? 한 집안을 놓고는 그렇게 말할 수도 있겠지만, 온 천하를 놓고는 터무니없는 말이다. 은과 동전이 늘어나면 곡식과 옷감의 값이 올라가고 구하기 어렵게 될 것이다. (199쪽)

중농주의 성향의 이 논설에 상업의 역할에 대한 이해가 아쉽다는 논평도 가능하겠지만, 중농주의는 중화제국 이념의 한 중요한 축이었다. 국가질서에 대한 위협으로 무력만이 아니라 경제력도 경계의 대상이었던 것이다. 은을 매개로 한 민간 경제력의 무질서한 성장이 명나라 제국체제의 붕괴를 가져온 결정적 원인이었다고 생각하게 된다.

바라지도 않던 '천명'을 받은 청나라

누르하치努爾哈赤(1559~1626)가 청 왕조의 시조로 알려져 있지만, 그 자신에게는 제국 창업의 야심이 없었다는 사실을 패멀라 크로슬리가 『The Manchus』(만주족의 역사, 1997) 제3장(47~70쪽)에서 소상히 밝혔다. 명나라의 조공국 정도의 독립성을 바라보았을 뿐이라는 것이다.

만주족 흥기 초기 상황에 대한 크로슬리의 실증적 고찰이 가치 있는 것은 만주족의 정복 의지를 부풀린 전통적 역사서술의 질곡을 벗어나게 해주기 때문이다. 청나라 관변 기록은 청 왕조의 천명天命을 확실히 하기 위해, 만주족에 반감을 가진 한족주의자들은 그 침

누르하치의 야심은 천하제국은커녕 동북지역의 패권도 아닌, 여진족의 '독립'에 있었다고 보는 것이 합리적일 것 같다.

략성을 강조하기 위해, 서로 다른 목적으로 같은 주장을 해왔다.

몽골제국 초창기부터 만주 지역은 몽골세력 아래 놓여 있었고 누르하치 시대까지 여진족은 몽골에게 눌려 지내고 있었다. 중원에서 물러난 북원北元은 몽골 동부, 만주에 가까운 곳에 자리 잡고 있어서 만주 지역에서는 세력을 지키고 있었다. 1582년 알탄 칸이 죽은 후 투멘 칸Tumen Khan, 圖們汗(1539~1592)이 세력을 확장하고 세첸 칸Sechen Khan, 徹辰汗(?~1604)을 거쳐 리그단 칸Ligdan Khan, 林丹汗(1588~1634)에게 이어졌다.

여진족은 명과 몽골 두 강대세력의 틈새에 끼어 있었다. 만주 방면의 명세력은 1570년대 이후 이성량李成梁(1526~1618) 군벌로 변모하고 있었다. 15세기 중엽에 조선에서 이주한 집안의 출신인 이성량은

이성량은 4대조가 조선에서 만주로 이주해왔다는 이유로 조선인 혈통이라는 설과 한족 혈통이라는 설이 분분하다.

40세에야 관직에 나섰으나 곧 요동遼東 총병總兵이 되어 수십 년간 지역을 호령했다(임진왜란에 파병된 명군의 주축은 요동병이었고 사령관 이여송李如松은 이성량의 아들이었다). 1591년에 수많은 비리가 적발되어 면직되었지만, 그가 지휘권을 내놓자 지역의 군사적 통제가 어렵다는 사실이 확인되어 1601년에 복직되었다.

누르하치가 초년에 (위협적 존재가 될 것을 알아보고) 자기 목숨을 노리는 이성량의 마수에서 기적적으로 벗어났다는 전설이 있으나 사실 누르하치는 이성량의 후견 아래 세력을 키웠다. 1583년 이성량의 작전 중에 그를 따르던 누르하치의 할아버지와 아버지가 죽은 일이 1616년 후금後金을 건국하면서 명분으로 내세운 명나라에 대한 '칠대한'七大恨 중에 첫 번째로 들어 있지만 두 사람을 죽인 것은 누르하치

집안의 경쟁세력이었고 이성량의 뜻이 아니었다. 그 사건 후에 누르하치는 이성량의 보호를 받았고, 얼마 후 두 사람을 죽인 원수를 이성량이 누르하치에게 넘겨주어 복수를 하게 해주었다. 누르하치가 1590년 북경에 조공을 간 것도 이성량의 후견 덕분이었다. 후금 건국은 이성량의 은퇴(1609) 후 와해되는 그의 세력권 안에서 누르하치가 지분을 확보한 것으로 볼 수 있다.

크로슬리는 누르하치 세력의 초기 상황을 밝히는 데 1595년 조선 사신으로 누르하치를 방문한 신충일申忠一의 『건주기정도기』建州紀程圖記를 많이 인용했다. 이 기록은 누르하치가 아직 집권적 군주권을 확립하지 않은 모습을 보여준다. 바필드 역시 『Perilous Frontier』(위태로운 변경)에서 누르하치가 죽을 때까지 집권적 군주제가 갖춰지지 않은 것으로 보았다. "8기제를 만들고 그에 대한 자신의 통제력을 유지하기 위해 권력을 집중한 것을 보면 그는 부족 정치의 뛰어난 고수임에 틀림없다. 그러나 그의 세계관은 지역에 그칠 뿐, 제국 차원에는 미치지 못하는 것이었다."(258쪽) 후금 건국을 전후한 세력 확대도 확고한 군사적 계획에 따른 것이 아니라 먹고살기 위해 필요한 일이었을 뿐이라고 본다(254~255쪽).

1626년 누르하치를 계승한 홍타이지Hong Taiji, 皇太極(재위 1626~1643)가 비로소 군주권을 제도적으로 강화하고 1636년 대청大淸제국을 선포했다. 그러나 아직도 명나라 천하를 빼앗겠다는 뜻은 아니고 요나라와 금나라가 송나라와 천하를 나눈 것처럼 대등한 위치에 서겠다는 것이었다. 1627년의 정묘호란은 조선과 대등한 관계를 요구한 것이었고, 1636년의 병자호란은 조공국 조선을 명나라로부터 빼앗겠다는 목적이었다.

1644년 청군의 북경 점령 상황에 관한 기록도 만주족의 정복 의지를 꾸며 보이는 것이 많다. 청나라 기록에는 청의 천명天命이 정해져 있었다고 주장하는 경향이 있고, 반청反淸 논설에서는 청나라의

홍타이지는 '대청제국'을 선포했지만 명나라의 천하를 몽땅 빼앗을 생각은 없었다.

야욕이 확실한 것이었다고 주장하는 경향이 있다. 1629년 홍타이지의 북경 공격을 양쪽 다 그 근거로 거론한다. 그러나 이 공격의 진짜 표적은 북경이 아니라 원숭환袁崇煥이었고 그 목적은 만주 지역의 확보에 있었다.

원숭환이 1622년 요동에 부임할 때는 싸얼후薩爾滸 전투(1619)로 명나라의 방어력이 무너진 뒤였다. 원숭환은 요하 서쪽으로 물러난 방어선을 강화했고, 1626년 누르하치의 이례적인 패배와 그 부상으로 인한 죽음도 원숭환의 방어력 때문이었다. 홍타이지는 방어에만 전념하는 원숭환 군을 서쪽으로 우회해 내몽골 방면에서 북경을 공격했고, 원숭환은 그 책임으로 처형당했다. 홍타이지는 명 조정의 어지러운 상황을 파악하고 이를 전략적으로 활용한 것이다.

원숭환이 제거된 후 명나라의 요하 방어가 무너지고 산해관山海關 -영원寧遠이 대치선이 되었다. 청군의 침범을 명군이 저지하는 양상 으로 알려져 있지만 결과에 따른 소급 해석일 수 있다. 요동 탈환을 위한 명군의 진공을 청군이 방어하는 양상으로 볼 수도 있는 것이다. 당시 청나라의 군대 규모는 전 중국의 정복은커녕 북경 공략조차 바 라볼 수 없는 수준이었다. 북경이 민중반란으로 무너진 후 바라지도 않던 천명天命이 청나라에게 굴러 떨어진 것이었다.

입관 40년 만에 '제국'을 완성한 청나라

1644년 4월 청군의 진군 과정을 살펴보면 청나라에게 아직 천하 제 패의 뜻이 세워져 있지 않음을 느낄 수 있다. 이자성李自成 군이 1644년 3월 19일(당시 역법 기준) 북경 점령 후 가장 서두른 일 하나가 산해관의 오삼계吳三桂 군 접수였다. 도르곤多爾袞(1612~1650, 순치제의 숙부이자 섭정)의 청군이 심양瀋陽을 출발한 것은 4월 9일이었다. 4월 22~23일 산해관에서 오삼계 군과 함께 이자성 군을 격파하고 5월 2일 북경에 입성했다. 심양에서 북경까지 불과 24일간의 전광석화 같은 진군은 청군의 능력만으로 가능한 것이 아니었다. 오삼계 군의 향배 가 결정적인 열쇠였고 청군은 상황에 편승한 것이었다.

얼떨결에 북경을 차지한 후 청나라 지도부의 노선은 두 갈래로 갈 라졌다. 한 갈래는 천명 같은 것 쳐다볼 필요 없이 만주 귀족의 이익 을 위한 정책을 앞세웠고, 또 한 갈래는 명나라보다 더 멋지게 천하 를 꾸려 나가기를 바랐다. 후자는 황제를 중심으로 모였고, 전자는 섭정을 중심으로 세력을 뭉쳤다. 순치제順治帝(재위 1643~1661)와 강희 제康熙帝(재위 1661~1722)가 모두 어린 나이에 즉위했기 때문에 섭정 기간이 길었고, 섭정을 맡은 도르곤과 오보이鰲拜(1610~1669)는 황제 를 능가하는 권세를 누렸다.

도르곤은 섭정 7년 만에 사냥 중 사고로 죽었는데 그 직후의 대대적인 탄핵을 보면 그의 죽음이 과연 사고였는지 의문이 든다. 오보이는 섭정 8년 만에 16세 소년 황제의 친위쿠데타로 무너졌다. 1669년 오보이가 제거된 후 청나라의 천하제국 건설은 비로소 시작되었다고 할 수 있겠다.

청나라의 새 천명을 인정하는 자세에 지역에 따른 차이가 있었다. 민란의 파국을 처절하게 경험한 북중국 주민들은 청나라 통치를 최선의 대안으로 받아들였다. 중화제국을 모방한 제국체제를 여러 해 운영해온 청나라가 민란 지도자들보다 훨씬 더 믿음직했다.

그러나 강고한 민간세력이 자리 잡고 있던 남중국은 달랐다. 청의 정복에 대한 남중국 지역의 치열한 저항은 '화이관'華夷觀만으로 설명되지 않는다. 화이관에는 남북 간의 차이가 없었다. 그보다는 민간세력의 강약 차이로 이해할 수 있는 측면이 커 보인다. 명나라 때 남중국의 민간세력은 국가의 통제를 벗어난 실력을 키웠고 말기의 민란 중에도 자기 지역을 지킬 수 있었다. 이제 청군의 진군 앞에 명나라를 지키겠다고 나서는 데도 기득권을 지키려는 의지가 작용할 여지가 있었다.

물론 왕조를 위해, 중화문명을 위해 순절한 열사들이 많았다. 그러나 명나라 체제에 '유격장군'으로 편입되어 있던 해적 수령 정지룡이 명나라 황실을 받드는 시늉만 하다가 청나라에 붙어버린 것도 당시 지방 실력자의 또 하나 모습이었다.

청나라는 1662년까지 명나라의 판도를 모두 수습했다(정지룡의 아들 정성공이 타이완에 근거를 지키고 있었지만 그때까지 타이완은 중화제국의 판도 밖에 있었다). 남방 정벌의 주축은 항복한 명나라 군대를 편입시킨 한인팔기漢人八旗였다. 그들이 유용했던 것은 전투력이 뛰어나서라기보다 현지 세력과 타협·절충을 잘하기 때문이었다(1645년의 변발령辮髮令 시행에 융통성을 두는 등). 정벌이 끝난 뒤에도 정벌군 사령관에게 정벌

지역의 통치를 맡긴 것이 삼번三藩의 단초였다.

삼번이란 운남雲南의 오삼계, 광동의 상가희尙可喜와 복건의 경중명耿仲明이었다. 그들은 평서왕平西王, 평남왕平南王, 정남왕靖南王의 왕호를 받고 각자의 지역을 독립국처럼 통치했다. 해상교역의 이권을 끼고 있거나(광동, 복건) 광물자원이 풍부하다는(운남) 특성 때문에 중화제국의 경제구조에 큰 영향력을 가진 지역들이었다.

오보이가 이끌던 청나라 귀족세력은 중앙집권화를 꺼리는 입장에서 삼번의 분권화를 방조했다. 강희제는 오보이 제거 후 삼번에 대한 통제를 서서히 강화해 나갔다. 1673년 70세의 상가희가 은퇴와 함께 번국藩國을 아들 상지신尙之信에게 물려줄 것을 청하자 은퇴는 허락하되 세습은 불허했다. 그 2년 전 경중명의 손자 경정충耿精忠의 세습을 허락한 것과 다른 조치였다. 이 변화에 경계심을 품은 번왕들이 조정을 떠보기 위해 짐짓 번의 철폐를 주청했다가 이를 받아들이려 하자 반란에 나섰다.

한나라가 창업 근 50년 만에 오·초 7국의 난을 제압하고 제국의 본궤도에 오른 것처럼 청나라는 입관入關 근 40년 만에 제국의 본궤도에 오른 것이라 할 수 있다. 강희제의 61년 치세에 이어 옹정제雍正帝(재위 1722~1735)와 건륭제乾隆帝(재위 1735~1795)의 치세가 이어지는 동안 중화제국의 번영은 인구가 약 1억 5000만 명에서 약 3억 명까지 곱절로 늘어난 사실에서 단적으로 나타난다. "제국의 완성"이라 할 수 있는 상황이다. 완성 뒤에는 무엇이 따라올까?

26
'니덤의 수수께끼'

1534년 8월 15일에 이그나티우스 로욜라(1491~1556)를 위시한 파리대학 학생 일곱 명이 몽마르트르의 한 교회에서 청빈, 순결과 순종의 서약을 한 것이 예수회Societas Iesu의 출발점이다. 이 모임은 1540년 교황의 인가를 받아 수도회로 출범했고, 급속한 성장으로 가톨릭세계에서 중요한 역할을 맡게 되었다.

　예수회는 1773년 교황의 명령으로 해산될 때까지 교육·학술·선교의 여러 분야에서 큰 역할을 맡았고, 중국 선교는 그중 중요한 사업의 하나였다. 창립 7인의 한 사람인 프란시스코 사비에르(1506~1552)는 인도에서 일본까지 아시아 여러 지역에서 선교를 개척했고 중국 진입을 시도하던 중 광주廣州 부근의 섬에서 세상을 떠났다. 1582년 중국 진입에 성공한 그 후배 선교사들은 200년간 중국과 유럽 사이에 아주 특이한 접점을 만들었다. 기독교만이 아니라 기하학과 천문학을 비롯한 여러 가지 유럽의 학술과 문화를 중국에 소개했고, 다른 한편으로는 중국에 관한 많은 지식과 정보를 유럽에 전달했다.

로욜라가 교황 바오로 3세의 칙서를 받는 장면을 그린 프레스코화.

16세기의 가톨릭교회는 종교개혁의 충격 속에서 반동종교개혁 Counter-Reformation 또는 가톨릭 개혁Catholic Reformation이라 불리는 흐름을 일으키고 있었다. 긍정적으로 보느냐 부정적으로 보느냐에 따라 다른 이름이 쓰이지만, 하나의 움직임의 두 측면으로도 볼 수 있는 것이다. 예수회는 두 측면 모두에서 주도적인 역할을 맡아 교황 권의 확장·유지에 공헌함으로써 "교황의 근위사단"이란 별명을 얻었 고, 1773년의 그 해산은 국민국가의 성장으로 교황권이 위축된 결과 였다.

선교는 예수회의 가장 중요한 활동 분야의 하나였는데, 적응주의 accommodationism를 도입한 점에 큰 특징이 있었다. 종래의 선교는 개 인의 구원에 목적을 두고 대상자를 소속 사회로부터 이탈시키려는 경 향이 있었는데, 예수회의 선교는 개인이 아닌 사회 전체를 대상으로 하여 그 사회의 관습과 풍속에 가능한 한 저촉되지 않는 방식으로

알레산드로 발리냐노의 초상. 사비에르와 발리냐노는 대조적인 캐릭터이지만, 적응주의 노선을 위한 역할에서는 완벽하게 합쳐진 느낌을 준다.

기독교에 접근시키려 한 것이다. 종교개혁으로 유럽의 많은 지역이 가톨릭교회를 벗어나는 상황에서 근거 지역을 넓히기 위해 이런 포용적인 접근방법이 필요하기도 했고, 인도와 동아시아의 포용적인 토착문명과의 접촉에서 자극받은 측면도 있었다.

1580년대 들어 선교사의 중국 진입이 이뤄진 것은 융경개관隆慶開關으로 명나라의 해금정책이 풀린 덕분이었다. 진입 과정을 지휘한 것은 동방순찰사 알레산드로 발리냐노(1539~1606)였고, 그가 중국에 투입한 10여 명 선교사 가운데 가장 큰 성과를 거둔 것이 마테오 리치(1552~1610)였다.

발리냐노는 1573년 인도순찰사에 임명되어 아프리카 동해안에서 일본까지 동방 전 지역의 예수회 활동을 관할하다가 1590년대 어느 시점부터 일본과 중국 등 동아시아 지역으로 관할 영역을 좁혔다. 예수회의 조직이 커지고 동방의 선교활동이 자라났기 때문이었다. 그의

1687년 파리에서 출판된 『라틴어로 설명하는 중국의 지혜』는 예수회 선교사들이 공자의 사상을 소개한 책이다.

활동을 살펴보면 사비에르의 경건함과 언뜻 대비되는 책략과 동력이 느껴진다. 그러나 두 사람이 공유한 것은 적응주의 원리였다. 선교 대상을 불러내는 것이 아니라 찾아가는 자세였다.

30세 나이에 중국에 들어가 28년간 활동하다가 중국 땅에 묻힌 마테오 리치는 적응주의 노선을 독보적인 경지로 이끈 인물이다. 그의 중국어와 중국 고전의 조예가 최고의 수준에 이르렀다고 하는 등 그에 대한 후세의 찬양에는 지나치게 부풀려진 면도 있지만, 당시의 상황과 여건에 비추어 본다면 가히 초인적인 업적을 남겼다고 할 수 있다(리치의 모습을 제일 잘 보여주는 연구로 조너선 스펜스의 『The Memory Palace of Matteo Ricci』(마테오 리치, 기억의 궁전, 1983)을 나는 꼽는다. 내 학위 논문 「마테오 리치의 中國觀과 補儒易佛論」(1993)은 리치 자신의 상황 인식을 해명하는 데 목적을 둔 것이다).

리치는 중국 사회의 기독교 수용을 위해 기독교의 '진리'만 주장하기보다 윤리·학술 등 기독교 사회의 좋은 점을 소개함으로써 중국인들에게 기독교 수용의 동기를 부여하는 방향을 잡고 많은 서적을 저술·편찬했다. 유클리드의 『Elements』 중 일부를 서광계徐光啓와 함께 번역한 『기하원본』幾何原本이 그 가운데 가장 큰 효과를 일으킨 작품의 하나다. 이것을 발판으로 서광계가 역법 개정을 추진, 『숭정역서』崇禎曆書(1634)를 편찬한 것이 청나라에서 시헌력時憲曆으로 채택되었다. 왕조의 간판 격인 역법의 기술자로서의 역할이 선교사들이 청나라에서 활동을 계속할 수 있는 중요한 근거가 되었다.

동·서 간 새 통로를 연 예수회 선교사들

마테오 리치의 진입 이후 200년간 900여 명의 예수회 선교사가 중국에서 활동했다. 같은 시기에 중국 선교를 시도한 다른 단체들에 비해 압도적인 숫자였다. 숫자의 차이보다도 활동 범위의 차이가 더 컸다. 민간의 신자 확보에만 매달린 다른 선교사들과 달리 예수회 선교사들은 청나라 조정에서 역법 운용을 비롯한 여러 가지 역할을 수행하며 상당 범위의 유럽 학문과 기술을 도입하는 한편 중국에 관한 많은 지식과 정보를 유럽에 전달했다. 중국의 대외관계에서 역사상 가장 특이한 역할을 맡은 집단의 하나였다.

이 특이한 역할의 발판이 적응주의 노선이었다. 이 노선 덕분에 예수회 선교사들은 중국의 복장과 예절을 따르며 중국인과 편하게 어울리고 중국 사회에 깊이 들어갈 수 있었다. 조정에서는 황제의 신하 노릇을 하면서 지역사회 주민들의 존중을 받을 수 있었다. 그리고 유럽의 학술 성과와 제도, 문화를 출판을 통해 중국에 소개할 수 있었다.

이처럼 예수회의 중국 활동을 유리하게 해준 적응주의가 1630년

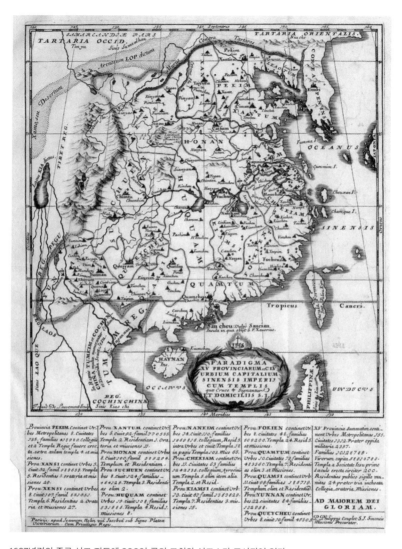

1687년경의 중국 선교 지도에 200여 곳의 교회와 선교소가 표시되어 있다.

대부터 부작용을 일으키기 시작했다. 전례논쟁典禮論爭, Chinese Rites Controversy이다. 17세기 들어 중국에 침투하기 시작한 다른 수도회 선교사들이 예수회의 적응주의가 기독교의 본질을 잃을 정도로 지나치게 타협적인 것이라고 보고 교황청에 문제를 제기한 것이다.

교황에 대한 '순종'을 앞세우며 뛰어난 활동력을 가진 예수회에 대해 교황청은 옹호하는 입장이었다. 그러나 시대가 바뀌고 있었다. 근대국민국가 발전의 결정적 계기가 된 30년 전쟁(1618~1648) 이후 가톨릭 군주들과 교황청 사이에 이해利害 충돌이 일어나기 시작했다. '교황의 근위사단' 예수회는 세속군주들의 공격 표적이 되었고, 1773년의 예수회 해산은 교황청의 자발적 조치라기보다 세속군주들의 압력에 의한 '교황의 무장해제'였다. 그 과정에서 전례논쟁은 예수회 공격의 꼬투리가 되었다.

포르투갈(1759), 프랑스(1764), 스페인(1767) 등 주요 가톨릭 국가들이 교황청에 앞서 예수회를 탄압·추방하고 있었다. 영화 《미션》*The Mission*(1986)이 그 상황을 잘 보여준다. 예수회 선교사들이 이끌어온 원주민 공동체를 포르투갈 당국이 파괴하는 것을 교황청이 제지하지 못하는 장면이다.

전례논쟁의 첫 번째 쟁점은 하느님의 호칭이었다. 중국 진입에 앞서 일본 선교를 시작할 때 하느님을 "다이니치"라 부른 것은 일본인의 기존 관념에 접근하려는 뜻으로, 적응주의 노선의 표현이었다. 그러나 일본 전통사상에 대한 이해가 깊어지면서 혼란의 위험이 느껴지자 라틴어 "Deus"의 음을 그대로 옮겨 "데우스"로 고쳐 불렀다. 중국에서는 "상제"上帝, "천"天, "천주"天主가 함께 사용되다가 전례논쟁을 거쳐 "천주"로 통일되었다.

더 큰 문제가 조상과 공자에 대한 제사였다. 예수회의 반대자들은 제사가 우상숭배라고 비판했다. 중국인 입교자에게 제사 금지는 엄청난 장벽이 될 것이므로 예수회 선교사들은 제사가 사회적 관습일 뿐이라고 교인들을 가르치며 그 한도 내에서 제사를 허용했다. 이 문제가 중국에서 예수회의 아킬레스건이 되었다(조선의 첫 가톨릭 순교자를 낳은 1791년의 진산珍山 사건도 여기서 파급된 것이었다. 적응주의가 패퇴하고 예수회가 해산된 후 예수회 서적을 통해 뒤늦게 서학西學을 일으킨 조선 선비들은 책 내용과 당시 북경 교회의 지침의 차이 때문에 혼란을 겪었다. 교회의 지침에 따라 신주를 파괴하고 제사를 폐한 선비들이 적발되어 처형당했고, 그들과 인척관계였던 정약용도 공격을 받았다).

곡절 끝에 적응주의를 배척하는 클레멘스 7세 교황의 칙령이 1704년에 내려졌다. ①"天主"라는 말을 쓰고 "天", "上帝" 등 다른 말은 쓰지 않는다. ②봄가을의 공자 배향配享과 조상 제사를 신자들에게 금한다. ③공자 사당의 월 2회 전례에 관리 신자들의 참석을 금한다. ④신자들의 조상 제사를 금한다. ⑤집에서든 묘지에서든 장례식에서든 신자들의 조상 숭배 전례를 금한다 등의 내용이 담긴 칙령이었다.

교황은 칙령 반포에 앞서 투르농Charles-Thomas Maillard de Tournon (1668~1710)을 사절로 파견했다. 1705년 봄 중국에 도착한 투르농은 그해 연말과 이듬해 6월에 강희제를 만났고, 이는 최악의 결과를 불러왔다. 투르농의 주장을 황당하게 여긴 황제가 교황의 진의를 파악하기 위해 두 명의 선교사를 로마로 보냈는데 따로 떠난 두 사람이 모두 도중에 난파로 목숨을 잃었고, 투르농은 억류되어 있던 마카오에서 4년 후에 죽었다.

강희제는 오랫동안 선교사들에게 역법 운용을 비롯해 지도 작성도 맡기고 러시아와의 교섭에 통역과 번역도 맡기며 큰 신뢰를 주었지만, 선교사들이 예측해준 것과 다른 태도로 교황청이 나오자 그 신뢰가 많이 줄어들었다. 1706년 말 황제는 심사를 통해 선교사의 체류를 인가하는 정책을 세웠다. 두 가지 질문을 통한 심사였다. ①"그대는 유럽으로 돌아갈 생각이 있는가?" ②"그대는 마테오 리치의 자세를 따를 것인가?"(라이엄 브로키, 『Journey to the East: the Jesuit Mission to China, 1579~1724』(예수회 동유기, 2007), 184~192쪽) 선교사들의 절대적 충성을 요구하는 교황에 맞서 황제도 그들의 충성을 확인하러 나섬에 따라 선교사들은 양자택일의 기로에 몰렸다.

유럽중심주의의 밑바닥을 흔든 니덤의 업적

마리 파브로의 『*La Horde d'Or et l'islamisation des steppe eurasiatiques*』(2018) 영역판(『*The Horde: How the Mongols Changed the World*』(킵차크칸국이 바꾼 세상, 2021))이 막 나왔다. 칭기즈칸의 장남 주치(1182~1227)의 후손들이 이끈 킵차크칸국金帳汗國, Golden Horde이 유럽, 특히 러시아의 역사에 끼친 영향을 밝힌 책이다. 유럽의 역사에서 킵차크칸국은 외부의 침략자로서 이질적인 존재로만 인식되어 왔다. 파브로는 킵차크칸국이 동유럽 일대의 문명 형성에 기여한, 그래서 그 자체가 유럽의 일부가 된 과정을 보여준다.

파브로의 책을 보며 근대유럽의 출현 배경을 살피는 범위가 너무 좁았다는 사실을 새삼 생각하게 된다. 그리스 고전문명을 되살려낸 르네상스를 통해 유럽인의 손만으로 근대유럽을 일궈냈다고 보는 통설이 아직도 힘을 지키고 있다. 르네상스를 일으킨 이탈리아 도시들의 경제적·문화적 기반조건이 이슬람세계로부터 얻은 것이라는 사실이 주목받게 된 것은 근년의 일이고, 르네상스 지혜의 원천을 그리스 고전문명만이 아니라 중세 이슬람세계에서도 찾게 된 것은 더 최근의 일이다. 이제 파브로는 이탈리아에서 발원한 르네상스만이 근대유럽의 진입로가 아니었다는 사실을 일깨워주고 있는 것이다.

도널드 라크의 『*Asia in the Making of Europe*』(유럽 속의 아시아, 3권 9책, 1965~1993)은 시대를 앞선 책이었다. 라크의 "아시아"는 인도, 동남아시아, 중국, 일본으로 구성된, 통상적 의미의 '아시아' 중 이슬람권 동쪽만을 가리킨 것이다(라크의 책에서 다루는 시대의 인도와 동남아시아는 이슬람화 이전 내지 진행 중이었다). 근대유럽의 형성 과정을 고작해야 이슬람권과의 각축을 통해 바라보던 관행에서 벗어나 시야를 크게 넓히는 시도였다. 라크의 서론 첫 문단에는 근 60년이 지난 지금도 되새겨볼 의미가 담겨 있다.

애초에 르네상스 시대 사람들로 하여금 유럽을 둘러싼 바다 너머 미지의 여러 세계로 달려 나가게 만든 추동력은 무엇이었는가? 그 후 400년간 지구 위에 더 정복할 대륙이 남아 있지 않을 때까지 유럽의 팽창이 힘을 지속한 것은 어떻게 된 일인가? 인류의 역사에서 두드러지는 유럽 팽창의 특이성에 경탄한 역사가들은 외부를 향한 이 분출을 뒷받침한 문화적 동력을 분석하고 해명하는 데 큰 노력을 기울여왔다. 지리상의 발견을 유럽인의 활동력과 독창성의 승리로 보는 데는 연구자들의 의견이 일치하지만, 해외 활동을 일으킨 추동력에 관해서는 연구자들의 종교와 국적에 따라 이해와 평가가 크게 엇갈려왔다. (…) 그러나 그 발견 내용이 서양문명 자체의 발전에 끼친 영향을 탐구한 사람은 극히 적다. (1권 1책, xi쪽)

이와 비슷한 문제의식을 라크에 앞서 떠올리고 유럽중심주의 반성에 큰 업적을 남긴 사람이 조지프 니덤(1900~1995)이다. 1954년 제1권이 나온 『Science and Civilisation in China』(중국의 과학과 문명) 편찬사업은 많은 후원자와 참여자를 결집시켜 애초에 니덤 자신이 생각지 못했던 큰 규모로 자라났다. 지금까지 7권 27책이 출판되었는데 니덤의 유업을 이어받은 니덤연구소에서 편찬을 계속하고 있다(니덤 자신은 7책을 생각하며 시작한 일이다).

『Science and Civilisation in China』가 출범한 1950년대는 유럽(서양)중심주의가 더할 수 없이 강고할 때였다. 그럼에도 이 사업이 자라날 수 있었던 것은 과학기술을 다루는 내용이었기 때문이다. 과학기술은 유럽이 탄생시킨 근대문명의 본질로 여겨지는 분야다. 그리고 가치 기준에 따라 관점이 달라질 수 있는 다른 분야들에 비해 과학기술의 비교는 오해의 여지없이 확실한 것으로 보인다.

적어도 15세기까지 중국의 과학기술이 유럽보다 더 높은 수준에 있었다고 하는, 당시의 중국인들조차 생각지 못했던 니덤의 관점이 설득력을 갖고 퍼져 나가자 새로운 질문이 떠올랐다. '니덤의 수수께끼'the Needham Question라 불리게 되는 질문이다. "중국의 과학기술이 15세기까지 유럽보다 높은 수준에 있었다면 왜 그 후의 과학혁명과 산업혁명이 중국에서 일어나지 않고 유럽에서 일어나게 된 것인가?"

니덤의 수수께끼가 1960년대에 제기될 때는 학술적 연구주제라기보다("실제로 일어나지 않은 일을 역사학에서 따질 필요가 있는가?") 뜻밖의 연구 성과가 일으킨 충격의 한 표현일 뿐이었다. 그러나 1980년대에 떠오른 '유럽의 기적'European Miracle의 주제가 1990년대에 '대분기'Great Divergence로 이어진 것은 제3세계의 경제적 발전에 따라 유럽의 우위를 하나의 역사적 현상으로 상대화해서 보게 된 결과였다. 지금은 1970년대 이후의 세계적 변화(경제적 격차 축소)를 '대분기'와 대비되는 '대수렴'Great Convergence으로 보는 연구자들이 있다. '수렴'의 단계에 접어들었기 때문에 앞 단계의 '분기'를 당연한 사실이 아니라 설명을 필요로 하는 역사적 현상으로 보게 된 것이다.

'유럽의 기적' 또는 '대분기'를 해명하려는 시도는 21세기 들어 활발하게 진행되어왔다. 연구자들의 태도는 크게 두 갈래로 갈라진다. A. G. 프랑크의 『ReOrient』(리오리엔트, 1998)와 N. 퍼거슨의 『The Civilization』(문명, 2011)이 유럽중심주의를 배격하는 태도와 옹호하는 태도를 각각 대표하는 것으로 보인다.

프랑크와 퍼거슨의 책을 비교하면 퍼거슨 쪽의 논증이 더 치밀하다. 그런데 프랑크의 책이 더 재미있고 배울 것이 많아 보이는 것은 유럽중심주의에 반감을 가진 내 편향성 때문일까? 그런 탓도 없지 않겠지만, 주제의 연구가 확장 단계에 있다는 사실에 더 큰 이유가 있는 것 같다. 오랫동안 굳어져 있던 고정관념을 깨트리기 시작하는 단계에서 학술연구의 '문제 해결'problem-solving 기능보다 '문제 제기'problem-raising 기능이 더 중시되는 것이다.

중국의 화폐제도를 살펴보기 위해 구해 본 쉬진徐瑾, Jin Xu의 『Empire of Silver』(은의 제국, 2017)는 퍼거슨 쪽이다. 퍼거슨이 제시한 "권력의 4각형"Square of Power(행정부, 중앙은행, 채권시장, 의회제도)을 인용하면서 왕조시대의 중국이 이 4각형을 갖추지 못했고 개인소유권이 확립되어 있지 못했던 점을 지적한다. 동어반복tautology의 느낌을 받는다. 유럽의 성공 원인을 미리 정해놓고 그것을 기준으로 다른 곳의 실패 원인을 따진다면 새로운 시각을 얻을 길이 없다. 근대적 가치관의 틀에 묶여서는 근대 이전의 역사를 이해하는 데 한계를 피할 수 없다는 당연한 사실을 다시 생각한다.

노동력 절약형 기술 발전과 자원 절약형 기술 발전

'대분기'의 원인에 관해서는 많은 논설이 나와 있고 수많은 요소가 제시되었다. 케네스 포메란츠의 『The Great Divergence: China, Europe, and the Making of the Modern World Economy』(대분기, 2000)가 그중 잘 정리된 책이다. 포메란츠는 유럽 측 석탄자원의 유리한 분포와 신대륙의 확보를 중시하면서 에너지집약적 기술 발전을 통한 산업혁명의 조건이 되었다고 본다. 18세기 중엽까지 유럽과 중국의 발전 수준에 결정적 차이가 없다가 산업혁명이 곧 '대분기'가 되었다는 것이다.

포메란츠의 주장은 경제사 측면의 핵심을 짚은 것이다. 그러나 지나친 결정론의 느낌이 든다. 중국의 석탄자원 분포도 크게 불리하지 않았고, 신대륙 활용의 기회도 중국 쪽에 없지 않았다. 유럽의 석탄자원과 신대륙 활용이 필연적인 지정학적 조건에 따른 것이 아니라 역사적 조건에 의해 결정된 측면도 생각할 필요가 있는 것 같다.

이 점에서 중요한 참고가 되는 것이 프란체스카 브레이의 『The Rice Economies』(벼농사 경제체제, 1986)다. 『Science and Civilisation in China』(중국의 과학과 문명) 농업편(6권 2책, 1984)의 저자이기도 한 브레이는 이 책에서 노동집약적 발전을 지향하는 벼농사의 내재적 특성을 규명했다. 산업혁명에 나타난 에너지(자원)집약적 발전만을 기술 발전으로 보는 것은 편견이며, 노동집약적 발전도 생산성 향상이라는 기술 발전의 본질을 벗어나지 않는 것이라고 지적했다. 마크 엘빈이 『The Pattern of the Chinese Past』(중국사의 패턴, 1973)에서 '녹색혁명'Green Revolution이라 부른 송나라 시대의 발전을 이해하기 위해 꼭 필요한 관점이다.

브레이는 농업기술 발전 방향을 좌우하는 요인으로 인구 밀도, 타 부문의 노동 수요, 소작관계의 형태, 경작 방식 등을 예시했다. 정치, 사회, 문화 등 여러 방면의 조건들에 의해 결정된다는 것이다. 근세 초기 유럽과 중국을 얼른 비교해보더라도, 인구가 희박하고 정치적으로 분열되어 있던 유럽에서 노동력을 절약하는 에너지집약적 발전 방향을 선택한 조건은 쉽게 이해할 수 있다.

여기에서 한 발 더 나아가 세계관의 차이가 기술의 발전 방향을 결정하는 측면도 생각할 수 있겠다. 열린 세계의 믿음을 가진 사회는 외부 자원의 획득을 통해 자원집약적 발전의 길을 택하기 쉽다. 반면 주어진 세계의 한계를 인식하는 사회에서는 자원 절약에 기술 발전의 첫 번째 목적이 있다. 일찍이 농업의 포화상태에 이른 중국에서는 인구 증가로 늘어나는 노동력을 제한된 면적의 토지에 투입하면서 (노동력 대비) 생산성을 유지하는 기술 발전에 주력했고, 15세기까지 기술 수준과 조직 수준이 낮은 단계에 있던 유럽인은 외부 자원의 획득에 주력하다가 신대륙의 획득이라는 대박 덕분에 산업혁명이라는 자원집약적 발전의 길을 찾게 되었다고 볼 수 있을 것 같다.

열린 세계관과 닫힌 세계관 사이의 우열과 득실은 간단한 것이 아니다. 현대 일본인이 중국을 바라보는 시선의 변화에서 '새옹지마'의 느낌을 받는다. 메이지유신 이후 대동아전쟁까지 일본인은 중국을 깔보다가 패전의 충격 속에 공산중국의 성립을 바라보며 부러워하는 마음이 일어났다. 그 후 일본의 번영과 중국의 문화대혁명이 교차되는 상황에서 다시 중국을 깔보게 되었다가 G2의 자리를 중국에 빼앗기는 단계에서는 또 마음이 흔들리고 있다. 굳이 비교한다면 이 기간 동안 일본은 열린 시스템을, 중국은 닫힌 시스템을 바라본 셈이다.

세계를 바꾸려는 영국과 천하를 지키려는 중국

1793년 영국 사절 조지 매카트니(1737~1806)가 북경에 와서 건륭제를 알현할 때 가장 중요한 목적은 국교 수립과 교역 확대였다. 국교 수립에 대해 건륭제는 영국 국왕에게 보낸 편지에 이렇게 썼다.

> 그대 나라 사람 하나를 천조天朝에 보내 그대 나라를 대표하게 하고 그대 나라와의 교역을 감독하게 해달라는 그대의 요청은 모든 관습에 어긋나는 것이고 들어줄 수 없는 것이요. 천조에 봉사하는 유럽인들이 북경에 살도록 허락받아온 것은 사실이요. 그러나 그들은 중국 복장을 입어야 하고 지정된 장소에서만 활동할 수 있으며 제 나라로 돌아갈 허락을 받는 일이 없소. 그대도 관습을 잘 알 것이요. 그대가 보내려 하는 사신에게 북경의 유럽인 관리들과 같은 위치를 부여할 수도 없으며, 자유로운 활동이나 본국과의 연락도 허용할 수 없소. 그러니 그가 이곳에 있더라도 그대에게 해줄 수 있는 일이 없을 것이요.

교역 확대 요청에 대해서는 이렇게 대답했다.

> 내가 뜻을 두는 것은 오직 훌륭한 통치를 행하고 천자의 직무를 잘 수행하는 것뿐이요. 진기한 물건이나 값비싼 물건에는 관심이 없소. 그대가 보내온 공물을 내가 가납하는 것은 머나먼 곳에서 그것

건륭제 일행이 매카트니를 접견하기 위해 장막으로 들어가는 장면(위).
건륭제가 매카트니 사절을 접견하는 모습(아래).

을 보내온 그대의 마음을 생각해서일 뿐이오. 이 왕조의 크나큰 덕은 하늘 아래 어디에도 미치지 않는 곳이 없어서 모든 왕과 부족들이 육로와 수로를 통해 귀한 공물을 보내오고 있소. 그대의 사신이 직접 보는 것처럼, 우리에게는 없는 물건이 없소. 나는 기이하고 별난 물건에 관심이 없으며 그대 나라에서 나는 물건을 필요로 하지 않소.

영국은 7년 전쟁(1756~1763) 승리를 계기로 제국주의 팽창의 주도권을 쥐고 있었다. 그레나다 총독(1776~1779)과 마드라스 총독(1781~1785)을 지낸 매카트니는 그 선봉장의 하나였다. "해가 지지 않는 제국"이란 말로 유명한 그는 북경에 다녀오면서 비망록에 이렇게 적었다.

중화제국은 낡고 다루기 어려운 초대형 전함과 같은 존재다. 운이 좋아서 뛰어난 선장과 유능한 선원들을 계속해서 만나왔기 때문에 지난 150년간 물 위에 떠 있을 수 있었고, 그 덩치와 생김새만 가지고도 그 이웃들을 겁에 질리게 할 수 있었다. 그러나 무능한 선장에게 한 번 걸리기만 하면 기강이고 안전이고 흔적도 없어질 것이다. 아마 바로 가라앉지는 않을 것이다. 얼마 동안 난파선으로 떠다니다가 어느 날 해안에 좌초해 산산조각이 나고 말 것이다. 그 배의 바닥 위에 고쳐 짓는 것도 불가능한 일이다.
중화제국의 침몰은(상당히 유력한 전망이다) 아시아에서 교역의 판도를 완전히 뒤집어놓는 데 그치지 않고 세계 곳곳에 적지 않은 파장을 일으킬 것이다. 중국인들의 근면성과 재능은 위축되고 약화되겠지만 아주 없어질 수는 없다. 중국의 항구를 가로막는 장벽이 사라질 것이고 모든 나라의 모든 모험가들이 시장을 찾아 중국의 구석구석을 파고들 것이다. 상당 기간 갈등과 혼란이 이어질 것이다.

그러나 뛰어난 인적·물적 자원을 가지고 정치적으로나 해상활동으로나 상업상으로나 세계 제일의 강국을 이룩한 영국이 이런 변화 앞에서 가장 큰 이득을 얻고 다른 모든 경쟁자를 앞서리라는 것이 합리적인 생각일 것이다.

매카트니가 고두叩頭의 예를 거부했기 때문에 목적을 이루지 못했다는 말이 많이 떠돌았지만 사실이 아니다. 그보다 2년 후에 건륭제를 알현한 네덜란드 사절단은 고두의 예를 행하고도 같은 결과를 맞았다. 산업혁명을 시작하고 세계를 바꾸기 위해 나선 영국과 천하를 있는 그대로 지키려는 중국의 입장이 전혀 어울리지 못한 데 원인이 있었다.

27

'대동아공영권'의 허실

2001년 영국 BBC방송이 "위대한 영국인 100인"을 선정한 여론조사에서 윈스턴 처칠에 이어 2위를 차지한 인물이 이점바드 브루넬(1806~1859)이었다. 나는 그전에 브루넬의 이름을 읽거나 들은 기억이 없다.

브루넬은 엔지니어였다. 그가 설계한 많은 교량과 터널, 기차역이 아직도 남아 있고, 그중에는 "시대를 앞서갔다"는 평을 듣는 것들이 많다. 그러나 시대를 앞서간 그의 면모가 가장 뚜렷하게 나타난 것은 3척의 기선이었다.

1838년에 대서양 횡단을 위해 건조된 그레이트웨스턴호는 길이 71.6미터에 총톤수 1350톤으로 당시 가장 큰 기선이었지만 브루넬에게는 시작품試作品일 뿐이었다. 목재로 만든 외륜paddle wheel 구동방식이었다. 5년 후의 그레이트브리튼호가 진짜 야심작이었다.

길이 98미터에 총톤수 3450톤의 그레이트브리튼호는 덩치가 더 컸을 뿐 아니라 최신 기술을 활용한 배였다. 철제 선각船殼과 스크루

프로펠러는 이미 나와 있던 기술이지만 이런 규모의 배를 그 기술로 만든다는 것은 사람들이 상상하지 못할 때였다.

그런데 시대를 앞서간다는 것이 좋은 일만은 아니다. 새로운 기술을 시도하다 보니 건조에 6년이나 걸려서 비용이 잔뜩 쌓여 있는 위에 그레이트브리튼호가 운항 1년 만에 좌초 사고를 일으키자 회사가 사업을 포기하고 말았다. 헐값에 팔린 배는 수리를 거쳐 온갖 초라한 용도에 쓰이다가 1937년 포클랜드 앞바다에 수장되었는데, 1970년에 인양, 브리스틀로 옮겨져 영국 근대사의 기념물 하나가 되었다.

그레이트브리튼호의 실패를 겪고도 브루넬의 의욕은 꺾이지 않았다. 배는 클수록 좋다는 믿음을 그는 갖고 있었다. 물의 저항은 배의 길이에 제곱으로 늘어나는데 용량은 세제곱으로 늘어나므로 배가 클수록 연료효율이 좋아진다는 것이었다. 그래서 211미터 길이에 1만 7274톤의 그레이트이스턴호(1858년 진수)를 만들었다. 이 크기를 넘어서는 기선은 19세기가 끝날 때에야 나오기 시작했다(1912년에 침몰한 당시 최대의 기선 타이태닉호는 269.1미터 길이에 4만 6328톤이었다).

인도양 운항을 바라보고 "이스턴"이란 이름을 붙인 이 배는 그레이트브리튼호보다도 더 암울한 운명을 겪었다. 수많은 사고의 원인이 이 배의 덩치에 있었다. 항만과 항로가 그 크기의 선박에 맞춰져 있지 않았던 것이다. 완성 후 진수부터 힘들었다. 1857년 11월 3일에 예정된 진수가 실패하는 과정에서 몇 명의 인부가 목숨을 잃어 "불길한 배"로 소문이 퍼졌고, 3개월 후 겨우 진수에 성공한 직후에 건조비의 절반 값으로 매각되었다. 배의 새 주인은 채산성을 고려해서 인도양 운항을 포기하고 아메리카 노선에 배를 투입했으나 신통찮은 영업 실적을 보이다가 1862년 5월 큰 사고를 일으키고 더 헐값으로 팔려 나갔다. 그 후 이 배의 가장 큰 역할은 1865~1869년 기간에 대서양과 인도양 사이의 해저케이블 설치였고, 1890년에 해체되었다. 1869년 수에즈 운하 개통도 이 배에 타격을 주었다. 운하를 통과할

그레이트웨스턴호를 그린 석판화. 1838년 이 배의 출현은 대서양 횡단노선에서 기선이 범선을 대치하는 출발점이 되었다(위). 백화점 광고판으로 전락한 1880년대 그레이트이스턴호(가운데). 윌리엄 탤벗이 1844년에 찍은 그레이트브리튼호의 모습은 최초의 선박 사진으로 전해진다(아래).

수 없는 크기의 유일한 배였던 것이다.

한 천재 엔지니어의 선박 대형화에 대한 집착을 통해 19세기 중엽 해상운송의 대형화를 돌아보게 된다. 1497년 바스쿠 다가마의 인도양 진입 때 기함 상가브리엘호는 178톤 규모의 카라크였고 4척의 배에 170명이 타고 있었다. 18세기 말까지는 배의 크기도 항해 속도도 천천히 조금씩 발전했다. 19세기 들어 배의 크기와 속도가 갑자기 커지고 빨라진 것은 산업혁명의 성과였다. 이제 유럽인은 인도양 해역과 동아시아 지역에서 은과 값비싼 특산물을 바꿔가던 단계를 넘어 공산품과 원자재를 대량으로 옮길 수 있었고, 필요할 때는 대규모 병력을 이동시킬 수 있게 되었다. 아시아 정복을 위한 동기와 수단이 갖춰진 것이다.

증기선이 동아시아에 몰고 온 '개항' 압력

1793년 영국 사절과 1795년 네덜란드 사절이 청나라를 방문한 기본 목적은 교역 확대였다. 두 나라는 직물공업을 중심으로 산업혁명이 일찍 시작되어 교역 확대의 필요를 느끼기 시작했고, 각각 인도와 동인도제도(인도네시아)에 근거지를 갖추고 있어서 중국 진출에 유리한 조건을 가진 나라들이었다.

영국 사절 매카트니는 중국이 언젠가 "좌초해 산산조각이 날" 것으로 보았지만 "낡고 다루기 어려운 초대형 전함"을 당장 어쩔 길이 없었다. 그러나 40여 년 후에는 교역 확대의 의지를 무력으로 관철할 수 있게 되었다. 인도에서 양성한 병력을 동원하고 기선의 기동력으로 제해권을 장악할 수 있게 되었기 때문이다.

아편전쟁(1839~1842)은 동아시아 지역에서 '개항'開港의 전형이 되었다. 동아시아 국가들에게 교역의 통제는 국가체제 유지를 위한 중요한 과제였고, 경제 여건의 변화에 따라 교역의 수요가 늘어나더라도 국가의 통제 아래 서서히 늘리는 정책을 취했다. 그런데 1840년경에는 교역의 급격한 확대를 원하는 서양세력이 현지 국가의 통제력을 격파할 군사력을 갖추게 된 것이다.

중국에 이어 개항의 압력을 받은 곳이 일본이었다. 일본은 명나라의 해금정책을 파고드는 사무역 활동의 중요한 근거지였기 때문에 1540년대부터 유럽인의 교역망에 편입되었으나 17세기 초 도쿠가와 막부의 통제가 강해지면서 교역량이 크게 줄어든 상태에 있었다. 19세기 들어 일본의 개항을 가장 절실하게 필요로 하게 된 세력은 미국이었다. 태평양 연안까지 '서부개척'을 완성한 미국이 '세계 최대의 시장'인 중국으로 진출하기 위한 거점으로 일본을 확보하고자 한 것이다. 1853년 페리 함대의 무력시위 앞에 막부가 무릎을 꿇었다.

도쿠가와 막부는 왕조의 속성을 가진 정치조직이었다. 어떤 왕조든 긴 시간이 지나면 현실 변화에 대한 적응력이 떨어지게 된다. 쇼군將軍 자리의 계승에서부터 이 문제가 나타난다. 12대 쇼군 이에요시家慶(1793~1853, 재위 1837~1853)가 덴포天保개혁을 추진할 때까지는 쇼군의 권위가 살아 있었지만 병약한 13대 이에사다家定(1824~1858, 재위 1853~1858)와 너무 어렸던 14대 이에모치家茂(1846~1866, 재위 1858~1866)는 지도력을 발휘할 수 없었다. 유력한 계승자로 널리 촉망받던 요시노부慶喜(1837~1913, 재위 1866~1867)는 권신들의 기피 때문에 거듭거듭 배제되다가 막부의 종말이 코앞에 닥친 1866년에야 쇼군에 즉위해서 설거지만 맡았다.

설거지 역할도 만만한 것이 아니었다. 200여 년 유지되어온 체제를 해소하는 데는 많은 고통과 혼란이 따르지 않을 수 없는데, 요시노부의 지혜와 용기가 그 충격을 최소화했다. 퇴각을 잘하는 데서 장수의 진정한 능력이 드러난다고 하는 병법의 가르침을 다시 생각하게 된다. 그가 주도한 대정봉환大政奉還(막부의 통치권을 천황의 조정으로 넘겨준 조치)이 메이지유신明治維新의 비교적 순탄한 진행을 위한 출발점이

노년의 도쿠가와 요시노부. 그가
'대정봉환' 후 40여 년간 다양한 취
미생활을 누리며 편안하게 살 수
있었던 것은 그 자신을 위해서나
일본을 위해서나 다행한 일이었다.

되었다.

청나라에서는 1842년의 강요된 개항 후에도 변화의 필요에 대한
인식이 느리게 자라났다. 1856~1860년 또 한 차례 전쟁의 수모를 겪
고서야 동치중흥同治中興의 양무洋務운동이 일어났으나 서양의 이기
利器를 도입하자는 피상적 수준을 넘어서지 못했다. 1890년대 신흥
일본의 자극으로 제도 변화까지 모색하는 변법變法운동으로 나아갔
다가, 1898년 무술변법이 좌절된 후 체제의 근본적 변화를 추구하는
혁명革命운동이 나타났다.

1868년에 시작된 메이지유신의 기본 성격은 변법 차원이었다.
1853년의 강요된 개항이 던진 충격 속에서 불과 15년 만에 이 차원
의 진로를 확정한 것은 (개항 후 50여 년이 지나 일본의 성과를 보고서야 변법
운동을 일으킨) 중국에 비해 새로운 길을 찾아 나가는 데 유리한 조건
이 되었다. 그 결과 1894~1945년의 반세기 동안 일본이 중국을 침략

하는 양상이 전개되기도 했다.

근대화에서 일본의 '성공'과 중국의 '실패'의 차이에 관해서는 당시부터 지금까지 많은 논설이 펼쳐져 왔다. 시간이 지나고 연구가 쌓임에 따라 분명해지는 사실은, 이 차이가 당시 현장에서 이 과제에 임한 사람들의 능력 차이보다 두 나라의 역사적·지정학적 조건에 의해 만들어진 측면이 더 크다는 것이다.

'국민국가' 건설을 향한 일본의 근대화

메이지유신의 근대화는 '국민국가' 건설을 중심으로 진행되었다. 국민국가의 기본 원리는 중앙정부가 국민 개개인을 직접 지배한다는 것이다. 근대 이전의 국가는 중간계급의 복잡한 조직으로 이뤄지는 유기론적 구조를 갖고 있었는데, 그 중간조직을 '봉건체제'라 부르며 파괴하고 단순한 원자론적 구조로 조직한 것이 근대국민국가였다.

조직의 단순화는 국가 기능의 증진에 유리한 조건이다. 중국에서도 전국시대에 출현한 제민齊民의 이념이 이 방향을 바라본 것이었다. 이 이념은 유가사상의 한 요소가 되어 후세의 국가 형태에 어느 정도 영향을 끼쳤지만 근대국민국가처럼 철저하지는 않았다. 국가 간 경쟁이 치열한 근대유럽에서는 중국의 왕조들과 달리 국가 기능의 극대화가 지속적이고 압도적인 과제였기 때문에 국민국가의 형태가 극단적으로 발달하게 된 것이다.

막부로부터 대정봉환을 받은 후 메이지 정부가 취한 첫 조치는 판적봉환版籍奉還이었다. 200여 다이묘大名의 분권分權을 폐지하고 모든 국토와 인민을 중앙정부가 직접 관리하는 조치였다. 국내의 모든 인적·물적 자원을 국가 정책을 위해 동원할 수 있게 됨에 따라 산업, 경제, 군사력의 급속한 발전이 가능해졌다.

일본의 이 전환이 가능했던 이유로 기존의 막부체제가 저항하지 못할 만큼 쇠퇴해 있었던 점이 흔히 지적된다. 그러나 서방의 충격을 받은 다른 제국들(청, 무굴, 오스만)에 비해 규모가 작고 구조가 단순했다는 조건을 또한 생각할 필요가 있다. 규모가 큰 제국에서는 왕조가 쇠퇴하더라도 그 안에서 다른 대안이 나오기 쉬운데, 일본에서는 막부체제를 대신할 유력한 대안이 내부에 없었기 때문에 서양의 국민국가를 모방하는 노선이 바로 결정되었다.

국민국가 건설이라는 과제 앞에서 일본은 유럽보다도 오히려 유리한 입장이었다. 바다에 둘러싸인 영역 안에서 혈통, 언어, 문화 등 여러 조건이 통합되어 있었고 막부체제의 정치조직을 200여 년간 공유해왔기 때문이다. 유럽의 민족주의를 반성하는 취지에서 "상상의 공동체"라는 말이 유행했지만, 일본과 한국의 민족은 유럽에 비해 '실존의 공동체'로서의 성격이 훨씬 강하다. 국민국가의 견고한 성격이 유신 이후 일본의 발전에 중요한 조건이 되었다.

하지만 일본의 통합성도 완전무결한 것은 아니었다. 다른 나라들에 비하면 작은 이질성이지만, 완벽한 국민국가를 지향하는 과정에서는 두드러진 문제가 되었다. 아이누와 유구琉球인이 가장 눈에 띄는 존재였다.

유구인은 여러 나라로 쪼개져 명나라 초기부터 각기 조공을 바치고 있다가 1429년에 통일왕국을 이뤘다. 인근 해역의 교역활동이 늘어나는 데 따라 경제적·문화적·정치적 발전을 이룬 결과였다. 1609년 일본 사쓰마번의 정벌 후 중국과 사쓰마 양쪽에 종속하는 '양속'兩屬 상태에 있다가 1875년 일본에게 정복당하고 1879년에 오키나와현이 설치되었다.

홋카이도와 사할린, 쿠릴열도 등에 거주하던 아이누는 14세기부터 점차 일본인의 지배를 받기 시작했고, 도쿠가와 시대에는 마쓰마에松前번의 통치 아래 있다가 1800년경부터 홋카이도 남부 지역의 막부 직접통치가 시작되었다. 러시아의 동진東進으로 북방에 불안감이

청나라 〈직공도〉職貢圖(1751)에 그려진 유구인의 모습.

일어난 결과였다. 유신 초기에 개척사開拓使가 설치되어 일본에 정식으로 편입되었다.

오키나와에서 홋카이도까지의 열도를 강역으로 세워진 근대국가 일본은 1895년 타이완을 출발점으로 일련의 해외영토를 취득하여 이민족을 지배하는 '대동아제국'을 구축하기 시작한다. 이민족에 대한 일본인의 태도는 이중적이었다. 한편으로는 같은 '동아인'으로 연대감을 호소하면서 다른 한편으로는 마치 백인이 유색인종을 대하는 것처럼 멸시하는 것이었다.

이 이중성의 원형을 일본인이 아이누를 대한 태도에서부터 찾아볼 수 있다. 원래 마쓰마에번은 아이누에게 농민의 통상적 복장인 도롱이와 짚신의 착용을 금지했다. 양민 이하의 존재로 보았기 때문이다. 그러나 18세기 말 러시아의 위협이 느껴지기 시작하자 허용이 아니라 강요로 뒤집었다. 상황과 목적에 따라 이웃과 다른 점을 강조하기도 하고 같은 점을 강조하기도 한 것이다. '국민'의 범위를 넓히려는 "일시동인"一視同仁의 관점과 '민족'의 범위를 좁히려는 "야마토大和정신"은 일본의 국민국가 건설부터 제국 확장에 이르는 과정에 나란히 작용하며 많은 모순을 일으키게 된다.

문명권의 울타리를 무너트린 근대 제국주의

일본은 1895년에 타이완을, 1910년에 조선을 식민지로 탈취했다. "식민지"라고는 하지만 제국의 구조적 발전에 활용하는 진정한 '식민'colonization에는 이르지 않았으므로 "해외영토"라 하는 편이 더 적절할 것도 같다. 일본에게 정말 식민지다운 식민지는 1932년에 획득한 만주국이었다. 단순한 착취 대상에 그친 타이완이나 조선과 달리 만주국은 '대일본제국' 구축의 핵심 요소가 되었다. 제국 차원의 산업개발과 함께 농민의 이주도 적극 추진되었다.

　루이즈 영의 『Japan's Total Empire』(총總제국 일본, 1998)는 만주국의 역사를 살펴보되 일본이 만주국에 끼친 영향보다 만주국이 일본에 끼친 영향에 중점을 두고 들여다본 연구다. 요컨대 식민지다운 식민지로서 만주국을 확보함으로써 일본이 제국다운 제국을 이루게 되었다는 것이다.

　'제국'empire이란 다른 혈통·언어·역사·문화를 가진 여러 집단을 하나의 세력이 지배하는 현상이다. 근세 이전에는 이런 현상이 일어날 조건이 제한되어 있었다. '지배'가 성립될 만큼 접촉면이 큰 대상이 많지 않았기 때문이다. 근대 들어 교통·통신·군사기술의 발전에 따라 지구 반대편까지 지배의 확장이 가능하게 되면서 유럽 국가들이 각자 제국 하나씩을 꾸리는 상황이 벌어졌다. 근세 이전의 제국은 하나의 문명권을 하나의 세력이 석권하는 현상이었는데, 근대의 제국은 여러 세력이 문명권의 울타리를 넘어 전 지구 표면을 쪼개 가지는 현상이 되었다. "안과 밖이 따로 없는" '천하'를 관리하던 근세 이전 제국과 달리 근대의 제국들은 내부의 '통합'과 외부와의 '대립'이라는 서로 모순되는 과제를 함께 가지게 되었다.

메이지유신으로 국민국가를 이룬 일본에게 제국주의 경쟁은 피할 수 없는 과제였고, 경쟁의 압박 속에서 군국주의의 길에 빠진다. '유신 3대 공신'으로 꼽히던 사이고 다카모리西鄕隆盛가 메이지 정부에 반기를 든 것(1877)을 일본 군국주의의 선구로 볼 수 있다. 사쓰마 반란 평정 후 일본은 온건한 발전 노선을 모색하여 '다이쇼大正(1912~1926) 데모크라시'에 이르렀으나, 1929년 대공황에 따른 국제정세의 긴장 속에서 만주사변滿洲事變(1931)을 신호탄으로 본격적인 군국주의가 시작된다.

러일전쟁(1905) 이후 요동반도 조차지를 중심으로 진행된 일본의 만주 경영의 양대 기관은 만철滿鐵(남만주철도주식회사)과 관동군關東軍이었다. 만주의 광대한 영역을 활용하면서 혼란에 빠진 중국을 침략하는 제국의 구상이 두 기관을 중심으로 무르익어갔지만 본국 정부는 1920년대 말까지 이 구상을 채택하지 않고 있었다. 그러던 중에 중국 민족주의가 고조되며 만주 군벌 장작림張作霖이 협조적이던 태도를 바꿀 기미를 보이자 관동군이 독자행동에 나섰다. 1928년 장작림을 암살하고 1931년 만주사변을 일으킨 것이다.

루이즈 영은 1928년 사건과 1931년 사건이 일으킨 반향의 차이에 주목한다. 둘 다 군벌화된 관동군의 음모였다. 그런데 1928년에는 본국 정부가 파장을 줄이는 데 급급했던 반면, 1931년에는 관동군의 획책을 열렬히 지지하는 여론이 일어나고 그 압력으로 본국의 정당정치가 무너지기에 이른다. 이 무렵 국제정세의 변화가 일본을 군국주의의 길로 내몬 것으로 영은 해석한다.

아이누 지역과 유구의 합병은 일본열도의 국토 정비 차원에서 이해할 수 있다. 타이완과 조선의 탈취까지도 제국주의 경쟁 속에서 자위自衛의 성격으로 (강점당한 입장이 아니라 당시 일본 입장에서 볼 때) 인정할 수 있다. 그에 비해 만주의 식민지 경영은 제국주의 경쟁에 적극적으로 나서는 일이었고, 이에 따라 일본의 국가 성격까지 크게 바뀌게 된다. 정치의 변화만이 아니라 경제·사회·문화 모든 면에서 '대일본제국'의 꿈이 부풀어 올랐다.

이 꿈을 대표한 표현이 "대동아공영권"大東亞共榮圈이었다. 군국주의자들만의 꿈도 아니었고 일본인만의 꿈도 아니었다. 일본의 많은 자유주의자들과 사회주의자들도 이 꿈에 동참했고, 서양인의 침략과 지배에 시달리던 중국과 동남아시아의 민족주의자들 사이에도 큰 공명을 일으켰다. 만주국은 이 꿈을 키워내는 온상이 되었다.

영은 『*Japan's Total Empire*』(총제국 일본) 제5장에서 일본 군부와 자본세력의 이해관계가 만주 경영에서 합쳐지는 상황을 그린 다음 제6장에서 온갖 종류의 이상주의자들이 만주에서 꿈을 펼치는 모습을 그린다. 일본보다 더 빠른 철도와 더 깨끗한 도시를 만든 엔지니어들도 있고, 동아시아문명의 진면목을 되살려내려는 연구자들도 있고, 사회주의 혁명의 기반을 성숙시킬 길을 찾는 좌익 인사들까지 있었다. 만주의 급속한 개발 상황은 이들 모두에게 당시 본국에서는 허용되지 않던 활동 공간을 마련해주었다.

만주 탈취로 완성된 일본 제국주의

만주국의 정당성을 주장하는 세 가지 구호가 1930년대에 유행했다. "보경안민"保境安民은 약육강식의 세계정세 속에서 주민의 안전과 복리를 지켜주는 국가라는 뜻이다. "왕도"王道는 서양의 제국주의에 동양의 이상적 정치체제로 맞선다는 뜻이다. 시대적 의미가 가장 크게 드러난 구호가 "민족협화"民族協和였다. 치열한 국제환경 속에서 일본의 첫 번째 과제는 국민국가 건설이었고, 다음 과제가 제국·국제체제 구축이었다. 두 과제가 충돌하는 '민족' 문제의 극복을 위해 제시된 것이 '협화' 이념이었다. 만주국은 이 이념의 실험장이 되었다.

여러 민족이 어울려 제국 경영에 참여해서 제국이 보장하는 평화와 복리를 함께 누린다는 이념이다. 일본제국은 이 멋진 이념으로 정복 지역 민족들을 유혹하면서 실제로는 백인 식민주의자들 못지않게 탄압과 착취를 자행했기 때문에 "양두구육"羊頭狗肉이란 지탄을 받았다. 그러나 이 이념을 진심으로 추구한 일본인들이 있었고, 특히 만주국에 그런 이상주의자들이 많이 모여 실제 정책 수립과 집행에도 참여한 사실을 영은 『Japan's Total Empire』(총제국 일본)에서 밝힌다. 급속한 개발 상황 덕분에 그들이 양심을 등지지 않고도 현실에 참여할 수 있는 활동 공간을 찾을 수 있었으나 전쟁 상황의 격화로 이 공간이 무너졌다는 것이다.

'왕도'도 마찬가지다. 당시 일본의 동양학계에서는 사회주의자들이 큰 흐름을 이루었고, 그들은 개인주의와 자본주의를 극복함으로써 '서세동점'西勢東漸에 대항하는 길을 찾았다. 문제는 그들이 찾은 길이 국가권력의 강화에 있었기 때문에 군국주의자들에게 이용당하게 된 데 있었다. 이 문제는 '만주국 인맥'이 부각된 1970년대의 한국에서도 되풀이된다.

1930년대의 만주국은 경제 발전과 함께 '제국'다운 포용력을 썩 그럴싸하게 보여주었다. 1941년 12월 진주만 습격과 함께 일본군이 동남아시아로 진군을 시작했을 때 각지의 민족주의 세력이 '대동아공영권'의 구호에 상당한 호응을 일으키는 데는 만주국의 성과가 참고가 되었다. 일본의 전황이 불리해짐에 따라 일본군의 점령정책이 악랄해지고 현지인의 배신감을 불러오게 되지만, 거시적 관점에서 본다면 현지인의 정치 발전에 도움이 된 측면이 적지 않았다. 피터 처치는 『A Short History of South-East Asia』(동남아시아 약사, 제6판, 2017)에서 인도네시아의 경우를 이렇게 설명했다.

그러나 일본의 점령정책은 길게 볼 때 몇 가지 혜택을 인도네시아에 가져다주었다. 첫째, 네덜란드인을 행정업무에서 제거함으로써 현지인에게 식민통치 아래서는 맡을 수 없던 중요한 역할을 맡겨주었다. (…) 둘째, 네덜란드어 사용을 금지하고 일본어 사용을 권하면서도 (…) 학교와 정부에서 인도네시아어를 사용하게 했고, 이것이 인도네시아 독립 과정에 큰 도움이 되었다. 셋째, 인도네시아 청년들을 전쟁에 동원하기 위해 여러 가지 훈련 과정을 만들어 운용했다. 1946~1949년의 독립전쟁에서 이 군사훈련의 성과가 큰 가치를 발휘했다. 넷째, 일본에 협력한다는 조건하에서이기는 하지만 수카르노 등 민족주의 지도자들을 감옥에서 풀어주었고 그들은 일본이 제공해주는 매체와 수단을 통해 현지인의 민족의식을 고취하는 데 전력을 쏟을 수 있었다. (55쪽)

각지 사정에 따라 얼마간 차이가 있지만 동남아시아 여러 지역에 일본이 두루 가져다준 선물이다. 한국과 중국처럼 오랫동안 일본의 야욕에 시달려온 나라들과 달리 이들 지역에서는 일본의 악행도 전쟁 상황 때문에 부득이했던 것으로 이해해줄 여지가 있는 것이다. 그래서 그곳 지도자들의 친일 경력도 크게 문제되지 않았다. 일본 후원으로 인도국민군INA을 조직해 영국에 저항했던 수바스 찬드라 보스(1897~1945)는 종전 무렵 비행기 사고로 죽었지만, INA 장교 300명을 반역죄로 처단하려던 영국 당국은 여론에 밀려 포기해야 했다. 미얀마의 독립영웅 아웅 산(1915~1947)도 막판에 돌아서기는 했지만 일본의 지원으로 버마독립군BIA을 조직했고, 그의 암살 후 대신해서 독립 버마의 초대 수상이 된 우 누(1907~1995)는 종전 때까지 친일 정부의 장관직을 지킨 인물이다.

19세기 들어 서양세력의 물결이 들이닥칠 때 동방의 문명 수준이 높던 지역들은 대개 제국의 형태로 조직되어 있었다. 경쟁보다 조화에 중점을 두는 중층적 조직방법이기 때문에 국민국가로 조직된 서양 열강과의 대결에서 불리한 입장에 서게 되었다. 일본은 예외적으

1943년 11월 도쿄 대동아회의에 참석한 각국 지도자들. 왼쪽부터 바 모(버마), 장징후이(만주국), 왕징웨이(중국), 도조 히데키(일본), 완 와이타야콘(타이), 호세 로렐(필리핀), 수바스 보스(인도).

로 국민국가로의 전환이 쉬운 나라였다. 그래서 서양식 근대화를 빨리 진행할 수 있었고, 20세기 초에는 영국의 현지 하위 파트너로서 유리한 발전 조건을 누릴 수 있었다. 그러나 1차 세계대전이 끝난 후 파트너십의 틈새가 사라지자 독자노선을 찾아 나선 것이 '대동아공영권'을 내건 아시아의 맹주 자리였다.

대동아공영권의 구호는 일본 군국주의에 이용당한 결과 한낱 전쟁범죄의 도구로 전락하고 말았지만, 많은 양심적인 학자와 사상가들의 고뇌의 산물이기도 했다. 노엘 페린의 『Giving Up the Gun』(총버리기)이 다시 생각난다. 16세기 중엽 화승총이 전해진 후 얼마 동안 일본인은 당시 유럽인보다 더 우수한 총기를 만들어 썼지만 다시 얼마 지난 후에는 일본인의 싸움에서 총이 사라졌다. 한 사회가 폭력의 에스컬레이션을 벗어난 특이한 사례다. 군국주의 시기 일본에도 평화를 염원한 사람들이 있었고 그들의 노력이 제일 많이 모인 곳이 만주국이었다. 일본제국의 역사에 희망적인 요소가 있었다면 만주국에서 제일 많이 찾을 수 있을 것이다.

28

다민족국가와 민족국가

세계의 언어 분포를 그린 지도(458쪽)에 오스트로네시아어족Austro-nesian Family이 갈색으로 표시되어 있다. 인도네시아, 필리핀 등 동남아시아에 주로 분포하는데, 동쪽으로는 태평양 한가운데 있는 섬들, 서쪽으로는 아프리카 모퉁이의 마다가스카르섬까지 펼쳐져 있다. 문명 초기부터 이 영역의 해상 이동이 활발했음을 보여주는 증거다.

재레드 다이아몬드의 『Guns, Germs, and Steel』(총, 균, 쇠)에서 새로 배운 뜻밖의 사실 하나가, 이 어족의 출발점이 타이완이라는 것이다. 친족언어 사이의 선후관계를 밝히는 것은 비교언어학의 중요한 과제다. 언어 A에 없는 문명 요소(도구, 관계 등)가 언어 B에 나타난다면 A가 B보다 앞선 형태로 판단할 수 있는 것이다.

타이완이 이 어족의 출발점이라는 것은 현재의 사용 지역 중에서 따진 것이다. 어느 시점에는 중국의 영남嶺南 지역에서 타이완까지 이 언어의 사용자들이 퍼져 있었는데, 대륙에서는 중화문명의 압력 아래 이 언어가 사라진 반면 타이완 원주민에게는 지금까지 전승된 것

오스트로네시아어족의 분포.

으로 추측할 수 있다.

타이완이 오랫동안 중국문명 밖에 있었던 사실을 원주민의 언어가 말해준다. 우리가 중화민국을 "중국"으로, 중화인민공화국을 "중공"으로 부를 때는 중화민국이 자리 잡고 있던 타이완이 중국의 중심처럼 여겨지기도 했다. 그런데 실제로 타이완에 중화제국의 본격적 행정이 시작된 것은 1680년대의 일이었다. 해협 건너 복건성이 완전한 중국 영토가 된 후에도 1000년 가까이 타이완은 왕화王化의 밖에 있었던 것이다.

17세기까지 타이완은 중국에서 확실한 이름조차 갖지 못하고 있었다. 『후한서』와 『삼국지』에 "이주"夷洲라는 막연한 이름이 나타나고, 『송사』와 『문헌통고』에 "천주泉州 동쪽에 유구국流求國이 있다"라고 한 것은 그 북동쪽에 있던 유구琉球와 혼동한 것은 아닌지 미심쩍기도 하다. 명나라 때 민간에서 "대원"大員(또는 臺員)이라 부른 것은 타이완 남쪽의 한 부족 이름이었는데, 1684년 청나라가 정성공 세력을 소탕한 후 복건성 예하의 부府를 설치하면서 붙인 "타이완"臺灣이란 이름은 민간의 호칭이 굳어진 것이었다.

1662년 타이난의 젤란디아 요새에서 네덜란드 수비대가 정성공 군에 항복하는 모습.

16세기 초까지 타이완에는 한족의 이주가 극히 적었다. 16세기 후반부터 이주가 늘어난 것은 인근 해상활동이 늘어났기 때문이다. 처음에는 여기저기 해적소굴이 생겨나는 정도였는데(17세기 초에 스페인과 네덜란드 세력이 타이완을 일시 '점령'했다고 하는 것도 이런 해적소굴 차원이었다), 1640년대부터 정성공 세력이 수십 년간 자리 잡고 '왕조'를 칭할 만큼 큰 조직을 이루었다. 그 시기에 한족의 이주가 급증한 결과 '대만부'가 만들어진 것이다.

16~17세기 해상활동의 증가로 타이완의 중요성이 커져 '부'가 만들어진 것처럼 19세기 해상활동의 또 한 차례 격증이 타이완을 중국의 스무 번째 '성省'으로 승격시켰다(1887). '대만부'가 설치된 후에도 원주민에 대한 청나라의 통제력은 낮은 수준에 머물러 있었다. 19세기 중엽부터 지나가던 배가 이곳에 표류하는 일이 종종 일어났는데, 그 선원들이 청나라 관헌의 보호를 받을 수 있으면 관례에 따라 자국 영사에게 인도되었지만, 원주민의 손에 학살당하는 일도 더러 있

었다. 1871년 12월 타이완 동남해안에서 난파한 오키나와 배 한 척이 타이완의 행로에 큰 파장을 일으키게 되는 '무단牧丹사건'도 그런 상황에서 일어났다.

슈리(나하) 항을 함께 떠나 미야코지마와 야에야마(둘 다 오키나와열도의 남쪽 섬들이다)로 향하던 4척의 배가 태풍에 휩쓸렸는데, 타이완 동해안에서 난파한 한 척의 생존자들은 청나라 관헌의 도움으로 살아 돌아갔다. 그런데 행정력이 취약한 동남해안에서 난파한 또 한 척의 선원들은 참혹한 운명을 맞았다. 69명의 승선자 중 66명이 상륙했다가 그중 54명이 원주민에게 학살당하고 12명만이 7개월 후에 귀국할 수 있었다.

오키나와 조정은 이 문제를 청나라에 제기할 뜻이 없었다. 청나라의 통제력이 타이완의 오지에 미치지 못한다는 사실을 오키나와 사람들은 잘 알고 있었다. 그런 지역에서 일어나는 일은 국가가 개입할 일이 아닌 당사자들의 문제로 여겨졌다. 그러나 오키나와를 병합할 마음을 먹고 있던 일본에게는 좋은 빌미였다. 피해자들이 일본 국민이고 가해자들이 청나라 국민이라고 주장하며 청나라를 압박하는 것은 일석이조의 책략이었다. 게다가 판적봉환版籍奉還으로 많은 사무라이가 실업 상태에 빠지면서 정한론征韓論을 비롯한 해외 침략의 욕구가 터져 나올 때였다. 1874년 일본의 타이완 출병은 일본 당국의 여러 필요가 어우러진 결과였다.

청나라의 '약한 고리' 타이완

1873년 봄 북경에 간 일본 외무대신 소에지마 다네오미副島種臣가 무단사건과 같은 일의 재발을 막기 위해 타이완의 "청나라 지배 밖에 있는" 지역을 정벌하겠다고 통보했다. 청나라 측에서는 피해자(오키나와인)와 가해자(타이완 원주민)가 모두 청나라 백성이므로 일본이 개입

스먼 전투는 1874년 일본의 타이완 출병에서 가장 치열한 전투였다.

할 필요가 없는 국내 문제라고 반박했다.

아직 교화教化를 받지 못한 '생번'生蕃은 문명의 울타리 밖에 있지만 제국의 울타리 안에 있다는 전통적 화이관華夷觀을 청나라 측은 주장한 것이다. 국가가 모든 국민에게 일률적인 권한과 책임을 가진다는 일본 측의 근대적 국가관과는 어울릴 수 없었다. 양측 주장이 엇갈린 가운데 일본은 1874년 5월 수천 명의 군대를 타이완 남부에 상륙시켰다.

6개월 주둔의 군사적 성과는 미미했지만(전투로 인한 양측 사상자보다 일본군의 말라리아 피해가 열 배나 컸다) 외교적 성과가 컸다. 일본은 청나라로부터 무단사건에 대한 배상금을 받으며 오키나와를 병합할 근거를 강화했고, 나아가 20년 후 타이완을 탈취할 배경도 만들었다. 청일전쟁 후 시모노세키 조약(1895)에서 일본이 요동반도와 타이완을 획득하려 할 때 러시아·프랑스·독일의 '3국 간섭'으로 요동반도는 뱉어냈지만 타이완을 지킨 데는 1874년의 출병 사실이 배경이 된 것이다.

폴 바클리의 『Outcasts of Empire』(제국의 따라지들, 2017)는 일본의 타이완 통치 50년간 원주민 인식방법을 살핀 연구다. 중국 원주민에 대한 일본인의 인식이라는 점에서 특이한 상황이 만들어낸 특이한 주제다. 중국에는 독자적 문화를 가진 많은 종족이 있었고 중국인들은 그들에게 개별적인 관심을 크게 갖지 않았다. 중국의 전통적 원주민관을 바클리는 일본의 타이완 연구 개척자 이노 가노리伊能嘉矩 (1867~1925)의 말로 설명한다.

> (중국인들이 타이완 원주민의 존재를 처음 알았을 때─인용자) 자기네와 다른 언어와 풍속을 가진 다른 사람들로 인식했을 뿐, 따로 이름을 붙이지 않았다. (…) 명나라 때 '동번'東蕃이라는 이름이 쓰였고 (…) 청나라가 타이완을 점령한 후 정치적 복속 여부에 따라 '생번'生蕃과 '숙번'熟蕃으로 크게 구분했다. (…) (그러나─인용자) 종족을 따져 살피지는 않았다. (191쪽)

'생번'이 중국인에게는 여러 변경에 널려 있는 익숙한 존재였던 반면 일본인에게는 새로운 존재였다. 종래 경험한 이질적 존재는 아이누와 유구인 정도였는데, 아이누는 '숙번'의 범주에 들고, 유구인은 더 높은 수준의 문명을 누려온 사람들이었다. 일본이 열도를 넘어 '제국'으로 나아가는 초입에서 타이완 원주민은 이질적 존재를 상대하기 위한 첫 숙제가 되었다(일본에서 '족'族이란 말이 나쁜 뜻으로 흔히 쓰이는 것도 이질적 존재와의 공존 경험이 적기 때문이라고 볼 수 있다).

일본인이 타이완 원주민에게 큰 관심을 가진 또 하나 이유는 개발의 필요에 있었다. 중국에게는 타이완의 자연환경이 그리 특별한 것이 아니었던 반면, 일본에게는 유일한 아열대 지역 영토로서 사탕수수·고무 등 전략적 가치를 가진 자원의 개발이 절실했다. 청나라 관헌이 '생번' 지역을 방치한 것과 달리 일본은 '생번' 지역을 최대한 좁혀서 자원 착취의 기반을 확장할 필요가 있었고, 그것을 위해 원주민에 대한 적극적 이해가 필요했다.

　이질적인 사람들, 즉 오랑캐에 대한 중국인의 무관심은 오만한 중화사상에도 원인이 있었지만 유기론적인 정치사상에도 원인이 있었다. 문명 수준에는 차등이 있는 것이고, 교화敎化는 서서히 이뤄지기를 기다릴 일이지 갑자기 억지로 되는 일이 아니라는 생각이었다. 낮은 수준의 사람들이 높은 수준의 사람들을 보고 배워야지, 높은 수준의 사람들이 낮은 수준의 사람들을 이해하려고 너무 애쓸 필요가 없는 일이었다.

　그러나 중국에도 '근대화'의 과제가 떨어졌고, 그 중요한 열쇠 하나가 '국민국가'에 있었다. 이질적인 상태로 오랫동안 방치되어 있던 내부의 오랑캐들, 특히 문명의 접근이 어렵던 '생번'들을 어떻게 할 것인가? 교화의 압력을 강화할 것인가, 아니면 없애버릴 것인가? 국가 안에 특별한 자리를 만들어서 이질적인 대로 어울리는 길을 만들 수는 없을 것인가? 타이완 원주민에 대한 일본인의 연구와 통치 시도가 중국인들에게 중요한 참고자료가 되었다.

중화인민공화국의 민족 식별 사업

일본의 1880년대 말 헌법 제정과 의회 개설로 근대국가 건설의 기초 공사가 마무리된 데 비해 중국은 많이 뒤처졌다. 중국에서는 20세기에 들어와서야 입헌운동이 활발해져서 신해혁명(1911) 직후 헌법이 만들어졌지만 오랫동안 실효성을 갖지 못했다. 1947년의 중화민국 헌법과 1954년의 중화인민공화국 헌법이 비로소 실효성을 가진 헌법으로 나타났다. 그중 중화민국 헌법은 1948년부터 1987년까지 계엄기간 중 임시수정헌법에 가려져 있다가 1991년에야 실효성을 발휘하게 되었다. 한편 중화인민공화국 헌법은 문화대혁명 와중인 1975년에 '75헌법'으로 대치되었지만 얼마 안 가 '78헌법'과 '82헌법'으로 재정비되었다.

1949년 (10월 1일) 중화인민공화국 출범 후 1954년 (9월 20일) 헌법 발포까지 5년이나 걸린 사실이 눈길을 끈다. 헌법 제정의 주체가 될 전인대全人大(전국인민대표대회) 구성에 시간이 걸린 것이 한 가지 이유 였다. 전인대 구성을 위해서는 '인민'人民(국민)의 범위와 구조를 파악할 필요가 있었고, 그중 가장 까다로운 일이 '민족'民族의 획정이었다.

토머스 멀레이니는 『*Coming to Terms with the Nation*』(중국의 민족 만들기, 2011)에서 중화인민공화국 초기 운남성을 중심으로 소수 민족 획정 과정을 살펴본다. 애초에 당국은 간단한 일로 생각했다. 1953~1954년 호구조사에서 피조사자가 자기 소속 민족을 스스로 밝히게 했다. 목록을 정해놓고 선택하게 한 것이 아니라 마음대로 써 넣게 한 것이다. 그랬더니 단 한 사람을 구성원으로 하는 20여 개를 포함해 400여 개의 민족 명단이 나왔다. 객관성의 기준을 세울 필요가 분명했다. 그래서 1954년 초에 인류학자와 언어학자 중심으로 조사대를 서둘러 꾸려 '민족 식별識別' 사업에 나섰다. 가을에 출범할 전인대에 민족대표도 포함될 것이기 때문에 이 거대하고 복잡한 작업에 겨우 6개월의 시간이 주어졌다.

20년 전 멀레이니가 연구에 나설 때까지 1954년의 민족 식별 사업에 관한 체계적 연구가 없었다. 정치적 목적을 위해 학문적 기준 없이 자의적으로 행해졌다며 '프로크루스테스의 침대'까지 들먹이는 비판적 시각이 외국에는 많았다. 서둘러 진행된 상황 때문에도 그런 의심이 들기 쉬웠다. 멀레이니는 새로 공개된 (50년이 지나) 자료를 활용하며 작업 참여자 몇 사람을 인터뷰하는 (그중 한 사람의 세밀한 일기가 기대 밖의 큰 가치를 발휘했다) 등 새로운 방법의 연구를 통해 이 식별 작업에서 예상 밖의 큰 가치를 발견했다고 한다.

학문적 기준에 대한 멀레이니의 너그러운 태도에 나는 공감한다. 56개 인구집단을 '민족'으로 설정한 기준의 엄밀성에는 물론 불만스러운 점이 많다. 회족回族, 만족滿族, 위구르족维吾尔族, 티베트족藏族, 몽골족蒙古族, 강족羌族, 조선족朝鮮族 등 서방에서 동북방에 걸쳐 분포하는 민족들은 역사 속에도 존재가 분명하고 인구도 100만 명에서 1000만 명 사이로 고른 편이라서 쉽게 납득된다. 그러나 서남방에는 장족壯族, 묘족苗族, 이족彝族, 토가족土家族 등 인구 1000만 명 전후의 큰 민족들과 3556명에서 5만 1069명 사이의(2010년 통계) 19개 초미니 민족을 포함한 진짜 '소수'민족들이 복잡하게 뒤얽혀 있다. 큰 민족들은 더 구분할 여지가 없는 것인가? 작은 민족들은 따로 세울 필연적 이유가 있는 것인가?

멀레이니의 관점에 공감하는 것은 '정확성' 차원에서 이런 의문을 해소해주기 때문이 아니라 민족 식별 사업의 목적을 '타당성' 차원에서 해명해주기 때문이다. 각 인구집단의 상태가 확정적인 것이 아니고, 그들의 '현재'를 정확하게 묘사하기보다 다민족국가 안에서 그들의 '미래'를 안정시키는 데 사업의 진정한 목적이 있었다고 보는 것이다.

이 사업이 스탈린의 민족관을 넘어서는 장면을 그린 부분(80~91쪽)에서 이 관점이 가장 확실히 나타난다. 스탈린은 영역, 언어, 생산양식, 문화의 네 가지 공유자산을 가진 집단이 민족이라고 정의했다. 이 정의는 자본주의 체제를 전제로 성립하는 것으로, 중국의 많은 소수민족에게는 적용되기 어려운 것이다. 운남성 조사단장 린야오화林耀華(1910~2000)는 이 울타리를 넘어서기 위해 '종족 잠재성'ethnic potential(멀레이니의 표현)이란 개념으로 '민족'의 정의를 확장했다. 스탈린의 4대 공유자산을 지금 갖추고 있지 않더라도 장차 갖추기 위한 잠재성을 확인할 수 있으면 '민족'으로 인정할 수 있다는 것이었다.

현실에 나타나 있지 않은 '잠재성'을 기준으로 삼는다면 '고무줄 잣대'를 피할 수 없다. 실제로 조사단원들은 '조사'보다 '설득'에 더 큰 노력을 기울여야 했다. 조사단이 그린 그림을 피조사자들이 받아들이고 권해주는 자리에 들어가도록 설득하는 일이었다. 배경의 국가권력이 조사단의 설득력을 뒷받침해주었기 때문에 피조사자의 인식을 강압적으로 바꾼 측면이 분명히 있었다. 멀레이니가 인정하는 '타당성'은 1954년 당시에 곧바로 확립된 것이 아니라 그 후 국가의 꾸준한 (교육과 언어를 포함하는) 문화정책을 통해 56개 민족의 다민족국가를 '현실'로 정착시키는 과정에서 구축된 것이다.

국가체제의 순간출력과 연료효율

C. A. 베일리는 『The Birth of the Modern World』(근대세계의 탄생, 2004)에서 전근대 정치조직의 일반적 특성을 "다름의 정치"politics of difference로 표현했다(29~36쪽). 거대한 제국처럼 보여도 실상 제국의 중심부에서 통제하는 것은 일부 지역과 일부 영역(상비군과 교통·통신망 등)에 국한되고 그 밖에는 여러 세력과 다양한 요소들이 공존했다는 것이다.

어찌 보면 베일리는 비정상의 위치에서 정상을 바라보는 것 같기도 하다. 균질성은 근대국가의 지향이다. 인간 사회의 복잡성을 감안하면 '다름의 정치'가 자연스러운 현상이고, 근대국가가 유별나게 높은 수준의 균질성을 추구한 것이다. 그러나 거기에도 한계가 있어서 그 한계를 넘을 때는 전체주의의 폐단이 나타나곤 했다. 탈근대 시대 정치의 과제가 균질성에 대한 집착에서 벗어나는 데 있다고 볼 수도 있다.

국가사회의 균질성은 근대국가의 경쟁에서 유리한 조건으로 인식되어왔다. 그러나 언제나 그런 것일까? 엔진에 비교한다면 균질화된 국가는 순간출력이 높지만 연료효율이 낮은 엔진과 같은 것이 아닐까 생각된다. 강압적 '국론 통일'이 단기간의 동원력을 끌어올릴 수 있지만 장기적으로 사회 내의 모순을 더 심화시킬 수 있다는 생각이

2021년 6월 중국공산당 창당 100주년을 앞두고 대장정을 재현하는 공연이 펼쳐지고 있다. © 연합뉴스.

다. 근대국가의 균질성 지향은 자원 공급이 폭증하는 (그래서 단기적 경쟁이 치열한) 상황에서 나타난 일시적 현상이고, 자원 절약에 역점을 둘 탈근대 상황의 정치체제는 이질성을 있는 그대로 받아들이는 것이 지속가능성을 늘리는 길이 될 것이다.

20세기 초의 중국 정치사상가들이 국민국가 건설의 과제 앞에서 '국민'의 범위를 정하는 의견은 대개 '5족공화'五族共和(漢·滿·蒙·回·藏)로 모였다. 중화제국의 다양성을 지키려는 뜻이었지만 다양성의 인식에 한계가 있었다. 여러 색깔이 어울리는 그림이기는 하나 깔끔한 5색 무지개의 그림일 뿐이다. 후에 중화인민공화국이 민족 식별 사업을 통해 그릴 그림은 그보다 훨씬 더 복잡한 것이 된다. 색깔부터 56개나 되고 그중 10여 개 색깔은 꽤 넓은 영역에 고르게 칠해지지만 그 밖의 수십 개 색깔은 여기저기 얼룩처럼 묻어 있는 지저분한 그림이다.

1934~1935년의 대장정大長征은 중국공산당의 성격을 바꿔놓은 중대한 사건이었고 민족 문제의 복잡성에 대한 공산당의 인식을 심화시키는 계기도 되었다. 공산당 지도부는 1년의 대장정 기간 중 대부분을 광서廣西, 귀주貴州, 운남雲南, 서부 사천四川 등 민족 분포가 복잡한 지역에서 생존을 위해 현지 주민들의 도움을 얻으려 발버둥치는 입장으로 지냈다. 미개한 오지 주민들을 멀리서 내려다보던 중국 지도층의 전통적 입장과 다른 경험이었다. 1935년 1월의 준의遵義회의에서 코민테른파 대신 마오쩌둥 지도체제를 출범시키는 데도 중국 현실의 밑바닥을 투철하게 인식한 경험이 작용했을 것으로 생각된다.

1953~1954년 호구조사에서 수백 개 민족명이 나온 것은 민족의 획정을 당사자에게 맡긴다는 이상주의를 보여주었다. 1954년의 민족 식별 사업에서 이를 수십 개로 줄인 것은 현실과의 타협이었다. 타협이기는 하지만 현실의 적극적 수용이라는 점에서 획기적인 노선이었고, 그 후 70년간 일관된 민족정책을 통해 안정된 다민족국가를 키워냈다.

민족정책의 일관성이 완벽한 것은 물론 아니었다. 전체주의 풍조가 휩쓴 문혁文革(문화대혁명) 기간에는 일체의 민족 정체성이 위협을 받았다. 조선족 사회의 내 또래 (1950년대 출생) 지식인들은 '민족심'民族心 표출에 힘을 많이 쏟았는데, 성장기에 겪은 문혁 분위기에 대한 반발로 이해한다. 그들은 근래 들어 아랫세대의 민족심 약화를 걱정하기도 한다.

민족 정체성의 첫 번째 지표인 언어를 놓고 봐도 그들의 걱정은 이해가 된다. 조선족자치구역에서 조선어는 한어와 나란히 공용어로 쓰이고 초·중등 교육도 조선어 학교와 한어 학교로 구분해서 시행된다. 조선족 학생은 조선어 학교에 다녀야 하고 제한된 범위 내에서 한어 학교 취학이 허용된다. 우리 또래에서는 5퍼센트가량이 허용되었고 그 정원이 늘 남아돌았는데, 지금은 한어 학교에 들어가려는 학생이 너무 많아서 경쟁이 치열해졌다.

중국의 경제 발전에 따라 사회 유동성이 커진 결과다. 조선족 사회를 벗어날 기회가 별로 없던 윗세대와 달리 아랫세대 젊은이들은 어느 곳에 가서 어떤 일을 하며 살지 선택의 범위가 넓어졌다. 넓은 선택 범위를 더 잘 누리려면 한어 교육을 받아야 한다.

나그네의 외투를 벗기는 것은 바람의 힘이 아니라 햇볕의 힘이다. 중국 소수민족의 정체성은 국가의 공식적 정책보다 사회경제적 조건의 변화에 의해 서서히 허물어진다. 카오스처럼 복잡하던 민족 분포 상황은 한어 사용의 확장에 따라 단순화되어왔다. 인구 1000만 명이 넘는 만주족은 일상생활에서 만어滿語를 쓰지 않으면서 한족과 구별하기 어렵게 되었다.

'과경跨境민족'(중국 밖의 민족과 연결된 소수민족)의 특성을 가진 조선족은 변화하는 상황 앞에서 기회와 위기를 함께 맞고 있다. 조선족 사회의 정체성 약화 이유로 '한화漢化'를 많이 지적하지만 그 못지않게 큰 이유가 '한국화'에도 있다. 한국의 힘이 커지고 중국과의 관계가 확장되면서 조선족 사회에 큰 영향을 끼치게 된 것이다. 조선족 사회의 진로는 한·중 관계의 큰 열쇠일 뿐 아니라 중국 국가성격의 지표로서 두 나라가 함께 유의해야 할 과제다.

"보이는 것과 보이지 않는 것"

동아시아 사회들의 근대 진입 과정을 살피면서 프레데리크 바스티아의 1850년 글 「보이는 것과 보이지 않는 것」이 생각난다. 당시 유행하던 "깨진 유리창" 설법을 반박한 글이다. 빵집 유리창이 깨졌을 때 빵집 주인은 손해를 보지만 유리가게에 일거리가 생기기 때문에 사회 전체에는 손해가 아니라는 설법이다. 눈에 보이는 몇몇 사람의 득실만 따진다면 그럴싸하게 들리지만, 빵집 주인이 다른 곳에 그 돈을 썼을 보이지 않는 가능성까지 고려한다면 사회의 손실이 분명하다는 것이 바스티아의 주장이다.

이 글의 내용 자체보다 더 흥미로운 것은 이 글이 뒤늦게 널리 알려지게 되는 경위다. 오스트리아학파 경제학자 폰 비저가 1914년 '기회비용'opportunity cost 개념을 제기하면서 이 글을 인용한 것이다. 바스티아 자신도 근대경제학의 개척자 중 한 사람으로 잘 알려진 인물인데, 그가 제기한 개념이 60여 년 동안 파묻혀 있었던 까닭이 무엇일까?

19세기 후반이 "보이지 않는 것"을 생각하지 않던 시대, "파괴는 창조의 어머니"라는 말이 유행하던 시기였기 때문이다. 자원 공급의 급격한 증가 속에서 사람들이 자기 코앞에 "보이는 것"만 생각하던 시대였다. 파괴의 극단적 형태인 전쟁마저 정당화되던 시대였다. 제국주의 경쟁이 한계에 이르러 세계대전이 일어날 상황에 이르러서야 사회 전체의 득실을 제대로 생각하는 '기회비용' 개념이 경제학에 채택된 것이다. 20세기 후반 자원과 환경 문제가 부각되면서 사람들이 세상을 보는 눈은 더욱 달라졌다.

아편전쟁에서 중화인민공화국 수립까지 100여 년 기간이 중국에게 "치욕의 세기"였다. 치욕의 원인은 근대화의 부진에 있었고, 첫 번째 비교 대상이 일본이었다. 일본의 성공과 중국의 실패를 비교하는 데도 '보이는 것'에 얽매여 '보이지 않는 것'을 소홀히 여기는 추세가 있었던 것이 아닌가 하는 생각이 든다.

토머스 멀레이니의 또 하나 책 『The Chinese Typewriter: A History』(한자 타자기의 역사, 2018)를 읽으며 '보이지 않는 것'에 관한 생각을 굴려보게 된다. 통신 발달은 근대화의 가장 중요한 영역의 하나다. 그런데 표의문자인 한자가 정보·통신 분야에서 중국의 큰 핸디캡이 되었다. 전보를 주고받으려면 글자 하나하나를 네 자리 숫자로 전

중국(2450개 글자, 좌)과 일본(2268개 글자)의 한자 타자기(우). 중국의 타자 고수들은 능률 극대화를 위해 글자들 사이의 관계를 따지면서 자기 식의 자판 배열 방법을 모색했고, 그것이 컴퓨터 시대에 쓰일 입력 프로그램의 준비가 되었다.

환해서 보내고, 받는 쪽에서 이 숫자를 다시 한자로 전환해야 했다. 정해진 수의 부호를 순서대로 늘어놓기만 하면 되는 표음문자에 비해 같은 분량의 정보 처리에 훨씬 많은 시간과 노력이 필요했다.

정보 처리의 이런 부담은 경쟁의 시대에 대단히 불리한 조건이다. 그래서 20세기 초반의 중국에서는 한자 대신 주음부호를 써서 표음문자처럼 만들자는 운동도 일어났다(한국에서 한때 한글 '풀어쓰기' 주장이 나온 것도 같은 맥락이다). 그런데 근년의 컴퓨터 기술은 표의문자를 오히려 더 유리한 위치로 옮겨놓았다.

"한자 타자기"의 한글 입력은 12타로 이뤄진다. "Chinese type-writer"는 19타다. 그런데 지금 중국어 입력 프로그램으로 "汉字打字机" 입력은 불과 6타면 된다. 각 글자 핀인의 첫 음소를 "hzdzj"라 치면 화면에 "汉字打字机"가 뜨고, 엔터키를 누르면 완성된다. 모든 정보 처리 활동에서 한자가 알파벳보다 유리하게 되었다.

컴퓨터 환경에서 한자의 이점이 기술조건의 변화가 어쩌다 가져다준 횡재가 아니라는 사실을 멀레이니는 강조한다. 수천 개 글자를 담는 식자植字판을 조금이라도 더 능률적으로 만들기 위해 많은 사람들이 노력을 기울이는 가운데 글자들 사이의 연관성에 대한 체계적 인식이 형성되어 지금 쓰이는 입력 프로그램의 발판을 만들었다는 것이다.

표의문자의 유리한 점은 기계식 타자기 시대에 '보이지 않는 것'이었다. 근대화 과정에서는 이처럼 보이지 않는 것이 많았다. 문자만이 아니라 전통시대의 온갖 제도와 관습에는 오랫동안 선택받고 발전해올 수 있게 한 특성들이 있는데, 근대의 시대적 상황 속에서는 이 특성들이 '봉건적'이다, '비능률적'이다 하는 이유로 배척되는 일이 많았다(베트남어에서는 그래서 한자가 사라졌다). 중국의 민족정책이 상당한 성과를 거둔 것도 스탈린식 근대적 민족관에 얽매이지 않고 전통적 '다름의 정치' 원리를 되살린 데 이유가 있는 것 아닌가 생각된다.

『오랑캐의 역사』를 정리하면서 더 깊어진 하나의 의문이 있다. 중국과 베트남이 '공산주의' 국가였다고만 말할 수 있을까? 마오쩌둥과 호찌민, 그리고 그 가까운 협력자들이 근대의 '개인주의'에 대항하기 위해 제창한 '사회주의'는 정통 공산주의에서 말하는 하나의 발전단계라기보다 전통적 질서 원리의 회복에 뜻이 있었던 것 아닌가 하는 의문이다. 이 의문을 더 넓게, 더 깊이 파헤치기 위해 동아시아의 근대국가 건설 과정을 살펴보는 또 하나 작업을 준비하면서 『오랑캐의 역사』를 마친다.

참고문헌

- 저자는 참고한 연구서의 내용 범위 안에서 사료를 확인했으므로, 참고문헌 목록에 사료는 따로 넣지 않기로 한다.
- 저자의 뜻에 따라, 참고문헌 서지사항 중 출판사명은 밝히지 않는다.

국내

김기협, 『밖에서 본 한국사』, 2008.
김기협, 『망국의 역사, 조선을 읽다』, 2010.
김한규, 『천하국가』, 2005.
김호동, 『몽골제국과 세계사의 탄생』, 2010.
박한제, 『대당제국과 그 유산』, 2015.
정재훈, 『돌궐유목제국사』, 2016.
주경철, 『문명과 바다』, 2009.

번역

로벨, 줄리아, 『장성, 중국사를 말하다』(김병화 옮김), 2007.
사카모토 히로코, 『중국 민족주의의 신화』(양일모·조경란 옮김), 2006.
웨난岳南, 『삼성퇴의 청동문명』(심규호·유소영 옮김, 2권), 2006.
자오팅양趙汀陽, 『천하체계』(노승현 옮김), 2010.
한센, 발레리, 『실크로드: 7개의 도시』(류형식 옮김), 2015.

중문

葛兆光, 『歷史中國的內與外』, 2017.

葛兆光, 『宅玆中国』, 2011.

林惠祥, 『中國民族史』(2卷), 1936.

黄兴涛, 『重塑中华』, 2017.

영문

Abu-Lughod, Janet L., *Before European Hegemony: The World System 1250-1350*, 1991.

Alcock, Susan et al, eds., *Empires*, 2001.

Allsen, Thomas, *Commodity and exchange in the Mongol empire*, 1997.

Allsen, Thomas, *Culture and Conquest in Mongol Eurasia*, 2001.

Ansari, T., *Destiny Disrupted: A History of the World through Islamic Eyes*, 2009.

Asbridge, Thomas, *The Crusades*, 2010.

Barclay, Paul, *Outcasts of Empire: Japan's Rule on Taiwan's "Savage Border,"* *1874-1945*, 2018.

Barfield, Thomas, *The Perilous Frontier*, 1989.

Bayly, C. A., *The Birth of the Modern World, 1780-1914*, 2004.

Bernstein, William, *A Splendid Exchange: How Trade Shaped the World*, 2008.

Bose, Sugata, *A Hundred Horizons: The Indian Ocean in the Age of Global Empire*, 2006.

Bray, Francesca, *The Rice Economies*, 1986.

Brockey, Liam, *Journey to the East: the Jesuit Mission to China, 1579~1724*, 2007.

Chaudhuri, K. N., *Trade and Civilisation in the Indian Ocean*, 1985.

Christian, David, *A History of Russia, Central Asia and Mongolia*(2 vols.), 1998.

Church, Peter, *A Short History of South-East Asia* (6th ed.), 2017.

Crossley, Pamela, *The Manchus*, 1997.

Curtin, Philip, *Cross-Cultural Trade in World History*, 1984.

Diamond, Jared, *Guns, Germs, and Steel: The Fates of Human Societies*, 2005.

Eickelman, D. F., *The Middle East and Central Asia: an Anthropological Approach* (4th ed.), 2001.

Elvin, Mark, *The Pattern of the Chinese Past: A social and economic interpretation*, 1973.

Fabreau, Marie, *The Horde: How the Mongols Changed the World*, 2021.

Fairbank, J. K. and M. Goldman, *China: A New History*, 1992, 2006.

Ferguson, Niall, *The Civilization: The West and the Rest*, 2011.

Findlay, R. and K. H. O'Rourke, *Power and Plenty*, 2007.

Frank, A. G., *ReOrient*, 1998.

Frankopan, Peter, *The First Crusade: The Call from the East*, 2012.

Gernet, J.(H. Wright tr.), *Daily Life in China on the Eve of the Mongol Invasion*, 1962.

Gernet, Jacques, *Chine et christianisme, action et réaction*, 1982.

Glahn, Richard von, *Fountain of Fortune: Money and Monetary Policy in China, 1000~1700*, 1996.

Gordon, Stewart, *When Asia was the World*, 2008.

Hansen, Valerie, *The Open Empire: A History of China to 1800*, 2015.

_____, *The Silk Road, A New History with Documents*, 2017.

Hardt, M. and A. Negri, *Empire*, 2000.

Haw, S., *Marco Polo's China: A Venetian in the Realm of Khubilai Khan*, 2006.

Howard, Michael, *Transnationalism in Ancient and Medieval Societies*, 2012.

Huang, Ray, *1587: A Year of No Significance*, 1982.

Jagchid, S. and V. J. Symons, *Peace, War, and Trade along the Great Wall*, 1989.

Khazanov, A.(J. Crookenden tr.), *Nomads and the Outside World*, 1983.

Komaroff, Linda ed., *Beyond the Legacy of Genghis Khan*, 2006.

Lach, Donald, *Asia in the Making of Europe* (vol. 1), 1965.

Lattimore, Owen, *Inner Asian Frontiers of China*, 1940.

Levathes, Louise, *When China Ruled the Sea*, 1994.

Lewis, Bernard, *The Jews of Islam*, 1984.

Lyons, Jonathan, *The House of Wisdom: How the Arabs Transformed Western Civilization*, 2009.

Maalouf, Amin, *The Crusades Through Arab Eyes*, 1984.

McNeill, William, *The Rise of the West*, 1963, 1991.

Menocal, Maria, *The Ornament of the World: How Muslims, Jews, and Christians Created a Culture of Tolerance in Medieval Spain*, 2002.

Mullaney, Thomas, *Coming to Terms with the Nation*, 2011.

_____, *The Chinese Typewriter: A History*, 2018.

Paine, Lincoln, *The Sea and Civilization*, 2013.

Perrin, N., *Giving Up the Gun: Japan's Reversion to the Sword, 1543-1879*, 1979.

Pirenne, Henri, *Mohammed and Charlemagne*, 1937.

Pirenne, Henri, *Medieval Cities*, 1927.

Pirenne, Henri(B. Miall tr.), *A History of Europe: from the Invasions to the 16th Century*, 1936.

Pomeranz, Kenneth, *The Great Divergence: China, Europe, and the Making of the Modern World Economy*, 2000.

Pomeranz, K. and S. Topik, *The World that Trade Created*, 2018.

Popper, Karl, *The Open Society and Its Enemies*(2 vols.), 1945.

Rossabi, Morris, *Khubilai Khan*, 1988.

Said, Edward, *Orientalism*, 1978.

Skaff, Jonathan S., *Sui-Tang China and Its Turko-Mongol Neighbors*, 2012.

Spence, Jonathan, *The Memory Palace of Matteo Ricci*, 1983.

Wallerstein, Immanuel, *The Modern World-System*(4 vols.), 1974~2011.

Wink, Andre, *Al-Hind, the Making of the Indo-Islamic World*, 2002.

Xu Jin, *Empire of Silver*, 2017.

Young, Louise, *Japan's Total Empire: Manchuria and the Culture of Wartime Imperialism*, 1998.

찾아보기